지구살림,
철학에게
길을 묻다

지구살림, 철학에게 길을 묻다

지구 살림의 길, 철학이 답하다

신승철 지음

2020년 개정증보판 서문

2013년도 이 책이 출간되고, 전국 곳곳으로 강의를 다녔습니다. 그러나 당시만 하더라도 기후 위기나 생태계 위기가 다가오고 있음을 대부분의 사람들이 실감하지 못했고, 그저 철학의 한 분과로서, 식자층의 교양으로서 이 책을 읽는 경우가 많았습니다. 그러나 사람들의 인식의 전환은 순식간에 이루어졌습니다. 생태계 위기와 기후 위기를 현실로 체감하는 사람들이 많아졌기 때문입니다. 비근한 예로 2013년 당시만 해도 강의를 듣는 사람들 중에 필기를 하고 질문을 하는 경우는 극히 적었지만, 2018년 이후 기후 위기 강의나 생태철학 강의에서는 엄청난 에너지, 빛나는 눈동자가 등장하고, 수많은 질문들이 쏟아지고, 한마디라도 놓치지 않기 위해서 필사의 노력을 다하는 모습이 전반적인 상황이 되었습니다. 그것은 기후 위기와 생태계 위기가 바로 코앞에 다가왔다는 증거이기도 했지만, 전환사회에 대한 열망이 전에 없이 뜨거워졌다는 반증이기도 합니다.

이 책 『지구 살림, 철학에게 길을 묻다』는 한알마을 이사장인 김용우 선생님과 생명학연구회 주요섭 선생님의 개정증보판 출간에 대한 제안이 없었다면 여타의 책처럼 지나간 이야기로 묻힐 수도 있었습니다. 그 두 분은 생태철학의 맥락이 출현했다 사라지는 것을 반복하는 것을 안타까워했고, 다가올 후배들과 미래세대를 위해 하나의 참고도서이자 지적 토양으로서 이 책이 계속 이어지기를 원했지요. 저는 어쩌면 이러한 두 사람의 바람이 모든 사람의 바람일지도 모른다는 희망을 가지고 이 책을 다시 꼼꼼히 손보았습니다.

크게 맥락을 바꾼 것은 피크오일과 기후 위기에 대한 핵심 장입니다. 피크오일 개념은 이제 사라졌습니다. 지구온난화로 인해 러시아 영구동토층이 녹으면서 거대유전이 발견됨에 따라, 사실상 향후 인류가 120년 이상 쓰고도 남을 석유를 보유하게 된 '비극적인 현실'로 귀결된 것입니다. 그 시간만큼 기후 위기는 심각해질 테니 말이지요. 기후 위기는 사실상 2013년도에는 그저 예측적인 상황이었지만, 지금은 모든 사람이 직면한 현실이 되었고, 국제사회, 국가, 공동체, 시민 등이 모두 그 해결을 위해서 부심하고 있는 상황입니다. 이를 비롯한 몇 가지 현실의 변화가 이 개정증보판에 추가되었습니다.

이 책이 미래세대와 생태철학의 토양이 되고 거름이 되고 씨앗이 되었으면 합니다. 그리고 작금의 코로나19 사태와 기후 위기 상황을 극복하고자 노력하는 사람들에게 유용한 아이디어와 힌트, 단서를 주는 참고도서가 되었으면 좋겠습니다. 지금 여기 우리가 당면한 기후 위기의 심도가 너무도 막대하여 넋을 놓거나, 될 대로 되라거나 침울해 하는 사람들에게 이 책이 생태철학의 전략적 지도 제작을 가능하게 하는 영감과 활력을 주는 책이었으면 합니다. 2013년도에서 2020년도까지의 생태계 위기와 기후 위기 전개 과정을 보면, 어쩌면 이미 한 세기가 끝나 가는 느낌도 듭니다. 달콤하고 부드럽게 문명 내에서 누리고 살던 시대가 가고, 문명 자체의 위기와 절멸의 위협 속에서 끊임없이 분투하며 모색하고 실천해야 하는 시대가 다가왔습니다. 그리고 문명을 전환하지 않고서는 생존할 수 없다는 절박함도 어느 때보다 널리 퍼져 있습니다.

이 책은 울산의 한 대학에서 강의 교재로 6년간 쓰였습니다. 그리고 수업하는 교수는 학생들로부터 많은 질문을 받았으며, 그 질문들이 이 개정증보판의 문제의식의 핵심을 이루게 되었습니다. 책이 여럿의 다양한 독자에게 읽힐 때, 그것은 사적 전유물이 아니라 커먼즈(commons)의 영역으로 변모하는 것 같습니다. 학생들의 집단지성을 통해서 첨삭하고 부연하고 덧붙이고 가감되었던 부분이 이 책의 개정증보판이 만들어지는 과정에서 크게 참고가 되었습니다. 이 책이 생태적 지혜의 향연으로 가기 위한 디딤돌이었으면 좋겠습니다. 하나의 디딤돌을 놓는 것은 다음 돌을 기약하기 위함입니다. 생태적 지혜, 즉 생태철학이 만들 미래의 돌의 형식과 성공 여부는 지금-여기-가까이에 있는 현재의 돌에 달려 있다는 생각도 듭니다.

이 책이 생태계 위기, 기후 위기를 극복하기 위해서 쓰일 수 있는 연장(tools) 중 하나였으면 합니다. 책이 저자의 손을 떠날 때 그것은 더 이상 저자의 것이 아니라 수많은 사람들의 것이 됩니다. 그래서 사람들의 손을 타고, 매만져서 반들반들해지고, 손때가 묻는 것이 참 좋겠다는 생각이 듭니다. 더불어 이 책이 수많은 사람들이 전환사회로 향할 때 사용할 나침반이자, 지침서가 되기를 바랍니다.

이 책의 개정증보판이 있기 위해서 가장 큰 힘이 되어 준 도서출판 모시는사람들의 박길수 대표님께 감사드립니다. 더불어 최수미 교수님, 고은희 교수님, 유정길 선생님, 윤상훈 님, 김용우 님, 주요섭 님, 임지연 님, 이무열 님, 박종무 님, 이승준 님 그리고 언제나 전환사회에 대한 뜨거운 열정과 강렬한 생명 에너지를 갖고 있는 생태적지혜연구소협동조합의 조합원들과, 사랑하는 나의 아내 이윤경에게 이 책을 바칩니다.

2013년 서문

갈라파고스에 간 생물학자 다윈은 진화의 신비를 발견했지만, 만약 갈라파고스에 철학자가 간다면 어떤 일이 벌어질까요? 미노스궁의 미로에 놓인 실타래를 따라가듯이 저는 생명, 생태, 생활의 비밀의 열쇠를 철학자들과 연결시켜서 추적하고 탐색했습니다. 이 일련의 작업에는 철학이 갖고 있는 생각의 경로를 통해서 현재의 문명을 진단하고, 이를 넘어서 대안을 찾고자 하는 저의 의도가 숨어 있습니다.

생명 위기의 시대에 막 접어든 현재의 상황은 생물 종의 대량 멸종 상황과 기후 변화와 온실가스의 과도한 배출, 에너지 위기와 석유정점(피크오일), 생명의 도구화 등의 위기의 깜빡이로 경고음이 들리고 있습니다. 그래서 저는 이러한 전반적인 위기의 상황으로부터 벗어날 색다른 사유의 경로의 단상과 영감을 얻고자 철학자들의 사상을 뒤적이기도 하고, 환경전문가들과 인터뷰를 하기도 하고, 때로는 직접 현장방문을 하고, 전화를 걸어 취재를 하기도 했습니다. 그런 의미에서 이 책은 저의 실존적인 방황과 대안을 향한 모색, 삶의 재발견의 과정이기도 합니다.

철학이 생명 위기 시대에 나침반이 되고 지도가 된다면 얼마나 흥미진진할까요? 프랑스 철학자 펠릭스 가타리의 에코소피(Ecosophy) 사상은 저에게 큰 영감을 주었습니다. 그래서 생명, 생태, 생활을 범주로 한 삼원다이어그램을 그려보았습니다. 그리고 세부적으로 '생명'의 문제에서는 야생동물, 공장식 축산업, 실험동물, 동물권 등을 배치해서 철학자들의 사상과 이종결합을 시도했습니다. 또한 '생태'의 문제에서는 마음생태, 자연 생태, 사회생태라는 세 가지 생태학의 구도를 더 발전시키려고 했습니다. 마지막으로 '생활'의 부분에서는 탄소중독적인 문명이라고 할 수 있는 TV, 자동차, 아파트, 육식 등의 삶의 방식을 진단했습니다. 그리고 외연적이고 실물적인 성장이 아닌 관계의 성숙을 통한 발전을 모색하기도 하고, 재생 에너지에 대한 탐색과 생태계 보존, 화석연료 정점의 문제도 다루어 보았습니다.

마치 어떤 전략에 따라 사람들을 배치하듯이 각각의 생태문제에 철학자들의 사상을 배치해서 문제 해결의 단서를 찾으려고 시도하였습니다. 그것은 플라톤에서 들뢰즈와 가타리까지 이르는 철학사 전반을 다시 재검토하는 작업이었고, 철학의 의미 좌표를 신중하고 조심스럽게 생태계의 관계성좌에 그려 나가는 작업이었습니다. 그것은 이미 결론이 나와 있는 관광이 아니라, 결론도 목적도 없이 떠나는 여행과 같은 것이었습니다. 마치 밤길을 헤매다가 친구를 우연히 만나 반가워하는 것처럼 철학자와 조우하는 우발성에 따라 생각의 경로를 바꾸어나갔습니다. 그 결과 기존에 우리가 익히 알고 있던 철학자들의 사상이 생태철학자로 재탄생하였습니다.

철학은 정의(definition)에 따라 경화되고 침범될 수 없는 관계 외부의 지적 구축물이 되는 방향과, 문제의식에 따라 부드러워지고 언제든 개입이 가능한 관계 내부의 지혜의 방향이라는 두 가지 방향성에서 움직입니다. 저는 후자의 노선을 좀 더 발전시켜 나갈 의도를 가지고 철학을 마음껏 변형하였습니다. 자본주의의 등가교환을 가능케 할 아카데미 고정관념을 발전시킬 의도는 추호도 갖고 않았습니다. 그러자 모든 사람들이 철학자가 되었고, 모든 삶이 철학의 문제의식이 되었습니다. 그래서 색다른 문제의식으로 가득 찬이 책이 탄생하게 되었습니다.

이 책은 세상을 관조하도록 만드는 창문이 아니라, 거주지를 벗어나서 세상에 들락날락하며 접속을 만들어낼 뒷문(back-door)이 되었으면 좋겠습니다. 이 책을 읽어야 할 사람은 다음과 같습니다.

○자신의 삶에서의 변화가 세상을 바꿀 수 있다고 생각하며 이를 실천하려는 가정주부

○생태적 위기에 대해서 눈떠서 자신의 활동을 사회적이고 공동체적인 것에서 출발하려는 청년들

○기성세대가 알려주는 정상영업 상태의 자본주의의 표준적 인간형을 거부하며 대안을 모색하는 학생들

○철학을 통해서 새로운 생각의 경로를 모색하며 자신의 현실을 바꾸고자 하는 직장인들

○성장보다 발전을 통해서 관계를 성숙시키며 경쟁사회의 승자독식에 대해서 문제의식을 갖고 있는 협동조합의 조합원들

○생명과 동물이 처한 상황에 대해서 문제의식을 가지며, 생명보호가 인류가 풀어야 될 숙제라고 생각하는 반려동물을 키우는 사람들

○생명, 생태, 생활을 바꿈으로써 환경 위기를 극복하려는 NGO 단체의 활동가들

이 책을 통해서 생명 위기 시대를 극복하기 위한 대규모 주체성 생산의 시대가 개방되기를 희망합니다. 이는 현재의 지구의 위기가 심각한 상황에 도달해 있고, 이를 극복하려는 색다른 삶의 형태와 마음의 변화가 필요하기 때

문입니다. 변화는 아주 미세한 균열과 같은 색다른 마음으로부터 출발합니다. 그래서 이 책은 미세한 마음의 변화를 만들어낼 잔잔한 울림과 향기를 가진 독서의 소재가 되었으면 좋겠습니다.

이 책이 있기까지 수많은 사람들의 조력과 조언이 숨어 있습니다. 전남대 윤수종 교수님의 논문을 통해 자유라디오운동을 설명할 수 있었으며, 마을지원센터장 유창복 님은 마을 만들기의 일련의 과정을 들려주었습니다. 또한 제주도 강정마을 평화활동가 최경한(동소심), 녹색당의 조상우 님과 정유진 님, 장정화 님, 스폰지밥 님, 녹색당 개나소나 모임의 한쏭 님, 이지현 님, 소망농원 여러분들, 한겨레두레공제조합의 박승옥 대표님, 참살이연구원 최윤하(참살이), 개똥이네 책방의 정영화 님, 모심과살림연구소 주요섭 님과 이근행 님, 전 환경정의연구소 최승철 소장님, 귀농운동본부 텃밭연구소 안철환 소장님, 녹색연합의 윤상훈 님과 신수연 님, 신근정 님, 배보람 님, (사)사람과마을 위성남 님, 풀꽃세상을 위한 모임 이재용 님, 레알텃밭학교 황윤지 님, 에너지기후연구소의 이진우 님, 빈집의 지음 님과 들깨 님, 전쟁없는세상 유민석 님, 풀뿌리자치연구소 강내영 님, 22days 배병호 님, 동물보호시민단체 카라의 박상희 님과 김혜란 님, 김효진 님, 임순례 대표님, 흙이시를만나면 이상배 님, 지리산생명연대 김휘근 님, 푸른아시아 신혜정 님, 마을연구자협동조합의 현광일 님과 이규원 님, 환경철학회 양혜림 대표님, 김완구 님, 김명식 교수님, 채식인 강대웅 님 등이 조언과 인터뷰, 토론에 참여해 주었습니다. 특히 출간을 기대하고 기뻐히실 홍윤기 교수님과 늘 최초의 독자로서 세심히 조언해 주었던 저의 아내 이윤경 님에게 이 책을 바칩니다. 이 책을 통해 생태적 지혜에 다가가는 계기가 되기를 기원합니다.

차례

지구살림, 철학에게 길을 묻다

2부 세 가지 생태학 — 111

3부 탄소중독적 문명 — 175

1부

동물, 생명, 그리고 철학

01_ 플라톤의 이데아와 동물 실험실

02_ 데카르트의 자동기계와 공장식 축산업

03_ 라이프니츠의 단자론과 동물권

04_ 피터 싱어의 공리주의와 동물 해방

05_ 들뢰즈 · 가타리의 동물 되기와 야생동물 보호

01_ 플라톤의 이데아와 동물 실험실

동물 실험의 천국, 대한민국에서

지금으로부터 10년도 더 전인 2009년 여름, 나는 한 대학의 동물 실험실을 방문했다. 2008년부터 동물실험이 이루어지는 모든 곳에 의무적으로 실험동물윤리위원회가 설립되었고, 나는 동물보호단체의 추천으로 실험동물윤리위원이 되어 대학에 배치되었다. 그리고 현재까지 계속 실험동물 윤리위원으로 활동하고 있다.

당시 처음 동물 실험실을 방문했을 때의 느낌이 아직도 생생하다. 나는 실험실 밖에서 커피를 마시며 심호흡을 하고, 앞으로 보게 될 광경에 미리 마음의 준비를 하고 있었다. 소독용 공기가 분사되는 위생소독실을 지나 실험실에 들어가 보니 달걀만 한 생쥐(마우스)와 덩치가 큰 들쥐(레트) 수천 마리가 케이지 속에서 수선스럽게 움직이고 있었다. 마치 식사시간에 초대된 손님을 맞듯 반가워하는 것만 같았다. 내 마음속에는 만감이 교차했다. 그저 서류상으로 보던 동물이 아니라, 살아 있는 실험동물을 본 것은 그때가 처음이었다.

대부분의 사람들은 동물 실험실이 어떤 곳인지 잘 알지 못한다. 실험실은 외부와 차단되고 극도의 보안이 이루어지는, 아주 비밀스럽고 차가운 공간이다. 직접 방문해 보니 실험실은 아파트형으로 쌓여 있는 케이지, 차단 방음벽, 온도·습도를 조절하는 장치, 먹이와 실험동물을 운반하는 컨베이어 벨트들로 이루어져 있었다. 수많은 동물이 움직이는 소리가 들리지만 사실 시설 자체는 너무 조용해서 마음조차도 싸늘해지는 느낌이었다. 실험실 한 구석에는 실험이 끝난 동물을 이산화탄소 가스로 안락사를 시키는 장치가 있었고, 폐기하기 전 동물 사체를 보관하는 냉장고도 있었다. 케이지마다 붙어 있는 라벨에는 어떤 실험을 하고 있는지 적혀 있었는데, 대부분 독성 실험이나 세포반응 실험(in vitro)에 뒤이어 이루어지는 생체반응 실험(in vivo)과 관련되어 있었다.

전 세계적으로 실험동물로 쓰이는 숫자는 한 해 5억 마리 정도다. 그중 우리나라에서 한 해 실험에 동원하는 쓰이는 실험동물의 숫자는 2019년 기준으로 371만 마리다.(2018년 기준 1만5천 마리 감소, 사상 최초 전년 대비 감소)대부분의 실험동물은 생명공학이나 의료적 이유로 인체 실험 전 단계에서 쓰이는데, 우리가 생활 속에서 자주 접하는 화장품, 의약품, 생활용품 등은 실험동물의 죽음을 대가로 만들어진 것이다. 우리가 평소 무심결에 먹던 감기약 한 알을 개발하기 위해 수천 마리의 실험용 쥐가 동원되며, 로션 같은 화장품을 개발하기 위해서도 수백 마리의 토끼가 동원된다. 이러한 실험동물의 숫자는 하루가 다르게 늘고 있으며, 2014년에는 안정성평가위원회(KIT) 정읍분소가 민영화를 추진하면서 외국의 실험동물을 사들여 와 실험을 수행하겠다는 발표한 바도 있다. 그 후로도 동물실험은 규제가 까다로운 서구 국가로부터 위탁을 받아 국내에서 진행되고 있다.

그렇다면 폐쇄된 실험실에서는 무슨 일이 벌어지고 있는 것일까. 몇몇 보고서와 문헌을 통해 알려진 실상은 아비규환과 다름없다. 급성 독성 실험에서는 우리가 마시는 커피 500잔의 함량에 해당하는 카페인 물질이 쥐에게 투여되는 경우도 있고, 쥐의 등이며 머리며 내장에 암 세포가 이식되어 덩어리로 자라도록 만드는 경우도 있다. 암 퇴치를 위해 주로 하는, 쥐를 이용한 실험은 인간 임상실험과 큰 편차를 보이는데도 동물 실험실에서는 그런 종간 차이는 아랑곳하지 않는다. 암-마우스 실험은 일종의 관행에 의한 따른 실험이라고 할 수 있다.

또한 이미 유해성이 알려져 있는 담배 독성 실험에 수많은 들쥐가 동원되어 불필요한 실험을 하는 경우도 있다. 인간의 임상에서 이미 암과 각종 질병을 유발하는 것으로 보고되고 있는 담배의 독성을 굳이 동물실험을 통해 재입증할 필요가 있을까. 다국적 담배 회사들은 마치 기업이 사람들의 건강을 위해 기여하는 것처럼 보이게 하기 위해서 불필요하게 연구비를 동물 실험에 지출하는 경우가 많다.

우주 공간에서의 실험의 상징으로는 라이카라는 강아지가 있다. 인간이 우주선을 타고 우주 공간으로 나가기 전에 우주 공간에 나갔던 최초의 지구 생명체는 '라이카'라는 강아지이다. 이 강아지는 1957년 11월 3일 '소비에트의 영웅'이라는 칭호를 받으며 우주선(스푸트니크2호) 캡슐 안에 앉아 있어야 했다. 라이카는 그렇게 돌아올 기약 없이 머나먼 우주 공간으로 튕겨져 나간 후 몇 시간 만에 '공포 때문에' 심장마비로 죽고 말았다. 라이카는 소련 당국의 거짓 선전('일주일 정도 생존하고 안락사')에 의해 아이들의 세계에서는 꿈과 희망의 동물이 되었지만, 사실은 군사적인 목적의 동물실험의 상징이기도 하다. 이제까지 이루어졌던 핵실험이나 방사능 실험, 우주 실험, 군사적 목적의 실험에서는 거의 항상 동물실험이 이루어졌으며, 대부분의 실험동물들은 끔찍한 고통 속에서 참혹하게 죽어야 했다.

2013년 유럽연합에서 '영장류 실험 금지법안'이 통과되었다. 그때 실험실 철문을 열고 바깥으로 나온 원숭이들의 어리둥절한 표정을 사진으로 보고, 나는 눈물이 핑 돌았다. 그들은 땅을 밟고는 기분이 좋아져서 몇몇은 뒹굴고 있었고, 몇몇은 서로를 얼싸안고 있었다. 마치 아우슈비츠 수용소에서 살아남은 생존자들의 다큐를 보는 것 같았다. 대학 시절 노동자 집회에 갔다가 경찰서 유치장에 잠시 갇혀 본 경험이 있는데, 겨우 48시간 동안이었지만 답답함 때문에 내내 다리를 떨었다. 마치 실험동물이 좁은 케이지 속에서 왔다 갔다 하면서 미쳐서 똑같은 행동을 하는 정형행동(stereotyped behavior , 定型行動)처럼 말이다. 그때의 기억을 생각하면, 실험동물이 좁은 케이지 안에서 느꼈을 답답함과, 언제 어디에서 날카로운 주사기와 시퍼런 메스가 다가올지 모른다는 공포감에 아주 작게나마 공감할 수 있다.

70년대 말 초등학교 다닐 때의 개구리 해부 실험 경험도 공포스런 기억이다. 해부용 메스를 들고 선생님이 '배를 갈라라', '핀을 고정시켜라' 지시하는 대로 따라하려고 개구리를 자세히 들여다볼 때는 다른 사람의 알몸을 들여다보는 것처럼 부끄러웠다. 그리고 해부되어 내장을 드러낸 개구리를 보고는 커다란 죄책감을 느끼고 말았다. 학교에서는 생명의 신비와 경외를 가르친 것이 아니라, 생명의 죽음과 고통을 가르쳤던 것이다. 교실 한쪽에 내가 해부한 개구리가 포르말린 용액에 담겨 전시되어 있는 것을 떠올리기만 해도 학교에 가기가 싫어졌다. 초등학생인 나에게 우리 반 교실은 일종의 실험실과 같은 공간이었던 것이다. 그리고 당시 큰 비가 내려 학교를 가지 않는 꿈을 자주 꾸었다.

이데아 세상, 폐쇄된 실험실 환경

2016년부터 대학에서 몇 번 과학철학 과목을 강의하면서, 나는 객관적인 진리가 있다는 플라톤의 실재론에 맞서 반(反)실재론의 입장에서 강의록을 준비하였다. 내가 푸코, 들뢰즈, 가타리, 데리다 등의 영향을 받아 반실재론 입장에 서 있었기 때문이기도 하지만, 전통적인 아카데미의 학풍에 도전하고 싶은 생각도 있었다. 기성 강단철학자들은 극단적으로 플라톤의 실재론을 추종하면서 이를 토대로 쌓아올린 아카데미라는 지적 구축물에 자족한다. 하지만 나는 철학이 '네모는 네모다'라는 식의 고정관념에 사로잡히는 것이 아니라, 네모가 세모가 되고, 세모가 원이 되고, 원이 별표가 될 수는 없는지, 되어서는 안 되는지를 묻고 그 답을 찾아가는 것이라고 생각한다. 철학은 다채로운 변화를 유발하는 잠재성의 뾰족한 측면을 개념화하는 작업이며 이에 따라 현실 세계는 욕망과 사랑, 정동의 비표상적인 흐름이 갖는 잠재성 자체이지, 표상적인 고정관념으로 이루어진 실재(the real)가 아니라는 생각에서였다.

플라톤의 실재론에서는 진짜 동그란 원이 실재한다고 얘기한다. 편차와 차이가 있는 현실에서는 진짜 동그란 원이 없지만, 이데아 추론이라는 수학적 추론과 논리적 논증 과정에 따라가다 보면 진짜 동그란 원이 머릿속에 있다는 것을 입증할 수 있다는 것이다. 가장 이상적이고 완결되고 원형 상태의 '원본'(이데아) 관념을 생각해낸 순간, 과정 속에서 사본이 일으키는 복제복사의 변화 과정과, 원본과는 거리가 먼 현실 세계인 시뮬라크르(simulacre)는 사라지고 완결된 무엇인가가 어딘가에 실재할 것이라는 생각을 품게 된다. 이상과 현실의 간극에도 불구하고, 진리가 존재한다는 믿음 체계를 만들어낸다.

내가 플라톤의 『메논』과 『국가』를 처음 읽은 것은 2006년 여름이다. 소크라테스와 제자들 간의 대화 내용을 담은 다소 지루한 장광설의 텍스트를 세미나 시간에 읽어 나갔는데, 그것은 단순히 역사적인 기록이 아니라 플라톤이 철학적 인물인 소크라테스의 입을 빌려 얘기하는 것이었다. 가장 기억에 남는 것은 플라톤이 이 저작을 통해서 먼저 '덕이란 무엇인가?'라는 질문을 던졌던 것이다.

그런데 참 난감하게도 덕(the virtue)을 정의하려고 한다면 문제가 그렇게 간단치 않다는 것이 금세 드러난다. 자유인의 덕과 노예의 덕, 아이의 덕과 여성의 덕, 청년의 덕과 노인의 덕이 모두 다를 것이기 때문이다. 그 많은 덕을 하나의 개념(형상)으로 끌어올리지 못한다면 결국 보편적인 덕에 도달하지 못하고 좌절하고 말 것이다. 그러나 플라톤은 모든 개별적인 덕 이전에 가장 보편적인 덕이 실재한다는 것을 논증하려고 든다. 추상적인 덕이라는 실재에 도달하기 위해, 현상적인 모든 것의 나머지, 잉여, 잔여물을 모두 탈색시키고 공통적인 것(이라고 생각되는 것)만을 추출하여 공통적이고 본질적인 덕의 형상으로 나아간다.

하지만 'X란 무엇인가?'라는 개념 정의를 집요하게 파헤치는 논증 속에서, 나는 무엇을 정의(definition)하면서 결론을 내리는 것보다는 어떤 질문을 던지며 지도를 그리는가가 더 중요한 것이 아닌가 하는 의문이 들었다. 노예가 자신을 노예라고 규정한 정의로부터 변화하지 못하고 그저 노예의 덕만을 실현하는 것이 이상적이라는 생각은 도대체 어떻게 생겨난 것일까? 그것은 국가만능주의자들에게만 이상적인 세상이 아니고 무엇이겠는가? 그런 점에서 의미의 논리는 권력의 논리이다.

그러나 플라톤의 『국가』는 처음부터 끝까지 일관되게 이러한 논조를 유지하고 있다. 결국 플라톤의 논리대로라면, 변화란 불가능하며 본질적인 실재는 영구불변한 것이다. 마치 인도의 카스트 제도처럼, 변화하지 않는 본질적인 실재가 존재하는 세상이 플라톤이 꿈꾸었던 이데아 세상인 것인가. 생명은 모두 다르고 자기만의 방식으로 살아간다. 그 다채로움을 완전히 배제한 것이 실재라면 그것은 실험실 안의 모르토르를 의미할 것이다. 그래서 사르트르가 "실존은 본질에 앞선다"라고 했을 때 어찌나 속이 시원하던지 해방감이 폭풍처럼 밀려들었던 적도 있다.

사실 플라톤의 이데아는 지식인의 유토피아였고, 철학자의 이상향이었다. 플라톤이 철인정치의 전형으로 지목한 것은 이집트 파라오의 공포정치였다는 점은 이상한 일이 아니다. 플라톤의 이데아처럼 객관적이고 참인 진리가 존재할 것이라는 생각은 일종의 이론적인 진공 상태인 이상화된 공간을 만들어낸다. 근대의 파스퇴르는 세균을 검출하는 실험을 하기 위해서 바깥 공기와 격리된 구부러진 관을 가진 플라스크(flask)를 만들어냈다. 이 실험의 또 다른 의의는, 격리와 폐쇄를 통해 완전히 현실과 다른, 과학적인 이론이 구현될 이상적인 공간을 사상 처음으로 만들어냈다는 것이다.

근대 과학은 서로 연결되어 있는 종합적 현실을 어떻게 분리할 것인가 하는 문제의식으로부터 시작된다. 실험실이라는 이상적인 평균 상태의 공간이 필요해진 것이다. 그것이 분석실재론으로서의 과학의 출발점이었다. 플라톤주의의 핵심은 본질과 이유에 대해서 대답하려는 형이상학의 차원이었다면, 분석실재론의 핵심은 기능과 작동에 대해서 대답하는 전문가 집단의 차원이었다. 결국 둘 다 문제제기를 대답에 종속시키는 실재론적인 지식 체계에 불과하다. 그것이 엄밀한 의미의 진리라며 굳고 엄숙한 얼굴을 하는 사람들이 희극적이기까지 하다.

실험동물에 대한 최소의 윤리

대부분의 사람들은 동물 실험이 의학의 발전을 위해 부득이하며 필수적이라고 주장한다. 인간 생명을 살리기 위해서라면, 동물의 희생은 달갑지 않지만 감내해야 한다는 것이다. 그러나 생명을 살리는 일과 상관없는 동물 실험도 있다. 화장품 실험에 동물들이 동원되는 것이다. 여성들의 립스틱, 로션, 파우더가 만들어지기까지 한 제품 당 수천 마리의 토끼가 눈꺼풀에 고정장치를 하고 묶인 상태에서 화장품 원료를 각막에 투여 받는 실험을 당한다. 이를 드레이즈 테스트(Draize Test)라고 부른다.

화장품과 여성, 그리고 수많은 실험동물들은 보이지 않는 영역에서 교차되어 있다. 동물 실험실의 폐쇄된 공간이 여성의 외관적 아름다움을 만들어 내는 공간이기도 하다는 점은 상당히 기괴한 의미 구조를 이룬다. 마치 〈시계 태엽 장치의 오렌지〉라는 영화의 한 장면에서처럼, 일렬로 선 수천 마리의 토끼가 안구에 고정 장치를 달고 있는 그로테스크한 광경이 펼쳐져 있는 것이다. 화장품이 만들어내는 외양적인 아름다움의 이면에는 보이지 않는 곳에서의 수많은 토끼의 고통이 숨어 있다. 내가 아는 한 친구는 생협(생활협동조합)에서 생산하는 화장품만 쓴다면서 자신의 화장품 주머니를 열어 보여주었는데, 거기에는 토끼 귀 마크가 찍힌 화장품들이 있었다. 토끼 귀 마크는 동물 실험을 안 한 화장품이라는 표시라고 한다.

동물 실험실이 인간 생명을 살리는 데 필수적이라는 주장이 설득력을 잃는 영역이 화장품이지만, 여전히 의료산업의 주장에는 목소리에 힘이 있다. 심근경색이나 관상동맥 실험에서는 쥐나 토끼의 두개골을 개복하여 인위적으로 혈관을 묶는다. 그러면 쥐나 토끼는 어지러워서 뱅글뱅글 제자리를 돌거나, 케이지에 머리를 박고 비틀거린다. 군사용 실험은 좀 더 잔혹하다. 1983년에서 1991년 사이에 미국 육군에서 이루어진 동물 실험에서는 철갑탄환을 수천 마리의 고양이 머리에 쏘는 실험을 수행했다. 대부분의 군수업체에서 제작된 탄환이나 무기에 꼬리표처럼 따라붙었던 것이 바로 동물 실험이었다. 이렇게 되면 동물 실험이 모두 생명을 살리기 위해 꼭 필요한 실험이라는 것도 설득력을 잃게 된다. 생명을 죽이는 실험에도 아주 빈번히 이용되어 왔기 때문이다.

동물 실험이 반드시 필요하다고 주장하는 이들이 제시하는 또 다른 논리로는, 인간에 대한 생체 실험 이전에 독성이나 약리적 생체 반응에 대한 기초 데이터가 필요하다는 것이다. 그러나 독성 실험의 경우만 해도, 실험동물과 인간의 독성 편차는 5~40퍼센트 정도로 오차 허용 범위를 한참이나 벗어나 있다. 오차 범위가 1퍼센트만 돼도 유의미한 결과를 얻을 수 없는 것이 첨단 생명공학이라 칭송되던 동물 실험인데, 근본적으로 인간과 동물 간의 생리적 반응이 이 정도로 다르다는 사실은 동물 실험을 왜 굳이 해야 하는가 하는 근본적인 질문을 던지게 한다. 예를 들어 인간과 가장 가깝다는 영장류의 경우조차 DNA가 97~99퍼센트 정도밖에 일치하지 않아서 고도의 정확도를 요구하는 유전자 형질 실험에서 정교한 결과를 얻을 수 없는 상황이다. 여기서 유전자 1퍼센트의 차이는 그리 문제되지 않을 수 있다고 생각할 수 있다. 그럼에도 불구하고 나무와 인간의 유전자 차이가 약 30퍼센트 정도라는 점을 생각해 보면 아주 큰 차이라는 것을 알 수 있다. 그러나 대부분의 유전자 형질 관련 동물 실험에는 영장류가 동원된다. 그것은 이미 오류를 전제로 데이터를 만들겠다는 것이 아닌가.

동물 실험이 필수적이라는 모든 주장의 근거에는, 동물의 희생에 따른 생명 가치의 손실에도 불구하고 의료적 가치나 생명공학적인 가치가 그것을 상회하는 경우에는 동물 실험이 유효하다는 것을 전제로 하고 있다. 그러나 생명의 존엄과 가치는 계산하거나 비교할 수 없다는 점에서, 손익분기적 관점으로 평가하는 방법론은 생명에게는 해당사항이 없다고 볼 수밖에 없다. 즉, 생명의 가치는 계산될 수 없는 것이다.

동물을 도구화하고 어떤 윤리적 기준 없이 이용하는 것은 결국 인간 자신에게 돌아온다. 몇 년 전 황우석 논쟁은 배아줄기세포 자체가 생명윤리를 위배하는가에 대한 근본적인 질문을 던지게 만들었는데, 생명공학의 발전을 위해 생명윤리 자체를 고려하지 않는다는 것은 생명을 도구화하는 유사 파시즘일 뿐이다. 인간에 대해 생체 실험에 착수했던 사람들이 원래 동물 실험실을 운영했던 수의학자들이었다는 것은 동물실험이 인간 생체 실험과 연결되어 있다는 점을 보여준다. 생명을 조작하고 도구화하였던 동물 실험은 그것으로 그치는 것이 아니라, 인간을 대상으로 하는 실험과 조작으로 향한다. 동물윤리에 둔감한 태도가 인간의 생명윤리에 대해서도 둔감하게 만들고, 나아가 의료윤리, 연구윤리, 실험윤리조차도 무시하게 만드는 토양이 되었다.

나아가 첨단 생명공학이 적용되는 동물 실험실에서는 수많은 생명조작동물들이 만들어지고 있다. 일종의 기형이나 돌연변이라고 할 수 있는 이러한 실험동물들은, 동물 실험실이 이미 동물 공장이나 어떤 특정 개체의 특성을 완전히 뒤바꿔 버리는 창조주들의 공간으로 나아가고 있다는 점을 보여준다.

동물 실험실을 평가할 때마다 느끼는 것이지만, 왜 동물 실험실이 실험 데이터를 얻기에 가장 이상적인 이데아 공간이라고 여겨지면서도, 생명의 절규가 곳곳에 스며들어 있고 자연스러움이 사라진 폐쇄된 감옥 같은 공간이라는 생각을 떨쳐버릴 수 없는 것일까? 플라톤은 과연 이데아를 얘기하면서, 이런 동물 실험실의 상황을 한낮의 꿈으로라도 상상할 수 있었을까?

플라톤이 생각한 이데아, 플라톤이 생각지 못한 이데아

내가 플라톤의 이데아 세상으로부터 동물 실험실을 떠올리는 것도 이 때문이다. 생명 각각의 개체가 갖고 있는 특이성과 창의적인 능력이 모두 보편적이고 추상화된 질서 속에 놓이게 되는 것이 실험실 공간이다. 실험실에서는 어떤 쥐가 색다른 환경에서 어떻게 움직이느냐는 중요치 않다. 어떤 일정한 실험 조건에서 공통되게 반응하는 방식이 더 중요하다. 자유롭게 선택하고 활동하는 생명의 모습은 무시되며, 단지 실험 데이터 기록지에 담긴, 보편적인 수준으로 추상화된 특성만이 중요하게 취급된다. 결국 풍부한 행동양상을 띠는 생명 현상은 실재론자의 입장에서는 설명할 수 없는 것이 되며, 생명의 신비란 마치 죽은 화석을 뒤지거나 해부를 해보는 등의 방식으로밖에는 알 수 없는 것이 된다.

변화하고 차이가 있는 경험 세계와 변화하지 않고 고정되어 있는 실재 세계를 분리하는 이원론적 입장에서는, 만물이 변화하는 것은 실재하는 것이 아니다. 그러므로 생명이 살아 움직이고 진화하며 생성되는 모든 과정도 실재(the real)가 아니다. 가장 보편적인 형상만이 실재이기 때문에 개체들의 특이성(singularity)은 철저히 무시되고 배제된다. 이런 플라톤의 보편적인 형상(이데아)은 어떤 개체적 속성도 배제된 채 똑같은 조건에 가두어져 있는 실험동물의 모습과 같다.

실험실에서는 데이터에 오류가 날 수 있는 모든 차이와 편차가 배제된다. 실험실에서 과학자가 알아야 할 것은 변화하지 않고 고정된 실재적인 데이터이다. 그렇기 때문에 밀폐된 환경에서 똑같은 조건을 부여하는 게 중요하다. 그들에게 실험실 내부야말로 실재론이 지배하는 진짜 세상이라면, 실험실 밖의 세상은 비실재론적인 가짜 세상이다. 그러나 실험실 쥐가 암 덩어리를 등 뒤에 이식받고 좁은 케이지 속에서 힘겹게 살아가는 것은, 실제 자연에서 살고 있는 쥐들이 겪을 수 있는 현실이라고 할 수 있는가. 플라톤의 실재론이 조성한 현실은 가장 추상화되어 있으면서도 이상적으로 조작된 현실이기 때문에, 오히려 진짜 세계가 아닌 허구와 가상의 세계일 가능성이 높은 것이다.

사실 플라톤의 실재론은 보편 진리와 지식의 성립에 대한 근본적인 토대를 조성하고 있다. 이를테면 '삼각형 세 각의 합은 180도이다'라는 규정은, 경험될 수는 없지만 그 논리 내에서는 예외를 인정할 수 없는 진리로 받아들여진다. 이렇게 '객관적인 진리가 실재한다'고 생각하는 방식이 이제까지의 아카데미와 철학, 학문의 주춧돌이었다고 할 수 있다. 이러한 진리는 편재성(遍在性), 무장소성, 무역사성, 무시간성의 초월적인 지식이며, 개체들 간의 차이와 다양성을 배제한 지식이다. 동시에 지독한 고정관념으로서의 지식이다. 그리고 동물 실험실은 이러한 플라톤 식의 진리가 거주하는 공간이다.

라투르의 반실재론과 사회적/생태적 연결망

플라톤의 실재론과 동물 실험실을 연결시켜 사유할 수 있는 단서를 제공한 사람은 프랑스 과학철학자인 브뤼노 라투르(Bruno Latour, 1947~)이다. 라투르의 행위자네트워크이론(ANT: actor network theory)은 생명, 사물, 인간, 기계, 미생물 등을 넘나드는 혼종적인 주체성 양상을 드러내는 이론이다. ANT이론은, 프랑스 철학자 질 들뢰즈(Gilles Deleuze, 1925~1995)에 의해서 창안된, 인간/비인간의 횡단면을 구성하는 배치(agencement)라는 개념과 유사성을 띤다.

라투르는 돼지 뇌 3,000개를 녹여서 만든 TRF라는 물질은 실험실에서는 실재하지만 자연 환경에서는 존재하지 않는 물질이라고 말한다. 마찬가지로 '정확한 수치를 가진 당뇨병이 실재하는가?'에 대해서도 질문을 할 수 있다. 의사들은 정확히 어느 수치부터 당뇨가 실재한다고 말하지만, 사실 당뇨가 어떤 수치부터인지는 실험실 환경에서나 측정될 수 있는 것이지 현실에서는 매우 다른 편차를 띠며 다양한 양상으로 드러날 수 있는 것이다. 그래서 정확한 수치의 당뇨병은 의학에서만 실재하는 것이다. 마찬가지로 '쿼크입자가 실재하는가?'라는 질문을 던져볼 수 있다. 입자가속기에 따라 초극미세입자가 될 때 발생되는 쿼크입자는 사실상 과학 실험실에만 실재하지 자연환경의 현실에서는 존재하지 않는다고도 할 수 있는 대목이다. 이렇듯 반실재론의 질문은 의학, 생명공학, 과학 등에서 당연히 진리라고 여기던 것들에 대해 의문을 던진다.

라투르의 실재론에 대한 문제제기는 과학철학에 뿌리 깊게 자리 잡은 실재론에 대한 반발이라고 할 수 있다. 그는 '객관적인 진리가 존재한다'는 명제가 사실은 실험실 외부에 있는 진짜 현실에 대한 것이 아니라, 조작되고 인위적으로 조성된 실험실 환경에서만 적용될 수 있는 진리라는 것을 말하고 있다. 즉, 플라톤의 이데아 세상은 현실 세상을 넘어 아주 다른 진리의 공간을 조성해 냈으며, 그것은 마치 실험실과도 같은 이상화된 공간일 뿐인 것이다.

과학철학 논쟁에서 반실재론은 극단화된 상대주의로 간주되어 왔다. 여전히 주류 과학은 분석실재론의 영향으로 종합적인 현실을 단칭명제로 잘게 분해시켜 각각의 반증가능성(Falsifiability)에 따라 참과 거짓으로 정보 값을 나누어 평가하는 관행을 유지하고 있다. 그러나 이를 다시 종합적으로 평가하고자 할 때 연결망의 배치, 즉 행위자네트워크(ANT)는 늘 문제가 될 수밖에 없다.

플라톤의 실재론이 근대로 계승된 이래, 학문적으로 엄밀한 '객관성'을 갖는 띠는 결국 학문의 목표라고 생각되는 경향이 있어 왔다. 그러나 '객관'에 대한 반박은 의외로 과학 자체에서 반증되었다. 아인슈타인의 상대성 이론과 그 이후의 양자역학은 객관의 지반을 뒤흔들었다. 우리의 관찰이나 분석은 어떤 빛이 눈에 투과되는 관찰 행위에서 비롯되지만, 원자 단위 이하의 물질에 빛(광자)을 쏘이는 순간 이미 그 물질은 튕겨져 나가거나 변화하여 버린다. 이를 '슈뢰딩거의 고양이'의 역설로도 표현한다. 다시 말해 눈으로 보고 관찰하는 것조차도 하나의 개입인 것이다. 이러한 사실은 어떤 경우에도 '객관'이라고 할 수 있는 영역은 없다는 것을 말하고 있다. 여기서 관찰자는 객관을 전제로 한 외부 관찰자가 아니라, 개입을 전제로 한 내부 관찰자일 수밖에 없다.

반실재론은 푸코, 데리다, 들뢰즈, 가타리와 같은 프랑스 철학자들의 철학적인 지반이 되었다. 그리고 필자 역시도 철저히 생활 속에서 반실재론의 입장을 견지해 왔다. 이는 앎은 스스로의 '함'과 '삶'이 구성한다는 점에서의 구성주의(Constructivism)라고도 불려 왔다. 객관적인 진리를 밝히는 것이 철학의 목표가 아니며 진리는 스스로 자기생산(autopoiesis)하고 구성한 것이라고 말하는 순간, 기성 아카데미에 기반한 사람들로부터 진리의 추구를 포기하는 것 아니냐는 강력한 항변을 들어야 했다. 그러나 진리란 그 일을 하지 않고서는 못 배기고, 뜨겁게 그 일을 해 낼 사람이 만들어지고, 열정과 욕망, 열망이 만들어지는 것처럼 구성적 실천의 순간에 등장하는 것이라고 생각한다.

나는 2017년도 말부터 대학에서 더 이상 강의를 하지 않기로 결정했다. 여러 가지 사정이 있었지만 아카데미의 한계를 여실히 느끼고 있었기 때문이다. 그리고 대학이라는 공간이 동물 실험실과 유사한 특징이 있음을 재발견하면서 학문적인 매력이 저하됨을 느꼈다. 대학이라는 공간도 사실은 진리를 보증할 이론적인 진공 상태를 가정한 공간이라고 할 수 있기 때문이다. 물론 오늘날 대학은 고귀한 이론의 상아탑으로조차 기능하지 못하고 취업의 통로가 된 지 오래이며, 이런 해체를 가속화한 원인 중 하나가 실재론의 믿음으로는 아무것도 해결할 수 없는 현실의 변화이기도 하다.

그러고 나서 나는 지인들과 동료들과 함께 '생태적지혜연구소협동조합'을 만들었다. 생태적 지혜는 연결망의 지혜, 돌봄(care)의 지혜, 정동(affect)의 지혜라고도 불린다. 분리시키고 격리시켜 이상화하는 방식, 즉 분석적 실재론의 방식이 아니라, 공유지에서의 연결과 접속, 접촉을 통해서 암묵지, 노하우, 집단지성, 오픈소스 등을 추구하는 것이 생태적 지혜이다. 분석 실재론은 왜(why?)라는 질문을 통해서 본질과 이유, 기능을 묻는다면, 생태적 지혜는 어떻게(How?)라는 질문을 통해 작동과 양상, 과정을 묻는다. 연구소를 만들자마자 많은 사람들이 상상력을 발휘하면서 가입해 왔고, 우리는 지혜와 정동(affect)의 오래된 미래를 향해 탈주하고 있는 중이다.

오늘날 사회적·생태적 연결망으로부터 분리되어 자신과 아무런 관계없는 사람들과 살아가는 1인 가구나, 아파트 등의 고립된 거주공간에서 외로운 개인들은 실험실의 모르모트와 다를 바 없는 삶을 살아간다. 실험실에서 동물들의 상태가 계측되고 평가되듯이, 미시권력의 감시와 통제 이외에 관계의 여지는 축소될 수밖에 없다. 플라톤의 실재론에서 시작되어 근대의 분석실재론에서 완성된 '분리와 격리'의 신화는 사실상 실험실의 환경과 다를 바 없다. 그리고 격리된 공간 속에서 가장 이상화된 진리를 탐색하였던 근대과학의 분석 실재론의 전통이 우리 삶까지 파고 들어와 있다.

그러나 연결망으로부터 벗어난 실험실 속에서의 진리가 과연 현실적인 진리인지 의심할 수밖에 없다. 결국 사람들이 세계를 설명한다는 것은, 자신의 현실 구성 능력과 생활 연관, 참여 관찰 속에서만 세계를 바라볼 수밖에 없음을 의미한다. 프랑스 철학자 들뢰즈가 "한 사람의 죽음은 하나의 세계의 소멸과도 같다"라고 얘기했던 이유도 그 때문일 것이다. 여기서 세계는 미리 주어진 소여(given data)가 아니라, 한 사람이, 혹은 한 생명이 구성해 내는 고유의 현실이다. 그런 점에서 우리는 세계를 재창조해 낼 잠재력을 가진 유일무이한 존재이다.

보이지 않는 것의 윤리와 미학

플라톤의 실재론과 동물 실험실을 연결시킨 것은 일종의 이론적 밀월관계를 밝히는 일과도 같다. 여기서 플라톤이 응시했던 진, 선, 미의 이데아 세상은 '보이지 않는 것의 윤리와 미학'의 문제를 되묻게 한다. 동물 실험은 보이지 않는 영역에 있지만 우리 삶과 밀접한 관계를 맺고 있다. 흔히 이데아를 꿈꾸는 것을 이상주의라고 하지만, 근대과학이 만들어낸 인공적인 이데아 세상(실험실)이 동물들에게는 생지옥과도 같은 곳이 되었다. 그렇기 때문에 보이지 않는 것의 윤리와 미학을 논의하지 않고 이상과 꿈을 얘기한다는 것은 위험한 일이다. 플라톤의 실재론은 진리가 거주하는 공간으로서의 이데아 세상을 얘기하는 것이지만, 결국 그 진리의 공간이 동물 실험실처럼 생명을 희생시키는 공간일 수도 있다는 점이 문제이다.

물론 플라톤이 꿈꾸었던 세상은 이런 종류의 것은 아니었을 것이라고 반문하는 사람도 있을 수 있다. 그도 보이지 않는 영역에 있을 참세상을 꿈꾸었으리라는 것이다. 만약 이데아 세계가 참세상이라면, 생명의 공생과 공존, 생명평화가 이루어지는 세상이어야 할 것이다. 진리를 위해 희생을 정당화하고 생명을 도구화하는 세상은 아닐 것이다. 세상은 실험실에서 조작되어야 알 수 있는 것이 아니라, 각자의 꿈과 상상력이 연결망을 형성하고, 이를 구성적 실천으로 만들어내는 것에 있다. 그러므로 우리가 꿈꾸는 참세상이 객관적 진리의 세상이 아니라 생명 평화의 세상이라면, 꿈과 이상에 대한 다른 생각도 가능할 것이다.

02_ 데카르트의 자동기계와 공장식 축산업

21세기 동물들의 아비지옥

현재의 문명사회는 들숨날숨을 쉬는 생명들에게는 재앙과도 같은 상황이다. 복사용지 한 장 크기의 공간에서 길러진 닭은 단 4주일 만에 도살되며, 거의 대부분이 암에 걸린 채 똑같은 행동을 반복하는 정형행동을 보이며 미친 상태에 놓여 있다. 돼지는 꼬리나 이빨이 잘리고, 흙 목욕이나 모래 뒤지기와 같은 여러 가지 생리적인 활동을 배제당한 채 차가운 시멘트 바닥에서 밀집 사육된다. 특히 어미 돼지는 스톨이라는 철 구조물에 끼여서 죽을 때까지 새끼 낳기를 반복해야 하며, 수태 또한 자연적인 교미가 아니라 완전한 인공 수정에 의해 이루어진다. 소들은 맛있게 보이는 마블링을 만들기 위해서 좁은 우사에 꼼짝도 못하고 묶여 있어야 하고, 어린 송아지는 호텔에 공급되는 연하고 붉은색 송아지고기를 위해서 태어난 순간부터 빈혈에 시달리다 곧 죽어야 한다.

이와 같은 농장 동물의 고통스런 상황에도 불구하고, 그 고통은 인간이 느낄 수 없거나 보이지 않는 영역에 있다. 사실 눈앞에 보이는 생명의 아픔에 대해서 공감하지 않을 사람이 어디 있겠는가? 그러니 공감 능력을 상실한 현대인들이 아파트, TV, 육식, 자동차에 얽매여 자연과 동물, 생명과 두절된 채 살아가는 것은 불행한 일이다.

나는 2008년 동물보호 전문 무크 『숨』의 편집위원으로 활동하면서, 닭 800마리를 넓은 운동장에 풀어 기르는 닭 농장을 찾아간 적이 있었다. 그곳에 가 보니 마당에는 닭을 지키는 강아지가 있었고, 닭들이 무리를 지어 나와서 모래를 뒤지거나 가볍게 불어오는 바람의 흐름처럼 이리저리 움직이고 있었다. 닭을 자연 친화적으로 기르는 농장이어서인지 마당은 넓었고, 닭들은 건강했다. 그러나 농장 주인은 강한 닭들이 약한 닭을 공격하는 카니발리즘에 대해서 걱정을 하고 있었다. 꽤 넓은 공간이었음에도 닭의 본래적인 생태라는 면에서 보자면 상대적으로 좁은 공간이었기에 쪼기 서열이 발생하고, 그 결과 약한 녀석을 집단적으로 공격하기도 한다는 것이었다.

인터뷰가 끝난 후 읍내까지 차로 데려다 주겠다는 농장 주인의 배려에 차를 얻어 탔다. 몇 킬로미터를 가다 보니 방금 전 방문했던 농장의 2~3배나 되는 거대한 창고가 눈에 들어왔다. 나는 궁금해서 "저 창고는 뭐하는 곳이죠?"라고 물었다. 마을 이장이 운영하는 공장식 양계장인데 아마도 3~5만 마리 정도의 닭이 있을 거라는 대답을 들었다. 나는 정신이 아득해졌다. 그리고 누구도 들어올 수 없도록 문을 굳게 닫은 공장식 계사의 진실을 언젠가 꼭 한 번은 알려야겠다고 생각했다.

특히 전자동화된 공장식 축산 시설을 들여다볼 필요가 있다. 이 시설에서 생명체들은 마치 부품들이 로봇에 의해 조립되는 자동차 라인에 선 한 대의 자동차처럼 사육되고 비육된다. 애초에 헨리 포드가 자동차 생산 라인을 만들 때, 도살장에서 벌어지는 체계적인 도살 과정에서 힌트를 얻었다고 한다. 공장식 축사에서는 동물들의 생리적이고 본성적인 속성은 완전히 배제되며 먹이, 빛, 물 등 모든 것이 수치화되고 양화(量化)되어 있다. 좁고 폐쇄적인 아비규환 속에서 동물들은 따뜻한 햇볕도, 신선한 공기와 시원한 물도 없이 자신의 오줌에서 나온 유황 성분에 의해 다리와 식도가 녹아내리고, 면역 체계가 붕괴되어 항생제에 의존하며 겨우 죽지 못해 살다가 도살된다. 또한 이 공장식 축사의 어둡고 습하고 지저분한 환경은 구제역, 조류독감, 광우병, 신종플루, 돼지열병 등의 온상이기도 하며, 어떤 돌연변이가 일어나 질병이 발생할지 모르는, 일반인들이 접근할 수 없는 위험한 구역이기도 하다.

'이렇게 절박한 공간이 만들어지게 된 것은 우리 인간이 동물을 생명으로 보지 않기 때문이 아닐까?' '공장식 축산이 동물을 존엄한 생명이 아니라 그저 이윤을 낳는 도구나 먹거리로 (심지어는 기계처럼) 생각하게 된 태도의 철학적 기원을 찾자면 무엇일까?'

의문을 가지고 추적해 가다 보면 대부분의 경우 다름 아닌 데카르트의 '자동기계' 개념과 만나게 된다. 생명의 고통에 무덤덤한 반응을 보이는 생각들의 인식론적 기반 중 많은 부분이 사실상 데카르트에게 빚지고 있다. 그래서 나는 공장식 축산업의 지표 개념으로 데카르트의 자동기계를 생각한다. 그가 언급한 '의식하는 주체'로서의 인간의 우월성과 자동기계로서의 신체와 동물이라는 개념을 들여다보면, 그의 사상이 서구 사회의 뿌리 깊은 생명 경시 풍조의 사상적 주춧돌이었다는 것을 발견하게 된다.

자동기계들에게 자비도 없다

철학적으로 생기론과 기계학은 오랫동안 대립해 왔다. 생기론은 아리스토텔레스의 '엔텔레키아(entelechia)'라는 개념 이래 동물들에게 내재한 활력의 원천을 영혼으로 보는 잠정적인 가설로서 오랜 시간 동안 철학을 지배해 왔다. 동물들에게 영혼이 있을 것이라는 생기론의 생각은 동물들이 보여주는 다채롭고 자유로운 행동 양식에 대한 신비주의적인 추상화이며, 거기에는 영혼에 대한 고대적 사유의 흔적이 존재한다. 고대의 동물영혼론은 근대의 라이프니츠에게 일부 계승되기도 하지만, 근대의 전반적인 철학 사조는 동물영혼론을 전적으로 배제하는 입장이었다. 그리고 동물영혼론과 같은 생각을 전면적으로 비판하며 아주 낡은 것으로 만든 것이 사실상 데카르트가 창안한 기계학(mechanism)의 입장이었다.

기계학은 신체나 동물에게는 자동기계와 같은 작동 방식이 있다고 보았다. 그리고 '인식하는 주체'인 인간과 '인식되는 대상'인 동물은 엄격히 구분되고, 그 사이에 레테의 강과 같은 심연의 간극이 생기게 되었다. 이러한 구분으로 인해 신체와 동물이 갖고 있는 따뜻한 교감이나 부드러운 움직임과 같은 영역은, 하나의 기계장치와 같이 인간에 의해서 정교하게 다루고 설계될 수 있는 대상이 된다. 근대의 사유 형식은 이제까지 어떤 인류사에서도 볼 수 없었던, 신체와 동물의 영역에 대한 경멸과 멸시를 띠게 되었다.

그러나 생기론이나 기계학이나 사실 낡은 전제조건을 갖고 있다. 동물이나 신체가 교감하면서 만들어내는 다채로운 피드백(feedback) 과정을 단순화하고, 경외로 가득한 생명의 탄생과 진화의 역사 역시 간과된다. 결국 두 이론은 그물망처럼 얽힌 생태계의 피드백 작용의 그물코에서 어떻게 생명이라는 개체가 창조·발화하는가에 대해서는 침묵한다. 특히 기계학은 생명체의 자유롭고 풍부한 행동 양식을 간과하고 어떤 기계장치처럼 엔지니어의 설계에 따라 움직이는 기계 작동과 같은 것으로 바라본다. 그리고 그

기계장치는 어떤 이유에 의해서건 인과론적으로 움직이고 체계적으로 조립되고 아귀가 딱 맞게 연결되어 있으며, 전체 구조의 설계에 따라 똑딱거리며 움직이는 '부분'이 된다. 슈바이처 박사가 언급했던 생명의 신비와 경외 같은 것을 낡은 것으로 만들어 버린 근대 기계학의 사유방식은 이후 근대의 패러다임을 따르는 과학 및 철학적 사유의 기반이 된다.

공장식 축사에서 동물을 기계가 아닌 생명으로 본다면 사육, 도살, 소비의 작업 과정을 힘들게 할 것이다. 이를테면 소에 이름을 붙여 기르던 축산 농가에서는 도축 예정일이 다가오면 이름을 하나씩 지우면서 마음의 상처를 입게 되었다고 말한다. '고기를 만드는 기계'라고 생각하지 않고 하나의 개체이자 생명으로 의미를 부여하게 되면 공장식 축산업의 기본 전제가 흔들린다는 것을 알 수 있다.

공장식 축사에서는 동물을 생명이라고 생각하지 않고 존엄이 배제되어 있는 단어인 '도체'라고 부른다. 도체는 반도체나 물체와 유사하게 들리는 말이다. 사전적 의미로 도체(屠體)는 도살한 가축의 가죽, 머리, 발목, 내장 따위를 떼어낸 나머지 몸뚱이를 지칭하는 개념이다. 말하자면 식육점에 걸려 있는, 내장을 발라낸 고깃덩어리를 지칭하는 것이다. 그러나 실제로 공장식 축사 내부에서는 살아 있는 생명체를 지칭할 때도 도체라는 단어를 사용한다. 이것은 축사의 동물을 고기 덩어리로 볼 뿐 존엄한 생명으로 간주하지 않겠다는 의도를 갖고 있는 용법이다. 이것은 공장식 축산업의 자기정당화를 위한 의도적인 태도라는 점은 분명하다.

도체라는 말을 처음 들은 것은 구제역으로 피해를 입은 공장식 축산업자와 전화 인터뷰를 했을 때이다. 인터뷰를 했던 농장주는 다소 모호하고 양가적인 얘기를 했다. 처음에는 자신이 키우던 돼지가 '도체 몇 마리'라는 식으로 무감각하게 얘기하다가, 나중에는 그것을 모두 끌고 가는 공무원 앞에서 산 채로 묻혀야 한다는 생각에 눈물이 쏟아졌다고 울먹이며 말했다. 갈수록 그의 말은 떨렸으며, 생명의 절규에 감응하고 있다는 생각이 들었다.

생명과 평화에 대한 감수성이 없어진 도시 문명의 한 단면을 보여주는 것이 햄스터와 병아리 등을 장난감 옆에서 파는 문방구와 어린 반려동물을 전시하며 판매하는 펫숍이다. 사람들은 귀엽고 작고 움직이며 놀이를 하는 동물들에 환호하다가 곧 시들해지고, 책임지지 못하고 유기하는 사례가 점점 늘어간다. '유기동물 13만 마리'(2019 기준)라는 숫자는 무엇을 의미할까? 오랫동안 써 온 애완(愛玩)동물이란 말에서 완(玩) 자는 장난감이라는 뜻이다. 그저 장난감으로 여기고 책임지지 않아도 된다는 얘기이다. 최근 들어 정착 단계에 접어 든 듯한 반려(伴侶)동물이라는 단어의 의미처럼 평생 짝이 되고 동무가 되고 책임지고 돌보는 그러한 문화가 필요한 시점이다. 컴퓨터 게임은 지루해지면 그만두면 되지만, 반려동물은 평생 아껴주고 사랑하고 계속 물을 주고 먹이를 주고 똥을 치우는 등의 책임 있는 행동을 요구한다.

펫숍에서 귀여워서 장난감처럼 동물을 사오는 문화에는 데카르트의 자동기계라는 관념이 암암리에 스며들어 있다. 동물을 유기하는 사람들에게 장난감이 아니라 존엄한 생명이라는 점을 알려주어야 한다고 누구나 생각할 수 있다. 그러나 그 관념은 의외로 뿌리가 깊으며, 현존 문명이 갖고 있는 동물에 대한 관념을 정확히 반영하고 있다. 그리고 그 배후에 공장식 축산업이라는 생명 경시 풍조에 기반한 산업 구조가 숨어 있다는 점은 분명하다. 두 경우 모두 생명에게 고유한 본성이 있으며 존엄성이 있다고 사고하는 것이 아니라, 자동적으로 움직이는 장난감이나 기계와 같다고 사유하고 있다는 점에 주목할 필요가 있다.

기계 혹은 자동 현상에 대하여

데카르트의 철학을 더듬어 보면 근대의 생각의 흐름이 나타난다. 그의 '방법론적 회의'(methodological skepticism)는 모든 것을 의심하는 것으로부터 시작하는데, 즉 회의주의에 입각해 신체, 물체, 생명의 영역 등 모든 것을 일단 의심하는 것을 의미한다. 이러한 방법론적 회의를 받아들이게 된 것은 우연이 아니라, 근대 초기였던 당시 신 중심의 세계관이 흔들리면서 회의주의와 종말론적 사고가 나타나기 시작한 시대상을 반영하고 있다. 즉, 신에 대한 믿음 체계의 붕괴는 극단적인 회의론의 시각을 낳게 되었으며, 회의와 의심의 끝에서 더 이상 의심할 수 없이 확실한 것에 대한 갈망을 낳았다.

모든 것이 의심되고 회의된 상황에서 새로운 믿음 체계 구축의 희망을 발견한 것이 '코기토 에르고 숨'(cogito, ergo sum)—"나는 생각한다. 고로 존재한다"—이다. 이것은 너무도 잘 알려져 있는 명제로서, '의식적인 주체'에 대한 믿음 체계를 의미한다. 여기서 중요한 것은 신체의 영역을 회의와 의심의 영역으로 던져두고, 대신 정신과 의식을 실체화하였다는 점이다.

데카르트의 '기계'에 대한 언급이 처음으로 등장하는 것은 〈성찰6〉*의 "…인간의 신체가 뼈, 신경, 근육, 혈관, 혈액 및 피부로 되어 있는 일종의 기계로서 그 속에 정신이 전혀 존재하지 않더라도 현재 그 속에서 행하여지고 있는 운동을…"이라는 부분이다. 기계에 대한 언급은 군데군데 신체를 설명하는 부분에서 자주 등장하는데, 신체의 운동성과 정신의 운동성이 완전히 다

* 데카르트, 『방법서설/성찰/철학의 원리/정념론』, 소두영 옮김, 동서문화사, 1978, 153쪽.

른 방식으로 실체화된다는 맥락으로 구성되어 있다. 데카르트는 신체를 가진 존재가 아닌, 의식하는 존재만을 주체로 간주하기 때문이다.

물론 오늘날 이에 대한 반박은 얼마든지 가능하다. 동물도 의식을 하며, 어떤 영장류는 자의식을 갖고 있다고도 보고되고 있다. 또한 데카르트의 '의식하는 주체'는 엄밀히 말해 성인-남성-주류-정상인을 표상하며, 공동체의 관계망에 포함돼 있는 아이-여성-광인(狂人)-동물과 같은, 욕망을 가진 소수자적 존재는 배제되어 있다. 즉 데카르트의 '의식하는 주체'는 철저히 소수자(minority)라는 주체성을 배제하는 것이다.

신체보다 정신을, 욕망보다 이성을, 무의식보다 의식을 강조하게 되면, 생명에 대한 경외나 교감은 철학적 사유에서 사라지는 경향이 있다. 이러한 생각은 역사가 깊다. 고대 철학에서 플라톤은 사회를 하나의 신체로 비유하면서 머리와 수족이 각각 철학자, 검투사, 노예 등이라고 말한다. 그는 철인 정치를 통해서 머리의 중요성을 역설하지만 신체를 경시하는 뿌리 깊은 철학적 전통을 만들어냈다. 그리고 그 경향을 이론적인 구축물로 만든 것이 근대의 시대정신으로 상징되는 데카르트였다.

데카르트의 자동기계(automaton)라는 개념은 신체나 동물의 영역에 자동성이 있음을 발견한 것이다. 그런데 잘 생각해 보면, 그것이 로봇과 같은 자동성인지 아니면 환경과의 피드백 과정에서 나타나는 자율성인지를 분명히 구분할 필요가 있다. 로봇과 같은 자동성에 대한 환상은 근대로부터 시작되었는데, 신체와 동물을 비하하기 위한 시도를 의미했다. 이를테면 노동자라는 주체성은 자동기계의 개념과 함께 성장해 왔는데, 사실상 공상과학 영화에 나오는 로봇의 이미지는 근대 사회가 상상했던 노동자의 형상과 일치한다. 그리고 노동과 신체를 비하하기 위한 가장 좋은 방법이 다름 아닌 동물을 비하하는 방법이었다. 그래서 동물의 자동 이미지는 노동자를 좀비 모델로 그려내기 위한 수단이라고 할 수 있다.

자본주의는 똑딱거리는 노동을 자동적으로 수행해줄 노동자 형상을 원한다. 그리고 노동자들이 생산이나 관리, 정치에 참여하는 자율적인 행동에 나서는 것을 억제하려고 한다. 이런 측면에서 데카르트의 자동기계의 신화는 노동자의 자율성과 대적되는 개념이다. 노동운동에서도 자동성에 맞서 자율성을 보호하려는 경향이 1970년대부터 있었는데, 전태일 열사가 "우리는 기계가 아니다, 근로기준법을 준수하라" 외쳤던 시점부터 노동운동은 자동기계에 대해서 적대적이었으며, 자본주의 구조에 대해서 근본적인 질문을 던져 왔다.

그러나 이러한 자율주의보다 자동주의를 강조하는 문명의 기원은 노동만이 아니라 생활, 삶, 환경 전반에 깊게 뿌리박고 있을 뿐만 아니라 동물을 대하는 태도에도 근본적으로 기원을 두고 있다. 이를테면 농장 동물에게 먹이는 주지만 자유롭게 활동하고 행동할 권리는 주지 않는다. 그저 살아갈 수 있는 최소한의 조건만이 주어진다. 자율성이 아니라 자동성으로만 한정한 동물들의 삶의 방식은 공장식 축산업의 기본 틀이다. 그리고 그러한 태도는 동물에서 그치는 것이 아니라 노동자, 민중, 소수자에 대한 태도로 직결된다. 결국 동물을 대하는 태도는 인간을 대하는 태도로 이어지는 것이다. 동물을 도구화하는 문명은 노동자를 착취하고, 소수자를 차별하고, 이주민을 혐오하며, 장애인을 분리시키는 방식으로 도미노와 같이 확장될 소지가 있다. 즉, 동물에 대한 태도는 인간에 대한 태도의 예고편인 셈이다.

나는 대학 시절 휴학 중에 등록금을 벌기 위해 공장에 들어가 컨베이어 벨트에서 작업하면서 자동기계가 씩씩거리며 움직이는 것을 체험하며 목도했다. 노동자들은 마치 하나의 관절이나 매듭처럼 기계와 기계 사이에 배치되었다. 자동기계와 노동자의 역할은 달랐지만 질적으로는 구분되지 않는 것처럼 보였다. 작업장에서 거의 매일 야근하며 수천 번 똑같은 일을 하면서, 어느새 로봇처럼 행동하는 나 자신을 발견했다. 이러한 공장은 데카르트의 자동기계의 형상이 극도로 잘 드러나는 공간이었다.

그렇게 무료한 작업이 계속되던 어느 날, 처음으로 파업을 단행한 사업장에 방문했다. 사람들이 모여서 얘기를 하고 가족들과 함께 노래 경연을 하고 있었다. 전날까지 노동 지옥이었던 작업장에 아이들을 위한 생태 교실이 생겼고, 그 안에서 노동자를 부모로 둔 아이들이 자동기계에다가 꽃과 나비, 숲의 그림을 그렸다. 처음으로 공장이 자유의 공간이라고 느껴진다고, 어떤 늙은 노동자는 집회 중에 발언했고 울먹였다.

그 당시를 생각하면 참 낭만적이다. 지금은 우리의 삶 전체가 공장처럼 직조되어 있어서, 경쟁과 승자독식의 틀 안에서 꾸르륵거리며 움직이는 수많은 자동기계들을 보게 된다. 예전에는 기계를 멈추는 파업을 하게 되면 해방과 자율의 시간이 열렸지만, 사회 전체가 거대한 공장이 된 지금은 사회를 구성하는 삶 자체의 작은 기계장치들이 고장 나거나 다른 작동 양상을 보이지 않는 한 좀체 자율의 시간이 생기지 않는다.

이러한 맥락에서 나는 실험실이나 공장식 축사에 가두어진 동물들을 생각한다. 그 동물들에게 가해졌던 체계적이고 조직적인 억압 구조가 결국 인간 자신에게도, 삶과 자율성에 대한 억압 구조와 틀로 나타나고 있는 것 아닌가. 동물의 야생성을 잠재우고 자동적으로 성장하며 움직이는 기계로 만드는 데 성공한 인류 문명은 결국 인간 자신에게도 그 방식을 그대로 적용하고 있지 않은가.

나는 잠시 상상해 본다. 1년에 380만 마리에 달하는, 죽어 가는 실험동물과 1억 5,000만 마리에 달하는 도축되는 농장 동물들이 해방되어 산과 바다와 강에서 뛰어놀고 춤추게 될 날을 말이다. 동물들이 그저 자동기계로만 존재하는 것이 아니라 자율적인 존재로 인정되는 날이 온다면, 이에 영향을 받아 인간조차도 바로 인간 자신을 대하는 태도를 바꾸게 될 것이라고 생각한다.

아우슈비츠와 자동기계들

아우슈비츠와 자동기계가 어떤 관련이 있다는 건지 의문을 가질지도 모르겠다. 히틀러는 자동차 공장을 만든 핸리 포드(Henry Ford)의 영향을 많이 받았는데, 포드는 지독한 인종주의자였다. 포드가 자동차 생산 라인을 구상할 때 도살장에서 힌트를 얻었다는 것은 앞서 얘기한 바와 같다. 그리고 아우슈비츠로 상징되는 죽음과 잔인함의 공간은 살인기계를 작동하기 위해 공장식 축산업의 도살장 시스템을 도입하였다. 포드는 직접적으로는 히틀러의 인종주의에 영향을 주었고, 간접적으로는 아우슈비츠의 모델을 제시해 준 셈이다.

히틀러의 심복이었던 히믈러는 어느 별장에서 진행된 회의에서 아주 간략한 문서에 서명을 하고 만찬을 즐긴다. 이 문서는 유대인 학살에 대한 명령서였으며, 그 조치는 '아주 위생적이고 조용하게' 처리되었다. 살충제로 쓰였던 치클론B가스가 대량 살상에 적절하다는 것을 SS 특공대는 발견했고, 샤워 시설로 위장된 학살장에 이 가스를 투입하여 수많은 유대인들을 죽음으로 몰고 갔다. 이러한 역사의 비극적인 한 장면은 공장식 축산업의 생산-도살-소비의 전 과정과 오버랩된다.

일반인들이 공장식 축사에 직접적으로 접근할 기회는 좀처럼 주어지지 않는다. 외국의 경우 동물보호단체의 활동가가 공장식 축사에 위장 잠입하여 일하면서 그 실상을 고발한 것이 대부분이다. 우리나라에서도 농장 동물들이 어떤 상황에 처해 있는지 보고가 최근에야 이루어지는 중이다. 그렇지만 아주 비밀에 싸여 있는 것만도 아니다. 2014년 구제역 사태로 돼지 380만 마리가 대량 살처분된 상황에서 당시 이명박 정부는 〈축산 선진화 방안〉이라는 새로운 기획안을 제시했다. 이 방안은 물론 동물복지 축산이나 소농 중심의 소규모 축산인들을 위한 것이 아니라, 대규모 공장식 축산업의 경쟁력 강화를 위한 것이었음은 물론이다.

이 기획안에서 주목해야 할 점은 밀집 사육의 조건에 대해서 정부가 권장하고 허용하는 가이드라인이 어느 정도인가를 들여다볼 수 있다는 점이다. 이 가이드라인에 의하면 산란계의 경우 $0.042m^2$ – 복사용지($0.0623m^2$)의 2/3 크기다 – 가 적정 크기로, 돼지우리는 비육돈의 경우 $0.8m^2$, 임신돈의 경우 $1.4m^2$가 적정 크기라고 정부 고시는 규정하고 있다. 정부에서 권장하는 단위당 면적이 이 정도라는 것은 공장식 축사가 얼마나 열악한가를 반증하는 사례라고 할 수 있다. 그러한 당시 이명박 정부의 선진화 방안은 겉으로만 '선진'이라는 이름을 붙였을 뿐, 지옥이 가까이 있음을 보여준다. 어느 생명체가 그 면적에서 숨 쉬며 움직이며 살 수 있겠는가?

박근혜 정부에서도 구제역과 조류독감 등의 초유의 사태는 주기적으로 반복되었다. 그 시기에 공장식 축산업의 대대적인 재편이 이루어지기 시작했는데, 이는 '수직계열화'로 지칭된다. 즉 사료, 가공, 유통, 수출, 약물 공급

등을 책임지는 동우, 하림, 마니커 등의 거대 축산기업의 하청 단위로 일반 공장식 축산업이 수직계열화된 것이다. 즉, 농장 동물을 모두 대기업에서 제공하고, 사료, 약품, 기타 물품 등도 대부분 대기업에서 제공하는 상황에서 축산농가는 그저 사육을 하여 출하하는 하청라인의 일부가 된 것이다. 그리고 그 사육 기간과 속도 역시도 엄청나게 짧아진 상황이었다. 이러한 속도전은 공장식 축산업의 가축 전염병에 대한 대응방식이며, 빨리 살 찌워서 빨리 출하하는 방식으로 전략을 바꾼 것이다.

공장식 축사를 방문했던 한 친구로부터 그곳에 대한 간접적인 정보를 얻을 수 있었다. 영화감독인 그 친구가 촬영을 허락받은 곳은 두 군데였다. 한 곳은 친환경 축산을 하며 생협에 납품하기 위해 돼지를 키우는 곳이었고, 다른 한 곳은 전형적인 공장식 축사였다.

먼저 친환경 축산을 하는 곳을 가 보니, 생각보다 면적이 넓지 않아서 약간 놀랐지만 그나마 통풍이 잘 되고 햇볕이 잘 들어서 다행이라는 생각이 들었다고 한다. 물론 친환경 축산이라 하더라도 수컷 돼지의 거세는 피할 수 없었는데, 그러지 않을 경우 특유의 노린내 때문에 사람들이 사지 않는다고 한다. 축사에는 톱밥이 두껍게 깔려 있어서 냄새를 사라지게 하고 돼지들의 생육에도 도움이 될 것으로 생각되었지만, 그래도 생각보다 너무 좁았다는 것을 그는 지적했다. 여기서 아기 돼지들이 톱밥더미 속에 묻혀 이불놀이를 하는 풍경이 이색적이었다고 한다.

다음으로 방문한 곳은 공장식 축사였는데, 그곳은 완전히 밀폐된 공간에다가 문을 열자마자 말로 설명할 수 없는 역한 냄새가 거의 구토를 유발할 정도였다고 한다. 친환경 축사와 비교할 수 없을 만큼 밀집 사육이었으며, 시멘트 바닥을 아침마다 물로 청소한다지만 역겨운 냄새는 견디기 힘든 정도였다고 한다. 또한 밀폐된 공간인지라 햇볕도 바람도 없는 어둡고 지저분한 공간이었다고 한다.

나는 그의 이야기를 전해 들으면서 조국을 잃고 헤매는 보트 피플을 떠올렸다. 1970년대 보트 피플이 우리나라에 들어왔을 때 정부는 그들에게 난민 지위를 부여하거나 국적을 주었던 것이 아니라, 최소한의 생명 유지를 위한 물과 음식만을 제공해 주었다. 보트 피플이 난민촌을 형성한 곳에서는 어떤 권리도 없이 단지 최소한의 생명 유지 수단밖에 없었다. 희망이 없는 곳, 그 난민촌의 이미지가 공장식 축사라는 이미지와 연결되었다. 이를 정치철학자 조르조 아감벤(Giorgio Agamben)은 벌거벗은 생명, 그저 생명만 유지하는 자, 죽일 수 있으나 죽이지 않는 신성한 존재, 열외자, 추방된 자로서의 호모 사케르(Homo-Sacer)라고도 말한다. 현재 지구적으로 난민은 공식적으로 인정된 숫자만 6,800만 명에 달하며 매년 2,500만 명이 발생되고 삶과 죽음의 경계 상황 속에서 겨우 생명 유지만 하고 있는 상황이다.

공장식 축산업이 어떤 것인가를 다시금 생각했던 것은 외국의 축산 보고서 하나를 읽었을 때였다. 처음에는 무수한 수치와 도표로 이루어진 이 보고서가 무엇을 의미하는지 쉽게 파악할 수 없었다. 그러나 다시 읽어 보니, 빛이 얼마나 들어와야 하고, 신선한 공기가 어떻게 제공되고 영양 상태는 어떤 식으로 유지되어야 하는가 등 14개 항목에 대한 체크리스트였다. 나는 완전히 계량화되고 수치화되어 있는 체크리스트에서 생명이 단순히 자동기계처럼 투입과 산출로만 계산되고 있다는 것에 놀랐다.

특히 영양학을 다시 생각하게 되었는데, 현재의 영양학의 기원은 공장식 축사에서 동물의 생장 발육에 필요한 영양을 수치화하는 것에서 출발했다는 것을 알게 되었기 때문이다. 또한 현재 국제 영양학계의 중요한 연구 의

뢰자는 공장식 축산업과 관련된 다국적 축산기업들인 경우가 많았다. 생명을 자동기계로 간주하면서 동물들의 생리와 생태를 계량화하여 최대한의 이윤을 얻는 것이 가장 중요한 목적이었던 것이다. 마치 나치가 아우슈비츠를 운영할 때, 가장 최적의 통제 방식이 무엇인지를 계산하여 유대인들을 죽음을 향해 움직이는 자동기계로 만들었던 것처럼 말이다.

동물, 기계, 인간의 경계

다시 데카르트의 자동기계 개념으로 돌아가 생각해 보자. 기계라는 개념이 던져주는 반생명적이고 반신체적인 함의는 알게 되었지만, 만약 기계 개념을 다른 의미에서 쓴다면 어떤 효과가 있을까? 그러한 색다른 기계 개념을 언급한 사람이 바로 들뢰즈와 가타리, 도나 헤러웨이이다. 데카르트의 기계 개념에 대한 비판과 반성 위에서 들뢰즈 · 가타리와 도나 헤러웨이는 완전히 색다른 방식으로 기계 개념을 재구성한다.

먼저 들뢰즈 · 가타리의 '욕망하는 기계'라는 개념은 데카르트의 자동기계와 다른 의미를 구축한다. 들뢰즈 · 가타리의 기계 개념은 데카르트의 기계학처럼 하나의 큰 구조에 종속되어 부품처럼 움직이는 폐쇄되고 코드화된 기계(mechanics)가 아니라 그 자체가 자기생산(autopoiesis)하며 외부에 대해 열려 있는 네트워크나 생태계, 공동체와 같은 자율의 기계(machine)로 구상되었다. 이러한 기계 개념은 자동적인 기계가 아니라, 자율적인 기계를 의미하며, 동일성의 반복의 기계 혹은 반복 강박의 기계가 아닌 차이 나는 반복의 기계, 혹은 편위 운동의 기계를 의미한다. 이를 통해서 큰 시스템과 같은 견고한 틀이나 경직된 구조(Structure)로부터 벗어나 배치(agencement)를 재배치할 수 있는 자율성을 가진 기계(=반복)로서, 생명 현상에 가까운 기계-이미지를 구축하였다.

들뢰즈 · 가타리의 기계 개념이 학교, 군대, 감옥, 병원 등과 같은 자동주의에 따르는 지배 장치뿐만 아니라 양심적 병역 거부 집단, 대안학교, 감옥정보 그룹, 질환자동맹, 의료생협과 같은 자율적 기계 장치도 함께 존재함을 설명하는 자율운동에게 교두보적인 개념이며 자기생산적인 집단에게도 적용된다는 점에서, 자동성이 아닌 자율성의 의미로 기계 개념이 뒤바뀌게 되었다는 것을 알 수 있다.

기계 즉 모종의 반복의 차원이 삶의 양식과 무의식의 차원을 결정한다는 들뢰즈와 가타리의 구도가 갖는 의미는 무엇일까? 생활, 생명, 생태의 3생(生)의 지평이 자기생산적인 내부 작동으로서의 순환, 재생, 반복, 중복, 재진입, 함입 등으로 작동하며, 이것이 사실상 생각과 사유, 무의식을 결정하는 토대임을 의미하는 대목이다. 이런 의미에서 들뢰즈 · 가타리는 차이 나는 반복이라는 기계 작동에 의해서 만들어지는 '기계적 무의식'이라는 자율적 행동이 구성한 무의식의 지평을 창안하였다. 생태계에 있어 '차이'는 무한성의 구도에서 다양성의 논리라면, '반복'은 영원성의 구도에서 순환성의 논리이기도 하다. 그리고 들뢰즈와 가타리의 '차이 나는 반복'은 이 둘 사이의 중간좌표에 위치한다.

한편 데카르트의 자동기계 개념이 동물 · 신체 영역에 대한 회의주의를 의미한다면, 헤러웨이의 사이보그에 대한 언급은 기계와 동물, 인간의 영역을 횡단하며 존재하는 색다른 혼종적인 주체성에 대한 선언이었다. 기계도 아니고 동물도 아니고 인간도 아닌, 혼성잡종의 주체가 등장할 것이라는 그녀의 선언은 포스트모던 과학철학 논쟁을 불러일으켰다.

그녀는 과학철학자로서 아주 참신한 아이디어를 제공해주었는데, 인간중심주의를 넘어서 탈근대의 혼종화된 주체성을 설명하는 방식으로 사이보그를 제시한다. 그 이전까지의 사이보그 개념은 가상공간의 가상적 주체성이라고 생각되어 왔다. 또 희미한 기억을 더듬어 사이보그를 〈육백만 불의 사나이〉와 같은 TV 드라마의 이미지로 생각하는 사람들도 있었다. 그러나 헤러웨이의 사이보그는 최첨단 기계와 피드백하며 동물과 상호교감하고, 유인원과 인간의 경계, 인간과 기계의 경계에 놓인 '사이주체성'이다. 또한 사이보그는 자연적 신체, 인위적 신체, 가상적 신체를 넘나들며 인종, 계급, 사회적 역할, 섹슈얼리티 등이 고정되어 있지 않은 제3의 사회적 신체를 갖게 되었다.

이러한 헤러웨이의 발랄한 제안은 '확실한 의식을 가진 인간'이라는 주체 개념이 아니라, 자동기계라고 간주되었던 동물과 로봇이 인간의 영역과 혼합된 새로운 국면의 주체성을 언급한다는 점에서 의미가 있다. 그녀의 사이보그라는 색다른 주체성 선언에서 짚고 넘어가야 할 부분은, 그녀는 다른 포스트모던 과학철학자와는 달리 안드로이드나 로봇, AI와 같은 영역을 자기생산적인 독립된 주체라고 간주하지 않았다는 점이다. 기계와 인간, 동물 간의 혼성 결합으로서의 사이보그는 로봇에 환호하는 포스트모던 류의 사고방식과 완전히 다른 맥락을 의미한다. 사이보그는 인간의 역할을 더 확장한다면, 안드로이드나 로봇은 인간의 역할을 더욱 축소하고 인간을 뺄셈한다는 점에서 차이가 있다. 혹자는 이를 트랜스휴먼(Trans-Human)과 포스트휴먼(Post-Human)의 차이로도 말하며, 트랜스휴먼이 인간 강화를 통해 다시 인간중심주의로 향할 위험이 있고, 포스트휴먼이 인간중심주의를 해체하는 역할을 할 것이라고도 말한다. 그러나 인간의 역할을 쉽게 포기하기보다, 구성적 인간론, 살림꾼 인간론, 자연과 생명에 대한 스튜어드십(stewardship), 즉 집사마인드로서의 인간을 다시 말해야 할 시점이다.

여기서 들뢰즈·가타리와 헤러웨이의 공통된 인식 지반에 접하게 되는데, 우선 인간의 고정된 지위 대신에 기계에 기반하여 신체와 욕망이 서식하는 차이 나는 반복의 지평을 바라본다는 점이다. 동시에 기계 개념을 적극적으로 재구성함으로써 과학기술에 대한 재전유의 가능성을 개방하고 있다는 점이다. 데카르트의 자동기계 개념이 비록 동물과 신체에 대한 경멸을 담고 있을지라도 자율적인 기계 개념으로 대체될 가능성은 언제든 존재한다. 기계 문명이 인간을 소외시키고 자본주의의 물신화된 시스템의 기원이 된다는 생각은 하나의 명제로 받아들여질 수 있지만, 아주 다른 방식으로 기계 개념을 사용함으로써 다른 개념의 지도를 그려낼 수 있는 여지 역시도 존재하는 것이다.

데카르트의 자동기계 개념을 비판한다고 해서 기계 전부를 거부하고 원시 시대로 돌아가자는 것은 결코 아니다. 어떤 기계 작동은, 신체와 동물에 대한 경멸 속에서 구축되었던 자본주의 문명을 고장 내고 자율적인 움직임을 도모하는 데 사용될 수도 있다. 또한 동물을 자동기계라고 간주하는 근대주의는 이에 대한 반박으로 등장한 생명에 대한 존엄성에 대한 문제제기의 반격을 받았다. 이 문제제기는 '근본주의' 노선인 동물권리론과 '현실주의', 점진주의, 개량주의의 노선인 동물복지론 사이에서 과정적이고 진행형적인 동물보호운동의 노선으로 나타날 가능성이 있다. 근본주의와 현실주의의 이러한 긴장관계에도 불구하고, 생명은 기계가 아니며 공장식 축산업은 더 이상 지속 불가능하다는 공통된 인식은 부정할 수 없는 진실이다.

생명의 숨결을 위하여

겨우 4주 동안 살다가 도살당하는 닭이 원래 평균 수명이 12년 이상이라는 사실을 알았을 때 깜짝 놀라지 않을 수 없었다. 그리고 생수보다도 싸게 마트에서 판매되는 생닭의 가격을 보고, 과연 생명의 가치가 고기 값으로 매겨질 수 있는가 의문을 품게 되었다. 풍요와 축제의 시간처럼 골목마다 고깃집이 가득하고, 이를 유지하기 위해 공장식 축산업이 존재한다. 하나하나의 개체마다 아름답고 특이한 생명들이 공장식 축산업에서는 자동기계로 간주되어, 아주 똑같고 단조롭게 짧게 살다가 죽임을 당한다. 언젠가 한 인터넷 신문지상에서 농부 전희식은 이렇게 탄식했다.

"당신의 자식이라면 그렇게 하겠습니까?"

그 질문을 들으며 가슴 한구석이 애잔하게 아려오는 것을 느꼈다. 우리는 생명에게 참 몹쓸 짓을 하고 있다는 생각이 들었다. 생명을 자동기계로 바라보지 않고 살아 숨쉬는 아름다운 개체로 보는 것은 아주 큰일이거나 거대한 마음의 다짐이 필요한 일이 아니라, 우리의 식생활을 조금씩 바꾸는 것에서 시작할 수 있다. 채식을 하거나, 동물복지가 지켜진 고기를 아주 가끔, 조금씩, 제 값 주고 먹는 소소한 실천에서부터 말이다.

사람들은 이미 공장식 축사가 어떤 곳인지를 이미 대개는 알고 있다. 그러나 너무 불편한 진실이기도 하거니와 생명의 본성과 멀어져 있는 소비문화에 젖어서 그것을 망각해 버리기를 원한다. 그러면서도 사람들은 그러한 소비를 위해 직장에서 자동기계처럼 일하는 자신의 상황이 비참하다고 말한다. 정말 생명이 숨쉴 수 있는 세상을 만들기 위해서는 생명을 대하는 태도와 생각을 바꾸어야 한다. 그러면 우리 자신의 삶도 바뀔 것이다. 그렇게 자동기계처럼 일하지 않아도 되는 사회를 만들 수도 있을 것이다.

신체의 영역을 자동기계로 보았던 데카르트의 사상이 동물의 영역으로 확장되고 그 결과가 공장식 축산업으로 나타났다는 짧은 철학적 스케치를 하는 동안, 이 구도의 외부에는 무엇이 있을까 하는 생각이 들었다. 내 옆에서 잠자고 있는 작은 고양이의 숨결이 만들어내는 들숨날숨처럼, 여리고 아름다운 생명의 숨결이 있지 않을까 하는 생각이 든다. 생명을 아름답게 보는 것을 통해 세상을 아름답게 보는 것도 가능하다는 희망과 낙관을 가지며.

03_ 라이프니츠의 단자론과 동물권

인권을 넘어서 생명권의 시대로

2011년 한국에서 녹색당이 만들어지고, 그해 총선 정책 중 하나로 생명권 정책이 제안되었다. 그때 나는 이 생명권 정책의 초안을 작성하게 되었는데, 그동안 공장식 축산업, 실험동물의 상황, 유기동물의 실태, 로드킬 문제 등에 대해 평소 가지고 있던 문제의식을 공식적인 글로 표현할 수 있는 좋은 기회였다.

생명권 정책은 이미 독일에서 격렬한 논쟁을 유발했던 주제이기도 하다. 독일 녹색당이 제안하고 발의한 생명권 헌법 개정 운동은 오랜 기간 동안 독일 사회를 철학적 논쟁의 소용돌이 속에 휩싸이게 만들었다. 그 결과 개정된 독일 헌법 20a조에 '자연적 생활 기반의 보호'라는 제목을 달고 "국가는 미래세대에 대한 책임으로서 헌법 질서의 범위 내에서 입법에 의거하거나 법률과 규범에 따른 행정과 판결을 통하여 자연적 생활기반을 보호한다"는 내용으로 생명권 정책에 대한 문제의식이 일부 반영되었다. 나는 생명권 정책 초안을 쓰면서 독일처럼 격렬한 논쟁까지는 아니어도 적어도 잔잔한 파문을 일으킬 수 있을 것이라는 희망을 품었다.

우리나라에서는 시민들이 아직까지 '생명권'에 대해 낯설어하는 상황이기 때문에 좀 더 친절한 설명이 필요했던 터라, 나는 몇 날 며칠을 그 작업에 매달려야 했다. 이 생명권 정책 초안을 작성하기 시작할 즈음에 나는 연구실 주변의 길냥이에게 밥을 주는 캣맘 노릇도 하고 있었다. 대부분의 길냥이들은 멀찌감치 떨어져 식사시간을 기다렸지만, 일부는 밥을 주는 동안 다가와 몸을 부비면서 갸르릉거렸다. 우리는 친구가 되었고, 서로를 이해하는 무언의 춤사위와 같은 대화를 나누기도 했다. 나는 일종의 부채의식처럼, 말 못하는 이 생명들에 대해 누군가는 무엇인가를 해야 한다고 생각하게 됐고, 그래서 생명권 정책에 더 신경을 많이 썼다.

내가 어떤 토론회에서 생명권 얘기를 꺼내자 일부 참여자들은 "인권도 지켜지지 않는데 웬 생명권이냐?"며 반문을 했다. 생명권이 배부른 중산층의 애완동물 사랑 같은 것으로 부당하게 오해되는 느낌도 있었다. 그러나 보편적인 인권을 지키기 위한 전제조건이 생명에 대한 인간의 태도이기 때문에, 생명권은 인권의 충분조건이라는 생각이 든다. 동물과 생명에게 학대, 이용, 착취의 관계를 갖고 있는 사회라면 인간에게도 그런 태도를 취할 가능성이 높기 때문이다. 외국의 한 보고서를 읽어 보니, 동물을 학대했던 청소년이 성장해서 가정폭력을 저지를 가능성이 매우 높다고 나와 있었다. 또한 가정폭력에 노출된 청소년은 동물을 학대할 가능성이 굉장히 높다고 한다. 이러한 보이지 않는 관계망은 인간과 동물이 그리 멀리 떨어져 있지 않다는 점을 보여준다.

인간과 동물의 올바른 관계 정립은 하나의 공동체 속에서 소수자를 어떻게 대할 것인가의 태도와 같은 것이다. 그래서 슈바이처 박사의 제안처럼 생명을 경외의 시선에서 바라보는 사회는, 소수자와 사회적 약자에 대해서도 돌봄과 배려의 태도를 취할 가능성이 높다. 동물은 이 사회에서 가장 말단에 있는 소수자와 같은 존재이다. 가장 극단적인 사각지대에서 최소한의 인도적 조치와 돌봄과 배려조차 누리지 못하고 사라지는 존재들이기도 하다. 나는 이 사회에서 이름 없이 들숨날숨을 쉬는 많은 존재들이 만드는 작은 역사를 본다. 그것은 생명의 화음이 만들어내는, 밤하늘의 은하수의 합주곡과 같은 것이다.

2003년 지율 스님이 시작했던 천성산 도롱뇽 소송과 같은 생명권 소송은 성장주의와 토건주의가 짓밟아 버린 생명과 미물에 대해 한 사람이 가졌던 존경과 배려의 마음이 만든 사건이었다. 그전까지 한국 사회에서 당연시되던 성장주의와 토건주의는 생명과 환경의 희생을 담보로 했던 것이라는 점이 이 사건을 통해 분명해졌다. 예를 들어 무분별한 도로 건설로 생명권역이 침범당해 무수한 동물들이 로드킬을 당해 왔음에도, 성장주의와 토건주의에 문제의식을 갖는 사람은 그전까지는 거의 없었다. 나는 천성산 비구니가 갑자기 도롱뇽의 지어미가 되겠다고 나선 것을 신문지상에서 보고, 어떤 한 사람의 마음의 움직임이 성장에 미쳐 질주하는 사회를 잠시나마 멈추게 하거나 바꿀 수도 있다는 희망을 읽었다.

동물에게도 권리가 있다고 말한다면, 책임 주체로서의 시민을 상정하고 있는 현재의 헌법적 질서에서는 해당사항이 없다고 여길지 모르겠다. 하지만 현재의 동물보호법에서도 동물 학대에 대한 처벌 조항이 있다. 권리 당사자의 발언은 없을지라도 적어도 동물을 학대해서는 안 된다는 사회적 의무와 합의는 있는 셈이다. 더더군다나 무생물인 법인에게조차 권리를 부여하고 있는 상황에서 생명에게 권리를 주지 않는 것은 오히려 이상한 일이다.

동물의 권리는 약간의 상상력이 필요한 개념이다. 하지만 말 못하는 뭇 생명에게 권리를 준다는 것이 중증장애인, 지적장애인, 식물인간 등과 같은 사람에게도 권리가 있다고 주장하는 것과 다를 바가 없다고 생각해본다면, '생명이란 무엇인가'라는 근본적인 철학적 질문에 닿게 된다.

필자가 '생명이란 무엇인가'라는 질문을 처음 떠올린 것은 고등학교 때였다. 당시 내 짝은 유난히 장난스럽고 수선스러운 녀석이었는데, 어느 날 그 친구가 불의의 철도 사고로 목숨을 잃었다. 병원에 가 보니 정적과 고요만이 장례식장을 채우고 있었다. 그때 모든 지구상의 생명이 갖고 있는 활달함과 수선스러움이 사실은 굉장히 경이롭고 신비로운 현상이라는 것을 알게 되었다. 그리고 이후 동물들과 함께 지내면서 동물들도 마치 내 친구처럼 수선스럽고 활달하다는 것을 알게 되었다.

동물권을 포함한 생명권 논의는 여전히 논란과 파문, 폭로와 분노의 이미지를 갖고 있다. 도살장에서, 공장식 양계장에서, 동물 실험실에서 동물들은 너무도 비참한 상황에 놓여 있기 때문이다. 이 사회에서 소수의 뜻있는 사람들은 생명권이 필요하다는 것에는 공감하지만, 어디에서부터 이 잘못된 매듭을 풀 것인가에 대해서는 아직 명확한 답을 갖고 있지 못한 상황이다. 그래서 여기서는 동물권 운동이나 생명권을 주장하는 사람들에게 영감과 아이디어를 줄 수 있는, 라이프니츠의 사상을 소개해볼까 한다.

단자론이 복권한 동물영혼론

대학의 철학개론 수업에서 라이프니츠의 다원론 개념을 처음 접했을 때는 참 이해하기 어려웠다. 헤겔식의 모순과 통일의 원리가 유행하던 당대 학문 분위기에서 그의 이론은 그저 낯설고 어렵다는 느낌으로 다가와, 교수가 불러주는 내로 스피노자는 일원론, 데카르트는 이원론, 라이프니츠는 다원론이라고 노트 필기를 하면서 무조건 외우려고 했던 것 같다. 그러다가 라이프니츠의 다원론을 다시 생각하게 된 때는 포스트모던 철학이 우리나라에 막 유입되기 시작한 1990년대 초반이었다.

당시 나는 라클라우(E. Laclau)와 무페(C. Mouffe)가 사회운동에 대해 언급한 부분에 특별하게 눈길을 주고 있었는데, 하나의 전선으로 통일된 노동운동이 아니라 동성애자 운동, 여성 운동, 장애인 운동 등이 서로 경합한다는 이야기가 신선했다. 그러나 당시에는 다양성을 철저히 인간 주체 내부 차원에서만 생각하려는 경향이 있었다. 그러다 그로부터 다시 한참이 지난 뒤에서야, 다원론을 승인한다는 것은 인간과 다른 생명 간의 종간 차이를 인정하고 인간중심주의와 이성중심주의로부터 벗어나는 효과도 갖는다는 것을 알게 되었다. 당시는 소비에트의 몰락으로 인해, 거대 서사와 거시적 담론에 의해 호명되었던 주체가 소멸되고 인간중심주의로부터 벗어날 수 있는 틈새가 겨우 열렸던 시기였다. 그리고 그때가 생명과 동물에 대한 인식의 역사적 전환점이었다고 나는 생각한다.

라이프니츠의 『단자론』 곳곳에는 동물에 대한 언급이 등장하는데, 사람들은 이를 의아해하는 경우가 많다. 왜냐하면 『단자론』은 독특하게도 동물영혼론을 주장하기 때문이다. 라이프니츠는 데카르트주의가 동물과 신체를 자동기계라고 규정하면서 주체의 신화를 만드는 것에 반격을 가하기 위해, 가장 미시적인 단위인 단자(monad, 單子)라는 개념을 만들었다. 라이프니츠에 의하면 단자는 가장 미세하며 단순한 실체이다. 보통 성질을 가진 가장 작은 단위를 분자라고 하고, 원자 단위 이하는 사실 성질이 존재하지 않으며 모두 다 똑같다. 그래서 원자는 영원히 순환하며, 예전에 공룡의 이빨을 만들었던 원자가 이제는 나의 손톱이 되어 있을 수 있다. 하지만 라이프니츠의 단자는 원자가 아니라 가장 작은 성질을 가지는 분자 단위라고 할 수 있다. 그리고 그것이 실체인 이유는 자기 원인을 가지며 움직이기 때문이다.

후대에 단자론은 데모크리토스의 원자론의 근대적 계승이라고 평가된다. 나는 단자론을 원자론과 마찬가지로 무척이나 매력적으로 생각했는데, 유물론의 근본적인 토대가 원자론에 있다고 생각했기 때문이다. 모든 세상이 원자로 구성되어 있다는 생각이 주는 매력은 인간과 동물, 식물이 모두 평등하게 원자로 구성된다는 생각을 갖게 만드는 데 있다. 마르크스의 박사학위 논문인 「데모크리토스와 에피쿠로스의 차이」에서는 원자의 편위운동이자 소용돌이운동인 클리나멘(clinamen)이라는 개념이 나온다. 생명이 탄생할 때 파도의 거품과 편위에 의해 복잡해진 운동들이 원인이 되었다는 생명 이론의 가설들처럼, 다채롭고 발랄한 생각이 떠오르는 개념이다. 가장 미시적인 원자론은 '생명체는 모두 평등하다'는 생각의 토대라고 할 수 있다. 마르크스의 클리나멘 개념처럼, 단자론도 미시 세계의 신비를 밝히는 데 기여할 수 있는 개념이라는 생각이 드는 이유도 그 때문이다.

라이프니츠는 생명은 모두 단자의 복합체라는 입장이다. 그리고 동물들에게 활력이 있는 이유도 단자 때문이라고 생각했다. 여기서 일종의 생명체 평등주의와 같은 원리에 의해 인간중심주의는 기각된다. 물론 라이프니츠의 논리에 따르더라도 단자의 복합체에도 수준이 있다. 일종의 종간 차이인 셈이다. 그러나 그것이 어떤 종이 우월하다는 것을 의미하지는 않으며, 종간 차별은 더군다나 정당화할 근거가 없다.

라이프니츠는 데카르트가 동물의 지각과 감각을 자동기계라고 규정한 것에 엄청난 반감을 드러낸다. 그래서 『단자론』이 마치 신체의 외부에서 영혼이 불어넣어진 것이라는 생기론의 입장인 것처럼 서술하기도 하고, 글의 군데군데에서 단자가 아리스토텔레스의 엔텔레키아((Entelechia)와 다를 바가 없다고 쓰기도 했다. 그러나 라이프니츠는 동물도 인간과 마찬가지로 또 하나의 단자라고 말하면서 나름대로의 독특한 사상을 전개한다.

라이프니츠의 단자론은 인간 이외의 동물과 식물이 자기 원인을 갖고 작동하는 자연 세계를 철학에 담기 위한 노력이었다. 적어도 라이프니츠에게 자연은 정복할 대상이 아니라, 각각의 우주의 원리에 의해 신비와 경외를 담고 작동하는 세계였다. 그래서 어떤 목적을 가지고 자연을 대하는 것이 아니라 자연의 일부로 인간이 존재한다는 것을 인정하도록 만들기 위해 단자라는 개념을 전면에 내걸게 된 것이다.

라이프니츠의 자연에 대한 경외와 동물에 대한 사려 깊은 성찰은, 동시대의 철학자인 스피노자와 동일한 지반에 있는 것으로 평가된다. 역사적인 기록에 의하면 라이프니츠는 스피노자와 오랫동안 서신 교환을 했다고 한다. 그래서 혹자는 두 사람이 당대의 신학을 어떻게 넘어설지에 대해 서로 공감하였으며, 데카르트의 사상이 지배적인 철학으로 자리 잡게 될 것이라는 예감 속에서 암묵적인 동맹관계를 맺었다고 평가하기도 한다. 또 어떤 책에서는 라이프니츠가 스피노자를 은밀하게 만났던 사건을 소설화하기도 했다. 그래서 이 두 사람은 일원론과 다원론으로 이론적인 위상을 달리하면서도, 일종의 분업을 통해 당시 지배 사상이었던 신학과 앞으로 지배 사상이 될 데카르트에 맞서는 두 개의 전선을 만들려 했다고 평가되기도 한다. 어쩌면 정말로 그 두 사람은 '일원론=다원론'이라는, 생명과 자연의 철학을 만들고자 했는지도 모른다.

개체중심주의와 생태중심주의 사이에서

어떤 사람이 생명이나 동물에 대해서 말하면, 간혹 그가 강아지나 고양이에 대해서는 관심을 갖지만 환경오염이나 기후 변화 등의 문제에 대해서는 둔감하다는 오해를 받는다. 예를 들어 어떤 귀부인이 반려동물을 팔에 감고 가면서 길거리의 노숙자에 대해서는 전혀 신경 쓰지 않으며, 기후 변화가 초래한 심각한 문제는 간과한다고 비판하는 것이다.

또한 환경보호론자 중 일부는, 동물보호주의자와 생명보호론자의 사고속에 지나친 개체중심주의가 자리 잡고 있다고 비판하기도 한다. 그래서 눈에 보이는 하나의 개체만을 사랑할 것이 아니라, 그와 연결되어 있는 생태계 전체를 생각하라고 지적한다. 동물권을 포함한 생명권 논의에서 기나긴 논쟁의 씨앗이기도 했던 지점이 바로 이러한 개체중심주의와 생태중심주의 논쟁이다.

생명의 탄생과 진화를 설명하는 데는 여러 학설이 있는데, 그중에서도 다윈의 진화론은 환경이 결정하는 요인 속에서 생명의 창조적 능력을 설명했던 유명한 학설 중 하나다. 그러나 환경의 변화에 따라 생명이 진화하고 변화하는 것은 당연한 것이지만, 그렇다고 해서 환경결정론에 따라 생명 현상을 모두 설명할 수 있는 것은 아니다. 생명의 각 개체는 자기 고유의 성질을 환경 변화에 따라 즉각적이고 급격히 변화시킬 수 있는 것은 아니다. 진화는 순식간에 이루어지는 것이 아니라, 환경과의 상호작용의 긴 역사 속에서 연속과 불연속의 과정을 통해 천천히 이루어지기 때문이다.

지금과 같은 기후 위기 속에서의 지구 환경의 급속한 변화에 즉각적으로 적응하고 진화할 수 있는 생명 개체는 어디에도 없다는 것은 분명하다. 생명의 각 개체는 오랫동안 유전자에 각인된 외부와의 상호작용을 통해서 이루어진, 고유한 내부 작동의 원리를 갖고 있기 때문이다. 생명은 파블로프의 개처럼 입력에 이은 출력으로 기계적으로 반응하는 것이 아니라, 외부 환경의 변화에 능동적으로 대처할 수 있는 창의적인 내부 작동—자기조직화, 자기생산, 자기제작(autopoiesis)—을 하는 것이다.

지구 역사를 살펴보면, 오랜 시간 동안 생명은 수소 호흡을 해 왔고 그 부산물로 산소를 내뱉었다. 그러나 일종의 '산소에 의한 환경오염'이 극심해지자 기존 생명체는 대부분 절멸하고, 새롭게 등장한 생명체는 산소 호흡과 탄소 배출로 그 내부 작동 방식을 바꾸었다. 환경오염에 의한 생명의 대절멸이 그전과 다른 방식으로 내부 작동을 하는 생명의 출현을 통해 아주 신비롭게 해결되었던 것이다. 이처럼 생명 현상은 다채롭고 풍부한 내부 작동을 한다.

생명 현상의 대부분은 스스로를 만들어내는 활동이며, 이런 의미에서 생명 각 개체는 자율성을 갖고 있다고 보아야 한다. 예를 들어 가장 작은 단세포체로 구성된 균류의 일종인 피사룸(Physarum)은 환경이 열악해지면 물을 찾아 자신의 단세포체를 연합시켜서 다세포체를 만들며, 때로는 거대한 촉수와 발을 가진 커다란 덩치의 메타세포체를 만들어내서 물까지 기어갔다가 다시 흩어진다. 사실 생명으로서의 개체는 이러한 균류의 생애주기의 일부 기간을 의미한다. 인간이라는 거대한 덩치의 생명 역시도 1억 8,000만 마리의 균과 세포가 연합한 거대한 메타세포체이며, 죽음이라는 주기에서 각 세포로 분해되어 자연 생태계에 흩어져 버리기 때문이다.

환경결정론적 시각을 기반으로 하는 환경관리주의는 정부 기관이나 환경단체 등이 흔히 보이는 경향이다. 이들은 생명권 논의를 개체중심주의로 간주하지만, 정작 자신들은 인간의 편의를 위한 둘레환경으로서의 자연 환경을 관리하려고 하는 경향이 있다. 그러나 생명은 환경관리주의자들의 시각처럼 공학적이고 기술적인 측면에서 수치로 계량화할 수 있는 것이 아니라, 생명 각각이 모두 다 고유하며 특이하다고 할 수 있다. 이런 의미에서 환경관리주의의 자연관과 생태관은 기계적이고 평면적인 이미지에 머물고 있다. 생명권에 대한 논의가 자연 환경이 만들어내는 창조와 생성, 자율 능력의 산물로서의 생명 현상을 주제로 한다는 것은 근대의 기계적이고 분석적인 시각을 넘어서 있다는 것을 말해 준다.

환경관리주의와 달리 생태중심주의의 시각은, 생태계는 그물망처럼 연결되어 있으며 모든 생명이 그물망의 그물코에서 창조되고 생성한다는 것이다. 생태중심주의는 생태계라는 연결망의 생산적이고 창조적인 능력에 주목하면서, 각각의 개체가 서로 연결되어 있으며 따로 분리되거나 떨어져서 존재할 수 없다는 일종의 시스템적 사유로 나아간다. 여기서 사물을 살아 있는 생명처럼 보는 물활론(物活論)적인 의미를 갖는 자연 생태계의 자정 능력이나 치유 능력, 복원 능력에 대한 사고도 가능하다. 이러한 생태중심주의의 관점은 모든 개체를 잘게 쪼개서 바라보는 분석적 시각이 아니라, 모든 개체를 연결하고 연합해서 사고하는 종합적인 시각이다. 지구 생태계는 마치 하나의 거대한 꼭두각시 줄에 의해 얽혀 있는 메타네트워크와 다를 바 없게 된다.

이러한 생태중심주의와 개체중심주의는 서로 대립하는 입장이 아니라 서로 보완적인 관계가 될 수 있다. 이를테면 지구 생태계에서 산소라는 공기 성분이 그저 화학적 산물이 아니라 생명 현상의 부산물로서 존재한다는 것만 보더라도 생명과 자연 생태계는 서로 불가분의 관계라는 것을 알 수 있다. 이렇게 개체는 생태계와 연결되어 있으면서도 자율적인 행동과 활동을 한다는 의미에서, 생명과 자연의 관계는 생태적이면서도 개체적이다.

그런데 라이프니츠가 주장했던 단자론은 개체중심주의적인 경향을 띠면서 생태중심주의적인 연결망의 사상과는 거리가 멀다. 라이프니츠의 "단자에는 창이 없다"는 발언은 개체중심주의의 극한에 선 테제라고 할 수 있다. 그는 왜 그렇게 생각했으며, 그 철학적 맥락은 어떤 것일까?

단자에는 창이 없다

단자론이 지독한 개체중심주의라는 혐의를 갖고 있음에도 내가 이를 동물권과 연관시켜 사고하는 이유는, '개체가 성립되어야 생명이 성립될 수 있다'는 점을 라이프니츠의 단자론이 보여주기 때문이다. 이 점은 스피노자의 단독성(singularity)과 그 위상이 유사하다. 단자론은 하나의 생명체가 우리와 경계가 분명하고 우리의 인식이나 존재로부터 독립된 개체라는 점을 분명히 보여주는 개념이다.

대부분 사람들은 "단자에는 창이 없다"는 개념은 원자화된 개체에 대한 발언이라고 생각한다. 나 역시도 이 발언을 읽으면서, 주민들끼리 서로 소통하지 않는 아파트와 같은 풍경을 생각하기도 했다. 개체 간의 소통과 연결이 두절되어 있는 상태는 사실 너무도 그로테스크한 상황이기도 하다. 또한 요즘 들어 공동체, 마을, 협동조합 같은 대안 사회를 만들려는 시도가 많이 이루어지는 이유도 원자화된 개인주의의 문제점과 폐쇄성에 대한 경각심에서 비롯된 것이라고 할 수 있다. 나는 라이프니츠가 폐쇄된 개체 상태를 기본 단위로 봄으로써 근대 사회에서의 시민 개인의 위상을 암암리에 얘기하고 있다고 생각했다.

라이프니츠는 당대에 중국학의 대가이기도 해서 『최신 중국학』이라는 책을 저술하기도 했다. 17세기 말 유럽에 중국 문헌들이 막 소개되기 시작했는데, 라이프니츠가 주의 깊게 읽었던 중국 사상이 『주역』이었다고 한다. 그는 『주역』의 괘와 음양의 원리 등을 창의적으로 독해하고 응용했는데, 그 결과 음양의 원리를 이진법의 원리로 바꾸어냈다. 사실 라이프니츠는 이진법에 기반한 컴퓨터의 기본 원리를 창시한 사람이기도 하다. 그는 가장 원시적인 컴퓨터라고 할 수 있는 사칙연산기를 만들어 실제로 작동시켰다. 그의 단자에 대한 사상도 사실상 컴퓨터의 기본 단위와 같은 0과 1의 작업적 폐쇄성을 전제로 한, 열림과 닫힘을 표현하는 것일지도 모른다.

라이프니츠의 단자론은 오늘날로 치면 로봇과 동물을 가로지르는 작동원리라고도 할 수 있다. 17세기 말에서 18세기 초를 살았던 라이프니츠가 동물과 기계를 횡단하는 포스트휴먼적인 발상을 하였다는 것이 신기하다. 물론 라이프니츠가 생각한 것은, '단자'라는 기초 단위의 작동이 논리적 연산으로 나타날 수 있다는 것이었고, 결국 이 논리연산 구조는 동물과 생명이 데카르트 식의 자동기계가 아닌 다른 방식의 기계로 표현될 수 있는 가능성을 의미하는 것이다. 즉 라이프니츠의 철학에는 '생명권=기계권'이라는 발상의 전환이 내재해 있는 것이다.

라이프니츠는 또한 미분과 적분을 창안한 사람이기도 하다. 동시대의 뉴턴과 친분이 있는 상황에서 뉴턴과 거의 동시에 미적분을 창안했던 것 때문에 뉴턴 지지자들로부터 평생 동안 괴롭힘을 받아야 했다. 사실 발명이나 발견은 일반 지성이라는 공통된 지식 기반에서 비롯되기 때문에 거의 동시에 이루어지는 경우가 비일비재하다. 미분과 적분은 미시세계와 거시세계를 수학적 공리로 설명하는 원리이다. 물론 미시적인 것도 너무 작은 단위인 나노 수준으로 내려가면 수학의 통합력으로부터 벗어나게 된다. 그러므로 단자론은 미분과 적분이 관철되는 수학적 범위를 넘어서지 않는 최소 기본 단위라고 할 수 있다. 만약 단자가 다른 단자와 창을 통해 소통하거나 끈 모양으로 연결된 지점이 있다면 각각을 구별되는 개체로 보는 수학적인 원리가 적용될 수 없게 된다. 그래서 동물에 대해서도 가장 개체중심적인 사고를 통해 생각할 수밖에 없었을 것이다.

마치 중세의 레오나르도 다빈치와도 같은 라이프니츠의 박학다식함과 다양한 발명·발견을 따라가다 보면 "단자에는 창이 없다"라는 발언이 그리 간단치 않은 문제의식이며, 데카르트의 자동기계와는 완전히 다른 방식으로 생명 현상과 기계 현상을 설명하려는 방식임을 알 수 있다. 한때 나는 포퍼의 동물 학대열린 사회와 그 적들』이라는 책을 읽으면서 '열려 있다'는 것이 최선의 것이라고 생각했다. 그러나 마투라나(Humberto Maturana)와 바렐라(Francisco Varela)와 같은 인지과학자들이 쓴 책들에서 그저 외부에 '열려 있는' 상태로는 생명이 성립될 수 없다는 구절을 읽고 이전의 생각을 바꾸게 되었다. 마치 우리가 햇볕, 바람, 비, 눈을 막고 아늑하게 살기 위한 집이 필요하듯이, 생명은 외부 환경과 격리되고 폐쇄된 내부 공간을 필요로 한다. 세포막이 세포질과 세포핵을 내부에 갖고 있으면서 그 내부작동의 효과로 마치 옷깃을 여미듯 외부로부터 일정한 작업적 폐쇄성을 띠는 것을 생각해 보면 좋을 것 같다.

그러므로 "단자에는 창이 없다"는 라이프니츠의 발언은 개체 자체의 일정한 작업적 폐쇄성과 이를 통해 만들어내는 내부 환경에 대한 이야기일 수도 있다. 한 개체가 다른 개체나 주변 환경과 구분되어야 한다는 지극히 상식적인 이야기를 "단자에는 창이 없다"고 표현할 수 있지 않을까? 생명이 성립하려면 개체가 성립되어야 한다는 지극히 개체중심적인 전제조건은 얘기해서는 안 되는 것일까?

동물복지와 동물권 간의 기나긴 논쟁

동물권과 동물복지의 논쟁은 둘 사이에 철학적으로 근본적인 차이가 있다는 점을 보여준다. 이를테면 동물보호단체의 성격을 알고자 할 때 그 단체의 입장이 동물복지의 관점인지 동물권의 관점인지를 파악하는 것만으로도 기본적인 윤곽을 거의 파악할 수 있다. 동물권과 동물복지를 가르는 구도에서 중요한 점은 '동물은 독립된 권리를 가진 것인가?'라는, 라이프니츠가 약간의 단상을 제시했던 개체의 독립성과 관련되어 있다. 이를테면 '동물을 독립적인 변수에서 파악하는가? 그렇지 않은가?'가 그것이다.

동물권은 동물 자체를 인간으로부터 분리시켜 사고하는 경향이 있는 데 반해, 동물복지는 동물과 인간 간의 개체적 분리를 다소 모호하게 한다. 동물권은 동물이라는 개체가 인간과 독립된 고유한 성질을 가지며 그 고유성을 보장받을 수 있는 권리를 갖고 있다고 생각한다. 반면 동물복지는 동물이 인간에게 수단화되는 문제를 근본적으로 다루기보다는 그것을 전제로 한 복지의 차원을 다룬다.

구체적인 사례로 들어가 보면, 동물권은 육식에 근본적인 문제 제기를 하며, 공장식 축산업뿐 아니라 생명을 수단으로 삼는 축산 자체를 문제 삼는다. 그렇기 때문에 동물권을 주장하는 사람 중에는 육식을 일절 하지 않는 비건채식인(vegan-vegetarian)이 많다. 반면 동물복지는 공장식 축산업에 반대하면서 유기축산이나 친환경축산, 동물복지축산과 같은 소농 중심의 축산을 긍정하며, 육식 자체를 거부하는 것이 아니라 '제값 주고, 제대로 알고, 조금씩, 가끔 먹는 것'이 필요하다고 주장한다. 이러한 차이점은 '동물 자체를 인간과 분리된 독립된 개체로 볼 것인가?' 아니면 '인간의 수단이라는 전제 하에서 인도적인 처우로 대해야 할 종속된 개체로 볼 것인가?'의 문제에서 비롯된 것이다.

동물복지와 동물권 간의 논쟁의 역사는 장구하다. 동물권을 주장하는 사람들은 사람들이 동물복지 인증의 라벨이 달린 축산물을 소비한다고 해도 고기를 먹는 한 결국 공장식 축산업을 스스로 용인하는 결과로 나타난다고 지적한다. 즉, 처음부터 "단자에는 창이 없다"는 식으로 단호히 경계를 구분하지 않아서 문제가 발생한다는 것이다. 그리고 아무리 동물복지축산이라 하더라도 근본적으로 생명을 죽이는 행위 자체는 어떠한 경우에도 정당화될 수 없다고 말한다. 반면 동물복지의 입장에서는 동물권 주장이 너무 근본주의적인 입장이어서, 현실에서는 지나치게 계몽적이고 교훈적일 수밖에 없다고 지적한다. 즉 동물복지의 입장은 단호한 결별이 아니라 개량적이며 누적적이고 점진주의적인 전략을 따르는 것이다.

나는 충돌의 한가운데에서 양측의 입장 차이가 근본적인 철학의 차이로부터 유래한다는 점을 매번 느낀다. 라이프니츠가 "단자에는 창이 없다"고 했던 것은 인간과 동물 그리고 식물 간에 단호한 경계가 있다는 점을 지지해준다. 그러나 이러한 종간 차이에도 불구하고 모두가 단자의 산물이기 때문에 동물에게 영혼이 있는 것이 된다. 이러한 라이프니츠의 동물영혼론과 같이 단호한 경계를 인정하는 동물권을 주장하는 것에 무슨 문제가 있는 것인가? 단호하고 근본적인 질문을 하는 것이 무엇이 나쁘다는 것일까?

동물복지론은 현재의 정부 정책이나 제도에서도 대부분 수용되어 있는 관점이다. 그래서 동물복지가 마치 축산업의 미래인 것처럼 포장되어 등장하는 경우도 많다. TV 화면에서 축산물 광고는 넓은 초원에서 풀을 뜯는 소들이 이미지로 자주 등장한다. 그러나 실제로는 대부분의 농장 동물들이 공장식 축산 농장에서 열악하고 절박한 상황에 놓여 있으며, 그 현실은 가려져 있다. 그래서 나는 동물복지의 논리가 근본적 원리가 아니라 현실적 원리에 따르는 것이기 때문에 최선이라기보다는 최소한이라고 생각한다.

채식에는 완전히 고기나 우유, 달걀을 먹지 않는 비건(vegan) 채식과 우유를 먹는 락토(lacto), 달걀만 먹는 오버(ovo), 우유와 달걀을 모두 먹는 락토-오버(lacto-ovo), 해산물까지 먹는 페스코(pesco)가 있다. 나는 사람들이 채식에 접근할 때 대부분 페스코에서 시작해서 비건까지 차등적으로 접근하는 데 주목했다. 그래서 이러한 채식의 단계적 접근처럼 동물복지를 최소 과제로, 동물권을 최대 과제로 차등화하여 접근해 볼 수 있겠다는 문제의식을 가지고 연구 보고서를 작성하기도 했다.

동물복지를 최소 명제로, 동물권을 최대 명제로 하면서 논쟁을 화해시키는 것은, 동물에 대한 인식과 생명존중 사상에 대한 실천의 범위와 접근성을 높일 수 있는 가능성이 있다고 생각한다. 예를 들어 "저는 고기를 먹지 않습니다. 저는 채식주의자입니다"라고 '완성형'으로 단호히 말하는 것보다는 "저는 고기를 먹지 않으려고 노력하는 중입니다"라고 말하는 것이, 그 행위의 '과정형'과 실천적인 노력의 '진행형' 속에 있는 주체성을 보여준다는 점에서 더 호소력이 있는 것과 마찬가지 원리다. 어떤 노동자는 자신은 미국산 수입 소고기를 먹는다면서 동물복지 인증이 달린 고기를 먹으려는 사람들은 자신의 건강을 생각하는 중산층 이상의 사람들이라고 규정하였다. 그러나 나는 한편으로는 그에 공감하면서도, 반드시 모든 것이 그렇지는 않다고 생각한다. 소비 행위에 윤리적 관점을 적용하는 사람은 더 나아가 생명 존중의 윤리의식으로 나아갈 가능성이 높기 때문이다.

동물권은 하나의 패러다임의 전환이다. 인간중심주의에서 생명중심주의로의 이행은 기존 육식 문명, 그리고 동물을 이용 · 착취 · 학대하는 문명과 완전히 결별하기 위해 단호한 선을 긋는 시도이다. "더 이상 창이 없다, 너와 나 사이에는"이라고 딱 잘라서 말하며 결별하는 것이다. 예를 들어 육식을 위해 농장 동물에게 사료(곡물)를 먹임으로써 아홉 명이 먹을 수 있는 식량을 한 명이 먹게 되는 결과를 낳게 되어 제3세계에 사는 수 억 명의 사람들을 빈곤과 기아에 시달리게 만드는 문제나, 소의 방귀와 트림에서 나오는 메탄가스가 온실가스의 25퍼센트 이상을 차지하는 문제를 보더라도 이러한 단호한 태도는 시급하게 요청된다고 생각한다.

동물권은 무엇보다도 생명을 존중하고 보호하며 그들의 고유성을 보존하고자 한다는 데도 의미가 있다. 동물이 처한 열악한 환경과 비인도적인 처우와 도살은 생명을 손상할 뿐만 아니라, 그 보이지 않는 영역의 문제가 인간 자신의 문제로 다가온다. 우리는 부엌과 식탁에서만 고기를 볼 수 있을 뿐, 보이지 않는 영역에 있는 공장식 축사의 지옥 같은 환경은 들여다보지 못한다. 근대의 인간중심주의는 생명을 수단이나 도구로 여기는 논리를 발전시켰으며, 그 결과 인간 사회 내부의 소수자, 노동자, 사회적 약자를 수단과 도구로 여기는 것을 용인하게 되었다. 보이지 않는 곳의 사태에 대한 윤리적인 판단과 접근을 유보하거나 방기한다면, 나음은 당신 차례가 되는 것이다.

2011년도에 발생한 구제역 사태에서 생매장된 돼지와 소는 450만 마리에 이른다. 이 동물들은 최소한의 인도적 도살이라는 원칙마저도 위배한 조건에서 산 채로 죽임을 당했다. 이러한 문제는 결국 인간에게 돌아온다. 인터넷에서 본 "결국 다음은 우리 차례라는 생각이 들었어요"라는 한 시민의 불안과 절규는 가슴속에 멍한 느낌을 주었다. 동물들의 홀로코스트는 곧 인간에 대한 홀로코스트를 만들어낼 것이기 때문이다.

생명의 권리와 자유를 위하여

생태적 그물망의 그물코에서 창조·발화하는 생명들이 만들어내는 아름다운 몸짓은 무언의 춤사위와도 같다. 이러한 생명들에게 권리와 자유를 약속하는 것은 최소한의 예의라는 생각이 들기도 하며, 어떠한 경우에도 생명을 경외하는 것이 공존을 위한 첫 단추라는 생각이 든다. 한 때 길냥이였다가 연구실에 들어온 고양이는 늘어지게 잠을 자다가 컴퓨터 자판 앞에서 꾸벅꾸벅 졸기도 하고, 여유 있게 하품을 하기도 한다. 작은 생명의 활동이 만들어내는 기쁨은 이루 말할 수가 없다.

생명권은 사실 라이프니츠의 전략과는 매우 다른 궤도를 갖고 있다. 라이프니츠가 단자를 통해 극단적인 개체성을 강조하면서 동물의 영혼을 입증하려고 노력했다면, 생명권은 보편성에 호소하여 동물의 권리를 지키려고 하기 때문이다. 그리고 동물권을 포함한 생명권을 보편적인 헌법으로 입법화하겠다는 시도는 어떤 의미에서는 보편적이면서도 가장 개체적인 성격을 함축하고 있다. 가장 포괄적인 생명의 문제를 다루면서도 동시에 이를 통해 개체의 권리도 함께 담고 있기 때문이다.

이 글은 생명의 절규와 비탄이 가득한 문명을 끝장내고 동물들이 껑충껑

충 뛰어놀 수 있는 지구 환경을 만들겠다는 소망으로 라이프니츠의 이론을 전유한 것이다. 소망 이미지는 과거로부터 현재의 꿈을 밝히기 위한 이론적 방식이기도 하지만, 어떤 의미에서는 미래적인 의미도 담고 있다. 우리가 미래 세대에게 물려줄 것은 지구와 생명이며, 그래서 우리는 생명의 권리와 자유, 복지에 대해 생각하는 것일지도 모른다.

04_ 피터 싱어의 공리주의와 동물 해방

고통을 느끼는 동물들

2012년 2월 18일, 대한민국 수도 서울 광화문 광장 조성 공사장에서 강아지 한 마리가 인부 두 명이 던지는 벽돌만 한 돌을 40분 동안 맞는 사건이 발생했다. 시끄럽고 배설물을 남긴다는 이유로 이 공사장의 인부들이 컨테이너 박스 한쪽으로 강아지를 몰아서 죽이려 했던 것이다. 강아지는 두개골이 함몰되고 우측 안구가 돌출되는 등 치명적인 부상을 입고 숨을 거두기 직전이었다. 사람들의 제보로 출동한 경찰이 이 강아지를 구출했을 때는 심각한 골절과 안구 손상을 입은 상황이었다.

이 동물 학대 사건은 우리 사회의 가장 약자이자 소수자의 위치에 있는 동물을 하찮은 물건이나 쓰레기 보듯 하는 데서 비롯되었다. 그 이후에도 동물 학대 사건들은 신문지상에 빈번히 등장하면서 그때마다 공분을 사기는 하지만 여전히 계속되고 있는 상황이다. 길거리에서 사람들은 누구나 한 번쯤 유기동물과 마주친다. 유기동물 40만 마리 시대에 쓰레기더미를 뒤지는 고양이와 길거리를 헤매는 강아지, 야산에 출몰하는 야생화한 개들, 거리를 서성거리는 비둘기들을 보면서, 사람들은 동물보다 더 우월한 인간의 지위를 확인하는 무의식의 심상을 갖기도 한다. 연민과 동정을 가진 사람에게도 동물은 무의미한 것으로 간주되는 경우가 많다.

나는 이 광화문 강아지 사건을 졸음이 밀려드는 나른한 오후에 블로그 글을 읽다가 발견했는데, 강아지의 모습이 너무 참혹해서 나도 모르는 사이에 "미안하다, 미안하다"를 되뇌었다. 나 역시도 유기동물을 자주 만나지만, 만약 동물보호소에 연락을 하면 일주일 후에 안락사 될 것이기 때문에 혹여 상처를 입어 심각한 상황이 아니라면 먹이만 놔 두고 돌아오곤 한다. 처음에는 집으로 데려와 임시 보호를 할까도 생각했지만, 거의 이틀에 한 마리씩 마주치게 되니 그러지도 못한 채 자괴감만 쌓였다. 그러다가 동물 학대 소식을 대하면 보호해 주지 못한 죄책감이 밀려들곤 하였다.

"동물들은 고통을 느끼는가?"

이런 다분히 상식적인 질문을 던지게 되는 이유는, 동물을 고통과 욕망을 가진 생명으로서 느낀다기보다는 그저 먹을거리나 입을거리, 볼거리 등의 수단으로 여겨 왔기 때문이다. 하지만 분명 동물은 배고픔, 아픔, 두려움, 공포 등을 느낄 수 있는 존재이다. 인간이 고통을 느끼는 것처럼 동물들도 대부분은 고통을 느낄 수 있다. 예를 들어 사람들은 코끼리의 발이 굉장히 튼튼하고 무쇠 같을 거라는 선입견을 갖고 있지만, 사실은 나뭇가지나 날카로운 것에 찔리면 쩔뚝거리며 아파하는 아주 예민하고 부드러운 살이다.

'상대방이 아프면 나도 아프다'는 마음은 동양의 측은지심(惻隱之心)과 같은 개념으로도 나타난다. 상대방의 고통에 공감하지 못한다면 세상 어떤 것과도 온전히 소통할 수 없고, 자연과 생명을 인간 자신이 살아남기 위해 사용하는 수단이나 도구로만 간주하는 결과를 낳는다. 그런데 사람들은 다른 사람들의 고통에 대해서는 연민(Compassion)을 갖지만 유독 동물에 대해서는 예외로 간주하는 경향이 있다. 그러나 동물의 고통을 외면한다면 인간의 고통도 외면하는 쪽으로 변화할 가능성이 굉장히 높다. 동물들의 절규는 인간의 절규와 같은 정서 양식으로 구성되어 있기 때문이다.

나는 어릴 적 개장수가 개를 잡는 장면을, 뒷산에서 멀찌감치 숨어서 보았던 적이 있다. 그 충격적인 광경은 지금도 눈앞에서 보는 것처럼 생생하다. 개장수가 개를 잡기 위해 한참 도구를 챙기고 있는 동안에도 개는 꼬리를 살랑살랑 흔들며 개장수에게 잘 보이려고 노력하는 기색이 역력했다. 이 순진무구한 동물에게 마대자루를 씌우자 개는 무엇인가 잘못된 것을 알고 심하게 요동을 치고 비명을 질렀는데, 개장수는 그때부터 곡괭이 자루로 개를 패기 시작했다. 엄청난 절규와 비탄의 울음이 산 전체를 감돌았고, 나는 충격에 놀라 냅다 도망치고 말았다.

아직도 개의 고통이 미식가의 즐거움을 위한 대가라는 점을 이해할 수 없다. 그 고통의 울음소리가 지금도 귓전에서 맴도는 것만 같다. 인류와 공생하면서 2만 년 동안 공진화해 온 개는 우리의 가족이자 친구라고 할 수 있다. 개 식용은 소, 닭, 돼지와 같이 가축화되는 동물을 최소화해야 동물을 보호하는 데 유리하다는 점과, 반려동물인 개와 인간의 관계가 아주 특별하여 생명 존중 의식의 교두보가 된다는 점에서 지속적으로 반대되어야 하지만, 뿌리 깊은 인습으로 인해 근절되지 못하고 있다.

범죄인들을 조사한 보고서에 의하면, 어릴 적 경험했던 동물 학대의 경험이 쾌락이나 즐거움으로 잘못 인식되었던 경우가 많았다고 한다. 실제로 잔혹한 범죄의 배후에는 동물 학대를 경험했던 유년기의 잘못된 체험이 존재한다. 그렇기 때문에 생명 존중의 문화를 만들기 위해서는 동물 학대가 범죄에 속한다는 것을 알려줄 필요가 있다. 물론 현행 동물보호법에 의하면 동물 학대는 2년 이하의 징역과 2000만 원 이하의 벌금형을 받게 되어 있다. 이미 동물 학대가 단순한 장난이 아니라 범죄에 속한다는 사회적 합의는 이루어진 것이다.

그런데 우리는 어떤 것이 동물을 괴롭히는 행동인가에 대한 합의된 기준을 갖고 있지 못하다. 예를 들어 인도적으로 도살해야 할 책임이 있는 도살장에서 소나 돼지가 단 한 번의 타격으로 고통 없이 죽는 경우가 80퍼센트밖에 되지 않아 5마리 중 한 마리 꼴로 고통을 수반하고, 심지어는 산 채로 껍질이 벗겨지는 사태도 가끔 발생한다는 보고도 있다. 또한 도살 과정에 참여하는 노동자들의 저임금 구조로 인해, 노동자들의 스트레스가 다시 동물들에게 향하게 되는 구조 역시 동물 학대를 부추긴다. 또 동물 실험실에서 암 덩어리를 몸에 단 쥐나 혹은 지구상에 존재하지 않았던 유전 형질을 갖도록 조작되어 태어난 돼지 등이 고통을 느끼며 지내는 것도 명백한 동물 학대 행위라고 할 수 있다.

이러한 동물 학대는 일반 시민의 눈에는 보이지 않는 것들이지만, 일상에서 수시로 목격되는 학대도 비일비재하다. 그러므로 학대 예방을 위해서는 동물을 대하는 태도와 관계 정립에 대한 교육이 어느 때보다 중요하다. 나는 2014년에 '동물보호교육센터' 설립을 위한 추진위원으로도 활동했는데, 동물 학대나 유기를 막기 위해서는 어릴 때부터의 교육이 아주 중요하다는 생각이 들어서 참여하게 되었다. 특히 이 사회의 사각지대에 놓인 중학교 2~3학년 학생들에 대한 생명 교육은 어느 때보다 필요하다고 생각했다. 실제로 활동을 하면서, 보이지 않는 영역에서 동물을 상대로 벌어지는 학대 행위를 예방하고 근절하는 노력은 결국 보이는 영역에서 인간을 사랑할 수 있는 원천과 토양이 된다고 확신하게 되었다.

피터 싱어의 '공리주의'와 동물

내가 피터 싱어(Peter Albert David Singer)의 『동물해방』을 처음 접한 것은 2006년 여름이었다. 지금도 그 책을 읽을 당시 분노와 괴로움 때문에 힘들었던 기억이 생생하다. 솔직히 불편했다. 의식하지 못했던 동물의 삶의 진실이 담겨 있는 내용에 마음이 몹시 불편해서, 책을 읽는 내내 그냥 내려놓고 싶었던 적이 한두 번이 아니었다. 다 읽고 나서는, 그냥 모르고 지내던 편이 낫지 않았을까 하는 생각도 들었다. 아무튼 그때부터 나는 페스코(pesco) 정도의 낮은 단계의 채식을 시작했고, 지금까지 14년간 이어오고 있다.

피터 싱어가 사례로 제시했던 공장식 축산업과 동물 실험의 현실은 참혹했고 비참했다. 나는 인간들이 이렇게까지 모질게 생명을 대하고 있다는 것이 부끄러웠다. 그런데 피터 싱어가 이 책에서 전개하는 기본적인 논리 구조는 공리주의다. 공리주의는 가장 자본주의적인 방식으로 문제를 해결하는 것으로도 유명한데, 벤담의 '최대다수 최대행복'처럼, 소수의 의견이나 이해는 어찌 되든 결과적으로 전체의 쾌락과 행복이 증대되면 된다는 논리다. 이른바 공공의 이익의 관점에서 모든 일을 효율적으로 처리하는 관점이 공리주의인 셈이다. 이러한 공리주의가 『동물해방』의 핵심적인 논리라는 데 의아심을 갖는 사람들이 많을 것이다. 나 역시도 공리주의에 대해 선입견이 많아서였는지 피터 싱어의 공리주의가 달갑지만은 않았다.

그러나 피터 싱어의 공리주의는, 인간과 마찬가지로 동물도 고통을 느낄 수 있으며, 생명권 전체로 보았을 때 고통을 최소화해야 최대 다수 생명의 쾌락과 행복이 증대되는 효과가 있다는 주장으로 나타난다. 흑인 해방이나 여성 해방과 마찬가지로, 고통을 느끼는 동물의 해방이 다수의 행복과 쾌락의 증대에 크게 기여한다는 것이다.

대학 때 술자리에서 칸트의 선(善)의지와 공리주의를 비교하며 논쟁을 벌인 적이 있었다. 친구들은 공리주의 원리에 따라, 행위의 동기가 어찌되었건 결과적으로 다수가 행복하면 된다고 주장했다. 나는 반발심이 생겨서 결과와 무관한 다양한 원인과 동기가 있다고 주장했는데, 지금 생각해 보면 칸트의 선의지에 기반한 동기론과 유사한 논리를 폈던 것 같다. 우리의 술자리 토론은 "동기냐, 결과냐"라는 핵심적인 논쟁 지점에서 머물면서 공회전했다.

자본주의를 유지하고자 하는 사람들은 다수의 이익이나 '공익'이라는 이름으로 소수자와 사회적 약자를 배제하는 경우가 많다. 피터 싱어의 『동물해방』이 출간되기 이전까지 공리주의는 자본주의 체제를 유지하고자 하는 사람들의 무기였고, '해방'을 사고하는 사람들에게는 사용해서는 안 될 무기였다.

공리주의의 원리는 이따금 MT를 갔을 때 '구명선의 논리'를 통해 게임화되곤 했다. 가상의 상황이 제시되었는데, 위기에 처한 상황에서 구명보트에 3명만 탈 수 있고 누군가를 배제해야만 한다면 그것이 누가 될지를 결정하는 것이었다. '노인', '중학생', '의사', '변호사', '가정주부' 등의 역할을 맡은 사람들이 토론을 했는데, 구명선의 논리에 따라 토론하다 보면 다수의 이익에 따라야 하는 게 어쩔 수 없는 현실이라는 합의에 이르게 된다. 나는 그 게임에서 모두가 같이 살지 않으면 안 되는 이유를 항변하다가 소수의 희생을 강조하는 논리에 제압되곤 했다. 그런데 피터 싱어는 다수의 이익을 생명 전체의 이익으로 다시 해석한다. 그래서 생명 전체의 이익과 손익 계산에 따라 동물의 희생이 판단되어야 하는 것이다. 나는 실험동물윤리위원으로 활동하면서, 동물 실험이 주는 의료적 가치가 생명 가치의 희생에 대해 어떻게 손익 계산이 되는지를 판단했던 적도 있었다. 예를 들어 질병 치료를 위한 의약품 개발 실험은 어느 정도 허용하더라도, 건강증진식품이나 화장품 재료 실험은 허용 불가의 판정을 내리곤 했다. 피터싱어의 다른 가치들과 생명 가치를 비교할 수 있다는 이익 동등 고려의 모델은 공리주의자들의 논리를 적용한 것이었다. 이런 방식으로 일정 시기 동안은 피터 싱어의 공리주의를 받아들이고 있었지만, 점차 이에 대해서도 비판적으로 인식하게 되면서 피터 싱어와 톰 리건(Tom Regan)의 논쟁에 관심을 갖게 되었다.

톰 리건은 동물은 삶의 주체로서 의식이 있으며, 유용성이나 쓸모를 따지는 도구적 가치로서가 아니라, 욕망과 고통을 느끼는 본원적이고 내재적인 가치가 있다고 말한다. 그는 인간의 도덕적 의무로서 동물의 권리를 지켜주는 것에 대해 이야기한다. 그는 구명선 논리를 정면으로 돌파하면서, "만약 타이타닉에 개가 타고 있었다면, 그것도 구할 의무가 있는 것이다"라고 칸트의 도덕적 의무의 동기론을 환기시킨다. 나는 톰 리건의 동물권리론이, 공리주의가 수단화하고 있는 동기와 목적에 대한 아주 중요한 단서를 제공한다고 생각한다. 피터 싱어가 동물이 고통을 느끼는가의 여부를 중점적으로 생각한다면, 리건은 동물이 의식(awareness)을 가졌는가의 여부를 중점적으로 생각한다. 나는 이따금 이런 의문이 든다. '왜 공리주의에서는 여전히 구명선의 논리처럼 소수의 희생을 전제로 한 고통의 여부만을 따지는가?' '동물의 고통을 최소화한다고 하더라도 수단 아닌 목적이, 결과 아닌 동기가 여전히 존재하는 것은 아닐까?'

피터 싱어의 『동물해방』으로 인해 동물보호운동은 셋으로 분할되었다. 동물권리론자, 동물해방론자, 동물복지론자로 나뉘게 된 것이다. 이 삼분할은 영국의 기호학자인 찰스 샌더슨 퍼스의 '기호의 삼분할'을 떠올리게 한다. 퍼스는 인접성의 기호로 '지표'(index)를, 유사성의 기호로 '도상'(icon)을, 관습성의 기호로 '상징'(symbol)을 각각 나누어 기호계를 설명한다. 나는 동물권리론에 '상징'을, 동물해방론에 '도상'을, 동물복지론에 '지표'를 할당하면서 실험적으로 이 셋의 통합적 구도를 생각해본 적이 있다.

이러한 임의적인 해석의 모델링의 기원은 다음과 같다. 동물해방론은 인간과 동물이 함께 고통을 느낀다는 점에서 '유사성'을 기반으로 하고, 동물복지론은 동물에게 좋은 것이 인간에게 좋다는 '인접성'을 기반으로 하고, 동물권리론은 동물의 권리라는 '관습성'을 타겟으로 한다는 점에서 이렇게 할당하게 되었다. 아무튼 『동물해방』이 던져준 파급력은 동물보호운동의 구도를 다시 그려낼 정도로 아주 중요하다는 점은 의심의 여지가 없다.

종 차별주의인가? 종간 차이인가?

"만약 당신이 키우던 개와 악한 인간이 동시에 물에 빠진다면, 당신은 누구를 구해주겠습니까?"

이 질문을 윤리학을 공부한 사람으로부터 들었을 때, 나는 "인간을 먼저 구해줄 것입니다. 아무리 악하다 하더라도"라고 즉각 대답했다. 지금도 나는 그 대답이 윤리적이라는 점은 추호도 의심하지 않는다. 하지만 좀 지나서야 윤리학을 공부한 사람이 그런 질문을 던졌던 것이 동물권 운동에 대한 의심에서 비롯된 것이라는 것을 알게 되었다. 그러나 인간의 생명을 우선하는 것은 아무리 동물권을 주장하는 사람이라도 기본적인 전제조건이다. 오히려 동물권자들이 문제를 제기하는 부분은 인간의 생명이 긴급하게 좌우되는 문제가 달려 있지 않는 경우에도 동물을 학대하고 착취하는 구조에 대한 근본적인 질문이다.

피터 싱어는 『동물해방』에서, 인간과 똑같이 고통을 느낄 수 있는 존재인 동물의 고통을 무시하는 사회에 대해 문제의식을 갖고 '종 차별주의'라는 개념을 등장시킨다. 고통 속에서 살아가는 동물들에게 눈 감아버리는 것에는 그들이 인간이라는 종이 아니기 때문이라는 단서가 달린다는 것이다. 자본주의 문명은 모두 다 차이 나는 존재에 대해 차등과 차별의 시선을 부여한다. 그래서 자본주의는 착취로 유지되기도 하지만 차별로 유지되기도 한다.

특히 소수자의 차별에 관심이 많았던 나로서는 '종 차별주의'라는 개념을 깊게 생각하게 되었다. 인간의 편리와 이익을 위해서 동물들을 물과 먹이와 햇빛도 볼 수 없는 극한적인 상황으로 내모는 공장식 축산업의 상황은 분명 '종 차별주의'라고 볼 수 있다. 동물은 감정이 있고, 고통을 느끼며 욕망이 있는 존재이다. 나는 "인간의 쾌락을 위해서 동물의 고통을 외면한다면 차별이 아닌가?"라는 생각이 들어서 '종 차별주의'라는 개념에 많이 공감이 되었다.

그런데 문제는, 종간 차별의 시선을 갖는 것은 종간 차이를 인정하는 것과는 서로 다른 차원이라는 점이다. 예를 들어 무척추동물과 척추동물이 똑같이 고통을 느낀다 하더라도 차이가 있을 것이며, 동물과 지적 장애아도 비슷한 반응을 보이며 고통을 느낀다 하더라도 분명히 차이가 있을 것이다. 이것은 차별의 논리와 달리 엄연히 존재하는 '존재론적 차이'의 문제이자, '차이의 윤리' 문제이기도 하다. 피터 싱어의 문제 제기는 동물의 고통을 사람들에게 환기시키는 데는 성공했지만, 분명 존재하는 종간 차이의 문제는 침묵하는 경향이 있다. 이러한 개념의 공백으로 인해 종간 차별 문제는 구체적인 윤리적 차원으로 적용될 때 문제점을 드러내는 경우가 많다.

피터 싱어는 흑인 해방과 여성 해방과 마찬가지로 동물 해방도 중요하다고 얘기한다. 그리고 흑인 해방과 여성 해방이 이루어지지 않는 상황에서 흑인과 여성이 무권리의 주체였던 점을 얘기한다. 그러나 피터 싱어는 여성 해방과 흑인 해방과 같이 동물 해방의 문제가 평등의 원리를 적용받지 못하고, 차등의 원리를 적용받고 있다고 말한다. 모두가 고통을 느끼는 존재임에도 불구하고, 평등의 원리를 적용받지 못하기 때문에 결국 차별과 차등의 원리를 적용받는다는 것이다. 그런데 나는 여기서 '차등' 아니면 '평등'이라는 두 가지 범주를 선택하라는 피터 싱어의 논리적 구조에 의문을 제기한다. 흑인과 여성과 동물은 존재론적 차이가 있는 것이 분명하고, 차이의 원리가 또 하나의 범주로 분명 존재하지 않겠는가 말이다.

종간 차별에 대해서는 분명히 문제 제기를 해야겠지만, 종간 차이도 엄연히 존재한다는 점을 부정할 수 없다. 차별과 차이는 분명 다른 개념이기 때문이다. 차별은 배제를 기반으로 하지만, 차이는 공존과 배려를 기반으로 한다. 식물인간과 동물 간에는 종간 차별이 아니라 종간 차이가 존재한다. 무척추동물과 척추동물 사이에도 종간 차별이 아니라 종간 차이가 존재한다. 그렇기 때문에 '종 차별주의'라는 개념은 종간 차이의 윤리를 언급하지 않고서는 충분하지 않은 개념이라고 할 수 있는 것이다. 그러나 피터 싱어의 문제작인 『동물해방』에는 종간 차이의 윤리에 대해 언급하지 않는다.

'차이의 윤리'는 내가 실험적으로 창안한 개념이며, 그 유래는 들뢰즈의 위대한 저작 『차이와 반복』에서 비롯된다. '차이의 윤리' 개념의 장점은, 인간과 동물 간의 존재론적 차이를 긍정하며 서로의 차이에 대한 상호이해와 배치(agencement) 속에서 윤리적 태도를 결정한다는 점이다. 차이는 차등이나 차별이 아니다. '차이의 윤리'는 피터 싱어처럼 개와 농장 동물 간의 종간 차이를 인정하지 않은 채 개 식용 문제를 도외시하는 것이 아니라, 개와 인간의 피드백의 역사와 다른 종과의 차이를 조망할 수 있는 장점이 생긴다. 또한 무척추동물과 척추동물이 똑같이 고통을 느끼는 동물인데 차별하는 것 아닌가 하는 혐의를 두는 것이 아니라, 고통과 욕망과 감정의 수준에서 차이를 바라보면서 각각에 적합한 윤리적 태도를 제시할 수 있게 된다.

동물 해방의 '종 차별주의'에 대한 지적은 감정과 고통, 욕망을 지닌 동물을 환기시키는 데 일정한 역할을 할 수 있는 이론적인 도구임은 분명하다. 그러나 동물윤리와 생명윤리를 단절된 것으로가 아니라 연장선 속에서 보기 위해서는, '종간 차이'에 대한 윤리가 도입되지 않고서 차별에 대해서만 언급하는 것으로는 충분치 못하다. 예를 들어 학력 차별이 엄존한다고 주장하는 사람이 자신의 자녀를 좋은 대학에 보내려고 한다거나, 차별에 대한 저항에만 머물면서 자괴감을 갖는다면, 차별의 틀로부터 벗어나지 못하는 것이다. 대신 차별이 아니라 서로의 차이를 존중하는 춤, 음악, 미술, 예술 등의 색다른 관계를 맺는다면 학력 차별이라는 잣대는 무력화되는 것이다.

이렇듯 차별에 대해 저항하고 고발하는 것도 중요하지만, 차이에 기반해서 새로운 관계를 맺는 것도 매우 중요하다. 내가 제안한 '종간 차이의 윤리'는 종간 차별을 고발하는 데 머무는 것이 아니라, 종간 차이에 따라 생명윤리와 동물윤리를 통합하려는 이론적 시도 중의 하나라고 생각한다.

'유정성'의 두 가지 노선

피터 싱어의 공리주의에서 가장 기초적인 토대가 되는 개념은 바로 '유정성'(有情性, sentience)이다. 인간이나 영장류의 일부가 갖고 있는 자의식과 달리 유정성은 인간과 동물 일반에게 공통된 정서인데, 고통을 느끼며 감정을 표현하는 본성을 의미한다. 유정성을 띠며 고통을 느낀다는 것은 생명의 공통된 본성이지만, 그것이 곧바로 공감 능력으로 이어지는 것은 아니다. 동물이 유정성을 띤다는 점을 인정하면서도 여전히 동물을 이용하고 학대하고 착취하는 것이 그 증거라고 할 수 있다. 피터 싱어는 유정성 개념을 통해 모든 생명이 평등하게 아픔을 느낄 수 있다는 점을 역설하는데, 이를 바탕으로 쾌락과 고통의 이익 동등 고려라는 공리주의가 성립할 수 있게 된다. 생명체 일반의 입장에서는 고통을 최소화하는 것이 가장 이득이 되는 길이며, 고통을 느끼는 감정은 동물과 인간의 종간 차이를 넘어서는 공리이다.

그런데 나는 피터 싱어의 유정성 논의가 수동의 정동에만 머물고 있다는 점을 지적하고자 한다. 스피노자는 능동의 정동(affect, 情動)인 기쁨과 수동의 정동인 슬픔을 구분하면서, 서로에게 윈윈(win-win)이 되고 기쁨이 될 수 있는 민주주의 구도를 구상한 바 있다. 정동은 기본적으로 외부로부터 촉발된다는 점에서 수동이다. 그래서 '수동의 수동'으로서의 정동인 슬픔이라는 고통을 느낄 수 있는 정동이 동물에게 분명히 있지만, 더 나아가 '수동의 능동'으로서의 정동, 즉 서로 상호긍정의 관계 맺을 수 있는 기쁨의 정동 역시도 있는 것이다.

스피노자는 슬픔에 기반한 초월적 권력과 기쁨에 기반한 내재적인 민주주의를 구분한다. 이는 '너의 좋음'이 '나의 슬픔'이라는 재분배와 착취의 논리에 따르는 국가주의 사상과 '너의 좋음'이 '나의 좋음'이라는 자유도시의 사상 간의 차이점이라 말할 수 있다. 그런데 생각할 부분은 스피노자는 슬픔의 정동에 맞선 기쁨의 정동의 영원한 승리, 민주사회와 자유인의 해방 전략을 얘기하지 않았는가 말이다. 그러므로 우리가 궁극적으로 주목해야 할 정동은 기쁨의 정동이 아닐까 한다.

여기서 정서(情緖, affectio)는 정동(情動, affectus)과 구분되어 명명된다. 정서는 감정이 발생될 수 있는 근원이라면, 정동은 그 저변에 흐르는 힘과 에너지이다. 그런 점에서 정동이 '움직일 때의 마음'이라면, 감정은 '꼼짝 안 할 때의 마음'이라고 할 수 있다. 감정은 우발적인 사건과 표상에서 발생하는 정서 표현 양식이라면, 정동은 표상과 표상, 사건과 사건을 이행하고 횡단할 때 생기는 강도, 온도, 밀도, 속도와 같은 강렬도의 정서 변환 양식이다. "꼼짝 안 할 때 생각이 많은지, 움직일 때 생각이 많은지?"라는 질문에 대해서 대부분 '꼼짝 안 할 때'라고 대답하지만, 사실은 그 생각이 고정관념인지, 횡단과 이행의 흐름인지에서 근본적인 차이가 있다고 할 수 있다. 스피노자는 정동을 '기쁨', '슬픔', '욕망'이라고도 규정했다.

한국 고유의 친구 개념을 나타내는 동무라는 단어가 있다. 한알마을 이사장인 김용우 선생 말처럼 동무를 '함께 동(同)', '춤출 무(舞)'로 해석한다면, 무엇이 떠오르는가? 한판 잔치가 벌어지는 기쁨의 정동의 흐름에 춤추는 강아지와 아이들이 떠오르지 않는가? 결국 유정성 중에서 기쁨의 정동에 기반한 동물과 인간의 공존의 영역도 분명히 있다.

고통은 감정의 일부일 뿐 감정 전체를 설명할 수는 없는 단순감정이다. 그러나 동물에게는 단순감정만 있는 것이 아니라 매우 복잡한 감정이 있다는 점에 주목해야 한다. 나 역시도 우리 연구실의 고양이가, 고통만이 아니라 경우와 상황에 따라 매우 복잡 미묘한 감정을 느끼고 있다는 것을 늘 느낀다. 유정성을 알기 위해 동물이 고통을 느끼는지 확인해 보지 않아도, 인간과의 상호작용과 관계 속에서 다양한 정서 상태를 갖는다는 점을 알 수 있다. 또한 그 관계가 일방적으로 인간이 중심이 된 관계가 아니라, 동물 스스로가 자신의 영토를 확보하고 기쁨, 무위, 무료함, 지루함, 환희 등 다양한 정서와 감정을 통해서 자신을 적극적으로 표현한다는 것을 알게 되었다.

그러므로 유정성 논의는 수동적인 고통 여부인가 아니면 능동적인 교감과 기쁨, 쾌락의 영역인가에 따라 달라질 수 있다. 유정성은 동물이 자신의 종 내에서 혹은 종간 차이를 극복하면서 서로 관계 맺고 교감할 수 있는 아주 능동적인 정서의 원천을 의미할 수도 있다. 그것은 환경에 대한 적응 능력 정도의 차원이 아니라, 스피노자가 언급한 변용(affection), 즉 '되기'(=becoming)의 능력이 동물에게 있다는 것을 의미한다. 동물은 환경결정론자들이 말하는 것처럼 주변 환경에 그저 자극-반응하는 것이 아니라, 환경에 따라 자율적인 행동을 결정하고 그에 따라 자신의 신체나 정서를 변화시킬 수 있는 개체이다.

사람들은 동물을 이용, 착취, 학대하면서 얻는 의식주 용품을 통해서도 동물과 관계하지만, 교감과 사랑을 통해 관계하는 영역도 존재한다. 피터 싱어는 자신은 동물 애호가가 아니라고 딱 잘라 선을 긋지만, 나는 동물 애호가의 차원이 아니라 동물과 인간 간의 관계가 만드는 보이지 않는 영역을 언급하고 싶다. 결국 유정성이 동물과 인간의 사랑이 만드는 교감에 대해 언급하지 않는다면, 인간의 학대에 의해 고통을 느끼는 피해자로서의 동물이라는 이미지에만 머물게 될 것이다.

나는 2013년에는 20대 활동가들과의 인터뷰를 통해 르포를 책으로 엮는 작업을 하였는데, 이들에게서 많은 것을 배웠다. 나는 이들을 만나기 전까지는 우리가 환경오염을 초래하고, 자원을 고갈시켜 석유정점에 직면하고, 기후 변화는 시시각각 다가와 생존을 위협하고, 핵 에너지의 위험 속에 살고 있다는 문제의식만을 강하게 갖고 있었다. 즉 우리가 못하는 것만 생각하고 있었기에 매우 비관적이었던 것이다. 그런데 이들 활동가들은 아주 가까운 곳에서 우리가 재미를 느끼며 잘할 수 있는 것들을 얘기한다. 대학 캠퍼스에 작은 텃밭을 일구고, 몽골사막에 나무를 심고, 코끼리와 돌고래가 좋아서 그들을 보존하는 활동을 하는 20대들을 만났다. 그들은 우리가 잘할 수 있고 재미를 느끼는 것에서부터 출발할 수 있는 것들을 가르쳐주었다.

바로 여기서 나는 색다른 유정성의 논의를 도입하려고 한다. 우리가 동물과의 관계 속에서 사랑과 교감이라는 유정성을 통해 잘하고 재미있게 할 수 있는 것들 말이다. 진정한 동물해방운동이 시작되려면 나는 우리의 긍정적인 면모에서부터 씨앗을 발견해야 한다. 어떤 동물보호 활동가들은 잔혹하고 참혹한 동물 학대 사진을 간판처럼 내걸고 거리로 나선다. 그 취지는 이해할 수 있지만 충격과 분노의 자극은 마치 TV의 스펙터클하고 자극적인 화면처럼 사람들을 도덕적 불감증으로 인도하는 결과를 낳기도 한다. 나는 이런 충격적인 이미지보다는 사랑 속에서 작은 변화의 씨앗을 발견하고자 하는 것이 더 중요하다고 생각한다.

2017년도 더운 여름 연구실 앞에서 발견된 '아갱이'는 눈이 멀고 거대결장의 위험에 직면하였던 고통 속의 존재였다. 그 아갱이가 치료되고 활발하게 놀게 되었을 때 나와 아내는 엄청난 기쁨과 환희를 느낄 수밖에 없었다. 이 아갱이를 '모모'라고 이름 붙였고 아내는 병간호를 여름 내내 했다. 동물병원으로부터 도저히 살 수 없다는 선고를 받기도 했던 모모가 기적처럼 살아나서 뛰어 놀고 먹고 싸고 춤출 때의 기쁨은 이루 말로 할 수 없을 정도였다. 그리고 모모는 나에게는 생명평화의 희망의 좌표와도 같은 존재였다. 모모의 날갯짓하는 듯한 무언의 춤을 볼 때마다 우리도 귀중한 선물을 받은 기분을 만끽할 수 있었다.

피터 싱어의 공리주의를 떠받치는 유정성 논의는 동물과 인간이 만들어낼 작지만 새로운 사건들에 따라 변경되어야 한다. 유정성은 기쁨과 교감, 사랑으로 바뀔 수 있다. 그러한 능동적이고 긍정적인 정동에서 출발해야만, 고통으로 가득 찬 현실에 대해서도 저항할 수 있는 자기 근거가 생기기 때문이다. 사랑과 교감으로서의 유정성은 바로 자신을 변화시키고, 이를 통해 세상을 변화시킬 수 있는 토대가 될 것이다. 그럼으로써 인간 중심의 틀에서 벗어나 동물의 입장에서 생각할 수 있는 지평도 열릴 것이다.

동물에 대한 학대 금지를 넘어 동물 해방으로

피터 싱어는 『동물해방』의 서문에서 "동물 해방이 곧 인간 해방"이라고 말했다. 동물을 고통 속에 몰아넣고 착취하고 학대하는 것은 곧 인간 내부에서 소수자와 사회적 약자를 차별하는 것으로 나타나기 때문이다. 인간 내부에서 왕따와 차별, 배제, 분리 등을 근절하기 위해서는 동물에 대한 차별을 근절해야 하는 것도 이 때문이다. 나는 더 나아가, 보이지 않는 영역에서 동물과 인간의 교감과 사랑이 인간 사회에 전파되어 색다른 사랑의 씨앗이 될 수 있다고 생각한다. 어쩌면 보이는 영역의 윤리보다 보이지 않는 영역의 윤리가 더 중요할 수 있다. 칸트가 얘기했던, 선행의 보이지 않는 동기처럼, 동물에 대한 윤리도 보이지 않는 영역의 문제라고 생각한다.

나는 『동물해방』의 마지막 책장을 덮고 나서, 동물에 대한 최소한의 예의로 미약하지만 낮은 단계의 채식을 시작했다. 그리고 작게나마 동물의 권리신장을 위한 활동을 직접 하거나 돕기도 했다. 지난해 피터 싱어는 유인원 계획*과 같은 이론적 노력으로 자의식을 가진 영장류의 동물 실험이 유럽에서 사라지게 했는데, 그가 이론적인 일관성을 견지하면서도 지적 성실함과 실천성을 무시하지 않는 점을 깊이 존경한다. 나는 피터 싱어의 공리주의의 이론적 한계를 비판하고자 하는 의도로 이 글을 쓰는 것이 아니다. 나는 생명의 고통에 공감하면서 책을 써 나갔을 그의 동기를 먼저 생각했다.

2018년 8월은 유난히 더웠다. 일반 달걀은 모두 버젓이 시중에서 유통되었지만, 생협에서는 거의 한 달 동안 달걀을 구하기 어려웠다. 생협에서 운영하는 양계장은 닭들이 햇볕을 받고 자랄 수 있는 개방형 구조라, 여름 한낮에 더위를 먹은 닭들이 달걀을 많이 낳지 않았기 때문이다. 그래서 여름 내내 달걀을 조금밖에 먹지 못했지만 생명의 순리에 맞는 협동조합을 더 신뢰하게 되었다. 이러한 일은 아주 사소한 것에 불과하지만 시작의 단초라고 생각한다. 나는 피터 싱어가 주장했던 "고통에 공감하자"는 슬로건에 상당히 동의한다. 그러나 절규와 아우성, 비판의 칼날만으로는 생명의 아름다운 합창이 울려 퍼질 미래의 지구를 기약하기 어렵다. 그래서 동물과 인간의 색다른 관계 맺기가 만들어낼 미래 세대를 상상하기 위해 피터 싱어를 잠시 넘어서 생명평화의 새로운 지평을 응시하여 본다. 뭇 생명의 고통은 인간의 고통이 되며, 지구의 고통이 된다. 그래서 가슴 절절히 이것에 공감하는 또다른 윤리가 필요한 것인지도 모른다.

* 〈유인원 계획〉(great ape project)은 인간과 동물 사이에 있는 유인원을 통해서 서로의 간극을 좁히는 프로젝트이다. 좁게는 영장류 보호에서 넓게는 다원 좌파 입장에 선 인간 해방은 동물 해방에서 유래한다는 주장까지를 포괄한다. 이는 직접적으로 유인원부터 동물 실험을 하지 않도록 만드는 실천적 과제로도 나타난다.

05_ 들뢰즈와 가타리의 동물 되기와 야생동물 보호

자연은 원래 야생동물의 영토였다

환경 다큐멘터리 영화를 만드는 황윤 감독이 진지하게 영상에 담아낸 〈어느 날 그 길에서〉(2006, Documentary, 97min)라는 다큐멘터리가 있다. 이 다큐멘터리에는 로드킬을 당한 동물의 사체를 역학조사하고 그 원인을 연구하는 생태학자가 등장한다. 관객들은 연구자의 섬세하고 진지한 조사 활동의 경로를 따라가면서, 도대체 왜 이런 일이 발생할 수밖에 없었는가에 의문을 품게 된다.

나도 고속도로를 지날 때마다 로드킬을 당한 야생동물의 사체를 만나기도 했고, 한번은 도로를 횡단하는 노루를 피하려다 큰 사고가 날 뻔하기도 했다. 국도를 따라 운전하면서 도로 한가운데 야생동물이 죽어 있는 장면을 목격하는 것은 너무나 일상적이며, 그때마다 운전대가 휙 돌아가는 아찔한 상황이 연출되곤 한다. 2006년 통계에 따르면, 로드킬 당한 야생동물의 숫자는 확인된 것만 5,600마리에 달한다. 시민단체들은 한 해 평균 1~2만 마리가 로드킬에 의해 희생당할 것이라고 추정하며, 이를 방지할 수 있는 생태통로와 방벽, 울타리를 의무적으로 설치해야 한다고 주장한다.

도로가 놓인 자리는 원래 야생동물의 서식지였다. 나는 녹색당의 정책 보고서에서 환경 영향 평가와 함께 '생명권역 영향 평가'를 함께 실시해야 한다고 썼는데, 환경의 파괴만큼이나 생명의 서식지 파괴도 큰 문제이기 때문이다. 우리나라의 도로는 교통량에 비해 지나치게 많아서, 어떤 국도는 하루 40대의 자동차만 오가는 곳이 있을 정도로 과잉 건설되어 있다. 이러한 도로들은 야생동물의 영토 가운데를 가로지르며 서식지를 잠식하거나 절단한다. 마치 곡예를 하듯 도로를 건너가는 야생동물을 심심치 않게 볼 수 있는 것은 이 때문이다. 과잉 건설된 고속도로와 국도는 재자연화되어야 한다. 그것이 우리의 편의를 위한 공간이 아니라 원래 다양한 생명체의 영토이자 서식지이기 때문이며, 우리가 필요로 하는 최소한의 도로를 빼놓고는 결국 자연의 영토로 돌려주어야 한다.

내가 야생동물의 실상에 눈을 뜨게 된 계기는 로드킬이지만, 좀 더 깊이 관심을 갖게 된 것은 사육 곰 문제 때문이다. 1980년대에 농림부는 농가 소득 증진을 위한다며 곰 사육을 허용했는데, 그 이후 웅담(熊膽)이라 불리는 곰 쓸개의 즙을 착즙하기 위해 산 채로 배를 째고 관을 삽입하는 동물 학대 상황이 여러 농가에서 연출되었다. 농가 소득 증대라는 인간의 목표때문에 곰들로 하여금 비좁은 철창에 갇혀 하루하루 자신의 쓸개즙을 빨려야 하는 엽기적인 상황이 만들어진 것이다. 이러한 상황을 견디지 못하고 사육 곰들이 탈출을 감행하다가 사살되었다는 이야기가 매년 신문지상의 가장 작은 귀퉁이에 등장하곤 해서 가슴을 저리게 했다. 2014년 사육 곰에서의 웅담 채취가 금지되고 중성화 수술이 이루어진 이후로 2020년 현재까지 그 숫자는 443마리로 줄기는 했지만, 겨우 먹고살 정도의 사료를 먹으며 좁은 철창에서 근근이 버티는 상황은 여전히 개선되지 않고 있다. 현재 시민단체와 동물

보호단체에서는 사육 곰을 매입해서 보호소를 만들어 풀어주려는 시민운동을 전개하면서 정부의 책임 있는 행동을 촉구하고 있다.

그런데 이율배반적인 것이, 한편에서는 야생동물이 가축화되어 학대 당하는 상황이 벌어지고 있는데, 다른 한편에서는 지리산 반달가슴곰 복원 프로젝트가 진행되었다는 점이다. 2000년도부터 시작된 이 프로젝트는 새끼 반달곰을 방사하여 야생화에 성공한 국내 최초의 사례이기도 하였다. 이 프로젝트를 통해 한번 인간의 손에 길들여진 곰들이 다시 야생화되는 것이 얼마나 어려운지를 사람들은 알게 되었으며, 어린아이들은 반달곰을 통해 상상의 나래를 펼치기도 했다. 반달곰은 2005년과 2007년 연해주로부터 수입되어 지리산에 방사되었고, 수많은 후원금과 물량 지원, 연구가 뒤따랐다.

한편에서는 애써서 가축화하고 다른 한편에서는 거액을 들여 야생화하는 상황은 참으로 아이러니하다. 사실 야생화 프로젝트의 가장 큰 걸림돌은 자연환경이나 추위나 더위 같은 것이 아니라, 야생동물을 가축화하는 현재의 시스템 자체다. 그러므로 곰의 야생화를 위해 가장 시급한 것은 가축화되는 사육 곰 문제를 조속히 해결하는 것에 있다.

이러한 상황은 브라질의 아마존 열대우림에서 더욱 극단적으로 연출된다. 브라질의 기업농 경영자들은 야생동물의 서식지인 열대우림을 밀어내거나 불태우고 그 자리에 공장식 축산 단지나 방목지를 구축하고 있다. 그래서 지구의 허파이자 생물종 다양성의 보고인 브라질 열대우림의 상당부분 이미 파괴되었고 지금도 급속도로 파괴되고 있다. 그러므로 야생동물의 영토를 보존할 수 있는 가장 좋은 방법은 공장식 축산업이 파괴하고 점유하고 있는 영토를 재자연화하는 것이다.

나는 언젠가 고구마 농사를 짓는 한 농부와 대화를 나누면서 깜짝 놀란 적이 있는데, 그 농부가 고라니를 '천적'이라고 표현했기 때문이다. 고라니는 사실 자연·생태 분야의 대표적인 국제기구인 세계자연보전연맹(IUCN)의 레드리스트*가 지정한, 멸종위기 직전 단계인 위험수위(vulnerable)에 있어 보호가 시급한 동물이다. 전 세계에서 희귀한 종의 동물로서 보존에 적극적으로 나서야 할 판에, 한국의 환경부는 유해 야생조수로 지정하여 수렵하도록 허용한 것이다. 그 순한 초식동물을 사냥을 해서라도 죽여야 한다는 농부의 말을 들으니 서글픈 생각이 들었다. 고라니들이 농가로 내려와 고구마며 감자를 뒤지게 된 것은 환경 파괴와 기후 변화로 그들의 영토가 급속히 파괴되었기 때문이니, 결국 인간의 이기심이 만들어낸 결과 아닌가.

한때 쟁점이 되었던 '고양 긴꼬리닭' 논쟁도, '닭을 공장식 양계의 수단으로 볼 것인가 아니면 천연기념물로 볼 것인가'라는 맥락이 숨어 있다. 유엔식량농업기구(FAO) 가축다양성 정보시스템(DAD-IS)에 등재된 고양 긴꼬리닭이 2007년도에 천연기념물로 지정 예고되었다가 2008년 11월에 다시 반려되었다. 이는 닭이 농장 동물이 아니라 야생동물, 그것도 천연기념물이 되는 게 부담스러웠던 공장식 양계업자들의 이해관계에 크게 좌우된 결과였다는 주장도 있다.

이렇듯 가축화와 야생화는 서로 상반된 힘에 의해 움직이는 동물에 대한 태도라고 할 수 있다. 가축화되는 동물이 적어져야만 야생화가 활성화될 수 있다. 왜냐하면 아마존 사례에서도 볼 수 있듯이 공장식 축사는 자연을 파괴

* 1966년 국제자연보호연합(IUCN)이 작성한 《적색자료목록(red-data book)》에 기재된, 절멸 가능성이 있는 야생생물의 명단. 위기를 뜻하는 빨간색 표지 때문에 붙여진 명칭이다. [네이버 지식백과] 적색자료목록 [red-data book, 赤色資料目錄] (생명과학대사전, 2008.2.5)

하여 야생동물의 서식지를 빼앗을 뿐 아니라, 사료를 충당하기 위한 넓은 경작지를 필요로 하기 때문이다. 그러므로 야생동물의 영토를 보존하기 위해서는 획일화된 축산화의 그늘로부터 벗어나 다양한 생명이 공존할 수 있는 서식 환경을 조성하는 것에서부터 출발한다.

한 마리 개냐 여러 마리 늑대냐

질 들뢰즈(Gilles Deleuze)와 펠릭스 가타리(Félix Guattari), 이 두 사람은 마치 하나의 고유명처럼 '들뢰즈 · 가타리'라고 불린다. 항상 세트로 붙어 다니는 이름이라서 처음에는 이를 한 사람의 이름으로 착각하였는데, 『앙띠 외디푸스』와 『천 개의 고원』을 보면서야 두 사람이라는 것을 알았다. 하지만 이 두 사람을 하나의 작은 공동체로 봐도 좋을 듯하다. 공동체는 구성원을 늘 빤한 사람으로 만드는 것이 아니라 전혀 새로운 사람으로 만들어내는 능력을 갖고 있다고 한다. 공동체의 이러한 '관계성 창발'(=주체성 생산)의 능력처럼, 늘 새롭고 낯설게 마주치는 것이 들뢰즈와 가타리의 저작이다. 그도 그럴 것이, 들뢰즈와 가타리의 저작은 둘의 색다른 만남으로부터 연유된 책이기 때문이다. '가타리의 번개가 들뢰즈의 피뢰침과 만났다'라고 비유될 만큼 두 사람의 만남 자체가 사실 이야깃거리가 많은 소재라는 생각도 든다.

들뢰즈와 가타리의 (공동)저작은 욕망과 무의식을 주제로 한 글이 대부분이다. 이성과 의식 중심의 기존 서양 철학과 달리, 우리 내부에 있는 욕망의 야생성에 대한 이야기가 주를 이룬다. 이것이 내가 야생동물을 들뢰즈 · 가타리와 연결시키는 이유이기도 하다. 들뢰즈와 가타리의 저작은 동물행동학이나 야생동물 생태학과 아주 유사하게 인간의 욕망의 동역학과 미시정치를 다룬다. 마치 영토에 서식하는 야생동물을 바라보는 것과 같은 시선으로 다시 인간 사회를 들여다보는 것이다.

그들의 대표적인 저작인 『앙띠 외디푸스』와 『천 개의 고원』은 '자본주의와 정신분열증'(Capitalism and schizophrenia)이라는 부제를 달고 있다. 아주 심원한 무의식과 욕망의 지형도 속에서 자본주의는 정신분열증과 유사한 움직임을 보인다는 것이 두 사람의 지적이다. 정신분열증은 야생성이 억압된 동물들에게 똑같은 행동을 반복하는 모습으로 나타나는 정형행동(stereotyped behavior, 定型行動)에 비유될 수 있다. 정형행동은 자유롭게 대지와 영토를 뛰어놀고 움직이고자 하는 욕망이 억압되는 순간 만들어지는, 협착(狹窄)과 폐색(閉塞) 이후의 심상을 의미한다. 자본주의가 유지되기 위해서는 욕망의 야생성을 억압하여 가족, 국가, 신 내부로 감금해야 하며, 그 때문에 마치 야생동물이 철창에 구속되면 보여주는 모습처럼 무의식의 '구속복'이 생겨 정신분열증이 발생하게 되는 것이다. 그러나 욕망이 억압되어 구속된 정신분열증적 상황에도 불구하고 욕망의 야생성이 여전히 사라지지 않고 새로운 탈주로와 지평을 개척한다는 것이 두 사람의 주장이다.

들뢰즈와 가타리는 프로이트처럼 가족의 울타리에서 길들여진 무의식이 아니라, 가족을 넘어서 사회, 역사, 광야를 바라보는 야성적인 무의식을 얘기한다. 그래서 정신분석(psychoanalysis)의 포로가 된다는 것은 결국 가족 무의식 속에서 한 마리의 개로 길들여지는 것이라고 고발하고, 가족과 국가, 신을 수용함으로써 안위와 평화를 추구하는 초자아의 수용좌표(données d'accueil du surmoi)로부터 벗어나야 한다고 말한다. 나는 들뢰즈와 가타리를 읽기 전까지는 프로이트 방식의 정신분석이 주는 달콤한 침대와 포근한 가족 드라마에 대한 환상을 일정 부분 갖고 있었다. 그러다가 마치 망치로 단단한 고정관념의 돌을 깨뜨리듯 욕망의 야생성과 분열 에너지에 대해 이야기하는 들뢰즈와 가타리의 분열분석(Schizo-analysis)은 깊고 심원한 충격으로 다가왔다. 두 사람은 자본주의는 봉건제를 아주 불철저하게 넘어섰다고 하면서, '아버지'로 표현되는 봉건제의 무의식적인 잔재를 분쇄하는 민주주의의 가속화를 통해 무의식해방으로 나아가야 한다고 주장한다. 그 두 사람이 말하는 것처럼 68혁명이라는 일련의 사태가 보여준 욕망의 야성적인 움직임은 앞으로 다가올 욕망 해방, 정동 해방, 무의식 해방의 새로운 세기에 대한 예감이라 할 수 있다.

『천 개의 고원』의 두 번째 장에 '한 마리 개냐 여러 마리 늑대냐'라는 소제목의 글이다. 양들이 엄마 대신 늑대에게 문을 열어주어 결국 잡아먹히는 우화의 장면이 잠깐 인용되면서, 과연 야생의 현실에서 늑대가 한 마리로 존재할 수 있는가를 의문시한다. 동물을 의인화하여 인간적으로 의미화하는 동물 우화와 달리 자연 생태 속에서의 야생동물들은 늘 한 마리가 아니라 복수, 여럿, 다수의 무리로 등장하며, 무리가 만든 영토 속에서 독특한 삶을 개척한다는 것이 이 글이 던져주는 문제의식이다.

여럿이 만든 '무리'라는 개념에서 나는 잠깐 책장 넘기는 것을 멈추었다. 내가 도시에서 원자화된 개인으로 남게 된 것도 무리 짓기의 본능을 잃어버리면서부터였을지 모른다는 생각이 들어서였다. 욕망은 광야에서 무리를 만들어 이리저리 횡단하고 탐험하는 야생동물의 무리처럼 집단의 관계망 속에서 만들어지는 색다른 생명 에너지이자 활력이 아닐까. 곧이어 작은 집단들의 이미지가 스쳐간다. 비트족, 오토바이 폭주족, 자율주의 집단, 다양한 소수자 집단들, 히피, 생태주의자 등 작은 집단들이 뒤섞이고 무리짓기를 하면서 만들어내는 미시적인 행동학은, 자연 생태의 야생동물 서식군이 보여주는 행태학이나 동물행동학과 다를 바가 없다. 들뢰즈와 가타리의 저작은 어쩌면 자신의 행동 규칙을 스스로 만들어낼 수 있는 야생동물의 자율적인 본성을 잃어버리고 미리 주어진 규칙과 규율과 명령에 길들여진, 인간이라는 동물에 대한 길고 긴 생태학적 보고서일지도 모른다.

들뢰즈와 가타리 또한 드디어 무리를 이루고 야생성을 회복한 집단을 지칭하는 것은 아닐까. 그래서 들뢰즈도 아니고 가타리도 아닌, 새로운 인물이 등장한 것과 같은 느낌을 주는지도 모른다. 그러한 무리는 가족, 학교, 군대, 감옥 등에서 집단을 이루는 무리 짓기의 방식이 아니라, 야생동물의 짝짓기 행동이나 탈주 행동처럼 자유롭게 이동하면서 집단을 만들어내는 무리짓기를 의미한다. 즉 수렴, 응고, 중앙 집중, 센터 등의 형태로 경직된 조직화 방식이 아니라 분산, 이행, 민주주의, 횡단 등의 형태로 부드럽고 자유로운 무리 짓기인 것이다.

들뢰즈와 가타리는 자본주의 아래서 가족이라는 세포 단위로 관리되고 있는 인간들이 원래는 광야에 선 늑대 무리처럼 횡단하고 이동하고 자유롭게 사고할 수 있는 잠재력을 가진 야생동물의 일원이었다는 것을 일관되게 서술하고 있다. 그들은 욕망을 분출하여 색다른 집단을 이루는 것을 '분열'이라고 규정하며, 자본주의에서의 정신분열증과 구별하였다. 나는 분열이라는 개념이 너무 어렵고 헷갈려서 난독증에 걸릴 지경이었다. 지금 생각해 보면, 분열이라는 것은 야성적인 욕망이 폭발할 정도로 생명 에너지와 활력이 넘치고 흐르는 상태를 의미하는 개념이다. 사자들이 싸움과 전투를 통해서 용맹함을 견주며 새로운 무리를 형성하게 되는 식의, 야생성이 극단적으로 폭발하는 양상을 생각해 보면 좋을 것 같다.

현존 문명을 옹호하는 사람들은 들뢰즈와 가타리의 저작들에 대해 반문명주의라는 규정을 내리면서 공격한다. 이 두 사람이 아이, 광인, 여성, 동성애자 등 소수자(minority)의 주체성 내부에 흐르는 생명 에너지와 활력의 역동과 같은 사자와 늑대의 야생성을 지상에 등장시키기 때문이다. 현존 문명은 소수자들을 쓰다 남은 찌꺼기나 잉여와 같이 바라보지만, 실은 자연 생태 속의 야생동물처럼 가장 야성적 본성이 잘 보존되어 있는 주체성이라고 할 수 있다. 들뢰즈와 가타리의 저작이 시대적 문제작으로 취급받는 이유도, 소수자가 마치 『어린 왕자』의 여우처럼 길들여져야 할 '권리와 규율의 존재'가 아니라, 한때는 광야를 이리저리 횡단하던 늑대나 사자 무리와 같은 야성적인 '자유와 자율의 존재'였다는 것을 보여주었기 때문이다.

동물원과 야생동물을 문명화하기

서울시는 서울대공원 돌고래 쇼의 간판 스타였던 제돌이를 2013년 7월 제주 앞바다에 야생으로 방류하였다. 작은 애완동물처럼 사람 말을 잘 따랐던 제돌이를 자연의 품으로 돌려보내는 것은, 재자연화와 야생화가 동물 학대를 피할 수 있는 유일한 길이라는 인식에서 비롯된다.

돌고래는 하루 100km 이상을 헤엄치며 돌아다니는데, 수족관은 그 크기의 1,000분의 1조차도 안 되는 아주 좁은 공간이다. 또한 돌고래는 평균 114마리 정도가 무리를 지어 살지만, 수족관에서는 2~5마리 정도만 모여 있다. 가장 결정적인 문제는, 수족관에서는 야생에서 할 수 있는 행동 중 어떤 것도 할 수 없다는 점이다. 가족과 놀이하고, 동료들과 장난치고, 수영하고, 먹이를 잡는 등의 야생적인 행동을 전혀 할 수 없기 때문에 그저 사육사의 훈련에 따라 움직이는 기계적인 반응만 되풀이하는 것이다.

아이들이 특히 환호하며 즐거워하는 장면들이 있다. 제돌이가 점프해서 고리를 통과한다거나 인사를 한다거나 하는 행동을 보일 때다. 이렇게 제돌이가 사육사의 말을 잘 듣게 된 것은 자신의 서식 환경과 다른 비정상적인 환경 속에서 선택한 비정상적인 행동 양식이다. 동물의 야생성은 곧 동물의 자율성을 의미한다. 동물 스스로 자율적으로 움직일 수 없는 폐쇄 환경은 동물이 몇 만 년 동안 진화하면서 형성된 본성과 다른 행동을 하도록 만든다.

제돌이와 같이 동물원에 가두어진 동물들은 야생동물 본연의 다채로운 특징을 하나도 보여주지 않는, 마치 살아 있지만 박제와 같이 취급되는 존재들이다. 내가 동물원에 가서 본 것도 코끼리가 코를 좌우로 흔들고, 원숭이가 아래위로 몸을 흔들고 있는 장면이었다. 나는 주의 깊게 이들의 행동을 지켜보았는데, 아주 지루하게도 20여 분 동안이나 똑같은 행동을 반복한다는 사실을 알고 의문이 들었다. 나중에서야 알게 된 것이지만, 동물들이 폐쇄된 공간에서 똑같은 행동을 반복하는 것은 그들의 정신세계가 파괴되어 미쳐 가고 있음을 의미한다. 동물들의 그러한 정형행동(定型行動, stereotyped behavior)은 닭, 돼지, 소 등의 농장 동물에게도 똑같이 나타나지만, 특히 동물원 동물은 사람들이 많은 가운데 보여주는 행동이기 때문에 더 눈에 띄는 것뿐이다.

동물에게는 야생성이 있고, 자신의 행동의 자율을 야생성을 통해 드러낸다. 동물원에 가두어진 늑대는 무리를 지을 수도, 사냥을 할 수도, 자연스런 짝짓기를 할 수도, 서식지를 돌아다닐 수도 없으며, 본성에 따른 어떤 행동도 할 수 없는 존재가 된다. 그래서 우두커니 철창 밖을 바라보거나 울부짖는 등의 불쌍하고 처량한 모습을 보인다. 원래 늑대는 철창 안에서 어쩔 줄 몰라 하는 불쌍한 존재가 아니라 다채로운 행동을 스스로 결정할 수 있는 존재였다. 용맹하고 야성적인 존재였다.

주말이면 동물원을 방문해 여가를 즐기고 자녀들에게 체험을 시켜주려는 사람들이 많다. 그러나 동물원은 학습의 공간이 아니라 학대의 공간이다. 아이들은 대부분의 동물들이 우리 안에서 우두커니 앉아 있는 것을 보면서, 동물들이 자율적인 행동을 하는 존재가 아니라 무기력하고 축 처진 존재라고 잘못 알게 된다. 그리고 동물원은 관객을 더 많이 불러들이기 위해 마치 TV나 영화에 나올 법한 동물 쇼를 보여준다. 제돌이와 마찬가지로 동물 쇼는 동물이 보여주는 비정상적인 환경에서 나온 비정상적인 행동을 동물 본연의 모습인 것으로 아이들이 인식하게 만든다. 아이들이 환호하고 기뻐하면 부모들은 흡족할지도 모른다. 그러나 동물원은 야생동물에 대한 인류 문명의 태도를 의미하며, 동시에 어른 사회가 아이들을 교육하는 과정에서 어떤 극단적인 모습을 보일 수 있는지를 기괴하게 보여주는 체험 장이기도 하다. 동물처럼 아이들도 야성적으로 무리짓기를 할 수 있는 자율과 욕망의 존재이기 때문이다.

"사람들이 동물원에 가두어진 야생동물처럼 된다면 어떻게 변할 것인가?"

정신병원 폐쇄병동에서 보이는 정신질환자들의 모습은 이를 극단적으로 보여준다. 의료 민주화 요구로 대부분의 폐쇄 병동이 사라지고 있다고는 하지만, 정신병원은 여전히 광기로 돌변한 욕망의 야생성을 억압하는 대표적인 표상으로 존재한다. 구속복이라고 불리는 옷으로 결박되고 사방이 벽으로 이루어진 곳에 갇힌 정신질환자들은 대부분 고분고분해지고 우두커니 앉아 있거나 현실 순응적인 정신 상태로 그곳을 나온다.

동물원과 같이 야생동물의 자율을 억압하고 문명화를 시도하는 사회는 필연적으로 욕망의 야생성과 자율성을 억압하는 사회로 변하게 된다. 1971년 이탈리아에서 반복적이고 무료한 작업 환경, 열악한 처우, 무엇보다도 자율적으로 결정할 수 있는 것이 하나도 없는 공장 작업 라인에 분노한 피아트 등지의 노동자들이 거리로 나와 시위를 했던 '뜨거운 5월'의 기억도 사실은 이와 연관되어 있다. 이때 이탈리아에서는 자율주의라는 새로운 사상의 조류가 생기게 되었는데, 사실은 야생동물의 문명화의 시도인 동물원처럼 변한 사회 시스템과 공장 환경에 맞서서 노동자들이 자율과 자주관리, 감속에 대한 결정권 등을 요구하였던 것이다. 이탈리아의 노동자 자율주의는 제돌이 방류 사건과 궤를 같이한다. 야생성의 회복이 자율성의 회복인 이유가 바로 여기에 있다.

동물 되기

들뢰즈와 가타리가 함께 쓴 『천 개의 고원』에는 '동물 되기'에 대해 언급한 장이 있다. 조금 어렵기도 하고 낯설기도 해서 여러 번 읽어 보았지만 잘 이해되지 않았고, 책에서도 그 의미를 자세히 설명하고 있지 않았다. 이 책의 어떤 부분에서는 동물 되기가 마법이나 악마의식과의 접속인 것처럼 묘사되고 있어서, 깊이 고민해 보지 않으면 악마학이나 신비주의로 오해될 여지도 있다.

'되기'의 개념은 매우 스펙트럼이 넓어서 사람마다 다양하게 해석할 수 있다. 내가 참여한 어떤 강독회에서는 한 재기발랄한 친구가, '동물 되기'는 이런 게 아닐까 하면서 이소룡을 예로 든 적이 있다. 이소룡이 사마귀되기, 원숭이 되기, 호랑이 되기, 표범 되기라는 신체 변용을 통해 무예를 연마하였으니, 결국 무술의 달인이 될 수 있었던 과정에 동물 되기가 있었다는 설명이다. 그 친구의 추론은 동물 되기가 낯설기 때문에 재기발랄한 이미지를 통해 파악해 보려는 시도였다.

내가 '되기'에 대해 어렴풋이나마 이해하게 된 것은 스피노자의 『에티카』를 읽고 나서부터였다. 스피노자에게 '되기'는 변용(affection)이라는 개념으로 나타나는데, 쉽게 생각해서 자신의 입장이나 위치에서 벗어나 상대의 말을 경청하고 다른 사람의 입장이 되어 사랑하고 신체가 변용되는 과정에 다름 아니다. 상대의 정동에 감응하여 '사랑하기에 자신의 몸과 마음이 미세하게 달라지는 것'을 느끼는 것이 변용이며, 동일성의 철학처럼 '사랑하기에 같아지는 것'이거나 커먼즈나 공통성의 철학처럼 '사랑하기에 닮아지는 것'과는 궤도를 달리한다. 철학적으로 '~되기'(becoming)는 '흐름'(flux)의 전통을 형성해 왔고, '~이기'(being)는 '존재'의 전통을 형성해 왔다. 물론 주류 철학은 '~이기'의 전통이 장악하고 있다.

『에티카』에서 '되기' 개념은 신체와 정신이 평행을 달리는 계주나 이어달리기와 같은 것으로 설명되기도 한다. 즉 신체가 변용을 일으켜 자전거 되기, 말 되기, 자동차 되기로 바뀌고, 이와 평행선을 이루며 정신은 경륜법, 승마법, 운전법이라는 공통관념을 갖게 된다는 것이다. 나는 스피노자를 읽으면서 '되기'가 오직 신만이 내려줄 수 있는 절대적인 사랑의 능력이 아니라, 모든 신체가 갖고 있는 능동적인 사랑과 욕망, 정동의 능력이라는 것을 깨달았다.

동물 되기를 동물에 대한 사랑으로 해석한다면, 아주 절박한 처지에 놓인 동물에 대한 연민과 사랑의 의미로 받아들여질 수 있다. 지금의 동물들은 드넓은 야생에서 뛰어노는 자유로운 존재들이 아니라, 좁은 공장식 축산 시설이나 실험실에 가두어진 채 살아가는 불쌍하고 처량한 존재이다. 이러한 동물에게 연민을 느낀다면 누구나 동물 되기의 관문을 통과한 것이라고 할 수 있다. 그런데 동물 되기를 동물에 대한 연민으로만 한정한다면, 동물에게 더 적극적인 의미에서의 야성적 능력이 있다기보다는 이 사회의 최첨단 약자로 보는 시각에 머물러 있을 수밖에 없다. 그래서 색다르고 특이한 주체성이 생산되는 섬광과 같은 순간에 대해 얘기할 수가 없게 된다.

하지만 들뢰즈와 가타리가 말했던 동물 되기의 적극적인 의미로 해석한다면 동물에 대한 사랑이 신체 변용을 수반할 것이기 때문에, 우리 역시 야성적 존재가 될 수 있는 것 아닐까. 동물 되기에 숨어 있는 존재는 야생동물이다. 야생동물처럼 광야를 개척하고 새로운 영토를 만들어내며, 색다른 길을 찾아가고, 무리를 만들어 무리 속에서 강건함을 유지하는 것이 바로 동물 되기의 내용이다. 마찬가지로 소수자가 피해자나 사회적 약자, 양적 소수가 아니라 특이자(singularity)로서 야생성을 갖는 것도, 야생성이 곧 자율성이기 때문이다.

내가 동물 되기처럼 야성적 존재가 된 경험은 다양하다. 시위대가 되어서, 세미나에 참여하면서, 그룹을 형성하여 함께 무엇인가를 실천하면서 나는 동물 무리의 일원이 된 것과 같은 느낌을 받았다. 특히 '나'와 '너', '우리'라는 구분도 모호한 집단이거나 특이함을 사랑하는 공동체의 경우에는 점점 더 야생적인 욕망이 되살아난다. 나는 세미나를 마치고 장장 18시간 동안이나 맥주 파티를 하며 난상 토론을 하고 힘차게 노래를 부르고 야생동물처럼 되었던 젊은 시절의 경험을 사랑한다.

동물 되기를 파악할 수 없었던 사람들은 동물 우화나 동물 가면극을 생각하기도 한다. 나는 동물 되기가 야생적 본성에 대한 회복이자 우리 안의 동물성인 욕망의 회복이라는 점에서 시사하는 바가 크다고 생각한다. 즉, 그것은 우리가 야성적이고 자유로운 존재일 수밖에 없다는 점을 알려주기 때문이다. 동물이 갖고 있는 자율의 능력인 야생성처럼 문명화된 인간 사회가 자유와 자율의 능력을 갖추기 위해서 동물 되기가 필요한 것이다. 들뢰즈와 가타리의 동물 되기를 통해서 소수자 되기의 일련의 과정이 설명된다. 아이 되기는 아이가 거침없이 이행하고 횡단하는 능력을 통해 고정관념 없는 욕망의 존재가 되는 것이고, 여성 되기는 섹슈얼리티와 젠더로서의 여성성을 통해 유성적 신체(=n개의 성) 되기를 하면서 소수자 되기를 깨닫는 과정이다.

들뢰즈와 가타리에게는 야생동물이 특별한 좌표를 차지하고 있으며, 문명에 의해 야성적 존재를 길들이는 것이 아니라, 자율 즉 야생성의 입장에서 동물 되기를 하는 것도 생각해 볼 수 있다. 이 모든 일련의 개념은 문명으로부터 역행(involution)하는 것으로, 'involution' 자체가 '안으로 되감기는'의 의미 좌표를 갖기 때문에 내포적으로 순환논증, 반복, 중복, 재진입을 전개하는 것이라고 할 수 있다. 고정관념과 편견, 신체를 경멸하는 문명사회에 들뢰즈와 가타리의 동물 되기가 던져주는 메시지는 무엇인가? 혹 우리 안에 있던 야생동물의 포효와 울음소리가 아닐까? 동물 되기는 신체와 사회에 흐르는 욕망이라는 야성의 에너지 속에서 다시 광야로 나서자고 용기를 주는 메시지는 아닐까?

동물의 언어화될 수 없는 기호작용

동물의 세계가 무미건조한 절규와 울음소리로 가득하다고 생각하면 오산이다. 동물은 다채로운 음악과 색채의 향연 속에서 살아간다. 예를 들어 돌고래는 인간보다 훨씬 많이 음악을 통해서 소통하는데, 먼 곳에 있는 돌고래에게 자신이 만든 음악을 전달하기도 하고 특정한 음악이 여러 돌고래 집단에 유행가처럼 퍼지기도 한다. 새들의 경우에는 다채로운 화음을 통해 자신의 영토를 알리고, 구애 의례를 하며, 천적의 출현을 알리기도 한다. 그런데 천적의 출현을 알리는 새의 화음은 의미를 적시하는 "적이다"가 아니라, "삐리리, 뽀로로, 삐삐삐"의 무한한 변주 과정이라고 할 수 있다. 그래서 느낌, 감응, 정동으로 파악하는 능력을 우리는 동물적인 본능이라고 치부한다. 동물은 대부분 화려한 음악의 세계에서 사는 데 반해, 인간의 언어는 음악적 선율을 잃어버린 채 단조로운 음색으로 이루어져 있다.

나는 수업시간에 음악으로 이루어진 대화를 해 보라고 학생들에게 제안했던 적이 있다. 각 팀이 둘러앉아 킥킥거리면서도 말을 꺼내지 못하는 쑥스러운 장면이 연출되었다. 우리는 다양한 화음과 음색을 소비하지만, 정작 음악적인 대화법은 잃어버리고 단조로운 음성으로 이루어진 이성 의존적인 방식으로 소통한다. 나는 10분 넘게 침묵을 지키던 학생들과 함께 음악을 잃어버린 대화가 얼마나 무미건조한 것인지에 대해 토론했다. 동물들은 늘 뮤지컬 속에서 산다. 그러나 우리는 공연장에 가서야 음악과 언어를 결합시킨다.

들뢰즈와 가타리는 동물의 기호작용이 인간의 단조롭고 무미건조하고 편평한 언어와 달리 음악, 색채, 향기, 몸짓 등 다채로운 요소로 구성된다는 점에 주목하였다. 이러한 언어화되지 않은 기호를 통해서 동물들은 배설물과 분비물의 취각적 흔적 만들기, 영토 노래, 위협적 성적 과시, 반사신경, 조건화, 즉흥 행동, 무리 짓기, 다양한 의례 행위, 학습 양식, 통과의례 등의 다채로운 행위 양식을 창조해낸다. 또한 이렇게 무리를 이룬 동물들은 공생적 접촉, 범위 한정 기술, 유전자적 변환, 돌연변이 등의 모습을 보이기도 한다. 약간 어렵게 느껴지는 개념들이지만, 여기서 동물에게는 언어가 아닌 다른 기호를 통해서도 풍부하게 살아갈 수 있는 능력이 있다는 것을 알 수 있다.

미디어가 만들어낸 이미지와 영상은 화려한 볼거리를 소비하도록 만든다. 그러나 우리 자신은 다채로운 기호를 발산하는 능력을 거세당한 채 무미건조하고 단조롭게 상대에게 말을 건넨다. 그러한 대화의 방식은 우리 안의 야생성과 자율성을 사라지게 하는 삶의 방식이다. 우리는 더 많은 감정과 느낌, 정동을 전달해야 하며, 더 다채로운 방식으로 우리를 표현해야 한다. 다채롭게 자신을 표현하는 삶이어야 하는 이유는 그것이 바로 공동체의 자치 능력, 즉 스스로 행동 규칙을 결정하고 규범 질서를 만들 수 있는 능력을 의미하기 때문이다.

들뢰즈와 가타리는 비언어로 이루어진 동물들의 기호에 주목했다. 왜냐하면 인간의 언어는 대상을 고정시키거나 화석화하고 단조롭고 무미건조하고 편평하게 만든다고 보았기 때문이다. 들뢰즈와 가타리는 언어가 낳는 고정관념에 맞서서 동물처럼 비언어적 기호를 통해 자유롭게 자신을 표현할 수 있게 되는 것을 생각한다. 그것은 "~은 ~이다"라고 '의미화'된 언어가 아닌 음향, 색채, 몸짓, 맛, 표정 등으로 '지도화'된 비언어적 기호를 활용하는 것을 통해 가능해진다.

동물이 서로 관계 맺는 방식은 유년기, 태곳적 무의식, 광기에서나 볼 수 있는 기호로 이루어져 있다. 문명은 이를 쫓아내고 중화시키고 탈색하고 살

균하려고 한다. 동물이 느끼고 표현하는 음악, 색채, 향기, 몸짓 등의 기호가 마치 인간과 무관한 것처럼 여기게 만들어, 인간이 얼마나 단조롭고 규격화되고 틀에 가두어져 있는지를 보여준다. 들뢰즈와 가타리는 이러한 문명 사회가 얼마나 인간의 자율성을 약화시키고, 죄책감으로 인해 병들게 하고, 자유롭게 사랑하고 즐길 수 없게 만드는지를 얘기한다.

들뢰즈와 가타리는 야생성의 기호 속에서 자율의 기호를 발견하고자 했다. 그래서 동물들의 기호가 최대한 ① '고도로 자유로우면서도 고도로 조직되어 있는 도식작용'이며, ② '의미화가 아닌 지도화의 기호작용'이며, ③ '돌발 흔적처럼 입구를 개방하는 기호작용'이며, ④ '냄새, 색채, 음향, 몸짓, 표정, 맛 등의 기호의 향연'으로 가득한 것지에 주목한다. 들뢰즈와 가타리는 언어처럼 의미를 고정시켜 고정관념을 만들어내는 방식이 아니라, 다채로운 기호로 지도를 그려내고, 고도로 자유로우면서도 고도로 조직되면서도 돌발 흔적처럼 다가오는지에 대해서 말하였다. 다시 말해 어떤 완성형으로서의 '기표'(signifiant)가 아니라, 과정형이자 진행형으로서의 '도표'(diagram)가 동물의 비언어적 기호라고 할 수 있다.

도표는 지도제작(cartographie)의 기호로 알려져 있지만, 사실상 다채롭고 풍부한 동물들이 보여주는 생명 에너지의 흐름을 보여주는 개념이라고 할 수 있다. 도표는 동물의 기호가 와해되고 해체된 상태가 아니라 풍부한 기호작용을 고도로 자유로우면서도 고도로 조직된 방식으로 보여주고, 무엇보다도 "그것은 이것이다"라고 정의(definition) 내리지 않는 "이것 그리고 저것 그리고…"으로 지도를 그리는 기호이다.

어떤 대안학교에서 학생들이 나서서 자신의 학칙을 만들자고 제안한 적이 있다. 아이들은 활력과 생명 에너지에 가득차서 다양한 의견과 풍부한 의

사개진을 통해서 학칙을 만드는 일에 착수한다. 선생님조차도 개입할 수 없었던 자율적인 결정에 따랐고, 그 과정은 한편의 난장, 잔치, 집회에서 보여주는 난상토론과도 같았다. 그리고 강렬한 과정이 끝나고 일단 학칙이 생기자, 갑자기 분위기는 그것을 따르게끔 만드는 선배의 태도나, 강제와 의무조항으로 인해 부자연스럽고 학생들을 움츠러들고 침묵하게 만드는 분위기로 바뀌었다. 결국 학생들이 그때서야 깨달았다. 바로 학칙은 완성되어서는 안되며 늘 학칙을 만드는 과정이어야 한다는 점을 말이다. 즉, 늘 지도화하는 도표로서의 학칙이 필요하지, 완성형으로 단정 내려진 기표로서의 학칙이 필요한 것이 아니라는 점을 말이다.

도표라는 개념이 난해하지만 동물의 기호를 조금만 생각해 보면 쉽게 알 수 있다. 나는 연구실까지 걸어오면서 신호등 위에 까치 한 마리가 앉아서 풍류를 읊듯 고즈넉이 노래하는 것을 보았다. 그 까치는 자신의 소리를 자유롭게 변주하지만, 그것은 지도를 그리며 고도로 조직되어 있는 노래이기도 하다. 즉, 도표인 것이다. 야성적 기호가 단순하거나 무정형인 것이 아니라 '고도로 자유로우면서도 고도로 조직된 다채롭고 풍부한 자율적인 지도 제작 과정'을 보여준다는 점은 고정관념에 사로잡힌 인간중심주의와 언어중심주의를 기각하는 측면이 있다. 결국 들뢰즈와 가타리는 동물들의 기호를 여러 가지 각도에서 조망하면서 소수자가 지닌 자율의 능력이 어디에서 온 것인지를 밝히려고 했고, 그 비밀의 열쇠를 실루엣 너머로 보여주었다.

욕망의 야생성 복원하기

많은 사람들에게 동물의 이미지는 불쌍하고 정복 당하고 희귀하며 사라져가는 존재로 인식되고 있다. 앞으로 100년 후에는 살아남은 동물의 이름을 초등학생들이 모두 외울 수 있는 수준이 된다고 한다. 인간이 자연, 생명 등의 외부를 정복하면서 벌어진 일은 인간 자신의 창조적이고 야성적인 능력조차도 길들였다는 점이다. 사실 야생동물에 대한 생태 보고서는 인간에 대한 생태 보고서와 그 맥락이 동일하다. 우리가 TV 영상에 등장하는 사자나 호랑이, 곰을 볼 때면 여전히 인류 문명에서 멀리 떨어져져 있는 외부가 있는 것 같은 환상을 갖게 된다. 그러나 인간은 외부적 존재를 정복함으로써 인간 스스로가 자유롭게 살아갈 수 있는 능력을 잃어 갔다. 즉, 현존 산업문명이 자연과 생명에게 쓰레기와 피해를 떠넘겨 왔던 외부효과의 소멸 국면은 '문명의 외부 소멸' 국면과 긴밀히 연계되어 있다. 좁은 지구는 이제 내부화된 하나의 작은 우리의 집이며, 동물과 함께 살아야 할 집이다.

들뢰즈와 가타리의 동물 되기는 인간 자신에 내재한 야생적 생명력을 되찾자는 개념이다. 이것은 현존 문명을 옹호하는 사람들의 입장에서는 매우 반역적이고 역행적으로 느껴질 만한 개념이다. 그러나 문명 옹호론자들이 아무리 비난한다 할지라도, 인간이 야생동물에게 자행했던 일련의 행동은 정당성을 잃었다. 동물원 철창에 가두어져 많은 사람들 앞에서 두려움에 떨고 있는 원숭이들을 보고 즐거워하는 사람이 있다면, 그것이 단순히 원숭이의 처지가 아니라 자신의 처지일 수 있다는 점을 간과하고 있는 것이다. 문명은 모든 영역에 동물원처럼 틀과 격자에 의해 규격화된 삶을 이식시켰고, 사람들은 외롭고 괴롭고 지친 동물원 동물과 마찬가지 상황에 처해 있다.

야생동물을 보존하는 것은 그저 자연보호의 명제가 아니라, 우리 외부의 존재들을 지켜내면서 동시에 우리 내부에 있는 외부를 자각하는 것이다. 야생동물은 우리 안의 야생성 혹은 우리 안의 자율성에 다름 아니니다. 야생동물을 보호한다는 것은 그저 동물이 멸종되고 있다는 경각심의 차원에서가 아니라, 자연의 생물종 다양성과 같은 다채로운 표현과 창조의 지평이 사라지고 있으며, 야생성이 생존할 수 있는 최소한의 환경이 사라지고 있다는 것을 의미한다. 이렇게 야생동물이 사라지고 있다는 것은 지구의 여백, 인간의 외부가 사라지고 있다는 것이기도 하다. 지구의 유한성과 성장의 한계가 명확해지면서 더 이상 정복의 대상이 사라져버린 현 시점에서, 야생동물을 지킨다는 것은 생명의 자율성을 긍정함으로써 동시에 인간의 자율성을 긍정하는 것을 의미한다.

2부 세 가지 생태학

06_ 가타리의 에코소피와 근본생태주의

07_ 머레이 북친의 반자본주의와 사회생태주의

08_ 칸트의 선험적 종합명제와 환경관리주의

06_ 가타리의 에코소피와 근본생태주의

근본생태주의란 무엇인가?

2012년 3월 한국에서도 녹색당이 창당되었다. 나는 녹색당 강령위원회에서 활동하면서, 녹색당의 세 가지 주요 세력의 배치에 주목했다. 그래서 생태 영성과 의식혁명을 주장하는 근본생태주의자와, 진보정당 출신으로 사회 변혁과 적-녹 연정을 동시에 주장하는 사회생태주의자, 그리고 환경단체 출신으로 녹색합리주의 입장에 서 있는 환경관리주의자, 이 모두가 동의할 수 있는 강령이 되도록 함께 궁리를 했다.

독일 녹색당의 경우는 창당 이후 근본파와 현실파의 기나긴 갈등의 시간을 겪으면서 역동적으로 발전해 왔다. 독일 녹색당이 걸어온 노선 투쟁은 동식물의 아버지라고 불리던 루돌프 바로(Rudolf Bahro)의 녹색당 탈당에서 정점을 찍는다. 역사적으로 독일 녹색당의 제도화 과정이 근본파에 대한 축출과 탈당의 과정으로 이루어졌다는 점은 아쉬운 대목이다. 한국 녹색당에서는 아직 이런 노선 투쟁의 징후는 보이지 않지만, 근본생태주의 성향을 보이는 사람들은 되도록 후방에서 녹색당을 지원하면서 침묵하는 모습을 보였다.

근본생태주의는 심층생태론으로도 불린다. 노르웨이 철학자 얀 네스(Arn

Naess)에 의해 주창되었는데, 표층적 생태론이 아니라 삶과 의식, 생활양식을 바꾸는 근본적인 운동으로 시작되었다. 그래서 적-녹 연정이나 거시정치의 변화가 녹색 혁명을 가능케 할 것이라는 사회생태주의자들이나 환경 위기에 대한 거대 계획, 거대 프로그램, 제도 생산에 역점을 두는 환경관리주의로 이루어진 현실적 노선과는 달리, 근본생태주의는 삶의 변화와 색다른 의식이 세계를 구할 것이라는 생각을 기반으로 한다. 예를 들어 동물 실험을 거치지 않은 화장품을 사고, 유기농 채소를 먹고, 미생물 세정제를 쓰고, 재생 화장지를 쓰고, 재활용에 힘쓰고, 상자텃밭에 자신의 오줌으로 퇴비를 주고, 자전거를 이용하여 출퇴근하는 것과 같이 자신의 삶을 바꾸는 운동을 전개한다.

"어떻게 개인적인 삶의 변화가 생태 혁명을 초래할 수 있는가?" 하는 질문에 근본생태주의자들은 생태계가 서로 유기적으로 연결되어 있음을 들어서 설명한다. 즉, 생태계는 서로 연결되어 있어서 아주 미세한 변화도 심원광대한 전체의 변화를 초래할 수 있다는 것이다. 한 톨 도토리가, 이를 부지런히 모으는 다람쥐의 역할과 생태계 천이(遷移)에 입각하여 떡갈나무 숲이 되는 과정은 가히 혁명적인 과정이며, 그런 점에서 '떡갈나무 혁명'이라고 할 수 있는 것이다. 그렇기 때문에 근본생태주의자들은 비록 개인이 움직이는 것 같지만, 사실은 서로 연결되어 있는 생태계의 일부로서 움직이는 것이 된다.

나는 이 부분을 이해하는 데 상당한 시간이 걸렸다. 특히 세계 녹색당의 강령 전문 중 일부였던 '생태적 지혜'라는 개념을 이해하는 데 애를 먹었다. 숲에서 나무와 바람이, 동물과 버섯이, 꽃과 새가 연결되어 있는 것처럼 우리의 삶이 서로 연결되어 있다는 생각은 이후 인터넷 네트워크처럼 생태계도 연결망이라는 생각을 해 보니 조금씩 이해가 되었다. 생태적 지혜는 생태계 위기에 직면한 현 시점에서 지식과 정보에 따라 "왜(why)?"라는 이유와 원인을 찾는 질문으로 머무르지 않고, 지혜와 정동(affect)에 따라 그것의 해결방안이자 대처법인 "어떻게(How)?"라는 질문과 그 실천으로 나아간다. 생태적 지혜는 공유지에서의 발효, 약초, 벌레 퇴치, 식생, 요리, 저장의 노하우이자 암묵지로부터 시작되어, 커먼즈나 정보공유운동, 집단지성, 오픈소스 운동 등으로 확장된 커먼즈(Commons) 기반 지식체계이다. 나는 2018년도 무더위에 지인들과 함께 '생태적지혜연구소협동조합'(Ecosophialabcoop)을 만들었고, 기후 위기와 생태계 위기에 대응하는 지혜와 정동의 '어떻게'를 만들려고 노력하고 있다.

근본생태주의자들은 불교와 생태신학 등 영성운동을 추진하는 사람들이 많으며, 신문명운동과 같이 새로운 정신운동을 주장하는 사람들도 있다. 우리나라에서도 근본생태주의자들은 보이지 않는 곳에서 녹색의 삶을 실천하려고 하지, 보이는 영역에서 적극적으로 발언권을 요구하지는 않는다. 녹색당에 가입해서도 그저 조용한 녹색당의 일부를 형성하고 있을 뿐이다. 사실 근본생태주의자들은 '반(反)정치의 정치'의 입장에 서 있으며, 녹색당을 하나의 거친 숨을 몰아쉬고 있는 지구라는 행성의 안녕을 위한 '생명과 자연, 공동체의 파견부대'처럼 생각하는 것 같다.

근본생태주의에 대한 비판은 거의 모든 부분이 인간중심주의에 대한 기각과 관련되어 있다. 근본생태주의자들은 생태계의 파괴와 환경오염의 배후에 있는 인간의 오만과 탐욕을 지적하는데, 특히 이들은 인구를 더 줄여야 한다는 입장이어서 심지어 '어스 퍼스트'(Earth First!)라는 단체의 악명 높은 필자인 앤 트로피(Miss Ann Throphy) 같은 사람은 기아와 에이즈가 인구 감소의 효과적인 방책이라는 논평을 남겼을 정도이다. 이렇듯 인간중심주의에 대한 기각이 환경 파시즘으로 나아갈 소지가 있다는 점은 일찍이 머레이 북친(Murray Bookchin)과 같은 사상가에 의해 충분히 비판되기도 했다.

그러나 기후 위기의 상황에서 인간은 더 이상 지구에서 살아 남을 자격이 없으며, 인류의 멸망 역시도 당연한 것이라는 인식이 확산되고 있다. 그런데 지구의 멸망이나 인류의 멸망 이전에 문명의 멸망, 즉 문명의 전환이 필요하다는 점이 근본생태주의의 기본적인 논지라는 점에 주목해야 한다. 즉, "비행기가 떨어지고 있다면 여러분은 어떻게 할 것인가?"라는 질문을 받는다면, 절멸을 향해 추락중인 현대 문명이 인류의 멸망이나 지구의 멸망으로 나아가도록 방치하는 것이 아니라, 지혜와 정동을 동원하여 조정 간을 꽉 붙잡아 연착륙을 통해 문명의 멸망(=문명의 전환)으로 나아가도록 함으로써 대부분 살아남을 수 있는 가능성을 찾아가야 한다는 것이다.

근본생태주의자들은 서구로부터 세계화된 현재의 문명이, 자연을 수단과 도구 삼아 아무렇게나 써도 된다고 보는 도구적 합리성을 기반으로 성립되었다고 본다. 도구적 합리성의 심원에는 인간이라는 주체와 자연이라는 대상을 분리하는 생각이 자리 잡고 있다. 결국 인간중심주의의 오만이 생기게 된 배후에는, 자연의 일부로서가 아니라 자연과 분리된 인간을 사고하는 서구 합리주의가 있다는 것이다.

아메리카인디언들은 성인이 되면 혼자서 100일 가량을 숲에 가서 생활한다고 한다. 말을 나눌 사람도 없는 곳이라 무척 외로울 것 같지만, 사실은 나무와 새와 별과 꽃과 대화하는 법을 익히고 자연의 일부가 되면서 하나도 외롭지 않다고 한다. 오히려 자연과 대화하는 법을 잊어버린 인간이 도시라는 정글 속에서 더 외롭고 고독하게 살아가는 현실을 자각하게 만드는 대목이다.

근본생태주의자의 사상을 정리한 프란초프 카프라(Frantjof Capra)에 따르면, 서구의 합리론에서 직관론으로, 환원주의에서 전일주의로, 분석적 방법론에서 종합적 방법론으로 관심을 이동시키는 것을 '기계론적 패러다임에서 생태적 패러다임으로의 이행'이라고 한다. 결국 자연과 인간이 유기적 전체를 이루며 하나로 연결되어 있다는 사실을 깨닫는 것으로부터 변화가 시작된다는 생각이다.

최근 우리나라에서는 벌이 거의 사라졌다. 다른 생물종의 멸종도 문제이지만 벌은 특히 지구상의 수많은 식물들의 수분(꽃가루 전달) 활동이 위축되고 나아가 멸종하는 데로 직력된다는 점이 큰 문제이다. 송전탑의 전자기파와 농약, 지구 온난화 등으로 인해 환경오염에 민감한 벌들이 전 지구적인 수준에서 급속하게 줄어들고 있다고 한다. 나는 벌꿀을 사러 생협에 갔다가 그 얘기를 듣고 생태계의 오염이 얼마나 심각한지를 새삼 실감했다. 전일적으로 연결된 생태계 속에 유기적으로 얽혀 살고 있는 인간도 결코 그로 인한 생존 위기에 내몰리는 데서 자유로울 수 없을 것이다. 이 점에서 근본생태주의의 심원한 메시지를 다시 한 번 생각하게 된다.

가타리의 '세 가지 생태학'과의 조우

내가 펠릭스 가타리에 처음으로 관심을 갖게 된 것은 2005년 여름이었다. 나는 가타리의 작지만 빛나는 책, 『세 가지 생태학』을 읽으며, 한편으로 어렵다고 느끼면서도 다른 한편으로는 좀 더 치밀하게 연구해 보고 싶다는 욕망에 사로잡혔다. 특히 가타리가 메시지를 전달하고자 하는 사람이 아카데미의 학자들이 아니라 활동가들이라는 점이 마음에 들었다. 이후 5년 동안 나는 가타리의 저서를 연구해 〈펠릭스 가타리의 분열분석과 미시정치〉를 주제로 박사 논문을 쓰게 되면서 그의 생태철학을 정리할 수 있는 인생 일대의 기회를 갖기도 했다.

가타리가 생태운동에서 차지하는 독특한 위치를 한마디로 정의할 수는 없다. 그는 프랑스 녹색당의 모든 분파로부터 인정받는 사람이고, 당대 생태운동의 분열에도 불구하고 '프랑스 녹색당'과 '생태세대'라는 두 가지 흐름에서 뭇 사람들의 지지를 받던 유일한 사람이기 때문이다. 당시 베슈테르 중심의 프랑스 녹색당은 '좌파도 우파도 아닌 녹색'을 슬로건으로 하였고, 라롱드 중심의 '생태세대'는 '적녹연정'을 주장하면서도 핵 발전을 찬성하는 입장에서 있었다. 이러한 생태주의의 분열의 과정에서 가타리는 『세 가지 생태학』을 통해 자연보호를 주장하는 우파 생태주의자와 사회 변혁을 주장하는 좌파 생태주의자를 포괄하며, 녹색운동의 세 가지 세력인 환경관리주의와 근본생태주의, 사회생태주의를 연결하는 메타 모델화 과정을 만들었다는 데 의미가 있다.

특히 프랑스 녹색당의 창당 과정은 가타리의 행보에서 중요한 위치를 차지한다. 1980년대 초반 가타리는 독일 녹색당 친구들의 도움을 받아 녹색당 씨앗 조직을 만들었고, 그 이후 13년간의 녹색당 창당을 위한 대장정을 전개했다. 핵발전소가 많고 녹색운동의 발전이 더뎠던 1980년대 프랑스 상황에서 프랑스 녹색당은 약진에 약진을 거듭하면서, 생태파 지명후보 전술을 통해 정치적 발언권을 겨우 획득하고 있었다. 1992년 가타리는 지방의회 생태파 후보 마지막 명단에 이름을 올렸으나, 그해 8월 29일 갑작스럽게 찾아온 심장마비로 자신이 일하고 있던 보르드 병원에서 사망하였다.

가타리의 『세 가지 생태학』이라는 작은 책은 일종의 문건 모음집처럼 되어 있어서, 활동가들이 봇짐이나 호주머니에 넣고 다니며 읽기에 좋다. 그의 책에 나오는 마음생태학, 사회생태학, 자연 생태학이라는 개념은 생태주의를 삼분할하고 있는 근본생태주의, 사회생태주의, 환경관리주의의 구도를 파악하지 못하고서는 이해할 수 없다. 보통 생태주의라는 개념은 자연 생태를 지칭하는 것으로 생각하기 쉬운데, 가타리는 우리의 마음과 사회적 관계로까지 그 개념을 확장시킨다. 다시 말해 가타리의 생태주의는 자연주의처럼 자연발생성의 신화, 자연회복력과 자연면역력, 게토화하는 자생성의 작동, 날것의 먹을거리에 대한 찬양에 머물지 않으며, 사회적이고 집단적인 과정과 배치, 미시정치, 주체성 생산이라는 뜻과 지혜를 가진 특이점의 등장까지 포괄하며, 더불어 거대 계획, 거대 프로그램, 제도 생산을 수행하는 주체성의 행동역학을 포괄한다. 그런 점에서 "오늘날 생태주의는 자연주의가 아니다!"라고 단언할 수 있다.

'자연 생태'는 환경관리주의의 핵심 화두이다. 환경관리주의는 흔히 환경운동 단체나 NGO 등이 기반으로 삼고 있는데, 주로 산업화에 따른 오염과 공해를 막고 자연 생태를 보존하려는 시민들의 자발적인 실천에서 시작한다. 생존이라는 명제에서 시작하는 이 환경관리주의의 맥락이 환경 정치에 영향을 준 것은 사실이다. 레이첼 카슨의 『침묵의 봄』으로부터 시작한 환경관리주의는 국제사회에 영향력 있는 집단의 일부가 되었다. 특히 오존층을 파괴하는 프레온가스 규제 협약과 같은 것은 이들이 가시적인 성과를 거둔 국제 정책 가운데 하나다. 최근에는 파리기후협약과 같은 기후 위기 문제에 이들의 관심이 집중되어 있다. 2013년도에는 태안 사태를 계기로 환경관리주의가 전 국민적인 운동으로 조명되었는데, 나 역시 학생들과 함께 태안 앞바다로 가서 양동이와 걸레를 들고 기름을 닦는 100만 인해전술 집단의 일원이 되기도 했다. 2018년도에 시작된 청소년기후행동과 2019년도에 출발한 기후위기비상행동 등의 운동 역시 거대 계획, 거대 프로그램, 제도 생산과 관련되어 있다. 특히 이를 관료들의 똑딱거리는 의사 일정이나 지루한 회의 시간으로 머물게 하지 않고, 살아 있는 운동의 현장으로 만들어낸 자연생태의 직접행동 실천이라고 할 수 있다.

'마음생태' 영역은 근본생태주의의 화두이다. 생태, 생명, 생활이라는 세 가지 구도에 관심을 갖도록 만든 것도 근본생태주의인데, 지율 스님의 천성산 도롱뇽 소송처럼, 인간만을 중시하는 사고방식에서 벗어나 작은 생명체의 마음에도 신경을 쓰게 된 것도 근본생태주의의 중요한 생각 중 하나이다. 근본생태주의 사상이 마음 영역에 관심을 갖는 이유는, 생명이나 인간이 공유하는 생명 에너지의 흐름을 영성으로 설명하기 때문이다. 녹색당 내에서 근본파와 현실파의 분파적 구분은 사실 생명중심주의와 인간중심주의를 각각 대변한다. 그래서 현실파들이 적-녹 연정과 현실 정치를 중시하는 것에 비해 근본파들이 생활 방식의 변화와 의식혁명을 추구했던 것도 사뭇 이해가 된다. 2020년 총선을 경유하면서 한국의 녹색정치는 이제 도약과 혁신을 위한 사춘기를 겪고 있다. 새로운 쟁점은 녹색 특이점과 정동강렬도 간의 문제, 즉 나서는 자(=주체성 생산)와 판 짜는 자(=지도제작자) 간의 수렴과 팽창, 수축과 이완 사이에서 새로운 활로를 찾는 것이다. 이는 '이타성, 착한 동기와 과정, 협동' 등의 동기와 목표가 평면화되어 있어서 선형적으로 결과가 이미 나와 있는 '선형적인 영성'의 논의로부터, '착하면서도 악동 같고, 이타적이면서도 이기적이고, 보편적 사랑이 아니라 견제하면서도 협동하는 우정의 공식에 따르는 것', 즉 주름, 굴곡, 요철이 있기 때문에 미시정치의 판짜기를 해야 하는 입체적인 생태영성의 논의로 변모하고 있는 중이다. 다시 말해서 여기서의 영성은 형이상학적인 논의로 향하는 것이 아니라, 욕망과 무의식 그 자체인 것이다.

'사회생태'는 사회생태주의의 쟁점이다. 사회생태주의자는, 작금의 생태계 위기와 기후 위기의 문제에는 자본주의가 반드시 도사리고 있기 때문에 반자본주의 운동이 필수적이라는 관점에서 말한다. 특히 북친의 사회생태주의는, 근본생태주의가 인간에게 괄호를 치면서 인간의 사회 변혁의 잠재력을 낮게 평가하는 것 아닌가 반문한다. 또한 과학기술의 재전유에 대해서도 입장이 엇갈린다. 『작은 것이 아름답다』의 저자인 슈마허는 자본주의의 기술이 생활에 필요한 것 이상으로 발전되어 있어서 90퍼센트의 제3세계 민중을 위해 '적정기술'(appropriate technology)이 필요하다는 입장인 데 반해, 북친을 비롯한 사회생태주의자들과 생태마르크스주의자들은 자본주의 과학기술의 재전유(re-appropriation)가 필요하다는 입장이다. 즉 "적정기술인가, 녹색기술인가?"는 "감속주의인가?, 가속주의인가?"라는 전략적인 분기점을 갖고 있는 것도 사실이다. 물론 전환은 가속하면서도 생활은 감속하는 이중전략이 필요한 것도 사실이다. 자본주의를 변혁하는 것이 생태를 살리는 것이기도 하다는 사회생태주의자들의 핵심적인 주장은 생태운동이 염두에 두어야 할 사회적 관계의 전환과 재배치의 문제를 제기하고 있는 것이다.

가타리의 마음생태, 사회생태, 자연 생태라는 세 가지 생태학의 정치적 함의는 등대 정당으로서의 녹색당 운동이 포괄해야 할 정치집단의 좌표를 밝히는 것이었다. 그래서 나는 『세 가지 생태학』을 생태주의의 전략 지도와 같은 것으로 간주하면서, 주체성 생산의 문제와 사회적 관계의 문제, 자연환경과 인간의 관계 등을 동시에 말하는 개념으로 생태학을 받아들이게 되었다. 가타리가 특히 강조하는 것은 마음생태인데, 자본주의의 매스미디어나 전자 직조 기술, 가족 생활에 의해 일관 생산 라인처럼 똑같은 생각을 갖도록 디자인된 현 시점에서, 다른 생활 방식과 특이한 생각을 갖는 것이 어느 때보다 중요해졌기 때문이다. 마음생태의 문제가 주체성 생산의 문제인 것도 바로 이 때문이다.

그런 점에서 가타리는 마음의 문제가 실천의 기본이 되어야 한다고 생각했다. 즉, 완고해지거나 고정되기 쉬우며, 권리(=권력)의 감광판으로 전락하기 쉬운 마음 자체를 움직이고 이행하도록 만들거나 특이한 마음을 갖지 않고서는 생명과 생태계가 현재 처한 상황에 공명하기 어렵다는 것이다. 성장주의 시대를 상징하던 TV, 육식, 자동차, 아파트와 같은 정형화된 일상에서는 볼 수 없었던 탈성장, 전환사회, 문명의 전환 등 색다른 현실과 직면하기 위해서는 아주 특이한 마음이 먼저 필요한 것인지도 모른다.

도롱뇽 소송, 마음의 운동

2008년 여름 '풀꽃세상을 위한 모임'이라는 단체를 방문했을 때, 그곳에서 나는 여러 사람이 일일이 수작업으로 만든 낡고 아름다운 만장 모양의 깃발을 하나 발견했다. 거기에는 '도롱뇽의 친구들'이라는 큰 글씨와 함께 수많은 도롱뇽들이 형형색색으로 살아 움직이기라도 하듯 수놓아져 있었다. 기억을 더듬어보니 그 깃발은 예전에 '도롱뇽의 친구들'이 행사를 할 때 걸려 있던 것이었다.

지율 스님이 천성산 고속철도 터널 공사를 반대하며 도롱뇽의 어미가 되겠다고 나섰을 때, 처음에는 아무도 한 사람의 비구니를 신경 쓰지 않았다. 그러나 시간이 흐르면서 단식이 거듭되자 사람들의 마음에는 큰 동요와 흔들림이 생겼으며, 완고한 세상에도 빈틈이 열렸다. 그때 거리로 나선 사람들이 '도롱뇽의 친구들'이다. 그들은 100만 인 소송인단을 이룬, 아이, 노인, 가정주부 등으로 구성된 작은 집단이었다. 그때 여러 사람들이 조용히 앉아서 세상의 마음을 움직이기 위해 노력하는 모습이 인상적이었다. 아이들과 어른들이 뒤섞여 몇 명씩 옹기종기 분임 토의를 하고 그 내용들을 한데 모아 전체 토의의 결과물로 만들었다. 그렇게도 집회가 되는구나 싶은 생각이 들었다. 생명과 평화의 마음이 모여 사람들의 마음을 움직이려고 했다.

2003년 8월 천성산 고속철도 터널에 항거하여 지율 스님은 우리나라에서 최초의 '생명권 소송'이라 할 수 있는 도롱뇽 소송과 단식을 감행한다. 개발과 성장의 속도전에 어떤 제동도 없었던 한국 사회에서 생명을 지키겠다는 한 사람의 의로운 목소리가 굴삭의 시끄러운 공사 소리에 묻히는가 싶었다. 그러나 이번에는 달랐다. 지율 스님의 의로운 단식은 뭇 생명들의 죽음과 생태계의 파괴를 대가로 한 개발주의와 성장주의에 대한 항거였으며, 도롱뇽과 같은 말 못하는 생명까지도 존중하는 입장에 서지 않고서는 인간의 오만과 탐욕으로부터 자유롭지 않을 것이라고 일침을 놓는 것이었다.

나는 한 사람의 마음이 생태계의 획기적인 변화를 만들 수 있다는 것을 그때 알게 되었다. 지율 스님은 "무상한 육신을 버려 천성의 많은 생명을 살릴 수 있다면 기꺼이 저잣거리에 나가 몸과 목숨을 버리겠다"고 했다. 그리고 단지 물과 소금으로 연명하면서 모두 241일(2003년 2월 1차 단식 38일, 2003년 4월 2차 단식 45일, 2004년 6월 청와대 앞 3차 단식 58일, 2004년 10월 4차 단식 100일)간 단식을 단행하였다. 지율 스님이 누구인가? 사람들은 묻기 시작했다.

지율 스님은 천성산 내원사의 비구니다. 내가 기억하는 지율 스님은 작은 체구의 깡마르고 눈만 초롱초롱 빛나는 비구니였다. 작은 생명을 살리고 토건주의와 개발주의에 맞서기 위한 지율 스님의 용감한 행동에 사람들의 마음이 움직였다. 뜻있는 교사들이 모여서 학교마다 생명 수업을 열었고, '도롱뇽의 친구들'이라는 사람들이 수많은 도롱뇽 모양의 종이를 접었다. 지율 스님이 단식을 하는 동안, 완고하던 사람들의 마음에 동요가 일어났다. 단식이 50일이 넘어가자 무엇이 한 사람의 목숨을 걸게 했는지 사람들이 생각하기 시작했다. 어떤 사람은 도롱뇽의 생명만큼 자신의 생명도 존엄하다며 지율 스님을 말려야 한다고도 했다.

하지만 지율 스님의 단식은 한 사람의 마음이 얼마나 중요한지를 보여주었다. 사람들의 마음이 서로 연결되어 마음생태계를 만들기 때문에, 마음의 변화는 생각지도 못한 주체성을 만들어낸다. 그렇게 되면 전체 생태계에도 돌이킬 수 없는 변화를 준다. 100일 단식을 마친 지율 스님은 홀연히 모습을 감추는데, 마치 지구에 사는 절박한 생명의 상황처럼 삶과 죽음의 경계, 의미와 무의미의 경계에 선 지율 스님의 실존적 상황을 단적으로 보여주는 듯했다. 지율 스님은 13만 7,000여 명의 도롱뇽 소송인단과 함께했지만 그보다 더 많은 수많은 이름 없는 지지자들이 있었고, 더 나아가 말 못하는 뭇생명들이 함께 있었다.

지율 스님의 생명권 소송은 인권을 넘어 뭇 생명에게 본래 있는 권리를 주장하는 것이었다. 돌, 꽃, 나비, 벌레, 미생물, 흙 등 자연과 동식물은 생태계를 이루며 인간과 공존해야 하지만, 인간은 생태계를 파괴하고 개발과 성장의 도구로 삼음으로써 인간 자신도 살 수 없는 환경을 만들었다. 생명의 마음을 인간이 이해하고 공감한다는 것은, 인간이 생태계의 일부이며 자연과 조화롭게 공존해야 하는 존재라는 점을 말한다. 자연과 생명을 도구와 수단으로 삼으면 그 마음이 결국 인간 사회 내부의 소수자, 사회적 약자, 이주민들을 도구로 삼고 차별하는 결과를 낳는다는 것은 지난 파시즘의 역사가 잘 보여주었다.

보수 언론들은 천성산 터널 공사 지연으로 2조 5,000억 원의 피해를 입었다고 국민들을 선동했다. 이러한 인신공격에 대해 10원짜리 소송을 벌였던 지율 스님은 승소했다. 〈조선일보〉를 비롯한 수구 언론들의 발언은 10원짜리 가치밖에는 되지 않는 것이었다. 또 〈중앙일보〉는 '천성산 터널 공사가 진행된 이후에도 여전히 도롱뇽의 천국이다'라는 식의 보도를 했지만, 사실을 알아본 결과 명백한 허위 보도였고, 습지 파괴가 심각하게 이루어지고 있었다.

지율 스님의 소식을 다시 접한 것은 4대강 사업이 한창 진행되던 무렵 그가 내성천 살리기 운동을 하고 있다는 소식이었다. 나는 4대강 사업으로 모래와 습지를 포함하는 본래 모습의 강 자체가 사라지고 있다는 점이 안타까웠지만 행동에 나서지는 못했다. 그런데 지율 스님이 내성천을 살려야겠다고 행동하고 계신다는 소식을 듣고 반가웠지만, 한편으로 씁쓸하기도 했다. 개발주의와 성장주의가 그만큼 생명과 자연환경을 절박한 상황으로 내몰고 있다는 것을 반증하는 것이었기 때문이다. 도롱뇽이라는 생명의 목소리를 대변했던 지율 스님은 이번에는 강 생태계의 목소리를 대변하면서 생명과 생태를 아우르는 마음의 운동을 계속 하고 있었던 것이다. 한국에서 근본생태주의 운동은 지율 스님처럼, 완고하고 견고한 세상과 사람들의 마음을 움직이는 운동이라고 할 수 있다.

마음의 생태학

가타리의 '에코소피'(ecosophy)란, 생태(eco)와 철학(philosophy)의 합성어이다. 생태철학인데도 마음의 문제를 다루어서 '도대체 마음과 생태는 무슨 관계지?'라는 의문이 복잡한 개념들 사이로 고개를 내밀었다. 가타리에게 자본주의는 우리 마음 내부까지 들어와 있는, 무의식과 욕망의 문제다. 생태적으로 살기로 결심한 사람이 소비주의와 도시주의에 젖어들어 있는 욕망을 극복하지 못한다면, 결국 허세나 위선이 되고 말 것이기 때문이다.

문제는 욕망이다. 빨리빨리 가고 싶은 마음도, 되도록 남 보기 좋은 명품을 사고 싶은 마음도, 남보다 앞서 가고 싶은 마음도, "나만 아니면 돼!"라고 요행을 바라는 마음도 결국 그 속에는 자본주의가 심어놓은 욕망의 문제가 있다. 보통 근본생태주의자들은 욕망으로부터 벗어나 자연주의적인 삶을 되찾자고 말한다. 소박하고 단순한 자연 그대로의 삶으로 돌아가 복잡한 문명의 욕망과 단절하라고 말한다. 요즘같이 상처받기 쉬운 세상을 살면서 마음 치유에 대해 사람들이 많은 관심을 보이고 있는 상황에서는, '자신의 욕망을 내려놓으라'는 스님들의 명상집이 더 다가온다. 사실 이러한 치유 방식은 근본생태주의의 생각과 공명한다.

그런데 가타리는 좀 색다른 방식의 마음생태를 생각하였다. 불교적 근본생태주의자에서 욕망을 내려놓으라고 얘기하는 것을 좀 더 발전시켜 '욕망을 다스리라'고 화두를 바꾼다. 그리고 이를 좀 어려운 개념으로 '욕망의 미시정치'라고 얘기한다. 석가모니도 고행 중에 쓰러져 있다가 수지타라는 여인이 끓여준 유미죽 한 사발을 먹고 보리수 아래에서 해탈하게 되었는데, 다시 말하면 석가모니는 금욕의 단계인 "욕망을 내려놓으라"에 머문 것이 아니라 "욕망을 다스리라"는 것으로 나아간 것이다.

선불교나 명상, 요가 등의 방법으로 마음을 다스리고자 하는 사람들이 많다. 그러나 그러한 치유 방식은 그때뿐이지, 자본주의적 현실로 들어가면 다시 원점으로 돌아가 버린다. 왜냐하면 자본주의는 마음을 뒤흔들고 어지럽게 만드는, 미쳐 돌아가는 사회 시스템이기 때문이다. 자본주의는 사람들을 미치게 한다. 미친 듯이 놀고, 미친 듯이 돈을 벌고, 미친 듯이 돈을 쓴다. 그래서 자본주의는 이미 정신분열증과 같은 혼란스러운 마음 상태를 내부에 갖고 있는 것이다.

가타리의 마음생태에 대한 생각은, 무언가에 미치는 것으로부터 벗어나 생명과 평화가 있는 마음세계를 만들자는 생각에 기반하고 있다. 나아가 가타리는 이렇게 '생명과 평화의 마음 세계를 갖고 있는 생태주의자들이 어떻게 만들어지는가?'(=주체성 생산)라는 질문에 독특한 방식으로 대변하고자 했다. 사람들이 자본주의적 욕망에 미치는 대신, 마음속에 잠재하고 신체에 담겨 있는 생명 에너지로서의 욕망이 활성화됨으로써 마음을 자유자재로 움직이며 고정관념에 사로잡히지 않는 상태에 이른다는 것이다. 가타리가 '병리적 분열'과 '창조적 분열'이라는 두 가지 개념을 등장시켰을 때, 나는 적잖이 충격을 받았다. 미친다는 것이 두 가지 종류가 있다니? 그러나 내가 활동하면서 몰두하고 열정을 쏟아 붓고 열망과 희망에 들떴던 때를 떠올려 보니, 창조적 분열이 자유로운 활동의 열정이자 우리 내부의 생명 에너지라는 것에 동의하지 않을 수 없었다.

가타리의 마음생태는 침묵과 고요, 평온한 상태가 지속되는 것을 평화라고 생각하지 않으며, 우리 안의 열정과 열망이 활성화된 상태에서 강렬함이 지속되는 상태를 평화라고 본다. 그래서 보통의 종교와 영성에 기반한 근본생태주의자들이 갖게 되는 다소 정적인 정서를 넘어서, 창조적 활동에 기반한 역동적인 근본생태주의를 창안해 낸다. 가타리의 개념은 분열이라는 다소 난해한 개념으로 쓰여 있어서 이해하기가 쉽지 않지만, 잘 생각해 보면 보통의 삶의 유형인 TV, 아파트, 자동차, 육식 등으로부터 벗어나 새로운 삶의 방식을 만들어 나가는 것도 정상성에서 벗어나 있는 것이니 분열이라고 표현할 수도 있겠다는 생각도 든다.

나는 마음생태에 기반한 사람들이 생태계에 심원한 영향을 주기 위해 행동에 나서는 것을 보았다. 새만금 간석지를 반대하며 삼보일배로 전국을 순례한 사람들을 보았고, 부안 핵폐기장을 반대하기 위해 매일 탈핵 문화제를 열면서 사람들과 축제를 벌이는 장면도 보았다. 어찌 보면 경건한 종교의식 같았지만, 어찌 보면 축제의 장을 여는 듯도 했다. 그러한 획기적인 사건을 만들어내고 색다른 생각을 하는 사람들을 만들어내는 것은 마음생태에 분명히 존재한다.

사실 『마음의 생태학』은 베이트슨의 저작이다. 그러나 베이트슨은 이 책에서 병리적인 분열만을 설명했는데, 그는 자본주의가 어떻게 사람들의 마음을 예속시키는가를 설명하기 위해 인류학적으로 조사와 연구를 했다. 그 결과 '이중구속이론(Double bind Theory)'이라는 독특한 개념을 만들어냈다. 이중구속이란 잘못된 발신음 두 가지를 동시에 수신하게 되는 경우를 의미한다. 이것은 영화 제목이기도 한 '죽거나 나쁘거나'와 같은 상황이다. 이 책의 비유에 따르면, 어떤 선사가 몽둥이를 들고 제자들 앞에서 호되게 말하는 장면이 나온다. "네가 꼼짝하지 않으면 나는 때릴 것이야." 그리고 "네가 꼼짝해도 때릴 것이야"라고 선사는 말한다. 이러한 상황에서 제자들은 어쩔 줄 몰라 하게 마련이다. 자본주의라는 문명은 이렇듯 사람들을 이러지도 저러

지도 못하게 하고 쩔쩔 매는 협착(狹窄)과 폐색(閉塞)의 상황으로 몰아간다.

가타리의 마음생태 개념은 자본주의에 어쩔 줄 몰라 하는 예속된 주체가 아니라, 생명과 평화를 위해 자유롭게 활동하는 주체성을 설명하기 위한 것이다. 그렇기 때문에 생명과 평화를 생각하는 사람들 사이에서 생태계의 변화를 초래할 만큼 획기적인 사건이 생길 잠재력이 있다는 생각을 품고 있다. 그가 언급한 주체성 생산이라는 개념 역시 자본주의에 순응하고 쩔쩔 매는 주체(subject)가 아니라, 아주 다른 방식으로 생각과 생활을 전개하는 유쾌하고 즐거운 주체성(subjectivity)을 통해 '그 일을 해낼 사람을 만들어내는 것'이다. 이렇듯 가타리가 생각한 근본생태주의 운동은 심각하지 않고, 무게 잡지 않고, 즐겁고 유쾌하게 우리 안에 있는 생명 에너지의 폭발과 분열을 전개하는 것이다. 그러한 생각은 좀 더 업그레이드된 근본생태주의 운동을 의미하는 것이기도 하다.

영성의 탈근대적 변형, 주체성 생산

영성(靈性)에 대한 논의는 기독교 신학이나 불교철학 등에서 꾸준히 이루어져 왔는데, 생명체나 생태계가 인간의 정신과 마찬가지로 영성적 존재일 수 있다는 것이 근본생태주의의 핵심적인 지적이다. 근본생태주의는 개체적 자아(self)를 넘어서 광역적 자아(Self)인 자연 생태계의 입장에서 사고하라고 말한다. 자연 생태계의 연결망과 분리되어 있는 합리적이고 분석적인 사고에 머무르지 말고, 자신이 어디에 연결되어 있고 어디에 관계하고 있는지 전체를 보라는 이야기다.

나는 이러한 전체론(Holism)적 입장에서 '서로 연결되어 있는 생태계'라는 개념을 나무와 숲의 비유를 통해 비로소 이해할 수 있었다. 이에 따르면 따로 떨어져 있는 나무 100그루보다, 서로 연결되어 숲을 이룬 나무 50그루가 외부 환경에 더 잘 맞설 수 있다는 것이다. 숲 내부에는 외부 환경과 구분되는 내부 환경이 생겨서 항상성을 유지하려는 속성이 작동하기 때문이다. 여기서 전일적으로 연결되어 있는 질서로서의 생태계의 윤곽이 어렴풋이 느껴졌다.

나는 여기서 더 나아가, 물활론적인 질서로 이루어진 가이아(Gaia)로서의 지구를 생각하기도 했다. 가이아는 그리스 신화에 나오는 대지의 여신의 이름으로, 제임스 러브록(James Lovelock)에 의해 재창안된 개념이다. 그는 대기 중의 산소가 생명체의 호흡의 부산물이라는 의미에서, 지구 환경이 자기조절하는 생명 현상과 공명한다는 생각을 발전시켜 '살아 있고 스스로를 조절하는 지구'라는 모델을 만들었다. 근본생태주의의 영성론이 좀 더 진행되면 모든 것에 영혼이 깃들어 있는 가이아와 같은 질서를 생각하게 된다.

그러나 이러한 자연주의(Naturalism)의 방식으로는 문제가 해결되지 않는다는 점이 금방 드러난다. 과도한 탄소 배출에 따른 지구온난화 같은 현상은 자연의 자기조절 능력을 훨씬 넘어서 있기 때문이다. 『가이아의 복수』와 같은 저서를 발간한 후기 러블록의 혼란과 이론 폐기와 같은 극단적인 행동은 이러한 현상에 대해 맞설 수 없다는 자괴감의 발로였다. 가이아 지구의 자기조절 능력만으로는 지구온난화 현상에 대처할 수 없는 것이었다. 그러므로 자연주의와 같이 물활론적 영성 논의에서 출발할 것이 아니라, 오히려 사회의 변화와 주체성을 변화시키는 색다른 운동이 필요하다는 점이 여기서 드러난다.

이 지점에서 가타리는 한 사람의 마음의 변화가 공동체와 사회를 변화시켜 생태계에 심대한 영향을 줄 수 있다는 새로운 수준의 논의로 나아간다. 그 마음의 변화는 이제까지의 영성에 관한 논의를 다시 혁신하는데, 여기서 영성은 '주체성 생산'으로 재규정된다. 만약 공동체에서 똑같은 삶의 방식과 사고 패턴을 유지하는 사람들만 있다면, 공동체의 연결망에서는 어떤 변화도 생기지 않을 것이다. 그러나 그 안에서 독특하고 특이한 생각이 생겨난다면, 이와 연결되어 있는 공동체도 바뀌고 더 나아가 생태계의 변화도 가능하게 될 것이다. 예를 들어 자동차 도로에 자전거가 나타나 속도 문명을 고장 내는 것이나, 삼겹살 회식 자리에 채식인이 참석하면서 육식 문명에 균열을 일으키는 것 등을 생각할 수 있다. 특이한 생각을 갖는 주체성이 생산되는 것은 서로 연결된 관계망에서 변화의 씨앗이 될 수 있다.

가타리는 근본생태주의자들의 사유 방식인 전체론을 수용한다. 서로 연결되어 있는 생태계를 긍정하는 것은 영성을 사고하기 위한 출발점이다. 그리고 가타리는 더 나아가 생태계의 작은 일부인 분자의 변화가 전체 생태계에 돌이킬 수 없는 변화를 일으키는 것도 가능하다고 말한다. 가타리는 이것을 새로운 차원의 혁명인 분자혁명(Molecular Revolution)이라고 규정한다. 그리고 이것이 근본생태주의의 영성운동이 추구하는 혁명의 방식인 것만은 분명해 보인다.

거시적인 혁명만을 생각하고 있던 나에게 가타리의 분자혁명이라는 개념은 다소 문학적이고 시적인 이미지로 다가왔다. 어떻게 한 사람의 마음의 변화가 전체 생태계에 돌이킬 수 없는 변화를 줄 수 있을까? 그러다가 지율 스님의 천성산 도롱뇽 소송을 겪으면서 나의 사회통념적인 생각에 변화가 생겼다. 지율 스님은 100일 동안의 단식을 "한 사람의 마음을 움직이기 위해 시작한 일이었다"고 말했다. 분자혁명은 완고해진 사람들의 마음을 움직이는 색다른 혁명인지도 모른다는 생각이 그때 처음 들었다. 결국 작은 변화가 큰 변화를 낳으면서 사람들의 완고하고 견고한 삶의 방식과 생각도 무너져 내릴 것이라는 낙관을 그때 갖게 되었다. 분자혁명은 모든 영역에서 고정관념에 사로잡혀 있는 사람들을 부드럽게 변화시키기 위해서, 생태계의 위기를 공포와 두려움으로 대하는 것이 아니라 즐거운 행동과 발칙한 상상으로 대하기 위해서, 도처에서 지금 여기에 일어나고 있는 혁명인 것이다.

가타리의 '에코소피'와 별이 빛나는 밤

가타리의 '에코소피'의 구도를 살펴보면서, 마음생태의 문제는 공동체 내부에서 유통되는 언어, 느낌, 정동(affect)이라는 생각이 들었다. 홍성 풀무마을에서 마을공동체 사람들과 즐거운 술자리를 마치고 숙소로 들어가는 길에 본 밤하늘은 은하수로 형형색색 수놓아져 있었다. 그때 문득 공동체가 은하성좌 같은 배치를 갖고 있다는 생각이 들었다. 마음의 문제는 너와 나, 우리 사이에서 만들어지는 색다른 이야기의 탄생처럼 주체성 생산을 의미한다. 우리가 예상치도 못한 순간에 마음의 좌표에서 변화가 생겨나 생명, 생태, 생활이 위기에 빠진 현재의 상황에 극적인 반전을 일으킬 수도 있겠다는 상상은 나를 즐겁게 한다. 그러한 설렘과 기대감처럼, 한 사람을 만나는 것이 그저 단순한 만남이 아니라 색다른 주체성을 만드는 창조와 생성의 과정으로 느껴진다.

근본생태주의가 인간중심주의를 기각하는 부분에 대해 인간 사회의 잠재력을 극도로 낮은 것으로 보는 것은 아닌가 질문하는 사람이 있다. 그러나 인간의 잠재력은 생명과 자연과 공명하면서 만들어지는 마음에서 시작한다. 그러므로 영성의 문제를 따지는 것은 비단 종교적인 것만이 아니라, 실천의 기저에 깔린 가장 근본적인 문제라고 할 수 있다. 영성에 대한 태도에서 종교적 방식은 큰 자아나 큰 주체로서의 신성(神性)이나 자연을 생각하고 자신의 유한성을 깨닫는 방식이지만, 가타리는 여기서 신비주의를 걷어내고 공동체의 관계망 내에서 자신의 유한성, 끝, 죽음 등을 깨닫는 것으로 본다.

자신을 높이려는 대화와 자신을 낮추려는 대화는 성격이 아주 다르다. 자신을 낮추어서 마치 보이지 않는 투명인간처럼 만들려는 공동체 사람들이 있다. 그들 사이의 마음의 변화는 합리적인 대화의 과정으로 나타나는 것이 아니라 서로에게 전달되는 느낌이나 감정, 정동에 가깝다. 어찌 보면 사람들이 죽기 전에 공동체에 남기는 유일한 것은 정서나 감정과 같은 보이지 않는 마음이 아닐까. 근본생태주의가 얘기하고자 하는 바는, 별자리처럼 놓인 우리 사이에서 만들어지는 색다른 마음의 이야기일 수 있다는 생각이 드는 이유도 여기에 있다.

07_ 머레이 북친의 반자본주의와 사회생태주의

사회생태주의란 무엇인가?

한국에서 사회생태주의의 기원을 찾아보자면, 2008년 3월 17일 창당 대회를 했던 진보신당으로부터 시작하여 처음으로 정치 세력의 모양과 꼴을 갖춘 생태주의에 기반한 진보정당을 들 수 있다. 진보신당은 강령에서 '평등', '평화', '생태', '연대'라는 네 가지 가치를 제시했는데, 여기서 '생태'는 '반자본주의를 통한 생태사회 건설'이라는 사회생태주의 이념과 일치한다. 진보신당에 참여한 사회생태주의자들은, 현재의 생태 위기의 배후에는 자본주의 문명이 있으며, 기후 변화, 환경오염, 핵 에너지 사용 등의 문제에 직면한 현재의 상황에서 반자본주의와 사회 변혁을 이루지 않고서는 생태 위기도 극복되지 않으리라고 보았다. 이후 2012년 3월 한국에서 녹색당이 건설되자 진보신당의 사회생태주의자들은 녹색당에 이중 가입을 하거나 당적을 옮김으로써 사실상 사회생태주의의 중심도 녹색당으로 이동하였다. 그 이후에 진보정당의 약진(躍進)도 있었지만, 2020년 총선에서의 소수정당의 참패는 녹색당, 정의당 등으로 구체화되고 있던 사회생태주의 논의가 생명력을 갖추기 어려운 정치 환경이 조성되었다.

생태 파괴의 배후에 자본주의가 있다는 것은 결국 사회 변혁을 도모하지 않고서는 생태 혁명은 불가능하다는 말이다. 사회생태주의의 반자본주의 노선은 기존 사회주의나 공산주의의 기본 요소와는 차이를 보인다. 그중 하나가, 진보주의 노선이 여전히 내부에 갖고 있던 성장주의와 단절한다는 점이다. 즉, 사회생태주의가 그리는 미래는 좀 더 많은 물질적 풍요와 일자리가 보장되는 사회라는 전망보다는, 공동체적 관계망의 성숙이 우선되는 생태사회이다. 그런 점에서 사회생태주의는 기존 사회주의 노선의 성장주의의 한계를 극복한 측면이다.

나는 굳이 북친의 이론을 들먹이지 않더라도 이미 사회생태주의 노선을 따르고 있는 많은 사람들을 만났다. 특히 생태마르크스주의자들의 경우 대부분 사회생태주의 노선에 가까웠다. 생태마르크스주의는 자연과 인간의 신진대사로서의 사회적 관계망을 언급함으로써, 사실상 사회생태주의의 현대화에 나서고 있는 것도 사실이다. 그중 북친도 마르크스주의의 영향 하에서 생태주의를 발전시켰기 때문에 생태마르크스주의의 일원이라고 볼 수 있다.

생태마르크스주의는 마르크스가 사회 변혁을 통해 해결하고자 했던 바가 계급 문제 이 외에도 생태 위기의 문제에도 있다고 얘기한다. 이들에 따르면, 비록 생명과 자연의 문제가 『자본론』과 같은 저작에서는 자원(resource), 원료나 수단으로만 한정되지만, 근본적으로 자본 성장의 한계 테제로 이미 전제되고 있다는 것이다. 마르크스의 테제는 노동자와 자본가 사이의 생산관계를 토대로 한다. 이 점이 더 근본적인 토대인 자연과 자본주의와의 관계를 은폐하는 경향이 있지만, 근본적인 토대인 자연과 인간의 관계도 사회적 관계와 분리되어 있지 않은 것만은 분명하다.

북친의 사회생태주의는 생태 위기를 일으키는 것이 자본주의 사회라는 점을 분명히 하면서도, '위기의 근원은 인간의 탐욕이다'와 같은 다소 추상적인 서술은 회피한다. 북친은 생물학적으로 진화하는 생명·생태의 세계인 '제1의 자연'과 함께, 사회적 본성에 의해 조성된 '제2의 자연'으로서 사회적 관계를 말한다. 즉 인간은 제2의 자연인 사회를 통해서, 열악한 자연환경에 대응하고 진화하는 방법을 터득해 왔다는 것이다. 결국 제1자연의 속성을 제2자연에 그대로 적용하여 스펜서 식의 사회진화론의 원리처럼 사회 문제를 적자생존과 자연도태, 최적적응의 원리로 보아서는 안 되고, 오히려 제2자연인 사회 내부의 문제가 제1자연에 미치는 영향을 보아야 한다는 것이다. 그 점에서 북친은 자본주의가 노동자 계급을 도구화하고 착취하는 사회적 문제가 자연을 수단화하고 파괴하는 근본적인 이유라고 본다.

생태 위기에 직면한 사람들은 어디서부터 문제를 풀어야 할지 혼란에 빠져들기 일쑤다. 열탕이라고 할 만큼 뜨거워지는 지구, 갈수록 심해지는 환경오염, 핵 발전 등 안전을 보장할 수 없는 사회 환경 등과 같은 총체적 위기 상황에 직면하면 사람들은 혼자 고립되어 우울과 불안의 감정에 사로잡힌다. 그러나 사회생태주의는 그것을 사회적 관계 속에서 해결해야 한다는 점을 분명히 보여준다. 생태 위기를 혼자서 풀 것이 아니라, 공동체적 관계망 속에서 해결하고자 하며 사회를 바꾸는 문제로 받아들이는 것이 필요하다는 것이다. 즉 사회생태주의는 개인적인 자유보다 집단과 공동체의 자치 행동에 방점을 찍는다.

2014년 나는 〈성미산 마을만들기 기초연구조사 사업〉이라는 프로젝트에 참여했다. 성미산 사람들을 인터뷰하고 설문조사하여 사람들의 어떤 관심과 욕구 속에서 공동체가 만들어졌는지를 조사하는 사업이었다. 이 연구 작업을 하면서 많은 것을 배웠다. 2000년 즈음 성미산에 처음 생협이 생기면서 조합원으로 이루어진 소수의 공동체가 꾸려졌다. 그리고 2001년 성미산을 허물고 배수지를 만든다는 서울시 발표에 반발해서 많은 사람들이 참여하는 저항과 연대의 공동체가 만들어졌다. 그때 마을이 모양을 갖추었다고 생각된다. 성미산마을은 자연 생태를 지키는 것이 사회적 관계망의 문제라는 것을 잘 보여주는 사례다. 2003년 성미산 투쟁의 성공과 2008년도 홍익대에 의해 다시 점화된 성미산 투쟁의 일련의 과정을 보면, 마을과 공동체라는 사회적 관계 속에서 생태 위기와 환경 파괴에 대면해야 한다는 점을 잘 알 수 있다.

사회생태주의가 던져주는 메시지는, 생태 위기에 대면하는 것이 개인적인 취향이나 신념에만 머무는 것이 아니라 사회의 관계망과 배치를 바꾸는 연합체(association)를 요구한다는 점을 잘 보여주고 있다. 그래서 사회 변혁과 생태사회는 떼어놓고 생각할 수 없다는 점도 분명해진다. 가타리의 『세 가지 생태학』에서 언급했던 '사회생태'도 사회생태주의가 주장하는 사회적 관계와 사회 변혁의 문제가 생태 문제와 긴밀히 결합되어 있다는 점을 의미한다. 이렇듯 사회생태주의는 사회적 관계를 통해서 생태 · 생명 · 생활의 위기에 대응해야 한다는, 현실 운동에서 가장 필요한 실천 강령을 제시하고 있는 것이다.

북친의 근본생태주의 비판

반자본주의자이자 생태사회주의자로서 유럽 녹색당을 사상적으로 지도

한 머레이 북친(Murray Bookchin)은 1921년 뉴욕에서 유대계 러시아인으로 태어났다. 노동자지구 브롱크스(Bronx)에서 어린 시절을 보낸 북친은 자유와 해방의 투쟁을 위해 마르크스주의를 공부하였고, 주물공장 노동자로 청년 시절을 보내면서 노동조합을 결성해 헌신적으로 활동하였다. 스페인 내전을 겪으며 스탈린주의에 환멸을 느낀 북친은 아나키즘으로 입장을 선회하여, 1960년대부터는 자유대학에서 강의와 활동을 하였다. 그리고 68혁명 이후 독일에서 녹색당 결성이 가시화되자 이를 지도하였고, 미국의 뉴레프트 조직인 SDS(students for Democratic Society) 활동에도 관여하였다.

북친은 1969년 〈마르크스에 주의하라!〉라는 팸플릿에서 속류 마르크스주의와 결별하지만, 칼 마르크스의 정통 이론을 받아들이고 사상적 지주로 삼았다. 그의 1982년 저작인 『자유의 생태주의』에서는 여전히 마르크스주의 테제에 기반하고 있으면서도 반권위주의적인 생태사회주의 노선에 대한 탐색이 엿보인다. 1999년 북친은 자유주의적 아나키즘 성향을 버리고 코뮌주의로 사상적 전환을 선언한다. 그에게 코뮌주의는 자치에 기반한 공동체이자, 반자본주의와 반국가주의의 연합체라고 할 수 있다. 1990년도의 포스트모던 흐름 속에 이성에 대한 해체가 논의되던 시기에도 그는 이성의 능력이 생태 위기를 극복할 것이라는 관점을 주장하였다.

북친은 근본생태주의에 여러 가지 문제제기를 했다. 특히 인간중심주의에서 생명중심주의로의 이행이 근본생태주의자들에 의해 '문명의 전환'으로 받아들여지고 있다는 점이 다소 문제점이 있다고 지적한다. 생태 위기의 주범이 인간이라고 해서 인간을 암적 존재나 지구에 기생하는 벼룩 같은 존재로 인식하는 것은 잘못된 발상이라는 것이 핵심이다. 인간들이 비록 지구를 더럽혔다 할지라도 이를 극복할 수 있는 것도 결국 인간이라는 것이다. 또

애매모호한 개념인 '인간'이 문제되는 것이 아니라, 자본주의 문명 자체가 문제라고 말한다. 생태 파괴의 배후에는 '시장'과 '국가'라는 자본주의가 도사리고 있으므로, 이에 맞서 싸우지 않고서는 생태 위기를 극복할 수 없다는 것이다.

러시아의 혁명 시인인 마야코프스키의 단편소설 〈벼룩〉을 보면, 얼음창고에 갇혀 냉동되었다가 미래 사회에서 다시 살아나게 된 사기꾼과 벼룩 한 마리가 등장한다. 미래 사회의 구성원들은 이 두 생물체에 흥미를 느끼고 전시를 하면서 격렬한 논쟁을 벌인다. 과연 사기꾼을 진짜 인간으로 간주할 수 있는가 하는 것이 미래인들의 관심사였다. 여기서 벼룩은 상징이며, 인간이 지구에 벼룩처럼 빌붙어 살고 있는 현재의 상황을 단적으로 보여준다. 북친은 마치 소설에서처럼 인간을 벼룩과 같은 존재로 보는 미래의 인간과 같은 시선을 근본생태주의가 갖고 있다고 비판하는 것이다.

북친은 '인간'과 '이성'이라는 주체를 기각하는 탈근대 논의가 시작되던 시점에 이성과 휴머니즘을 옹호하였다. 그는 인간은 고도로 조직되고 진화한 이성을 갖고 있기 때문에, 작금의 사회 문제를 해결하고 변혁을 이룰 수 있는 이성의 힘을 포기해서는 안 된다고 주장한다. 이성의 능력이 자연과 인간을 유기적이고 변증법적으로 연결시켜준다고 보았기 때문이다. 그런데 도구적 이성과 계산이성, 국가이성 등에 대한 비판이 서구 사회를 뒤흔들고 있는 상황에서도 북친이 헤겔의 변증법과 같은 논리를 고수하였던 이유는 무엇일까?

북친이 '이성'과 '휴머니즘'을 옹호한 것이 단지 인간중심주의를 고수하기 위한 것은 결코 아니다. '이성'과 '인간'이 문제였다면, 그것을 해결할 능력도 이성과 인간에게 있다는 것이다. 북친의 생각은 사회 변혁 운동과 생태주의 운동이 쉽게 이성과 휴머니즘을 포기함으로써 자본주의를 옹호하는 적에게 너무나 많은 것을 넘겨주는 결과를 낳는다는 점을 응시하고 있다.

그가 보여주는 과정적 사유, 유기적 사유, 변증법적 사유는 자연과 인간이 공존하고 화합할 수 있도록 만드는 이성 능력이다. 그렇기 때문에 북친은 자연을 가공하고 변형하는 기술을 아예 포기해 버리는 것이 아니라, 환경파괴적 기술을 환경친화적 기술로 전유하는 것이 중요하다고 말한다. 물론 이러한 과정은 사회 변혁을 통해 자본주의를 극복하면서 가능한 것임에 분명하다. 근본생태주의자들이 기술 사용 자체에 의문을 갖고 생태 문제에 접근하는 것과 반대로, 북친은 적극적으로 기술의 전유를 통해 인간 사회의 잠재력을 극대화하는 것이 동시에 생태사회이기도 하다는 점을 분명히 한다.

북친은 또한 근본생태주의자들이 인구 문제에 접근할 때 보여주는 환경파시즘적인 경향에 문제의식을 갖고 있다. 물론 인구 문제가 심각한 것은 사실이지만, 이를 통제하기 위해 인간을 마치 벼룩 보듯이 하는 것은 문제가 있다는 것이다. 이를테면 근본생태주의자들 매번 인구수의 문제를 거론하지만, 서남아프리카 이남의 15억 명의 인구가 사용하는 에너지 양이 우리나라의 에너지 수준에도 미치지 못한다는 사실에 주목해야 할 것이다. 인구수의 문제는 문제를 양화시키고 평면화시키지만, 사실은 에너지 사용, 탄소중독의 차원에서 보는 입체화된 불평등의 지형을 살펴보아야 한다. 또한 환경파괴 규모와 속도는 지구의 자정 능력이나 자기조절 능력을 훨씬 넘어서므로 가이아와 같은 신화적, 영성적, 신비적 개념으로는 효력이 없으며, 사회 변혁을 위한 실천과 투쟁이 어느 때보다 중요하다는 것이 북친의 지적이다.

자연과 인간과의 관계를 다시 올바르게 만들기 위해 그 출발점을 사회적 관계 내부에서부터 시작해야 한다고 본 북친의 주장은 개인적 신념이나 취향을 넘어선 사회운동으로서 생태운동이 필요하다는 지적으로 받아들여진다. 나는 지금 우리에게 필요한 것은 기후 위기와 생태 위기의 파괴력에 대해 비관적으로 생각하는 경향들이 아니라, 사회적 관계망과 공동체적 관계망을 바꿔 나가는 실천에 유쾌하게 나서는 것이라고 생각한다. 그 점에서 북친의 지적은 현재진행형이다.

부안 반핵코뮌

2003년 봄, 부안 군수는 주민들의 의사와 무관하게 부안에 핵폐기장을 유치하겠다고 발표했다. 그러자 부안에는 반핵대책위가 꾸려졌고, 매일같이 촛불문화제가 열렸다. 이미 부안은 부패와 반생태의 상징인 새만금 간석지에 대한 백지화 요구로 들끓고 있는 상황이었고, 방사능 핵폐기장 유치는 기름에 불을 당긴 것과 같았다.

그러나 새만금의 경우와 반핵 시위의 경우는 완전히 차원이 달랐다. 주민들이 적극적으로 움직여서 정부 권력과 주민 권력이라는 이중 권력의 상황이 만들어졌고, 국가는 수많은 공권력을 동원해 명령하고 지배하려는 입장만 취할 뿐 민초들의 아래로부터의 민주주의에 개입할 수조차 없었다. 이것은 일종의 코뮌적 상황이었으며, 생태 위기에 맞선 사회 변혁 운동이었다고 할 수 있었다.

부안 반핵 항쟁의 일련의 과정은 주민들의 시위로부터 시작되었지만, 200여 일 넘게 장기간 지속된 촛불시위는 주민들의 문화적인 자치 역량에 꽃을 피웠다. 30일 이상 지속된 등교 거부와 생태학교 만들기는 우리 사회에서 무엇을 교육해야 하는지를 미래 세대 아이들에게 정확히 알려주는 계기였고, 고속도로 점거는 핵 권력을 추동했던 속도 문명을 멈추고 생명의 느림과 여백으로 향하자는 메시지를 남겼다. 또 수많은 다른 지역 사람들까지도 서명에 참여하면서 코뮌의 전염 효과를 극대화했으며, 할머니들까지 앞장서서 새로운 주체성 생산의 가능성을 보여주었다. 이제 부안은 용광로처럼 들끓는 문화와 투쟁의 현장이 되었다.

부안에서는 반핵대책위 외에도 각 면 단위로 농민회가 속속 결성되었다. 그 밖에도 다양한 모임, 조직, 단체가 결성되었는데 여성모임, 문화모임, 유기농모임, 에너지대안모임, 청소년모임, 교사모임, 환경모임, 자치학교모임 등이 그것이다. 이러한 대안사회를 위한 그물망이 촘촘히 짜인 데는, 당면한 생태 위기인 핵폐기장 건설에 맞서기 위해서는 주체적 움직임이 필요하다는 생각이 있었기 때문이었다. 특히 자치단체장의 독단적인 유치 선언은 대의제 민주주의의 함정을 잘 보여주었기 때문에, 권력을 분권화하여 네트워크를 강화하려는 움직임이 더 활발해졌다.

촛불집회에서 부안 주민들은 코뮌 놀이라는 색다른 놀이에 참여하면서, 즐겁게 저항하고 재미있게 투쟁하는 법을 알아나갔던 것 같다. 수많은 유명 인사들이 초청되어 반핵 강사로 교육을 하기도 했지만, 사실 부안 주민들은 이미 스스로 생명 · 생태 · 생활의 위기를 사회 변혁과 자기구성적 실천으로 연결 짓는 코뮌적 지평으로 나아갔기 때문에 교육자가 오히려 교육받아야 할 상황이 연출되기도 했다.

부안의 투쟁은 생태 위기에 직면해서 다른 방식으로 실천하고 사유하기 시작한 사회생태주의 운동이라고도 볼 수 있다. 주민들은 문제의 핵심이 사회적 관계망과 배치에 있다는 것을 깨닫고 스스로 색다른 관계망인 코뮌적 기반을 만들어냈다. 부안 내부에서 직접적이고 절대적인 민주주의가 작동하면서, 이미 주민들은 국가와 시장에 의해 움직이는 자본주의적 주체라기보다는 반핵 코뮌의 일원이 되어 갔다.

2004년 2월 14일, 부안 주민들은 핵폐기장 찬반 주민투표를 추진하였다. 여기서 핵폐기장 유치 지역으로 선정되었던 위도면은 찬성파의 투표소 점거로 투표가 무산되었으나 다른 지역에서는 순조롭게 투표가 진행되어, 전체 주민 72.4퍼센트의 투표율을 기록한 가운데 반대가 91.83퍼센트를 차지하는 압도적인 결과를 보여주었다. 이 주민투표는 아래로부터의 민주주의라는 사회적인 실천을 통해 구성원들의 의사를 직접 묻는 과정이 있어야 생태운동이 실질적인 목소리를 낼 수 있음을 보여주는 사례이다. 부안 주민투표는 사회생태주의가 전략적으로 사회적 관계망과 환경 문제를 연결시켜야 한다는 점을 잘 보여준다.

부안에서 생명의 위기 상황은 사람들의 관계망을 완전히 다른 것으로 만들어 버렸다. 초등학생, 할머니, 노동자, 농민, 가정주부 등은 기존의 관계망에서 보여주던 모습이 아니라 완전히 다른 목소리와 다른 생각을 하고 다른 얘기를 하는 존재로 등장하였는데, 그렇게 된 이유는 그들이 기존 제도와 다른 새로운 사회적 관계망에 의해서 조직되었기 때문이다. 수많은 모임과 자치기구들이 생성되었고, 기존에 맺던 관계와 다른 방식의 관계 맺기가 이루어졌다. 특히 할머니들과 가정주부들이 아주 적극적으로 실천에 나섰던 것은 미래 세대인 아이들에 대한 걱정과 미안함을 자신의 활기찬 실천으로 보상하려는 마음에서 비롯된 것이기도 하지만, 사회적 관계인 모임, 조직, 네트워크들이 그들이 참여를 강화하는 방향으로 잘 조직되었기 때문에 가능한 것이었다.

촛불문화제 때마다 공권력에 의해 무대가 강제철거 당하는 상황에 맞서서 신속하게 무대를 다시 만들었던 무대팀이나, 주민들 스스로 조직한 '노랑고무신'이라는 공연팀, 주민들의 목소리를 담아 유인물을 만들기 위한 소식지팀 등의 모임들이 자발적이고 창의적으로 조직되었다. 부안은 노란색 물결이었다. 사람들은 저마다 노란색 옷을 입고 노란색 리본을 달았으며, 대책위 본부가 있던 성당에서는 노란색 옷을 입은 초등학생들이 모여서 생명과 생태에 대한 수업을 들었다. 노란색은 자신이 부안 코뮌의 일원이라는 정서적인 느낌을 주었고, 서로에 대한 공감대 속에서 대화하도록 만들어주었다.

부안 촛불문화제는 사물놀이, 춤, 노래, 슬라이드 상영, 연극, 강연 등 풍성한 문화 축제의 장이었다. 핵이라는 절멸 에너지의 두려움 앞에 경직되는 것이 아니라, 공동체의 관계망의 발랄하고 활기찬 생명 에너지를 보여주었다. 이 자리에서 한국 사회의 정치, 경제, 문화, 생태, 생활, 지역사회, 법, 언론, 에너지, 평화 등이 토론되었고, 때로는 전문 강사를 초빙하여 제3의 목소리를 듣기도 했다. 당시 우리나라에 녹색당이 존재하지 않았음에도, 이미 부안은 녹색의 시각에서 한국 사회의 변혁을 논의하는 자리였다.

생태 위기에 맞선 투쟁은 사회적 관계망을 변화시켜 색다른 사회적 배치를 만들어낸다. 주민들이 만든 공동체적 관계망은 자본과 권력이 만든 어떤 관계망보다 더 잘 짜인 그물망이었다. 나는 쿠바가 석유 위기에 빠졌을 때 현명하게 대처해서 도시농업 같은 획기적인 관계망을 만들었던 것과 핵을 막아낸 부안의 반핵운동의 위상이 같다고 생각한다. 부안의 사례는 생태 위기에 직면해서 지역사회와 공동체가 사회 변혁을 통해서 자신의 목소리를 내야 한다는 점을 잘 보여준다. 그런 점에서 부안 코뮌은 생태운동과 사회변혁 운동, 그리고 코뮌주의 운동을 서로 연결시키는 사회생태주의의 중요성을 강조하는 좋은 사례라고 할 수 있다.

사회 변혁과 함께하는 생태주의

앞서도 이야기한 것처럼 북친의 사회생태주의는 '인간에 의한 인간에 대한 지배'가 '인간에 의한 자연 지배'의 원인이 된다고 본다. 그리고 인간의 인간에 대한 지배의 최고 형태는 계급 문제를 갖고 있는 자본주의이므로, 반자본주의 투쟁을 통하지 않고서는 생태 위기가 극복될 수 없다고 본다. 또한 남성의 여성에 대한 지배 양상이 인간의 자연에 대한 지배 양상으로 나타난다는 에코페미니즘도, 넓게 보면 사회생태주의와 공명하는 사상이라고 할 수 있다. 이에 따라 부르주아지의 프롤레타리아트에 대한 지배 양상의 문제점은 모든 자연 지배를 정당화하는 기본적인 사회적 관계가 된다.

나는 북친이 자연 지배의 원인을 사회적 관계에 두는 관점에는 동의하지만, 그 반대로 자연에 대한 태도 역시 사회적 태도를 결정할 수 있다고도 생각한다. 인간보다 약자인 동식물을 사랑하는 사람의 경우, 사회적 소수자와 사회적 약자를 사랑할 가능성도 높아진다고 볼 수 있다. 즉, 나는 생태적 감수성을 갖는다면 사회생태계에도 영향을 미친다고 생각한다. 결국 사회생태에서 출발하든 생태적 감수성에서 출발하든, 이 두 영역은 서로 상호작용할 것이라고 나는 생각한다.

자본주의 사회는 착취를 통해서도 유지되지만 차별을 통해서도 유지된다. 이런 점에서 권위와 위계가 만들어낸 차별의 질서 역시 사회적 관계를 왜곡시키는 중요한 부분이라는 생각이 든다. 북친이 아나키즘적으로 생각했던 것도 그 때문이 아니었을까. 이러한 차별과 위계가 사회적인 것에서 유래함에도 불구하고, 자연에도 위계가 있고 먹이 피라미드와 같은 계층화가 이루어지는 것처럼 묘사하는 경우가 많다. 예를 들어 '정글의 왕 사자'라는 이미지가 빈번히 아이들에게 얘기되는 이유는, 아이들 내부에 경쟁과 위계가 있기 때문이라는 것이다. 하지만 자연에서는 미생물과 사자 사이에 어떤 위계도 없다. 서로 순환하며 공존하기 때문이다.

역사적으로 마르크스주의는 '괴물과 싸우면서, 괴물과 닮아간다'는 속설로부터 자유롭지 않은 모습을 보였다. 특히 사회주의 체제가 현실에서 작동하면서는 권위적이고 중앙집중화된 모습을 보였다. 이와 반대로 북친의 아나키즘은 수평적이고 평등하며 위계가 없는 사회를 목표로 하였다. 사회적 태도가 인간의 자연 지배적인 태도에 영향을 준다는 점에서 그의 아나키즘은 생태적인 면모가 두드러진다.

몇 년 전 한 생태 아나키스트를 만난 적이 있다. 그는 대안생리대 운동을 하고 있었는데, 만나자마자 내가 대뜸 "한국 아나키스트들의 대표가 누구인가?"라고 물어보자, 그는 생긋 웃으면서 "대표는 나일 수도 있고 너일 수도 있고, 혹은 아예 없을 수도 있다"라고 말해서 나를 당황스럽게 했다. 나는 그로부터 대안생리대 운동이 얼마나 생태적인 운동인가를 들을 수 있었는데, 기존 생리대가 여성의 몸에 대한 상업화와 건강에 대한 위협, 나무의 훼손, 환경오염 등의 문제를 안고 있다는 점을 구구절절이 말했다. 열심히 면 생리대를 꿰매던 그 친구가 갑자기 기타를 들더니 노래를 한 곡 들려주었다. 나는 기분이 좋아지고 그의 느낌에 많이 공감이 되어서, 아내에게 줄 대안 생리대를 샀다.

그 후 내가 생태 위기 문제 해결과 사회 변혁이 따로 떨어진 것이 아니라는 북친의 말에 다시 한 번 공감했던 사건은, 제3세계 사람들이 처한 열악한 환경을 한 친구로부터 들었을 때였다. 그의 말에 따르면, 생태 위기와 환경 문제와 빈곤 문제는 개별적으로 가 아니라 한꺼번에 제3세계에 찾아온다는 것이다. 그렇기 때문에 남반구와 북반구 간의 경제적 차별과 착취의 문제를 생태 위기와 따로 떼어 놓고 생각할 수 없다는 것이다. 그는 아프리카 한 나라의 사례를 예로 들었는데, 다국적 식량 기업의 착취와 더불어 기후 위기로 인한 농사를 지을 수 있는 땅의 파괴, 물 부족 등이 한꺼번에 밀려들었던 상황을 파노라마처럼 설명했다. 나는 순간 앞이 캄캄해지는 듯한 느낌을 받았으며, 그러한 조건에 처한 사람들을 위하여 나눔과 연대를 실천해야 한다고 생각해서 그 이후 제3세계 어린이 지원 재단에 후원을 10년간 했다.

북친의 사회생태주의가 던져주는 메시지는, 기존의 마르크스주의자들처럼 자본주의 구조 분석에 머물면서 한꺼번에 바뀌지 않으면 변화가 없다는 식의 논리로 무력한 주체를 만드는 방식의 레퍼토리가 아니다. 북친은 인간 사회의 잠재력을 신뢰하는데, 그것은 수평적이고 평등한 대안적인 관계망과 배치를 만들어내는 것이 가능하다는 점을 응시하기 때문이다. 물론 이것이 사회 변혁을 위한 투쟁 과정으로 한정된다는 측면에서, 북친은 생활협동조합이 현존 질서 내부에서 수행하는 역할에 동의하지 않는다. 그런 점이 내가 북친을 읽을 때마다 아쉬움을 느끼는 지점이기도 하다.

반자본, 반국가, 반권위의 코뮌주의 전망들

앞서 얘기했듯이 북친은 1999년에 아나키즘적 성향을 버리고 코뮌주의(Communalism)로 이행했다. 여기서의 코뮌은 1871년 파리 코뮌(Paris commune)에서 유래한다. 파리 코뮌은 파리의 노동자지구에서 노동자들이 자본가와 시민계급과 구별되는 자치정부 기구를 만든 것에서 시작되었는데, 제국의 신성동맹군이 이를 진압하기 위해 파리를 포위한다. 결국 진압된 파리 코뮌의 노동자들은 '통곡의 벽'에서 총살되거나 알제리 사막까지 행군에 내몰렸다가 거기에 버려진다.

그로부터 100여 년이 지난 현재까지도 역사적으로 파리 코뮌이 주목받는 점은, 노동자와 민중이 보여준 자치 행동과 자율성의 가능성이었다. 착취와 억압이 사라진 거리에서 자치적이고 민주적인 민중의 정부가 들어섰던 것이다. 도시가 제국의 군대에 포위되어 나중에는 쥐를 잡아먹을 정도로 굶주렸음에도 어떤 범죄도 일어나지 않았던 코뮌은 반자본주의 운동이 지향해야 할 대안사회의 이상이 되었고, 그것을 따르는 것이 바로 코뮌주의다.

북친이 말년에 주장한 코뮌주의는, 자본과 권력과 싸우지 않고서는 대안사회가 만들어지지 않을 것이라는 생각을 반영하고 있다. 기존의 협동경제를 생각하는 사람들은 칼 폴라니 등의 사상적 기반에 따라 시장, 국가, 공동체가 삼원 다이어그램의 구도로 공존하는 이미지를 그린다. 그래서 이들은 시장과 국가가 존재한다 하더라도 독립적으로 공동체의 영역이 협치나 생활정치, 공동체 경제를 구축할 수 있을 것이라고 보면서 점진적인 변화를 추구한다. 이처럼 협동조합이 자본주의 내에서 자율성을 갖고 공동체 경제를 구축할 것이라는 생각에 대해 북친은 개량주의적 경향이라며 비판한다. 즉 반자본 · 반국가에 입각한 구조 변혁의 투쟁으로 코뮌을 형성하는 것만이 생태 위기에 대한 대안사회를 약속할 수 있다는 것이다.

협동조합의 점진적 개량주의에 반대한 북친의 코뮌주의는, 협치나 미시적인 생활정치가 향후 생태 위기의 수준에 대한 적절한 대응이 아니라고 진단한다. 좀 더 전면적이고 구조적인 수준에서 변혁운동이 일어나야만 비로소 생태 혁명을 통한 주체성 형성이 가능하다는 것이다. 하지만 이러한 북친의 지적에 나는 전면적인 구조 변화 이전에도 꾸준하고 점진적인 변화의 시도가 있어야 한다고 응답하고 싶다. 북친에게 협동조합은 개량주의로 보이겠지만, 사실은 전면적인 혁명이 지연되는 상황에서 자본주의의 내파를 위한 영구혁명(=영구개량)의 원천이 될 것이라고 생각하기 때문이다. 물론 거대 자본의 조그마한 빈틈이나 여백을 통해 주체성을 형성하는 것보다 전면적이고 구조적인 수준에서 대규모로 주체성이 형성된다면 더할 나위 없이 좋은 일이다. 그러나 혁명의 시간을 기다리는 메시아주의적인 태도에 의존하는 것이 아니라면, 생활정치와 공동체 경제와 같은 내재적 수준에서의 운동이 어느 때보다 중요하다고 생각한다.

북친의 코뮌주의는 사회 변혁을 통해 한꺼번에 주체 구성을 이룰 수 있는 생태 혁명의 이미지를 제공해주며, 이러한 주장은 '생태주의'를 구조적 수준에서 사고하게끔 해준다. 그러나 생태 위기는 우리가 살아가고 있는 문명 자체의 문제점을 반영하기 때문에, 이러한 문제가 한꺼번에 해결될 것이라고 보지는 않는다. 화석 문명, 원자력 문명, 자동차 문명, 아파트 문명, TV 문명과 같은, 문명화되고 정상화되었다고 여겨지는 모든 삶의 양식이 우리의 욕망에 깊숙이 뿌리내리고 있기 때문이다. 다시 말해 현재의 생태계 위기와 기후 위기는 지극히 문명이 잘 작동하기 때문에 생긴 문제이다. 만약 북친의 생각처럼 사회 구조를 바꿀 수준의 생태 혁명이 일어나려면, 대중은 자본주의가 보장하는 편리에 대한 욕구와 욕망을 스스로 포기하고 새로운 대안을 받아들여야 할 것이다.

물론 역사에서는 비약이 분명히 존재한다. 내가 어릴 적 경험했던 5 · 18 광주 코뮌의 기억도 한국에서 민주화를 급진전시킨 비약이었다. 어촌에서 살았던 나는 구호가 쓰인 머리띠를 두른 수많은 청년들이 광주에서부터 타고 온 버스를 아직도 기억한다. 동네 아줌마들이 빵과 우유, 김밥을 버스 안으로 가져다주었고, 그들은 초등학교 운동장에서 횃불시위를 했다. 당시 나는 어린 마음에도 그 모습이 무척이나 신기해서 일련의 과정을 빠짐없이 지켜봤고, 많은 사람들이 어우러져 있던 열정의 순간을 기억하고 있다. 나중에 듣게 된 것은 이들이 화순고개를 넘다가 군인의 사격으로 대부분 죽음을 당했다는 소식이었다.

항쟁 중에 있던 광주 코뮌 내부의 사정은 고등학생이 되어서야 듣게 되었다. 5 · 18 당시 광주 시민들은 주먹밥 공동체를 형성했고, 수많은 사람들이 피 흘리는 다른 사람들을 위해서 헌혈을 했다. 넝마주이, 짜장면 배달부, 고등학생 등과 같은 보이지 않던 주체성들이 등장해서 최후까지 도청을 사수하였다. 그리고 파리 코뮌과 마찬가지로 어떤 범죄도 존재하지 않았다. 이러한 대규모의 주체성 생산과 사회적 관계망의 변화가 비약적인 역사 속에서 등장한다. 이런 아스라한 기억처럼 코뮌의 잠재력은 생태 위기에 대응할 수 있는 우리 안의 잠재력임에는 분명하다.

북친은 생태 위기의 상황을 극복하기 위한 사회 변혁 운동이 새로운 코뮌을 만들 것이라고 생각한다. 코뮌과 같은 혁명적 열정이 역사의 비약을 만드는 것처럼, 이제까지 역사에 없었고 생각지도 못했던 비약이 있을 수 있다는 것이다. 구조를 바꾸지 않고서는 생태 혁명이 성공할 수 없다는 것도 북친의 코뮌주의가 지적하는 바다.

이러한 북친의 코뮌주의 노선은, 마치 눈덩이효과처럼 대규모의 주체성 형성이 가능하며 전혀 예상치도 못한 관계망의 변화가 가능하다는 혁명적 낙관주의를 품고 있다. 그런 점에서 매우 매력적이며, 비관적인 현실에 우울해진 생태주의자들에게 새로운 희망을 던져준다. 부안 코뮌의 사례와 같이, 생태 위기에 직면하여 새로운 공동체적 관계망을 수립하고 사회 구조를 바꾸는 변화의 지류가 언제든 다시 등장할 수 있다. 그런 점에서 인간 사회의 잠재력을 긍정해야 한다는 것을, 북친의 코뮌주의는 말하고 있다. 즉, 아직까지 인간 사회는 희망의 불씨가 남아 있는 것이다.

생태운동과 사회적 관계의 변화

북친의 반자본주의 노선은, 생태주의 운동을 개인적 취향이나 선호도, 신념만이 아니라 사회 변혁 운동의 위상에서 바라보아야 한다는 점을 분명히 해 주었다. 그의 사회생태주의 운동은 생태 위기를 초래한 자본주의 사회와 자연과의 관계를 변화시키기 위해서는 먼저 사회적 관계를 변화시켜야 한다고 말한다. 그가 근본생태주의를 비판하면서 자본주의 사회에 대한 변혁이 어느 때보다 중요하다고 역설하는 것은, 생태 위기를 사회적 영역과 분리해 사고할 것이 아니라 융합시켜서 사고해야 한다는 점을 의미한다. 그는, 인간 사회가 비록 환경오염과 기후 변화, 핵 에너지 사용 등을 통해서 지구를 위기에 빠뜨렸지만 그것을 극복할 수 있는 잠재력 역시도 인간이 갖고 있다고 생각했다. 특히 인간의 이성 능력과 기술사용 등을 포기해서는 안 되며, 휴머니즘 역시 포기할 수 없다는 것이 북친의 주장이다.

프랑스 철학자 가타리는 『세 가지 생태학』이라는 책에서 마음생태, 자연 생태와 더불어 사회생태의 중요성을 강조하면서, 사회적 관계와 배치의 변화 없이 생태 위기에 대응하는 것은 불가능할 것이라고 말했다. 가타리는 북친의 사회생태주의를 '세 가지 생태학'의 일부로 끌어들이면서 전략적 동맹자로 함께 행동할 것을 주문한다. 프랑스 녹색당과 녹색정치의 전략 지도와 같은 『세 가지 생태학』을 굳이 얘기하지 않더라도, 북친의 사회생태주의가 현대의 생태주의 사상에서 중요한 위치를 차지하는 것은 분명하다. 자본주의 사회를 바꾸는 코뮌주의 운동이 생태 위기를 극복할 것이라는 북친의 생각은 인간 사회의 잠재력을 포기하지 말자는 호소와도 같은 것이다. 북친의 사회생태주의는 코뮌과 같은 사회적 관계망이 갖고 있는 사회 변혁의 잠재력에 호소하여 생태 위기의 주범인 자본주의를 극복해 보자는 주장이다.

08_ 칸트의 선험적 종합명제와 환경관리주의

환경관리주의란 무엇인가?

2012년 3월 출범한 한국의 녹색당의 실질적인 주도 세력은 환경관리주의이다. 환경관리주의는 자연의 재생과 복원력을 넘어서 있는 생태 파괴를 저지하기 위해 어느 때보다 인간의 개입과 관리, 계획이 중요한 시점이라는 데 대한 공감에서 출발한다. 자연 생태는 인간이 어떤 태도로, 또 어떤 방식으로 그것을 관리하고 조절하느냐에 전적으로 좌우되는 상황에 있다. 이제 인간이 지구의 탄소순환, 산소순환, 질소순환 같은 영역에 대해서 거대한 계획을 수립해서 시행해야 할 시점이다. 녹색당의 기본 정책의 골자가 이러한 환경정책과 환경 정치에 근간을 두기 때문에 많은 사람들이 환경 정당이라는 이미지를 갖고 있는 것이다.

우리나라에서 환경관리주의의 역사는 뿌리가 깊다. 낙동강 페놀오염 사건이 터진 1991년, 공해추방운동연합(공추련)은 한국 사회의 환경운동에서 가장 주목받는 단체였다. 그 후 전국 각지에서 터져 나온 반핵 투쟁과 골프장 건설 반대 투쟁, 환경오염에 대한 투쟁을 통해서 환경운동은 현재 존재하는 환경운동연합, 생태지평, 녹색연합, 환경정의라는 네 개의 거대 NGO로 자리 잡았다. 이 환경 NGO들이 다루는 환경 정치, 환경정책, 환경제도의 영역은 환경관리주의의 기본 구도를 형성하는데, 세부적인 분야로 들어가면 지구온난화, 오존층 파괴, 생물다양성 감소, 열대림 파괴, 유해 폐기물 교역, 토양오염과 사막화, 탈핵 같은 것들이 있다.

흔히 '녹색당은 좌파도 우파도 아니다'라는 사람이 있는가 하면, '녹색당은 좌파와 적-녹 연정을 수행해야 한다'는 사람도 있다. 전자의 경우 자연보호나 환경보존 같은 기본적인 테마는 환경 정치의 영역일 뿐 좌우의 이념을 넘어서 있다는 것이 골자이다. 물론 내 주변에서도 자연보호를 이야기하는 나이 드신 분들도 이따금 보게 된다. 이들은 어릴 적부터 배워 왔던 자연보호를 주장하며 식물을 기르고 동물과 함께 살면서도 우파적인 생각을 갖고 있는 사람들이다. 프랑스에서도 녹색당의 베슈타르 진영이 녹색정치는 좌우의 이념을 떠난 것이라고 주장하면서 오랜 기간 주도권을 행사했다. 그러나 한국에서는 대부분의 우파들이 성장주의와 시장만능주의에서 자유롭지 못하기 때문에 우파 생태주의자들을 찾아보기란 그리 쉽지 않다.

어릴 적 학교에서 처음으로 배운 공해병이 미나마타병과 이타이이타이병이다. 미나마타병은 1950년대 일본에서 발생해서 950명의 사망자를 남긴 대표적인 공해병이다. 이 병의 원인은 인근 질소 공장에서 무단 방류한 수은이었다. 당시 수은중독은 사람들의 손발을 마비시키고 말을 못하게 만들었으며 시력을 잃게 만들었다. 일본에서는 처음에는 원인을 알 수 없는 기이한 병이라고 여겼지만, 결국 환경 소송을 통해 일본 정부와 공장으로부터 보상을 받았다.

그런가 하면 이타이이타이병은 당시 초등학생이었던 나에게도 가슴 아프게 다가왔다. 이타이이타이는 "아프다, 아프다"라는 뜻의 일본말로, 이 말을 하면서 어린아이가 죽어갔던 데서 유래한다. 이 병은 1912년 일본 도야마 현 일대에서 발생한 공해병으로, 전신이 찢어지는 듯한 고통이 특징이다. 당시 광산에서 배출된 카드뮴에 중독된 인근 주민들 100여 명이 이 병으로 보행 불능의 골절 등을 앓으면서 죽어갔다.

1950년을 전후로 이러한 공해 관련 사건이 연이어 발생하자, 세계 각 지역에서는 생태 파괴에 인간이 개입하는 절차와 방식에 대한 모델을 만들어 제도와 정책 등을 개선하려는 움직임이 자생적으로 생겨났다. 급속한 산업화가 환경 파괴를 수반하면서 그 결과 인간에게도 위협적인 상황을 만들어내자, 파국을 막기 위해 환경 정치는 효과적이고 대규모적인 개입과 기술 개발, 정책 등을 만들어 나가는 데 역점을 두었다.

환경관리주의는 냉장고 냉매로 사용되는 프레온 가스에 대한 국제사회의 금지 조치를 이끌어내면서 국제정치 무대에 등장하게 된 것이다. 프레온은 뒤퐁 사(社)가 명명한 CFC 물질로, 성층권으로 올라가 성층권 오존(O3)을 분해하여 산소로 만들며 결국 오존층을 파괴하는 결과를 낳는다. 오존층이라는 보호막이 파괴된 지구는 태양으로부터 날아온 자외선에 직접 노출되어 인간이 살 수 없는 환경으로 바뀐다. 1985년 빈 조약과 1987년 몬트리올 의정서는 프레온 자체의 제조, 수입, 판매를 모두 금지함으로써 프레온으로부터 지구 대기를 지켜내는 데 성공했다. 이후 프레온 가스는 효과적으로 규제되었다.

이제 환경관리주의는 국제정치로 무대를 바꾸게 된다. 특히 20세기 후반부터 급속히 진행된 지구온난화로 인해 온실가스 협약에 대한 국제사회의 공조가 어느 때보다 중요해졌다. 1997년 교토 의정서는 선진국 38개국이 탄소 배출량을 5.2퍼센트 감축하는 데 합의했다. 국제사회에서 처음으로 구속력을 갖는 기후협약이 등장한 것은 이 교토 의정서가 처음이었다. 온실가스 배출이 가장 많았던 미국의 반발 등 진통이 있었으나 오바마 행정부가 들어서면서 이에 대한 전향적인 조치와 협조가 이루어졌다. 이제 굴뚝산업과 성장 일변도의 정책이 더 이상 국제사회에서 인정받기 어렵다는 것이 분명해졌다.

이후 2020년부터 발효되는 기후 변화협약으로서의 파리기후협약은 전 세계 195개국 전부가 조인한 전면적인 기후 위기에 대한 최초의 대응이다. 기후 변화를 넘어서 기후 위기로 치달아 가고 있는 상황에서, 이에 대한 자구책으로서의 기후협약이다. 골자는 "상승을 2℃보다 훨씬 낮게 상승되도록 유지하고 가능한 1.5℃로 억제하자"는 것이다. 그러나 이를 각 국가에 강제하는 조항이 있는 것이 아니라, 자율적인 의무 감축 방안을 두기로 한 맹점이 있으며, 5년마다 더 높은 기준을 제시하기로 한 것이 특징이다. 한국정부는 당시 보수정부가 〈2030 온실가스 감축 로드맵〉이라는 정책을 제시했지만, 숫자놀음, 탁상행정의 극치를 보여주는 바였다. 이어 문재인정부 들어 〈2030 수정안〉도 제출되었지만, 크게 벗어나지 않는다. 더더군다나 트럼프 미국 행정부의 파리협약 탈퇴는 인류의 미래를 어둡게 하고 있다. 그러나 바이든 미 행정부의 등장과 문재인정부의 2050탄소중립 선언 등 새로운 변화의 지류 역시도 감지된다.

환경관리주의에서 국제정치가 굉장히 중요해진 상황임에도 한국에서는 변화가 늦게 찾아왔다. 1990년대 환경운동을 하는 내로라하는 운동권들이 즐비했던 공추련에 미국으로부터 초청장이 왔을 때, 미국을 제국주의라고 여겼던 당시 상황에서 이 초대를 어떻게 볼 것인가에 대해 의견이 분분했다는 얘기를 들었다. 이는 환경관리주의의 맥락이 이미 국제정치의 무대에 있음에도 그것을 깨닫지 못해서 벌어진 해프닝이었다.

한국의 환경관리주의의 맥락은 환경단체와 NGO, 환경부의 활동에서 주로 파악될 수 있다. 나는 환경관리주의의 흐름들이 관리와 제도의 영역에만 치중하고 주체성 형성은 간과할 수 있다고 조금은 우려하지만, 자연 생태에 대한 거대 계획과 인간의 관리가 필요해진 현 시점에서 환경관리주의가 녹색의 분견대 역할을 수행해야 하는 것은 분명하다.

칸트와 코페르니쿠스적 전회

'칸트'라는 말에 내 머릿속에 떠오르는 이미지는 해변에서 조개껍데기를 줍는 어린아이이다. 칸트는 바다의 비밀에 호기심을 갖고 조개껍데기를 귀에 대 보는 아이를 연상시키는 철학자다. 칸트의 나이 57세 때 『순수이성비판』이 출간되었는데, 처음에는 '감성과 이성의 한계'라는 제목으로 출간되었다. 제목에서도 알 수 있듯이 칸트는 오만한 이성주의자라기보다는 인간의 인식과 이성의 한계를 응시하는 철학자였다. 그의 산책 시간을 보고 사람들이 시계를 맞췄다는 일화며 하루 유일한 식사시간 동안에 이루어졌던 많은 사람들과의 만남, 대구회 즙만을 쪽쪽 빨아먹고 뱉는 기괴한 식생활, 철두철미한 계획과 건강 염려증 등과 같은 기괴한 철학자의 일상은 후대 사람들에게 가십거리를 제공해주기도 한다.

칸트는 『순수이성비판』에서 인간 인식의 전제조건에 질문을 던지면서 '코페르니쿠스적 전회'를 감행한다. 인식은 대상 자체의 문제가 아니라 인간의 주관적인 마음의 문제라는 패러다임의 전환을 제기하는 것이다. 즉 인식

주체의 문제인 "어떻게 인간의 인식이 가능한가?", "어떻게 이성적인 사유가 가능한가?"의 문제로 돌아가는 것이 바로 코페르니쿠스적 전회의 핵심적인 질문이었다. 인간의 인식은 한계가 있으며, 결국 대상 그 자체는 알 수 없고 인식의 그물망에 걸려든 현상만을 인식할 수 있기 때문이다. 예를 들어, 우리는 토성 그 자체는 알 수 없으며 망원경에 비춰진 토성이라는 영상만을 알 수 있는 것이다.

이때 '물자체(Ding an sich)'라는 다소 난해한 개념이 등장한다. 물자체는 인식의 그물이 미치지 못하는 미지의 대상세계이다. 즉, 인식은 대상의 본질과 이유는 적시할 수 없으며, 대상의 작동과 양상만을 알 수 있을 뿐이다. 그런데 물자체라는 개념 안에는 인간과 자연을 엄밀히 구분하는 근대 이성의 이분법이 숨어 있다. 풀, 꽃, 새, 나무, 동물 등 자연과 공존하며 살아가지만 이들과 명백히 구분되는 인간은, 인식의 그물망을 통해 그 현상만을 알 수 있을 뿐 자연 자체는 전혀 알 도리가 없다는 것이다. 여기서 인간은 자연과 관계하는 주체가 아니라, 구분되는 주체가 된다.

나는 극도의 자연주의와 극도의 합리주의 사이의 미로에서 길을 잃은 느낌이었다. 인간은 자연의 일부일 뿐이며 자연과의 관계 속에서 살아간다는 생각과, 인간이 자연을 자신의 틀과 형식, 도식을 통해 파악할 수 있다는 경계가 이 가운데에는 존재했다. 인디언처럼 나무와 대화하는 방법을 익히고 식물의 정신세계에 관심을 갖는 것은 불가능한가? 이런 질문이 마음속에서 맴돌았다.

물자체에 대해 다시 한 번 생각하게 됐던 계기는, 인간이 파악하고 있는 화학적 · 물리적 물질이 우주 물질의 12퍼센트도 채 되지 않는다는 내용의 보고서를 읽었을 때였다. 인간은 바닷가에서 조개껍데기를 줍는 아이와 같다는 생각이 그때 처음 들었다. 이런 의미에서 보면 칸트의 물자체는 겸손함과 겸허함을 표상하는 것처럼 느껴진다. 그러나 인간이 인식의 그물망을 통해 대상을 인식하려는 순간에는, 자연에 괄호치고 인간이 중심이 되는 인간중심주의적인 측면이 반대로 나타난다.

칸트가 생각했던 자연은 물리적 세계에 가깝지만, 사실은 자연의 생산적이고 창조적인 능력이 생명을 만들었고 인간도 만들었다. 자연은 그저 인식의 대상이 아니라 창조적 진화의 원동력이며, 자율성과 잠재력을 가진 존재이다. 물론 그것이 '살아 있는 지구'를 얘기하는 가이아 이론처럼 물활론적인 세계를 얘기하는 것은 아니다. 자연을 필연의 세계로, 인간을 자유의 세계로 구분하는 것조차 그것이 타당하지 않은 인식 중 하나라는 점을 인정해야 한다는 것이다. 그러한 자연관 또한 칸트 시대의 역사적이고 개념적인 한계 속에서의 사고일 뿐이기 때문이다. 자연의 풍부한 잠재력은 오히려 우연적인 것들이 만든 창조물에서 기인한다.

나는 이원론적인 칸트의 인식방법론이 굉장히 낡은 것이라고 생각한다. 예를 들어 공동체에서 대화를 할 때, 이원론에 사로잡힌 사람들의 대화법은 발언하는 자신과 집단 전체를 놓고 대질하듯 하거나 지식인과 대중이라는 계몽적 구도를 만들어내기도 한다. 그럴 때면 근대 주체의 오만이 느껴져 내내 답답하다. 공동체는 마치 은하성좌와 같은 관계망으로 이루어져 있어서, 주체와 대상의 이분법으로 딱 나누어지는 것이 아니다. 그래서 대화를 할 때도 복잡한 그물망의 일부로 자신을 배치하는 방법을 알아야 한다. 칸트가 "내 머리 위에 별이 총총한 하늘과 내 마음속의 도덕 법칙"이라고 얘기했던 것과 달리, 별이 총총한 여럿, 다양, 복수의 관계망 속의 나를 얘기해야 한다고 생각한다.

칸트는 코페르니쿠스적 전회를 통해, 나 자신의 마음의 문제를 통해 세상 인식의 가능성을 설명해 보겠다는 야심찬 계획을 가동시켰다. 근대 이후 인간은 생명과 자연이 던지는 절규와 비탄의 메시지에 대해서, 알 수 없는 영역인 물자체로 간주하며 귀 기울이지 않았다. 오늘날 코로나19 사태와 같은 환경의 역습과 같은 새로운 현실은, 근대의 코페르니쿠스적 전회가 물자체를 승인하면서 인간이 알지 못하는 영역을 겸허하게 인정하는 태도가 아니라, 자연을 물자체로 도외시하면서 인간중심주의의 오만으로 향했던 이율배반이었음을 보여준다. 그런 의미에서 칸트의 코페르니쿠스적 전회는 '오류 추리'를 품고 있다.

만약 칸트가 우리 시대에 다시 나타나 인간 인식의 조건에 대해 답을 한다면 뭐라 말할까. 자연 생태의 파괴로 인간의 조건마저도 위협당하는 현대 사회를 보았다면, 어쩌면 그는 인간 자신의 주관으로 패러다임을 전환할 것이 아니라 자연의 일부인 인간으로 돌아가자고 얘기할지도 모른다. 근대 사회에서는 칸트의 코페르니쿠스적 전회라는 개념이 중요했을지 모르지만, 지금은 자연과의 관계 회복으로의 전회가 더 중요하지 않을까? 이제는 자연과 구분되는 인간이 아니라, 자연과 관계하는 인간이 더 강조되어야 할 시점이기 때문이다.

태안 사태와 환경관리주의의 혁신

2007년 12월 7일, 서해안 태안 앞바다에서 유조선 삼성-허베이스피릿호와 해상크레인이 충돌하는 사고가 발생했다. 이때 총 1만 2,547㎘에 이르는 원유가 바다에 유출되었고, 태안과 그 인근 바닷가는 검은 원유로 물들었다. 이 태안 사태를 전후로 환경관리주의 진영에서는 하나의 시대적 분기점이 형성된다. 당시 인터넷 커뮤니티나 네트워크, 동호회를 통해서 자발적으로 움직였던 자원봉사자가 무려 122만 6,730명에 달했던 것은 이 분기점을 상징적으로 보여준다.

나 역시 이 소식을 듣고 당시 생명수업을 함께하던 학생들과 함께 태안을 찾아갔다. 현장에서 지급된 걸레와 부직포로 바위에 묻은 기름을 제거하면서 몇 시간 동안이나 반복적인 작업을 했다. 마스크와 방제복을 입었지만 매캐한 원유 냄새는 코를 진동했고 머리가 지끈거렸다. 우리 외에도 이미 많은 대학의 동아리들이 와 있었고, 인터넷 카페를 통해 모인 가정주부와 아저씨들도 힘을 합쳐 최대한 기름을 제거하려고 노력했다. 작업을 마친 뒤 나는 학생들과 뒤풀이를 하면서 현장에서의 느낌을 공유했는데, 듣던 바와는 달리 기름이 제거하면 할수록 계속 나오는 것에 놀랐다는 의견이 많았다.

태안 이전까지 환경관리주의에 입각한 환경운동은, 막대한 환경오염에 대항하여 제도와 법을 개선하고 환경소송 같은 보상의 문제나 기술적인 대책을 찾는 것에 역점을 두었다. 하지만 이런 환경관리주의의 실천 방식은 대부분의 환경오염에 대해 압도되거나 무기력한 이미지를 심어주었고, 이를 극복하는 주체나 집단의 형성에 대해서는 설명하지 못했다. 그래서 환경관리주의는 자율적인 주체들의 형성에 호소하는 것이 아니라, 제도나 법 등의 거대한 힘을 빌려서 풀고자 했던 것이다. 그러나 태안 사태는 이러한 환경관리주의의 기존 통념에서 예외를 만들어냈다.

나는 태안에 모여든 수많은 사람들이 만들어낸 인해전술의 틈바구니에서, 내가 빠져 나간 그 자리에 새로운 사람들이 들어와 보잘것없는 걸레나

양동이 같은 도구로 묵묵히 기름을 제거하는 것을 보았다. 누가 그것에 대해서 보상해주는 것도 아님에도 불구하고, 사람들은 열의를 가지고 최선을 다했다. 나는 내 주위에 수많은 공동체가 살아 움직이는 것을 보았다. 버스로 이동할 때 나는 인터넷 커뮤니티 소속 한 청년의 옆자리에 앉았는데, 그는 놀랍게도 춤과 관련된 인터넷 동호회 소속이었다. 그에 따르면 인터넷 커뮤니티 시샵의 호소로 많은 동호회 회원들이 동참했다는 것이었다.

환경관리주의는 환경 위기에 대응하여 소방대원, 경찰, 공무원, 군 조직으로 이루어진 위기관리 인력에 의해서 현장에서 움직인다. 이러한 공권력의 동원은 환경 재앙과 생태 위기를 자신을 대신하는 공공영역의 손으로 통제할 수 있다는 환상을 심어주게 된다. 그런 의미에서 환경관리주의는 국가나 국제사회라는 공적 영역에 호소하는 데 머물렀다. 하지만 태안 사태는 환경관리주의 영역도 공동체나 네트워크의 아래로부터의 힘에 의해 움직일 수 있다는 점을 보여주었다. 환경 재앙에 맞선 이러한 아래로부터의 자발적인 물결과 협치가 없다면 환경관리주의 자체도 불가능해진다는 사실이 드러났기 때문이다.

그로부터 적잖은 세월이 흘렀다. 혹자는 "100만이 넘는 태안의 물결은 지금 어디에 있는가?"라고 자조 섞인 목소리로 말하기도 한다. 한국에서의 환경관리주의의 맥락은 태안 사태를 전후로 새로운 방식을 고민해야 할 시점이다. 국가 정책이나 국제사회에 환경 의제를 반영하기 위한 NGO적 방식으로는 해결할 수 없는 강력한 환경 재앙이 우리 앞에 다가오고 있기 때문이다. 물론 대규모의 계획과 관리를 통해 문제를 해결할 수 있는 여지는 여전히 많다. 그러나 탄소 소비나 탈핵과 관련된 문제는 정부에 청원하거나 제도를 창안하고 제안하는 등의 NGO적 방식의 실천을 넘어선 차원이 되었다.

나는 쿠바의 경우처럼 석유 고갈의 위기에서 공동체들이 직접행동에 나서는 사례들에 주목해 왔다. 물론 쿠바의 경우도 군대 조직이나 공무원들이 움직였던 측면이 없지는 않지만, 아래로부터의 풀뿌리 공동체가 환경 재앙에 맞서 새로운 계획에 자발적으로 동참하였던 것이 커다란 변화의 시작이었다. 쿠바 하면 떠오르는 이미지는 체 게바라, 카스트로, 부에나비스타 소셜 클럽이다. 소련과 미국이라는 강대국 사이에서 부국이 된 쿠바는 1980년대 말 소련이 멸망하자 석유 공급이 중단돼 전 국민이 평균 9kg이나 체중이 줄어드는 최빈국으로 전락했다. 그때 사람들은 살아남기 위해서 자투리땅에 모조리 채소며 당근이며 오이 등을 심기 시작했다. 석유가 고갈된 곳에서 유기농 혁명이 시작된 것이다. 나는 연구실 마당 한켠에 마련한 작은 상자텃밭에서 쿠바의 도시농법의 꿈과 접속하면서 색다른 혁명을 꿈꾸어 본다. 환경관리주의가 갖고 있는 거대 제도, 거대 계획, 거대 관리의 방식도 결국 작은 변화에 호소하고 이를 촉진하기 위한 시작에 불과하다.

태안 사태는 환경관리주의의 시작과 끝을 모두 보여준 사건이다. 인간이 통제할 수 없는 수준의 환경 재앙 앞에서 비관하거나 압도되는 것이 아니라, 유쾌한 화음을 만들며 공동체가 서로의 어깨를 걸고 인해전술을 감행하는 것, 그것 역시 환경관리주의의 맥락에 있지만 이제까지 볼 수 없었던 새로운 모습이었다. 앞으로 다가올 수많은 환경 의제들 앞에서 우리는 그물망처럼 짜인 제도적인 틀로써 통제하고 관리하려는 방식이 아니라, 또다시 자발적이고 사회 조직을 횡단하는 움직임의 그물망을 만들어 제도가 미치지 않는 곳까지 범위를 확장할 수 있을 것이다. 그때 환경관리주의의 맥락은 한층 업그레이드된 색다른 모습으로 재탄생할 수 있을 것이다.

태안의 거대한 자원봉사의 물결에도 불구하고, 우리 사회는 화석 연료를 소비하는 지금의 정형화된 삶의 방식이 태안 사태의 근본적인 원인으로 작용하고 있다는 점과, 그러한 화석 문명이 더 이상 지속될 수 없다는 사실까지 생각이 미치지는 못했다. 화석연료의 사용으로 인한 기후 위기라는 거대한 환경 문제들에 전면적으로 직면해 있지만 당시의 사람들은 이러한 상황을 체감하고 있지 못하고 있었다. 게다가 태안처럼 가시적이고 피해자와 가해자가 확실한 환경 문제와 달리, 현재 직면한 환경 문제들은 대개 오랫동안 누적되어 원인이 복합적이고 회복에 오랜 시간이 걸리며 피해자가 불특정 다수인 것이 특징이다. 즉, 환경 문제는 사실은 보이지 않는 영역의 문제이다. 그러한 보이지 않는 영역에까지 도달하기 위해서 환경관리주의는 거대하고 촘촘한 그물망처럼 짜인 제도를 창안한다. 그리고 그러한 제도의 그물망이 다가가려고 하는 영역은, 바로 우리 가까이에 있는 삶이고 생활이다. 그런 점에서 '제도에서 관계망으로 향하는 의식의 무의식화 과정'과 '관계망에서 제도로 향하는 무의식의 의식화 과정'이 교직하는 구성적 협치, 아래로부터의 협치가 요구되는 것도 사실이다.

'선험적 종합' 명제의 생태적인 함의

칸트의 삶을 들여다보면 참 재미없는 사람이었겠구나 하는 생각이 들곤 한다. 그런 철학자가 내놓은 철학 또한 주인을 닮게 마련인지, 칸트 철학은 유난히 난해하고 재미가 없다. 그래서인지 가장 유명하면서도 가장 독자가 없는 철학이라는 오명을 안고 있다. 나 역시도 『순수이성비판』 서문을 여러 번 읽으면서도 납득이 안 가는 개념이 많아서 애를 먹었다. 그중 하나가 늘 수식어처럼 붙어 다니는 '선험적'(transcendental)이라는 개념이다. 칸트를 공부하는 식자층은 '선험적'이라는 것이 '초월적'(transcendent) 신과 달리, 인간에게 내장된 필연을 응시하는 인식능력이라고 말한다. 그러나 근대 사회에서 인간조차도 초월적 권리(=권력)의 유형을 보였던 인간중심주의를 생각해 보면 그 구분은 모호하다. 선험성은 경험 이전에 마음속에 전제되어 있는 인식의 조건이라는 의미로서, 후험적(=경험적)이라는 말의 반대이다.

이 개념을 이해하기 위해서는 "내가 길에 있는 노숙자의 때 묻은 수건을 보았을 때 그것을 인식하기 위한 전제 조건은 무엇인가?"라는 질문을 던져 보아야 한다. 이를 인식할 수 있는 선천적이고 필연적인 능력이 있다고 하면 문제는 간단해진다. 그러나 과연 그럴까? 내가 대학을 다닐 때만 하더라도 길가에 노숙자들이 있으면 주의 깊게 살펴보았고, 그것이 어떤 의미일까를 생각했다. 그러나 지금은 노숙자의 때 묻은 수건과 같은 것은 아주 무심결에 보고 넘어갈 수 있는 거리의 일상이 되었다. 아무도 노숙자에게 의미를 부여하지 않고 무의미 속에서 길을 걸어간다. 노숙자의 삶을 사랑하거나 노숙자의 삶으로 신체가 변용하지 않고 인식이 가능하다는 것은 약간 이론적인 순수철학에서나 가정해 볼 만하다.

다시 말해 미리 주어진 필연적인 선험적인 인식능력이 있는 것이 아니라, 자신이 볼 수 있는 것만 보고, 자신이 알 수 있는 것만 안다. 즉, 미리 주어져 있는 선험적인 인식조건이란 없는 것이다. 근대는 미리 주어진 전제조건으로서의 주체(subject)를 자연으로부터 구분하기 위해서 노력했다. "주체가 세계를 어떻게 인식할 것인가?"라는 인식론의 질문이나, "세계와 구분되는 존재는 무엇인가?"라는 존재론의 질문이나, "세계와 대응하는 주체의 논증구조는 무엇인가?"라는 논리학의 질문 등은 모두 미리 전제된 '주체'라는 전제조건으로부터 출발한다. 그렇기 때문에 주체는 선험적인 것만이 아니라, 초월적이기도 했다. 그래서 인간의 오만, 인간중심주의가 가능했던 것이다.

그런데 칸트의 인식의 전제조건에 대한 질문은 순수철학에서 볼 수 있는 생각들을 정교하게 만들어낸다. 인간의 인식에는 어떤 타고난 이성 능력이 있어서 대상을 파악해낼 수 있다는 것이다. 이것은 철저히 인간중심주의적인 사유라고 할 수 있는데, 거기서 '인간'은 정상인-성인-남성-백인의 표상을 갖고 있다. 만약 광인이 세상을 바라본다면 인식의 전제조건이 완전히 다를 것이며, '선험적'이라는 말을 붙이는 데 차이가 있을 것이다. 고흐의 〈별이 빛나는 밤에〉라는 작품을 본 사람이라면, 환상적으로 별빛이 부서지는 것을 보고 아름답다고 느낄지도 모르겠다. 그러나 고흐는 정신세계의 파괴로 말미암아 사실 반미치광이로 세상을 보았기 때문에, 그의 눈에 비추어진 별이 빛나는 밤은 실제(시각적) 그런 모습이었을 것이다.

'선험적'이라는 말로 표현되는 '인식의 전제조건'은 물론 동물을 배제한다. 새는 세상을 삼원색으로 볼 수 있으며, 개는 흑백으로 된 세상만을 볼 수 있다. 칸트는 "인식이 어떻게 가능한가?"라는 질문을 던지면서 인간의 이성에 주목했는데, 그것은 필연적인 질서를 볼 수 있는 능력이기도 하다. 그러나 칸트에게는 아이와 같은 존재는 전제되어 있지 않다. 아이들은 고정관념이 아직 형성되지 않았기 때문에 늘 "이건 뭐야?"라고 질문을 던지는 철학자들이며, "컵은 컵이다"는 필연적인 진리가 아니라 "컵은 우주의 비밀열쇠, 전화기, 마법의 창고" 등등으로 끊임없이 비표상적인 생각의 흐름을 이동시킨다.

칸트의 '선험적'이라는 개념은 인간의 이성이 전제되지 않고서는 자연을 파악할 수 없다는 함의를 갖고 있다. 이를테면 동물과 인간이 정을 교감하고 사랑하는 행위는 여기서 배제된다. 또한 자연 대상이나 생명 등은 그 자체로

의미가 없으며, 단지 인간의 인식을 전제조건으로 하지 않으면 안 되는 대상이 된다. 자연이 인간 탄생 이전에도 창조적으로 진화하던 역사적 진실은 굳이 인간의 이성 능력을 매개하지 않더라도 자연 생태계가 자율적으로 조절할 수 있다는 것을 의미한다. 그러나 '선험적'이라는 단어는 이러한 생태계의 자율 능력이 아니라 인간을 전제조건으로 매개한 것만이 비로소 의미를 획득할 수 있다는 것을 의미한다.

결국 '선험적'이라는 개념은 환경관리주의의 인간중심주의적 사유 기반을 드러낸다. 자연도 생명도 인간이 없다면 무의미하다는 생각이 그것이다. 인간의 이해를 전제로 하지 않는 환경 계획은 의미가 없으며, 인간의 문제 틀에 의해서 짜인 관리와 계획 하에서 자연과 생명은 인간이 알 수 있는 범위 내에서만 알 수 있다. 이런 의미에서 환경관리주의는 인간을 중심에 놓지 않거나 부분으로 간주하는 근본생태주의와 가장 상반되는 개념이다. 다시 말해 인간의 생존주의(=프로메테우스주의)를 충족시키기 위해서 둘레환경으로서의 자연과 생명을 보호하는 것과 근본생태주의처럼 인간중심주의에서 생명중심주의로 패러다임 자체를 이동시키는 것은 분명 차이가 있는 발상이다.

칸트는 『순수이성비판』에서 '선험적 종합판단'이라는 개념을 자신의 주춧돌마냥 쓰고 있어서 여기서의 종합판단이 무엇인가를 고민하지 않을 수 없다. 여기서 종합판단은 술어가 함유하는, 주어가 포함하고 있지 않아서 정보양이 증가되는 판단을 의미하는데, "저 산은 붉다"라고 할 때 산이라는 개념에 붉음이라는 개념이 포함되어 있지 않아서 정보양이 확장되는 것을 의미한다. 이에 반해 "어른은 나이든 사람이다"라는 식의 판단은 분석판단이며, 정보양의 증가가 없다(어른=나이 든 사람). 칸트는 선험적이면서도 종합적인 판단으로 수학이나 자연과학, 물리학 등을 사례로 드는데, 이를테면

"3+7=10"라는 판단에는 주어 3과 7에 술어 10이 포함되어 있지 않다는 것이다. 칸트 이전에는 대륙의 합리론의 분석판단과 영국의 경험론의 종합판단 양대 진영으로 구분되어 있었다. 근대의 합리론자들은 대부분 분석적인 모티브를 갖고 있어, 개체를 생태계의 연결망에서 분리시켜 잘게 쪼개는 것이 목표였다. 그리고 연결망에서 분리된 개체만이 진리일 것이라고 사고하는 것이 분석의 패러다임이었다. 여기서 합리론에서의 장점이 되는 필연적인 인식능력인 선험적인 것을 취하고, 경험론에서 장점이 되는 종합적 사유를 취한다는 것이 칸트의 선험적 종합의 구도이다. 여기서 이러한 논증은 약간 사고실험에 기반한 현학적인 논의라고 할 수 있다.

근대 합리론의 분석명제는 연결된 논증을 잘게 쪼개 단칭명제로 만든 다음, 그것의 참과 거짓을 따짐으로써 전체논증의 진리 값을 찾는 방법이다. 이런 분석명제를 생각해 보면, 어릴 적 학교에서 했던 개구리 해부 실험도 분석을 위해서 생태계 중 잘게 쪼개진 일부를 관찰하는 실험이었다. 하지만 생태계적 연결망에서 개체를 분리시키면 개체는 굉장히 무기력해진다. 그러므로 생태계를 파악하기 위해서는 분석적인 방법이 아니라 종합적인 방법이 필요하다. 예컨대 각각의 100그루 나무보다 서로 연결되어 숲이 됨으로써 벌레, 미생물, 동물, 꽃 등의 시너지효과를 보이는 집합된 50그루 나무를 파악하기 위한 방법을 생각해 볼 수 있다. 불행히도 생태계에 대한 종합적 사유에는 칸트의 "선험적 종합판단"과 같은 것은 해당사항이 없다. 인식능력이나 사고실험이 종합적이기 이전에 생태계 연결망 전체가 사실은 종합적인 것이기 때문이다. 칸트의 선험적인 종합판단은 "필연적이면서도 정보량을 확장하는 합리적인 인식의 능력"이라고 스스로 평가하지만, 단지 사고실험이나 논증구조, 개념의 구도에 머물러 있을 뿐이다.

그러나 생태계를 파악할 때 종합적인 연결망에 따라 사유한다는 것은 인간의 인식이 생태적 연결망의 일부로서 동물, 식물, 광물, 우주와 연결되어 있는 존재라는 것을 깨닫는 것을 의미한다. 그러한 생태계를 파악하는 종합적 인식은 구획과 경계를 엄밀히 하는 합리적인 인식에 따라 이루어지는 것이 아니라, 너와 나, 주체와 대상, 인간과 자연의 경계가 모호하고 엄청난 상호작용이 이루어질 때 가능한 인식이다. 그러므로 칸트의 종합판단은 생태계의 원리로서의 종합이 아니라, 단순히 사고실험에 기반을 둔 인식의 방법론상에서의 종합에 해당한다. 즉, 종합적인 생태계를 응시하는 것이 아니라, 인간의 인식 내에 종합할 능력이 있다고 여기는 것이다. 이것이 내가 칸트를 환경관리주의적 발상이라고 생각하는 이유이기도 하다. 결국 너와 나 사이의 경계와 구획이 명확하다는 합리주의적인 발상을 가진 환경관리주의가 한 축에 있고, 너와 나 사이에 경계와 구획이 모호하다는 생태영성적 발상을 가진 근본생태주의가 다른 축에 있는 셈이다. 생태문제는 이러한 책임주체와 사이주체성 둘 다를 요구하는 것도 사실이다.

내가 『순수이성비판』에서 "선험적 종합판단"을 읽었을 때만 해도 나와 같은 입장은 굉장히 비주류적인 것이어서 발언권을 획득하는 것 자체가 어려웠다. 세미나에서 약간의 코멘트를 할라치면 대체로 이해할 수 없다는 반응으로 나의 얼굴을 바라보았다. 만약 여러분이 "선험론에 해당사항이 없는 아이, 동물, 광인, 소수자가 있고, 인식의 종합 이전에 종합적인 생태계가 있습니다!"라고 칸트 철학 세미나 시간에 '선험적 종합판단'에 대해 발언한다면 나와 같은 난처한 입장에 처할 수 있다.

인식론적 구성주의

만약 칸트가 "대상이 있어 범주가 있는가? 범주가 있어 대상이 있는가?"라는 질문을 받는다면, 당연히 후자를 선택할 것이다. 칸트는 범주라는 인식의 그물망을 통해서만 대상을 파악할 수 있다고 생각했으며, 인간의 인식에 파악된 것은 모두 범주에 기인한다고 생각했던 사람이다. 이를테면 어떤 어부가 "태평양을 파악해야겠어!"라고 얘기하면서 그물망을 들고 바다로 나간다고 해 보자. 그리고 그 어부는 엄청나게 커다란 그물망을 가지고 수많은 고기와 어패류를 건져냈다고 치자. 그럼 어부는 그 수확물들을 보고 "아이구, 이게 태평양이었구나!"라고 할 것이다.

칸트는 먼저 선험적 감성론의 영역인 시간 · 공간을 인식하는 형식과 도식이라는 인식의 그물망을 둘러메고 망망대해로 향하는 어부로 등장한다. 그런 다음 인간 오성의 능력 중 범주와 도식이라는 인식의 그물망도 들고 나선다. 인식의 그물망이 어떤 모습인가를 보기 위해서는 『순수이성비판』에 등장하는 범주표를 살펴볼 필요가 있다. 여기서 분량(단일성-다수성-전체성), 성질(실재성-부정성-제한성), 관계(실체와 우유성-원인과 결과-능동자와 수동자의 상호작용), 양상(가능성과 불가능성-현존성과 비존재성-필연성과 우연성)과 같은 도식이 등장한다. 이런 범주표를 보면 사실 마음이 약간 뿌듯해지는 것을 느낀다. 왜냐하면 나도 칸트 선생처럼 세계의 작동 원리를 밝힐 그물망을 손에 쥔 어부가 될 수 있다는 생각이 들기 때문이다.

나는 범주와 도식을 통해서 세계를 파악하려는 칸트의 복잡한 그물망을 보면서 사실 그러한 그물망으로도 대상의 세계인 자연을 완벽히 파악했다고 할 수 없을 것이라고 생각했다. 오히려 인간의 인식이나 앎은 자연의 일부만을 파악할 수 있을 뿐, 자연과 생태계 전체를 파악할 수는 없을 것이다. 그러나 물자체를 얘기하는 칸트는 겸손하게 말할 것이다. "내가 아는 것만을 알 수 있을 뿐이지만 남달리 정교한 방법을 갖고 있다." 자신을 낮추면서도 어필하는 그의 말이 상당히 호소력이 있게만 느껴지는 대목이다.

칸트는 "인식이 어떻게 가능한가?"라는 질문에 대해, 주체 자신의 인식의 그물망을 통해서 가능하다고 대답했다. 그리고 그러한 인식의 능력은 선험적인 구성 능력이다. 칸트의 선험적인 범주와 도식 등을 살펴보면 그의 전반적인 철학의 방식이 인식론적 구성주의를 의미한다는 생각이 든다. 왜냐하면 칸트의 철학이 스스로의 앎을 인식의 그물망을 통해서 구성해 내려는 철학이기 때문이다. 인식론적 구성주의는 한국 사회에서의 교육 현장의 쟁점이기도 하다. 학생들이 앎을 주입 받는 것이 아니라 스스로 구성해낼 수 있도록 자기주도적인 학습이 필요하다는 것이다. 나는 인식론적 구성주의자들을 교육 현장에서 몇 번 만날 수 있었는데, 그들은 칸트의 방식처럼 어떻게 알 수 있는가의 문제를 자기 구성의 문제로 보았다. 그러나 그들은 여전히 교육자와 피교육자의 역할을 엄밀히 구분하는 이원론자들이었고, 인식과 앎의 구성에 대해서는 다소 빛나는 언변을 쏟아냈지만 "아이들은 무엇으로 살맛을 느끼는가?"라는 존재 자체의 구성에 대한 다소 소박한 질문에도 당황해 하는 기색이 역력했다. 인식론적 구성주의자들의 논의가 교육 현실에 적용된다면 아이들의 학습은 더 효과적으로 이루어질 수는 있겠지만, 아이들은 놀아야 한다는 존재 자체의 구성의 문제는 더 지연될 것이다. 나는 이런 면으로 칸트를 다시 바라본다.

사람들이 인식의 그물망을 통해서 스스로 앎을 구성한다는 생각과 대비되게 생명은 자기직조, 자기생산, 자율을 통해서 스스로를 구성할 수 있다는 생각도 가능하다. 이런 생각은 '생명의 구성주의'라고 규정된다. 생명의 구성주의 입장에서는 모든 생명은 생명 활동 그 자체에서 앎이 비롯된다. 즉 '바퀴벌레는 알고 있다, 바퀴벌레가 움직이는 바대로. 달팽이는 알고 있다, 달팽이가 움직이는 바대로'라는 생각이 가능해진다. 이런 생각을 처음으로 생각해낸 사람은 라틴아메리카의 인지생물학자인 마투라나와 바렐라였다.

이러한 생명의 구성주의 입장에 서게 되면 모든 감성적인 활동을 하고 있는 생명이 인식을 할 수 있으며, 그러한 감성적 활동 이전에 인식이 미리 전제될 수는 없다. 또 중요한 것은 활동과 인식이 선후차 관계를 갖는 것이 아니라, 생명 활동 자체가 인식이라는 점이다. 다시 말해 '앎=함=삶'의 구도가 비로소 가능해진다. 이는 학습에서 학(學)이라는 아카데미의 전통이 아니라, 습(習)으로서의 도제조합의 전통을 복원하는 것이기도 하다. 칸트의 인식론적 구성주의는 생명 활동이 전제되지 않은 인식의 그물망에 불과했지만, 생명의 구성주의는 생명 활동 자체가 스스로의 존재와 인식을 구성하는 바에 대해서 얘기한다. 이런 두 입장의 차이를 혹자는 약간 거칠게 관념론과 유물론 간의 차이라고 규정하는 경우도 있다. 그러나 나는 인간중심주의와 생명중심주의 간의 거대한 철학적 균열이라고 생각하고 있다.

환경관리주의는 제도와 법 등의 그물망을 통해서 생활의 변화에 도달하기 위한 시도이다. 환경관리주의는 그물망의 그물코가 좀 더 촘촘한 상태로 짜여서 어떤 사람도 예외가 될 수 없도록 만들려는 제도적 구성주의의 원리를 갖고 있다. 그러나 대중들의 삶과 생활이라는 영역은 물자체와 같이 간주되기 때문에 결코 변화할 수 없는 현실로 간주하는 것이 맹점이다. 이런 의미에서 환경관리주의는 칸트의 인식론적 구성주의와 마찬가지의 원리를 따른다. 여기에는 화석연료 사용 문제나 에너지 절약, 문명의 전환, 더불어 가난, 엄청난 감속주의 등 생활이나 삶의 방식 자체의 변화가 힘들다는 전제가 깔려 있다. 단지 제도의 그물망이 그것을 어떻게 하면 규제하고 관리할 수 있는가 여부가 관심일 뿐이다.

나는 이러한 방식의 환경관리주의가 생활 방식의 변화를 추구하는 자율적인 움직임과 만나야 한다는 입장이다. 그렇지 않고서는 칸트가 보여주는 인식론적 구성주의처럼, 그물망을 들고 나서면서 태평양을 파악하겠다는 어부와 같은 신세가 될 것임에 분명하다. 여기서 생명의 구성주의에 주목해야 한다. 생명 활동 자체가 만들어내는 앎과 존재의 구성의 원리처럼 생활 방식 내부에서의 변화로부터 시작하여 제도를 창안하고 공공영역과 기업을 강제하는 자율적인 움직임에 주목해야 한다는 것이다. 그러한 생활방식의 변화를 주장했던 것이 근본생태주의였다. 그래서 굳이 가타리의 『세 가지 생태학』을 언급하지 않더라도, 근본생태주의와 환경관리주의는 만나야 한다.

생태계 파괴에 맞선 인간의 개입과 관리

환경오염과 생태계 파괴 문제를 앞에 두고 망연자실하는 사람도 있다. 그러나 한편으로는 인간의 계획과 관리라는 색다른 과제를 생각하는 집단도 있다. 나는 한때 환경정의연구소 연구원으로 몇 개월 활동했는데, 그때의 관심사는 빈민들의 탄소 복지였다. 환경단체에서 복지를 얘기한다는 것이 약간 이상하게 느껴질지도 모르겠다. 환경관리주의의 영역은 지극히 인간 중심적인 테마들을 다룬다. 인간을 위한 환경 논의가 대부분이다. 그래서 나는 생태주의자들로부터 인간중심주의라고 비난받아 왔던 칸트를 환경관리주의에 의도적으로 접합시켰다.

근본생태주의자들은 인간, 특히 인구 수의 문제를 심각하게 다룬다. 60억 인구 외에도 매년 수천만 명씩 늘어가고 있는 지금의 추세라면 지구는 머지않아 버틸 수 없게 될 거라고 경고한다. 그런 논의에서는 인간을 가능성보다는 해로움으로 보는 관점이 무의식적으로 작동한다. 반면 환경관리주의는 인간과 자연의 조화와 균형을 위해서 어느 때보다 더 정교하고 체계화된 계획과 관리의 필요성을 말한다. 지구 자체에 대한 대규모 계획과 관리가 필요해진 시점에서 인간의 개입이 어느 때보다 중요하다는 것이 환경관리주의의 기본 구도이다. 이런 논의에서는 인간을 새로운 가능성으로 보는 관점이 작동한다. 이처럼 근본생태주의와 환경관리주의는 양극단에 있지만, 서로 대립되는 집단이라기보다는 보완적인 위치에 있다.

어떤 면에서 칸트의 『순수이성비판』은 환경관리주의의 방법론을 담고 있는 귀중한 책이다. 칸트가 정교한 '인식론적 구성주의' 입장을 취했던 것처럼, 환경관리주의도 '제도적인 구성주의'의 입장을 취해야 할 것이다. 그러나 더 나아가 물자체로 여겨질 만큼 완강한 우리의 삶이 변한다면 문제는 비교적 쉽게 해결될 여지가 있다. 그것이 태안에서 보여주었던 잠재력이 아닌가 하는 생각이 든다. 자율과 자치의 힘이라는 생명 에너지의 발아가, 환경관리주의라는 관료의 딱딱한 책상 위에서 이루어지던 일들을 유쾌한 현장의 움직임으로 바꾸게 될 것이라는 즐거운 전망도 이 시대에는 가능해졌기 때문이다.

3부 탄소중독적 문명

09_ 홉스의 물체론과 아파트 문명

아파트를 넘어 마을로

영등포 다람쥐신협에서 개최한 협동학교에서 한겨레두레공제조합 대표인 박승옥 선생이 들려준 바에 따르면, 서울 마포의 어느 아파트 단지에서 6개월 동안 자살로 숨진 사람이 24명이나 되었다고 한다. 지난해 내가 살던 아파트에서도 8층에 살던 할아버지가 고독과 질병, 가난을 이겨내지 못하고 뛰어내려 자살하였기 때문에 남의 일 같지가 않았다. 우리 아파트에서는 아무도 그 할아버지를 몰랐으며, 또 자살한 이유에도 관심을 갖지 않았다. 완벽한 고립에 처한 그 사람은 삶과 죽음의 경계인 아파트 난간에서 무슨 생각을 했을까? 사람들 사이에 의미와 무의미의 경계마저도 사라진 아파트는 우리에게 어떤 의미일까?

한국 사회에서 아파트는 부의 상징이며, 자본주의적 욕망이 거주하는 공간이기도 하였다. 혹자는 이를 두고 '건설업자들이 숲과 나무의 생태계를 밀어 버리고 거기에다 아파트를 짓고는 ○○파크라고 이름 붙인다'고 의미심장하게 꼬집기도 했다. 또 프랑스 지리학자 발레리 줄레조 교수는 『아파트 공화국』이라는 책에서 한국의 아파트 열풍을 분석하였는데, 프랑스에서 빈민가에나 있는 아파트가 한국 사회에서 부의 상징이 되고 있는 기현상에 주목한다. 사실 아파트의 자산 가치가 유지되는 기간은 20~30년밖에 되지 않으며, 그 이후 재건축이 이루어지기란 쉽지 않은데 말이다.

1970년대 지어진 강남 고층 아파트들의 경우, 노후한 시설에도 불구하고 매매가는 여전히 수십억 원을 호가하고, 그러면서도 막상 재건축은 성사되기 어렵다. 이것을 보면 아파트의 집으로서의 수명이나 자산 가치의 수명은 아주 짧다는 것을 알 수 있다. 아파트 단지가 시간이 지나면 슬럼으로 바뀔 것이라는 점이 분명한데도 건설업자들은 그것을 비밀로 부치고 투기를 하도록 유도해 왔다. 2008년 서브프라임 모기지 사태 이후 나타난 전 세계적 불황은 아파트의 자산 가치를 완전히 떨어지게 만들고 아파트 주민들을 하우스푸어(House-poor)로 만들었는데, 이것은 아파트 자체가 갖고 있던 슬럼화의 가능성을 앞당겨 현실화된 것일 뿐 운이 없거나 경기가 나쁘기 때문만은 아니다.

2020년도에 전개된 아파트 투기 열풍은 성장 자체의 페러다임의 이동의 결과라는 점에서 그전과는 또다른 현상이라고 할 수 있다. 장기투자전망으로서의 이자(interest)를 통한 수익 기대가 불가능해진 저금리 상황이 도래하자, 이제 단기투기성 자본이라고 할 수 있는 지대(rents)를 통한 이득의 추구로 바뀌고 있는 것이다. 갖가지 부동산투기억제정책이 나오고 있지만, 사실상 이러한 투기의 열풍을 잠재우기가 쉽지 않은 것도 이 때문이다. 문제는 장기투자전망의 상실은 다가올 기후 위기 상황에서 미래에 대한 비전을 상실한 측면을 갖고 있다는 것이다. 즉 미래의 가능성, 미래세대의 생존의 문제는 어찌 되었건, 지금의 찰나의 이득을 통해서 성장하겠다는 얄팍한 발상에 불과하다. 이는 곧 자본의 시간이 지속가능성과는 무관해졌다는 점을 의미한다. 미래가 없는 자본의 상황에서 아파트 가격만 천정부지로 높아지고 있는 것이다.

극빈자와 독거노인들이 많이 사는 서울의 저소득층 아파트에는 구청에서 매일 요구르트와 도시락을 보내준다고 한다. 이 요구르트와 도시락 배달은 사실 그들의 건강을 위한 것이 아니라, 요구르트가 현관 앞에 쌓이거나 도시락을 먹지 않았거나 하는 것을 보고 변고가 생겼는지 여부를 확인하기 위한 수단이다. 파편화된 개인의 삶으로 구성된 아파트는 극빈층일수록 돌봄과 치유의 공동체적 관계망이 주는 혜택을 누릴 수 없게 되며, 고립된 채로 극단적인 실존의 위기와 고독, 무위를 경험해야 한다. 내가 아는 한 생활보호 대상자인 분은 임대아파트를 유지할 수가 없어서 전기, 수도, 가스가 끊긴 동굴 같은 아파트에서 몇 개월을 누워만 지내다가 결국 임대아파트를 포기하고 보호 시설로 들어가야 했다. 나는 이 얘기를 밤늦게 전화로 들었는데, 이러한 상황을 아주 담담히 이야기하는 그의 목소리에 마음이 무척 안쓰러웠다.

중산층 아파트 거주자는 자신의 공간에 남이 개입하는 것을 극도로 싫어하고, 고립무원의 아파트에서 자신의 이익을 지켜낼 사람이 세상에 자기 혼자뿐이라는 생각을 갖게 된다. 다시 말해서 현재처럼 부동산의 증권화가 이루어진 상황에서 아파트 구입 시 대출 상환이나 매매 등이 철저히 개인 책임에 붙여지는 것이다. 이해관계가 중심이 된 아파트 주민들 간의 만남은 공동체적 관계가 이루어질 수 있는 공동의 공간이 극도로 한정되어 있는 상황에서 극히 정형화되어 있다. 아파트 층수에 따라 서열화가 이루어지고, 옆집에 누가 사는지조차 전혀 모르는 분리된 공간으로서 아파트가 존재한다.

중산층 아파트 거주민들이 대체로 보수적인 성향을 갖고 안정 지향적이라는 점은 잘 알려져 있다. 대부분 아파트 거주민들은 아파트의 배치에 따라 잘게 분해된 심리 상태를 갖는다. 공동체적 결속이 제거된 채 현존 체제만이 사적인 이익과 사적인 삶을 보장할 수 있다는 환상에 사로잡히는 경향이 있다. 아파트의 배치는 주체성을 무력하게 만들어 달콤한 TV 화음에 의존하게 하고, 자동차를 타고 움직이며, 소비 생활을 즐기는 통속적인 삶을 구성한다. 이렇듯 아파트의 배치가 사람들을 이기적인 개인으로 잘게 분해하기 때문에, 공동체적 관계망을 스스로 만들어내는 대신 국가 권력의 통합력에 환상을 갖게 되는 것은 어찌 보면 지극히 당연한 일로 여겨진다.

아파트 층간 소음에 대한 기사들을 살펴보면, 이웃으로부터 들려오는 동물의 소리, 라디오 음악, 냄새 등에 극도로 민감하게 반응하는 아파트 주민의 삶을 엿볼 수 있다. 공동체의 관계망으로부터 완전히 분리된다는 것은 사실상 환상에 불과하지만, 프라이버시(privacy)라는 이름의 독립적인 개인의 삶을 수호하려는 것이 층간 소음 분쟁의 진실이다. 이 과정에서 아파트 주민들은 이웃과 자신을 철저히 분리하는 데 초점을 맞춘다.

아파트의 배치는 폐쇄 공간에 살고 있는 동물원 동물의 행동 유형 연구를 통해 조금씩 비밀이 밝혀지고 있다. 사적인 폐쇄 공간은 외부의 영향을 스트레스 요인으로 받아들일 뿐 관계의 기초라고 생각하지 않게 만든다. 공간의 폐쇄는 외부에 열린 자세를 갖기 힘든 행동 유형을 만들고, 특히 사적 이익이 결부된 공간일 경우 이러한 행동 유형은 더 극단화된다. 그리고 외부로부터 많은 에너지를 들여 와 소모해야만 유지될 수 있는 소비적 삶이 구성된다. 아파트는 어떻게 조성하느냐에 따라 환경 친화적이고 에너지 소모가 최소한으로 줄어들 수도 있지만, 한국 사회에서는 에너지의 블랙홀이 되고 있다.

나는 2007년 '아파트 마을 만들기'에 대한 여러 가지 시도와 실패의 이야기들을 들었다. 그러다 2010년 이후 몇몇 아파트에 옥상 텃밭이 생겨나고 아파트 주민들이 흙을 만지고 동물들과 뛰어노는 공통의 공간이 생겨나기 시작하면서 비로소 변화의 조짐을 발견하게 되었다. 아주 미세한 균열이 사람들을 변화시키고 새로운 삶으로 인도하기 시작했다. 옥상에서 감자와 옥수수, 콩을 심고 공동으로 경작하는 아파트 주민들은 더 이상 이기적인 동기로만 이웃과 만나는 것이 아니라, 태양과 바람, 비의 움직임에 대해 서로 말하고 자연과 교감하기 시작했다. 또 홍대 앞의 어느 인디밴드는 독거노인들이 살고 있는 임대아파트에 터를 잡고 할아버지, 할머니와 함께 노래를 부르면서 마을 만들기를 하고 있다는 소식도 들었고, 성 소수자 집단이 아파트에서 할머니들과 돌봄과 치유의 관계망을 만들고 있다는 소식도 들었다. 이러한 변화의 소식은 무척 기쁜 것이다. 이러한 작은 변화가 아파트라는 기괴한 배치의 구조물을 바꿀 수 있는 시작일 테니까 말이다.

홉스가 본 이기적 개인들

영국의 철학자 토마스 홉스는 40대에 프랑스에서 망명 생활을 하다 영국으로 돌아와, 크롬웰과 그의 제자 찰스 2세의 집권기에 정부 요직으로 관료 생활을 하면서 여생을 황금기 속에 보낸 것으로 알려져 있다. 그가 『리바이어던』과 『시민론』을 통해 절대국가를 옹호하는 철학을 펼쳤던 이유는, 인간의 본성을 지극히 이기적인 것으로 간주하여 자연 상태 그대로 두면 서로 투쟁하며 전쟁을 일으킬 수밖에 없다고 보았기 때문이다. 그래서 개개인은 자신의 자연권을 포기하고 국가라는 괴물에게 권리를 양도하는 사회계약을 맺어야 한다는 것이다. 리바이어던은 구약성서 〈욥기〉에 나오는 바다괴물로, 입에서 불을 뿜고 어떠한 무기도 소용없는 거만한 자들의 왕을 의미한다. 스스로 이해관계의 충돌을 해결할 능력 없이 개체로서 분해된 시민들을 보호하기 위해서는, 리바이어던처럼 강력한 괴물과도 같은 국가가 필요하다는 것이 홉스의 설명이다.

홉스의 『리바이어던』에는 '자기보존의 욕구'인 코나투스(conatus)에 대한 구절이 나온다. 홉스가 말하는 자기보존 욕구는 매우 이기적이고 죽음에 이를 때까지 권력을 추구하는 욕망이다. 그렇기 때문에 이러한 이기적인 욕구가 시민들 간의 이해 충돌과 전쟁 상태를 만들어낸다고 보았다. 스피노자의 코나투스처럼 서로의 욕구가 상호 긍정되어 공통된 것을 만드는 공동체를 홉스는 완벽하게 부정한 것이다. 홉스에 따르면, 시민들은 자율적으로 관계망을 구성할 수 있는 능력은 전혀 없으며 오로지 이기적인 관심에 의해서만 움직인다. 홉스의 철학은 세계가 보편적 이기주의에 의해 움직이는 개체인 시민들로 이루어져 있기 때문에 그 사이에는 관계나 사랑과 욕망의 움직임이 들어설 수 없다고 기술한다.

이러한 홉스의 '개체로서의 시민'이라는 설정은 마치 새장처럼 칸칸이 서로 격리되어 있는 아파트의 풍경을 연상시킨다. 아파트 주민들의 삶은 관계로부터 멀어져 프라이버시(privacy)나 개인적인 이익 관심으로 설계되어 있다. 우리는 홉스의 보편적 이기주의에 의해 기계적으로 작동하는 세계가 우리 시대 아파트에서 현존하는 것을 발견할 수 있다.

이기주의와 이타주의 논의는 오랫동안 철학적인 소재가 되어 왔는데, 여기서 흔히 비교되는 인물로 스피노자와 홉스를 들 수 있다. 스피노자는 시민들이 관계를 형성하여 기쁨의 정동을 상승시킬 수 있는 내재적 민주주의에 주목했지만, 홉스는 개체로 분리된 시민들 간의 이익 충돌에 주목하여 결국 초월적 국가의 통제와 강권에 호소한다. 홉스는 공동체의 형성 가능성을 가장 부정했던 사람이며, 자신의 욕구 충족을 위한 사람들 간의 경쟁과 질시, 전쟁만을 사고한다.

우리에게 잘 알려져 있다시피 아파트에 사는 사람들은 각자의 이익을 위해 모일 수도 있고 흩어져 싸울 수도 있는 사람들로 인식된다. 흔히 '아파트 부녀회'는 강력한 이익 집단으로 대변되는데, 아주 강력한 이기적인 동기가 늘 행동의 원인이 되곤 한다. 사람들은 자신의 욕구를 충족하기 위해 공동체를 형성할 수도 있지만, 자신의 욕구를 지키기 위한 이기적인 공간을 만들 수도 있다. 끝없는 경쟁 속에서 자기만 아니면 된다고 생각하며 요행을 바라는 심리 구조는 이기적인 욕구를 감추지 않는 사적인 소유 공간으로서의 아파트를 구성한다. 홉스의 '자기보존의 욕구'가 이기적인 개체로서의 시민들 각자의 삶을 지켜내기 위한 것이기에, 총기 소유가 자유로운 미국 사회처럼 아파트 주민들은 외부에 맞설 각자의 총기를 지닌 사람들이라고도 생각해 볼 수 있다.

홉스가 생각한 이기적인 욕망에 입각해 사회를 해석해 보자면, 권력에 대한 탐욕적인 욕망을 각자가 갖고 있기 때문에 다른 사람에게 자신의 욕망을 드러내거나 관계할 때 이해 충돌이 벌어질 수밖에 없게 된다. 즉, 홉스의 욕망은 상대방의 욕망을 긍정하고 끌어안을 수 있는 성격의 것이 아니라, 상대방을 자신의 이기적인 욕망의 수단으로 만들기 위한 것으로 볼 수 있다. 아파트에서는 이웃에 방문한다는 것 자체가 사생활 침해로 여겨지며, 쓰레기며 소음이며 담배 냄새나 친구들의 방문, 외부 차량의 진입 등과 같은 외부적 요인이 모두 배려 없는 이기적인 행동으로 인식된다. 결국 이웃들과 늘 전쟁 상태에 있는 것이다. 그러므로 서로의 욕망이 긍정되고 합성되어 공동체를 이루는 것이 불가능하고, 단지 국가의 치안과 통제에 호소함으로써만 현재의 안전하고 평화로운 상태가 보장될 수 있는 것이다.

공동체는 너와 나 사이에서 공통의 자산, 공통의 아이디어, 공통의 지혜를 만들어내며, 그것은 너의 것도 나의 것도 아닌 관계가 만든 것이다. 이러한 공통의 자산, 공통-부를 일컬어 커먼웰스(common-wealth)라고 한다. 그러나 홉스가 언급하는 커먼웰스(commonwealth)는 사람들 사이의 관계가 만든 공통의 것이 아니라 강제와 강권이 만들어낸 공통의 것, 즉 국가다. 결국 시민들은 국가라는 초월적인 권력의 강권에 굴복해 평화 상태를 만들어내는 것이다.

아파트 주민들의 구조-환상은 정치적으로는 지극히 보수적인 형태로 현존 질서를 유지시켜 주는 국가라는 존재에 대한 환상을 의미한다. 아파트가 사적 소유로서의 개인적 자산과 사적 공간을 의미하는 한, 늘 그것의 상위 원칙으로 국가의 통제력에 대한 호소가 있다. 아파트라는 물리적 배치가 만들어내는 삶의 형태로 인해 국가주의는 무심결에 자리 잡게 된다. 주민들 사이는 바로 옆집이나 앞집이라 하더라도 아무런 관계가 없으며, 그저 원자 상태로 따로 떨어져 있는 개체일 뿐이다. 또한 이 개체로서의 주민들은 가장 이기적인 동기에서 움직이기 때문에, 서로에게 간섭하거나 관계하려는 것은 이해 충돌을 의미할 뿐이다.

마을은 지금 여기에

나는 뜻 맞는 연구자들과 성미산 기초 연구조사 사업을 시작하면서 성미산 마을을 여러 차례 방문하였다. 성미산 마을은 물리적으로 구획된 특정 지역이 아니라 성산동, 망원동, 합정동, 연남동, 서교동 등을 망라하는 공간으로, 마을을 배우기 위해 전국 각지에서 그리고 해외에서까지 이곳을 방문하는 사람들로 넘쳐난다.

나는 성미산 마을극장 대표이면서 전 서울시광역마을공동체지원센터 센터장인 유창복 님을 만나 성미산 마을이 만들어지게 된 과정을 상세히 들을 수 있었다. 1994년 아이들의 보육 문제를 고민하던 맞벌이 부부 20여 가구가 뭉쳐 출자금을 모은 뒤 어린이집을 만들었는데, 그것이 최초의 공동육아 협동조합인 '우리 어린이집'이었다. 또한 '날으는 어린이집'과 '방과후 학교' 등이 연이어 만들어졌다. 2001년 두레생활협동조합이 만들어져 지역 주민들 간 관계망의 기반을 마련했는데, 여기서 산악회, 공부모임, 합창반 등 각종 동아리와 마을 축제 등이 탄생했다.

결정적으로 성미산 마을을 '마을'로 만들었던 것은, 2001년 7월부터 2003년 3월까지 있었던 성미산 지키기 운동이다. 성미산은 마을 주민들이 산책이나 운동을 하며 생태를 느끼는 매우 중요한 상징적 공간이었는데, 서울시 당국이 여기에 배수지를 만든다고 발표한 것이다. 이에 주민들은 생협을 중심으로 연대하여 포클레인과 맞섰다. 아주 차가운 겨울 날씨에도 수많은 지역 주민들이 텐트 안에서 난롯가에 앉아 밤새도록 이야기꽃을 피우며 이웃을 만들었다. 이 투쟁으로 인해 마을 공통의 것이 만들어졌고, 끈끈한 연대의 관계망이 형성되었다.

이렇게 만들어진 마을의 관계망은 수많은 이야기와 문화적인 스토리로 채워진다. 성미산 마을에서 저항의 꽃을 피운 것이 성미산 지키기였다면, 성미산 마을의 문화의 꽃을 피운 것은 마을 축제였다. 생협을 알리자고 시작한

5월의 축제는 '성미산 풍물패', 마을극단 '무말랭이', '동네사진관', 영상 동아리 '물뜨네', 록음악 동호회 '아마밴드' 등 마을 동아리들이 자신의 활동의 결실을 알리는 장소였고, 그것도 모자라 매일을 축제처럼 살고 싶다는 마을 주민들의 욕구가 모여 '마을극장'이 설립된다. 성미산 마을의 매일매일은 축제이고 놀이였으며, 마을 곳곳은 문화 동아리들의 놀이터였다.

성미산 투쟁과 마을 축제라는 두 가지 계기를 통해 성미산 마을의 관계망은 비로소 구체화되기 시작했다고 해도 과언이 아니다. 이러한 마을 관계망을 기반으로 매년 마을기업들이 한두 곳씩 만들어졌다. 친환경 반찬가게 '동네부엌'과 친환경 식당인 '성미산 밥상'이 만들어졌고, 친환경 비누를 만드는 '비누두레', 바느질 공방 '한땀두레', 지역 노인들을 돌보는 '돌봄두레', 공동주거를 만드는 '소통이 있어 행복한 주택 만들기', 재생과 순환을 도모하는 '되살림가게' 등이 만들어졌다. 또 아이들에 대한 돌봄과 교육은 '또바기 어린이집', '성미산 어린이집', '신촌 우리 어린이집', '참나무 어린이집'을 필두로 '도토리 방과후 어린이집'과 '마을배움터', '꿈터 택견', '춤의 문 발레하우스' 등이 만들어져 마을의 관계망 속으로 들어왔으며, 2004년 9월에는 '성미산학교'라는 대안학교가 만들어져 학생 160명, 교사 30여 명으로 구성된 마을학교로 자리 잡았다.

이제 마을의 관계망은 수많은 관계성좌로 복합해졌다. 상호부조를 위한 '성미산 대동계', '마을금고', '풀방구리', '성미산학교 미니샵카페', '밀랍초공방', '성미산책방', '문화로놀이짱 1/4하우스' 등등 셀 수 없는 동아리, 단체, 마을기업들이 생겨났다. 이제 마을의 관계망은 너무 복잡해져서 서로가 무슨 일을 하는지 알 수 없을 정도의 상황에 이르렀다고 한다.

유창복 님은, 마을은 만드는 것이 아니라 사는 것이라고 얘기했다. 마을 만들기가 아니라 마을살이인 것이다. 뛰어난 활동가가 주민을 계몽하는 것이 아니라, 활동가 자신도 주민이 되어야 하고 주민 스스로가 움직이는 것이 마을이라고 말한다. 그는 성미산 마을살이의 성공에 고무되어 시작된 서울시 마을 만들기의 생성 과정을 다음과 같이 얘기했다: "2011년 초 … 그때 급하게 사발통문을 돌려 서울 지역에 흩어져 있던 풀뿌리 마을 활동가 100여 명이 모였습니다. 20대부터 50대까지, 마을 주민부터 활동가까지 망라하는 사람들이 모여서 머리를 맞댔습니다. 이들은 아침 10시부터 저녁 9시까지 마라톤 회의가 몇 차례나 계속되는 시기 동안 빠짐없이 모여서 풀뿌리 정책을 만들었습니다. 이들이 오랜 시간 토론한 결과, 행정 편의주의적인 형식적 거버넌스(governance)와 조급한 성과주의로는 마을이 제대로 만들어질 수 없다는 판단 아래, 주민 주도형 마을 만들기에 대한 설계와 구상이 구체화되기 시작했습니다. 그리고 마을 만들기에 대한 상(象)과 정책도 풀뿌리의 참여와 자율에 기반해 점차 구체화되기 시작했습니다. 그때 보수 언론들은 마을 만들기가 도대체 뭐냐는 식의 원색적인 비난을 쏟아냈죠. 하지만 얼마 되지 않아 아주 극적으로 '마을넷'과 '마을공동체지원센터'가 민간 차원에서 만들어집니다."*

2012년 마을넷은 마을을 만들고자 하는 개인을 기본으로 하는 열린 공론장으로 출발했다. 이들이 조사한 바에 따르면, 서울에는 마을이 만들어지고 있거나 이미 구체화된 곳이 50여 개나 되었다. 마을넷은 마을 만들기를 수행할 수 있는 민간 거버넌스의 기반이라고 할 수 있다. 2012년 중순부터 서울

* 유창복, 「서울시 마을공동체 지원 사업의 배경과 과제」, 『환경철학』 15집, 2013년 여름호, 174~179쪽 참고.

곳곳에서 마을넷이 출범하기 시작했고, 주민들의 뜻을 천천히 차분하게 받아들여 주민이 주체가 되어 풀뿌리에서부터 마을을 만드는 작업을 하고 있다. 이는 시혜적이고 전시 효과를 노리던 기존의 칸막이 행정과는 완벽히 차이가 있었고, 느리지만 섬세하게 마을을 만들어보려는 실천이라고 할 수 있다. 나도 영등포구 마을넷에 참여해 보았는데, 이곳에서 처음 만난 사람들과 팀을 짜서 마을에 대한 꿈과 계획에 대해 몇 시간 동안 브레인스토밍을 했다. 나는 영등포의 구석구석을 달릴 수 있는 골목 마라톤을 제안해 사람들로부터 약간의 호응을 얻기도 했다.

유창복 님과 만나 인터뷰를 하고 난 뒤에야 내가 성미산 마을에 가서 처음 했던 질문이 다시 떠올랐다. "성미산 마을이 어디에 있는가?" 그리고 지금에서야 답을 찾았다. 마을은 우리들 사이이며, 관계이다. 그리고 호혜와 돌봄, 연대로 이루어진 관계이다.

2014년~2015년 전후로 불어닥친 젠트리피케이션 열풍은 마을 만들기 자체가 역설적으로 임대료 상승으로 향하게 되는 결과를 낳게 되었다. 이에 따라 마을을 잘 만들었던 사람들이 대부분 마을에서 쫓겨나는 상황에 처하게 된다. 이는 공동체를 질적으로 착취하는 코드의 잉여가치 단계의 자본주의 양상을 의미한다. 마을 만들기나 문화예술 활동, 거리 조성, 경관 조성, 인간 간의 관계, 편의시설, 관계망의 성숙 등과 같은 생활과 관련된 질적인 요소는 모두 임대료 상승의 요인으로 양적으로 평가되는 것이 코드의 잉여가치이다. 이 시기는 마을만들기운동에서 커다란 시련의 상황이었다고 할 수 있다. 실지로 마을 만들기를 수행했던 문화예술인의 발언에 따르면, "문화예술인들은 도시 미생물과 같이 관계를 성숙시킨 다음 다른 곳으로 쫓겨나는 상황에 처한다"라고 언급될 정도였다. 젠트리피케이션의 상황은 결국 임대업자와 임차인 간의 색다른 계약관계가 필요하다는 것을 말해준다. 그러나 2018년도를 경유하여, 도심 지역이 다시 기능 정지의 상황에 처하면서, 젠트리피케이션의 상황이 임대업자들에게도 이득이 되지 않는 상황으로 나타나게 되었다. 특히 임대차보호법의 발효로 인해 잠시 주춤하고 있는 것이 최근의 상황이지만, 여전히 공동체에 대한 질적 착취 양상과 부수효과를 노리는 코드의 잉여가치는 마을만들기운동을 위태롭게 만드는 최대의 난적이라고 할 수 있다.

물체론과 아파트 구조-환상

홉스의 『물체론』은 개체로서 분할된 시민의 이미지를 잘 보여준다. 이 책에서 홉스는 운동 중에 있는 신체를 대상으로, 시·공간을 만들어내는 운동의 과정을 추적한다. 여기서 홉스에게 신체는 곧 물체로 간주되며 기하학적인 운동을 한다. 홉스에게는 신체가 모든 시·공간을 차지하고 있기 때문에, 허공이나 진공(vaccum)이 전혀 없는 세계, 여백이 없고 오로지 연장(extension)으로 이루어진 세계를 그려낸다. 이러한 여백 없는 공간에 대한 생각은, 신체 옆에 다른 신체가 있어서 서로 움직이는 순간 부딪칠 수밖에 없는 상황을 의미한다. 이를 테면 출근길의 콩나물 버스처럼 움직이면 부딪치는 상황이 그러하다.

홉스가 여백과 진공을 거부함으로써 왕립과학자들로부터 외면을 받았던 역사적 사실이 있었지만, 더 중요한 부분은 '외부'와 '우발성'에 대해 완전히 다른 구상을 하게 된다는 점이다. 모든 것이 인과적 과정으로 이루어지고 양적으로 환산 가능하며 선-면-입체와 같이 기하적인 운동을 하는 상황에서, 신체는 외부를 보지 못하며 우발적인 만남이 가능하지 않다. 그저 미리 계획되고 계산된 대로만 움직이는 상황이다.

이를 아파트 문명에 비유해 보면, 공통 접촉면으로서의 공유 공간이나 광장이 없는 아파트에서는 우연한 만남이나 외부와의 마주침은 불가능하거나 축소되어 있고, 만약 마주친다 해도 두 신체가 함께 자리를 차지할 수 있는 여백이 없기 때문에 충돌과 마찰이 있을 수밖에 없다. 아파트라는 공간은 숨쉴 여유, 함께 놀고 대화할 수 있는 공간이 거의 없기 때문에, 이를테면 우리 집의 소리가 밖으로 새어나가 이웃에게 전달되면 그것은 층간소음이라는 형태로 마찰을 일으키는 것이다.

『물체론』의 중반부에는 환상(Fantasm)에 대한 이야기가 등장하는데, 마치 아파트 문명의 섬뜩한 이미지를 보여주는 듯하다. 홉스는 신체가 우발적으로 외부 사물과 마주치는 순간 감각기관으로부터 반응(reaction)이 만들어지는데, 그러한 반응은 대부분 수동적이며 방어적이라고 말한다. 극도로 수동적인 상태에 처한 신체는 외부를 스트레스나 가상으로 인식하고, 이는 결국 '환상'이라는 이미지로 나타난다. 즉 환상은 외부로부터의 자극을 약화시키거나 제거하기 위해 마음이 만들어낸 가상적인 이미지이다. 여기서 신체는 외부 세계와 공존을 모색하거나 교감할 수 있는 여지가 전혀 없으며, 개체화된 시민으로서 자기 세계에 빠져 있는 신체이다.

마찬가지로 아파트에서 살아가는 사람들도 TV와 인터넷, 게임 등의 가상적인 공간을 통해서만 외부와 소통할 뿐 대부분 격리된 삶의 조건에 있다. 즉 그들은 외부에 감응하면서 기쁨과 슬픔을 느끼는 것이 아니라 단순히 쾌-불쾌의 감각으로만 느끼며, 대부분의 외부 현실은 가상적인 환상을 통해 완화된 것으로 인식된다. 하지만 이러한 환상은 신체들끼리 만나 사랑하고 느낄 수 있는 잠재력을 보여주는 것이 아니며, 환상의 능력으로는 외부와 공통의 것을 만들 수 없다.

근대 사회가 만든 가장 기괴한 장면이 닭장과 같은 아파트에서 서로 격리된 채, 눈을 뜨고 있음에도 TV, 인터넷을 보며 끊임없이 꿈을 꾸고 있는 사람들의 모습일 것이다. 말라리아 열병에 걸린 환자가 끝없이 꾸는 꿈처럼 말이다. 아파트에 사는 사람들은 각기 조각난 환상을 갖고 있는 파편화된 개인이며, 환상을 먹고 사는 사람들이다. 이러한 조각난 환상에 빠진 사람들은 오히려 환상을 통합할 능력을 가진 인공두뇌, 즉 리바이어던으로서 국가의 자동성과 통제력에 호소하게 되며 결국 구조-환상으로 빠져든다.

나는 아우슈비츠 수용소에서 살아남은 사람들에 대한 연구에서, 환상이 만들어낸 의미화가 끝까지 살아남는 데 도움이 되었다는 얘기를 들었다. 가장 열악하고 절박한 상황에서 사람들은 자신에게 다가올 현실을 환상으로 구성하여 부드럽게 만드는 능력을 갖고 있다. 아파트가 만들어낸 배치 역시 이들의 환상과 일치하는 부분이 있다. 관계로부터 두절된 채 TV나 인터넷 등의 환상적인 경로로만 외부와 관계를 맺거나 외부의 관계를 모두 조각난 환상으로 받아들이는 상태가 아파트 주민들의 심리 구조에서 나타날 수 있는 것이다.

홉스가 말하는 환상에 빠진 사람들은 외부 세계와의 마주침에 따라 자신의 신체를 부드럽고 유연하게 만들 능력이 없는 사람이며, 충돌을 회피하기 위한 수단으로 환상과 가상에 따라 현실을 바라보는 사람들이다. 마찬가지로 아파트에서 사람들이 필요로 하는 것은 자신의 결핍을 충족시켜줄 환상이라는 대용품이다. 극빈층이 사는 아파트에서 독거노인들이 제각기 집안에 틀어박혀 하루 종일 TV를 보는 풍경은 낯설지 않다. 만남과 소통이 단절된 주거 환경에서 사람들은 환상이라는 대용품을 통해 인간관계에 대한 욕구를 해결하려 하며, 낯선 외부와의 마주침 속에서 생겨나는 조각난 환상들을 국가주의적 방식으로 통합하려고 한다. 이렇게나마 조각난 환상을 통합하는 것이 안정감을 주고, 지금의 상황을 유지해 준다고 생각하기 때문이다.

나는 홉스의 『물체론』이 보여주는 '환상'이라는 개념을 통해 아파트 주민의 심리 구조를 분석하면서, 신체가 유연하고 부드럽게 변용할 수 있는 능력을 상실한 채 꿈과 환상만으로 살아가는 상태란 굉장히 불안하다는 것을 느꼈다. 그래서 아파트에 사는 사람들이 안정감을 주는 구조-환상에 호소하는 경향이 높아진다는 생각이 든다. 홉스는 가장 이기적인 동기로 움직이는 시민들의 신체 상태를 보여주려고 했지만, 한편으로 그것은 수인(囚人)과 자유인의 딜레마처럼 가장 예속된 상황에서 환상을 통해서나마 자유롭고자 하는 사람들의 열망을 보여주기도 한다. 아파트 주민들은 각각의 집에 고립된 채, 자유롭게 교류하고 공감하는 세상을 꿈꾸면서 하염없이 지내는 것인지도 모른다.

인민전쟁과 리바이어던

홉스의 대표작인 『리바이어던』은, 세상은 각각 이익 관심을 가진 사람들이 기계처럼 움직이는 것이라는 기계적 세계관에 입각해 있다. 그가 이기적인 개인들이 벌이는 '만인에 대한 만인의 투쟁'을 말했을 때, 기계가 서로 연결되고 조립되는 것이 아니라 튕겨져 나가고 부딪히는 파열음으로 가득한 세계를 만들어낸다. 홉스가 이 책에서 그려낸 사람들은 모두 권력을 추구하고 탐욕적이며 공통의 것에는 냉소적이다.

홉스의 '만인에 대한 만인의 투쟁'은 그의 역학적 운동관에 기반한 기계적 유물론을 아주 잘 보여주는 개념이다. 인민을 자연 상태로 두면 서로 전쟁을 벌인다는 생각은 홉스가 살던 당시에 계속됐던 내전 상태를 역사적으로 투영하고 있다. 결국 홉스는 자연법이나 자연권을 깊이 부정하고 회의하며, 그에게 자연 그대로의 상태는 전쟁과 침략, 내전이라는 혼란의 상태를 의미한다. 이러한 자연관은 스피노자의 자연처럼 합성하고 소통하는 자연이 아니라, 전쟁과 경쟁으로 점철된 자연이다. 결국 홉스의 생각 속에 자치와 자율은 완전히 누락되어 있다.

홉스가 보기에 시민들 각자는 자치와 자율의 능력이 전혀 없으며, 이해관계의 충돌만이 존재한다. 그래서 내전과 인민전쟁의 상황으로 치달아간다. 이에 따라 인민들은 평화를 위해 자신의 자연적인 권리를, 인공 신체로 만들어진 괴물 리바이어던에게 위임하여야 한다. 즉 초월적이고 절대적인 국가에게 자신의 자연적인 권리를 포기하고 위임하는 계약을 해야만 평화가 보장된다는 것이다. 이는 공동체가 스스로 민주주의를 통해 공동의 자산과 공통의 지혜를 만들 수 있는 능력이 전혀 없다는 생각으로부터 나온 결론이다.

아파트 주민들이 보여주는 님비 현상도 홉스의 만인에 대한 만인의 투쟁의 모습을 일부 보여준다고 할 수 있다. 내가 사는 아파트 건너편의 아파트 단지에는, 가난한 사람들이 사는 임대아파트를 격리시키는 철조망과 거대한 벽이 생겨나 임대아파트 사람들이 멀리 돌아가야 하는 상황이 연출되었다. 또 아파트 집값과 관련된 민감한 사안에 아파트 주민들이 극단적인 행동으로 개입하는 모습을 종종 드러내기도 했다.

아파트 주민들이 결국 보수적이고 기득권적인 권력을 지지하는 구조-환상에 따르는 행동 추이를 보이는 것은 이러한 개체로 분해된 시민들의 상황을 잘 보여준다. 결국 아파트 주민들은 스스로가 자치와 자율의 공동체를 구성하는 것이 아니라, 초월적 권력에 호소하여 이해와 욕구를 해결하려는 성향을 보이기 때문이다. 결국 관계의 단절, 대화의 두절, 교감의 불가능, 이해의 충돌이 낳은 것은 괴물과도 같은 권력의 지배와 통제에 대한 열망이다.

『리바이어던』이 그려낸 세상은 너무도 기괴하여 세상에 있을 것 같지 않는 상황으로 보일 수도 있다. 그러나 외부와 소통하지 않고 고립된 영토에서 환상으로 살아가는 아파트 주민들의 삶이야말로 이러한 기괴한 사회를 그대로 투영하고 있는 현존하는 질서 중 하나가 아닐까. 아파트에서는 같은 층에 사는 사람들이 누구인지를 알지 못하는 일도 비일비재하고, 같은 동에서 무슨 일이 있었는지도 전혀 모른다. 왜냐하면 그것을 알려고 하는 것이 결국 타인과 부딪치는 것이라고 인식되기 때문이다. 아파트에서 사적 공간은 철저하게 보장되며, 아무도 인사하지 않고 아무도 안부를 묻지 않는다.

홉스가 언급했던 이기적인 개인들 간의 전쟁을 피하기 위해 리바이어던이라는 괴물에게 자신의 권리를 양도하고 평화를 보장받았다는 '사회계약설'의 가장 큰 문제점은, 개인들이 국가와 '어떻게, 언제, 누구와' 계약을 하였는지가 모호하다는 점이다. 계약 당사자 간의 구체적인 계약 내용 없이 그저 이미 그렇게 된 것으로 판단하겠다는 일방적인 통보만이 있을 뿐이다. 그렇기 때문에 국가주의의 일방적인 사회계약은 '모든 국민들은 이기적이며 충돌과 전쟁의 소지가 있다'는 암묵적인 전제 하에 국가에 의한 사회 통제를 정당화한다.

아파트에서 사는 사람들은 마치 무인도에 표류한 사람과 같은 상황에 처해 있다. 이미 1인 가구가 25퍼센트로, 구성원 숫자별 가구 수 중 1위를 차지하고 있는 한국 사회에서, 이들이 직장 동료나 친구들과 유대관계가 없는 경우에는 로빈슨 크루소의 생활이나 마찬가지인 셈이다. 결국 홉스의 『리바이어던』의 구상처럼 국가가 개체로서의 시민들 각각의 이익을 보호하는 데만 관심이 있지 공동체와 사회의 관계망을 보호하는 데 관심이 없다면, 서로의 절규와 고통을 외면하는 아파트의 격리 공간만이 유지될 것이다. 그러나 분리된 개인의 삶이 어떤 결과를 낳는가는 한국이 OECD 국가 중 자살률 1위라는 통계를 통해서도 잘 드러난다. 아파트는 더 이상 지속 가능하지 않는 삶을 구성해 내며 사람이 살 수 없는 사막과 같은 사회 환경의 기반이라고 할 수 있다. 아파트는 공동체적 관계망으로부터 분리되고 파편화되어 무기력하면서도 정작 이기적 관심을 지키고자 할 때 어떤 사회 병리 현상을 드러내는지를 잘 보여주는 우리 사회의 지표이다.

아파트를 뛰쳐나온 사람들

2011년 여름, 해방촌에 자리 잡고 있는 빈집을 방문하게 되었다. 빈집은 주거협동조합이며, 방문하는 누구나가 주인이 되는 게스츠하우스(Guest's house)를 표방한다. 빈집의 초창기부터 지금까지 주도적인 역할을 해 온 지음님의 안내로 빈집에서 운영하는 협동조합 카페에서 이야기를 나누었다. 지음 님은 각기 독립적인 공간에서 살던 사람들이 함께 살게 되면서 생긴 에피소드를 들려주었다. 빈집에서 다양한 사람들이 함께 살다 보니 자연스럽게 생태와 환경에 관심을 갖게 되었고, 대안적인 삶의 방식을 고민하고 있다고 한다. 빈집은 '빈고'라는 협동조합의 금고를 갖고 있고, '빈가게'라는 협동조합 방식의 카페도 운영한다. 최근에는 홍성 등지에 공동체주거마을을 만들어 나가고 있다.

빈집에 처음 방문했을 때, TV가 없는 공간에서 옹기종기 모여 밥을 먹거나 차를 마시고, 또는 기타를 치며 놀고 있어서 엠티를 온 기분이 들었다. 빈집은 매일매일이 엠티였으면 좋겠다는 꿈을 실현한 공간이며, 늘 동아리 방에서 살고 싶다는 꿈을 실현한 공간이라고 해도 무방하다. 빈집에서는 밥 먹기, 차나 술 마시기, 놀기, 잠자기, 살기, 모임, 회의, 세미나, 만들기 등이 가능하며, 항상 사람들은 무엇인가를 궁리하고 만들어내며 분주하다. 다양한 사람들이 한자리에 모이다 보니 새로운 공부와 놀이와 문화가 만개하고 재미와 의미를 동시에 얻을 수 있다. 지음 님은 빈집이 '빈마을'이라는 마을 만들기에 대한 전망을 갖고 있다고 하였다.

빈집의 건너편 언덕에는 빽빽한 아파트촌이 회색빛으로 자리 잡고 있었다. 그런 아파트 문명의 기괴한 배치에도 불구하고, 아스팔트 사이로 민들레꽃이 피듯이 아파트 마을 만들기를 시도하는 곳도 곳곳에서 생기고 있다. 광주 모아타운은 2007년부터 지렁이 분양을 통해 부녀회, 자치회를 중심으로 음식물 쓰레기를 줄이는 운동을 시작하였고, 2010년에는 태양광과 빗물을 이용한 자원순환형 경로당을 만들었다. 또 에너지의 블랙홀이 되고 있는 아파트를 자원 절약과 에너지 자립의 공간으로 리모델링하기 위해, 생활 공동체가 살아 있는 아파트 마을 만들기를 논의하고 있다. 이는 아파트 부녀회와 자치회가 이해관계를 넘어 대안적인 삶을 고민하고 자치운동으로 나아가고 있다는 증거이다.

이 외에도 한국에서 시민들의 풀뿌리 자치 실험은 곳곳에서 진행되고 있다. 예를 들어 관악주민연대에서 활동했던 강내영 님에 따르면, 관악주민연대는 가난한 사람들의 이해관계를 지키려고 공부방, 탁아방, 종교시설의 활동가들이 연대하여 시작되었다가, 점차 자신들의 욕구를 스스로 해결하기 위해 주거, 복지, 언론 등의 단체를 만드는 풀뿌리 자치운동으로 나아갔다고 한다. 한국 사회에서 관악주민연대와 같은 주민운동은 처음에는 이해관계로부터 출발하지만 점차 풀뿌리 자치 · 자율의 운동으로 발전하는 경로를 보여준다.

아파트 마을 만들기는 아파트 문명의 기계적인 배치를 넘어서기 위한, 아파트 주민들의 자조적이고 자치적인 실천으로부터 시작된다. 이는 원자화된 개인들이 아니라 소통과 관계를 만들려는 시도이기도 하다. 나는 아파트 마을 만들기가 막 시작되고 있는 서울의 아파트 한 곳을 방문한 적이 있다. 그곳에서는 아파트 한 층의 문들을 모두 개방해서 아이들이 집과 집을 오가며 술래잡기 놀이를 하고 다른 집에 가서 과자와 과일을 먹고 이리저리 뛰어놀고 있었다. 그곳에서 아파트는 격리 공간이 아니라 개방 공간으로서 아이들의 놀이 공간이 되었으며, 간식을 주는 엄마 아빠가 두 명이 아니라 여러 명이 있는 공간이 되었다.

나는 그곳에서 아무리 아파트가 기괴한 배치 구조를 이루고 있다고 하더라도 사람들 사이에서 싹 트는 소통과 관계의 희망의 씨앗을 없애지는 못할 것이라는 생각을 하게 되었다. 아파트 문명을 넘어서는 주거 문화 공동체, 마을이라는 대안을 만들려는 시도는 아주 가까이에서 싹트고 있으며 숨쉬고 있다.

10_ 비릴리오의 전쟁기계와 자동차 문명

속도라는 파시즘

2017년 말 기준 우리나라에 등록된 자동차 수는 2,253만대로, 그해 기준 도로 총 길이(11만 91킬로미터, 국토교통부) 대비 자동차 등록 대수로 보면 1킬로미터당 204대가 죽 늘어선 것과 같다. 한국은 자동차 문명이 점령한 속도 사회이며, 자동차는 온실가스 배출의 주요 요인으로 꼽히는데, 정확한 수치는 알려져 있지 않으나 탄소 발생량의 약 14퍼센트를 차지할 것으로 추정되고 있다. 또한 민간과 지자체에서 무분별하게 건설하는 고속도로로 인해 생명권역이 파괴되어 많은 동물들이 로드킬을 당하고 있다. 그럼에도 불구하고 2008~2017년까지 도로 총연장이 10만 4,200킬로미터에서 11만 91킬로미터로 5.6퍼센트 늘어난 데 비해 자동차 등록 대수는 1,679만 대에서 2,253만 대로 34퍼센트 증가했으니 고속도로를 더 건설해야 한다는 국토연구원의 보고서가 있을 정도이다.

이러한 교통 정책의 큰 틀은 '전국 1인 생활권'이라는 슬로건을 통해 잘 드러난다. 자동차의 속도와 이동의 자유는 지역을 허물고 하나의 시간대로 통합하는 역할을 한다. 그 결과 지방에 사는 사람들은 물자와 자원과 사람이 서울이나 수도권으로 빠져 나가는 것을 경험하고 있다. 즉 지역에서 물자나 자원, 사람이 순환하는 것이 아니라, 자동차나 기차를 통해 대도시에 집중되는 것이다. 이러한 탈지역화는 지역 고유의 시간과 문화, 식생을 파괴하고, 지역으로 하여금 도시를 닮아 가도록 만든다. 예전에는 지방에 가면 아침과 저녁까지의 시간대가 도시와 완전히 다르다는 느낌이 있었지만, 이제는 지방에서 살아가는 리듬과 시간이 도시와 완전히 통합되어 함께 움직인다는 느낌이 든다. 지방은 중심에 대한 주변으로 배치되고 고유함이 사라져가며, 사람들은 중심과 주변을 이동하며 비슷한 삶을 살아간다.

자동차를 비롯한 대부분의 이동 수단은 석유를 기반으로 하며, 값싼 석유 외에 다른 친환경 에너지나 재생 에너지를 통해서는 이동 비용이 상대적으로 매우 높아 이용에 한계가 많다. 또 현재 세계 곡물 생산에서 가장 문제가 되는 것도 유전자 조작 옥수수를 자동차의 바이오 연료로 사용한다는 점이다. 최근 미국에서는 각 주마다 거대한 바이오 연료 공장이 건설되고 있고, 일부는 가동 중이라고 한다. 이제 제3세계 민중은 자동차에게 자신의 먹거리를 빼앗겨야 하는 상황에 처해 있는 것이다.

최근 전기자동차는 전 세계적으로 급성장세를 타고 있으며, 색다른 친환경 이동수단으로 각광을 받고 있다. 그러나 재생 에너지와 결합되지 않은 전기자동차의 경우에는 친환경이라는 수식어가 붙기 어려운 것도 사실이다. 동시에 전기자동차의 전기충전소 인프라의 부족은 보급과 확대에 상당한 장애 요인으로 작용하고 있다. 또한 수소차의 경우에는 수소를 어디에서 추출하는가의 난제가 있다. 즉, 전기분해를 통해 수소가 만들어진다면, 2차 에너지 변환 과정에서 손실되는 에너지가 많을 것이며, 동시에 석유에서 수소를 만든다면 진정으로 친환경에너지라고 할 수 있는지가 의문시되기 때문이다. 그런 점에서 수소차를 통한 친환경 이동수단의 확충은 상당 기간 동안 미래기술로 남겨 두어야 할지도 모른다.

자동차는 지역과 지역을 연결하고 물건, 사람, 자원, 동식물을 수송하는 아주 중요한 수단이다. 또한 자동차는 거미줄처럼 연결된 고속도로를 기반으로 이동 시간을 단축할 수 있는 가장 유력한 장치이다. 동시에 자동차는 속도 자체를 개인이 점유할 수 있으며, 핸들과 엑셀 등의 가속장치를 통해 어디든지 이동할 수 있는 선택의 자유를 갖게 만든다. 자동차를 사적 소유할 수 있는 권한은 아주 화려하게 포장되며, 자동차 모터쇼나 카 레이싱 등에서는 속도에 대한 탐닉을 통해 재미와 볼거리를 누릴 수 있다고 선전한다.

또한 자동차를 운전하는 과정은 의식적으로 '왼쪽으로 오른쪽으로' 식으로 생각하는 것이 아니라 아주 무의식적으로 하는 것이기 때문에, 탑승자의 시야와 손과 발이 기계와 혼연일체되는, 기계와 인간의 결합 양상을 보인다. 이러한 배치 때문에 아주 순하고 선량한 사람들조차 자동차를 타면 성격이 전혀 다른 사람처럼 보이기도 하는데, 평상시 순량하던 사람이 교통신호를 위반하거나 새치기를 하거나 난폭운전으로 상대방을 위협하는 등의 모습을 보인다. 이러한 자동차-인간의 성격이 달라지는 이유를 분석해 보면, 그 한 가운데에는 속도가 만들어낸 인격 분열이 있으며 기계성과 뒤섞여 사물화된 사람이 있다.

자동차를 타면 많은 사람들이 잠재적 속도광이 되어, "빨리 빨리"라는 기본 전제 속에서 움직인다. 마라톤 경주를 하는 사람들은 어느 특정한 순간에 이르면 호흡이 가빠지고 죽을 맛이지만, 그 시점이 지나면 주위의 풍경이 열리고 시야가 확보되며 평화로워진다고 한다. 자동차를 타는 사람은 속도를 이기지 못하고 호흡이 가빠져 있는 마라토너와 같은 상태에 빠져든다. 나치의 파시즘이 속도, 섹스, 스포츠라는 3S 정책을 펴면서 악명 높은 고속도로 아우토반을 만들었던 이유도, 속도에 빠져들면 자신이 무엇을 하는지 생각하지 못하고 앞으로만 빨리 달려가려고 하기 때문이다. 그래서 자동차 문명은 가장 자본주의적인 성장주의와 성공주의의 모델을 닮아 있다. 출발지와 도착지는 있지만 과정이 삭제되어 있으며, 자신의 성공을 위해서 주변 사람을 풍경으로 간주하고 기를 쓰고 질주하다가 정신차려 보면 혼자가 된 자신을 발견하는 것이 성공주의 패러다임이기 때문이다. 이 과정에서 자동차를 운전하는 사람들은 경쟁하고 경합해서 빨리 가려고만 할 뿐, 배려하고 양보하고 연대하고 협동하는 마음은 잃어버리고 만다.

자가용을 타는 것과 버스나 지하철을 타는 것은 완전히 다르다. 자가용은 속도를 개인적으로 점유하고 정해진 목표까지 자신만을 이동시키지만, 버스는 속도를 공동의 것으로 만들며 정해진 목표에도 언제나 편차가 있다. 그러므로 녹색 교통 정책은 강력한 대중교통 정책으로부터 시작된다. 대중교통은 사람들이 공통의 시간과 공통의 공간 속에서 좀 더 공적인 형태로 속도를 이용하게 한다. 그러나 자가용은 사적인 속도 점유를 통해 가장 이기적으로 속도를 이용하게 한다. 택시가 공공성을 띠기 어려운 이유는 속도를 사적으로 소유하는 시스템이기 때문이다.

1971년 아나키즘 성향의 사람들이 만든 대안 공동체인 덴마크 코펜하겐의 크리스티아나 생태마을에서는 모두가 자전거로 이동한다. 코펜하겐 자치구에서 자전거는 자동차와 같은 길을 달리고 그 숫자도 비슷한, 시민들의 주요 이동수단이다. 크리스티아나 마을은 느림과 여유의 공간이며, 자전거와 연성 마약이 허용되는 공간이었다. 이 공동체 안에서는 모든 것이 자율이었지만 무기, 폭력, 경성 마약, 자동차는 금지되어 있다. 2009년 덴마크의 개발업자들이 극우파 깡패들을 동원해 이곳을 개발하려고 찾아왔을 때 가장 먼저 했던 행동이, 무지막지한 속도를 내는 자동차로 마을 주변을 휘젓고 다니면서 자전거를 타지 못하게끔 방해한 것이었다. 이러한 극우파의 속도광적인 행동은 점점 극단화되더니, 심지어 자전거를 자동차로 들이받아서 사망자까지 나오게 된다. 이에 분노한 크리스티아냐 시민들은 개발업자와 우익 깡패들에게 맞서서 1년여 동안 저항하였고 끝내 개발을 저지해 냈다. 속도는 곧 성장이며 자동차는 자본주의를 지키려는 보수 우익들의 상징이었지만, 자전거와 느림은 공동체의 저항의 상징이었다.

·

비릴리오가 본 '속도의 정치'

1932년 파리에서 태어난 폴 비릴리오(Paul Virilio, 1932~)는 2차 세계대전 동안 독일군의 탱크와 전차를 앞세운 전격전에 깊은 외상과 충격을 받아 속도의 정치를 연구하였다. 그는 철학자, 도시계획 전문가, 문학이론가, 영화비평가, 큐레이터, 군사역사가, 평화전략가 등 다양한 부문에서 두각을 나타냈는데, '질주학'(Dromology)이라는 새로운 학문 분과를 창시하기도 했다. 그의 『속도와 정치』는 요새화된 도시로 통합되기 시작한 인류 문명이 어떻게 속도를 점유해서 지리적 장소성을 소멸시켰는가를 연구한 저서이다. 첨단기술사회에서 정보통신과 교통수단의 발전으로 인해, 빛의 속도로 먼 거리에서 소통하고 빠른 시간에 이동하면서 지리적 장소성과 영토 개념은 흔들리고 있으며, 그로 인해 독일군이 보여주었던 전격전과 마찬가지로 총체적인 전쟁 상태가 지속되고 있다는 것이 비릴리오의 진단이다.

비릴리오는 전쟁에서 속도가 도입된 최초의 사례를 『손자병법』에서 찾는다. 적을 알고 나를 알면 백 번 싸워도 이긴다는 '지피기지 백전불태(知彼知己 百戰不殆)'라는 구절로 유명한 『손자병법』은 사실 전쟁에 속도 개념을 처음으로 도입한 병법서라고 본 것이다. 이 책은 적이 알지 못하는 사이에 아주 기동적으로 적과 싸울 것을 제안한다. 비릴리오는 2,500년 전 손무가 보여준, 속도를 전쟁에 도입하는 생각을 정치 전략적인 관점에서 분석한다. 손무 이전에는 전쟁을 적에 대한 무차별 기만이나 후방 교란, 기동전과 같은 속도가 개입된 요소보다는 진지, 참호, 요새, 성곽 같은 영토적인 성격으로만 바라보았다. 『손자병법』은 이후 전 세계 군사전략가들에 의해 연구되었고, 그 최종 결과물이 나치의 전격전이었다.

비릴리오에 따르면, 도시국가는 에너지나 물자가 어떤 장소에 머물러 있도록 영토성과 장소성의 속성을 갖는 요새 도시를 형성했으며, 그러한 장소성을 기본으로 교통, 운송, 전쟁이 이루어져 왔다. 그러한 공간의 정치는 결국 근대에 이르러 광장을 점거하고 가두행진에 나선 노동자 운동의 모습으로 나타났으며, 러시아혁명 때 페테르부르크 거리 행진이라는 극적인 형태로 나타난다. 노동자들이 거리로 쏟아져 나와서 시위를 하는 것은 도시라는 영토를 점령한다는 의미가 되며, 공간의 정치를 작동시킨다. 나치는 노동자들의 이런 가두행진이나 거리 시위를 사전에 막기 위해서 17만 명의 도시 중산층으로 하여금 폭스바겐을 사도록 유도했으며, 질주하는 자동차들이 거리를 점령하도록 만들어 버렸다. 이를 통해 공간의 정치는 완벽하게 무력화되었다. 자동차가 달리는 것은 민중과 노동자에 대한 영구적인 전쟁을 의미하는 것이었다.

공간의 정치가 무력화된 곳에는 속도의 정치만이 존재하게 된다. 정치는 속도를 빠르게 하거나 제어하는 것에 불과한 것이 되었고, 대중은 속도의 흐름 속에서 자신이 무엇을 하고 있는지 정확히 알지 못한 채 그저 움직일 뿐이다. 속도는 민중에 대한 전쟁 선포이며, 자동차나 운송수단은 이동을 위한 것이라기보다는 전쟁기계로서의 의미를 갖는다. 민중의 공간의 정치에 대한 전쟁, 생명의 느림에 대한 전쟁은 긴장을 놓치지 않고 질주한다. 비릴리오에 따르면, 나치의 파시즘은 사라진 것이 아니라 오늘날 무지막지한 속도로 움직이는 자동차의 총력전 상황에서 살아 있다.

'형이상학의 노동자'라고 불릴 정도로 무력화되고 신화화된 노동자 운동이 출현하게 된 데에는 영토성과 장소성의 정치를 완전히 절단 냈던 자본주의 문명의 속도의 정치가 숨어 있다. 사람들은 바쁘게 자동차를 타고 출퇴근하거나 소비를 하지만, 정작 자신의 생명과 자신의 의미가 머물 수 있는 장소를 파괴하는 범인이 자동차라는 사실은 잘 모르게 된다. 비릴리오에 따르면, 진보를 파괴한 것은 바로 질주하는 자동차였으며, 교통신호 체계 같은 것으로 존재하는 자동차의 속도가 수행하는 총력전을 전제로 한 평화만을 평화의 본질로 생각하게 된다. 그런 의미에서 속도 자체는 평화를 파괴해 영구적인 전쟁 상태를 만들며 역사의 진보를 파괴하는 원천이다.

비릴리오의 『속도와 정치』가 담고 있는 현대의 모습은 기괴하다. 사람들이 모일 수 없도록 자동차가 거리를 점거해 질주하며, 사람들이 앞으로 달려만 가도록 설계된 속도사회의 단면을 보여준다. 이로 인해 '왜 자신이 이것을 해야 하는지?' 질문을 던지는 것 자체가 불가능해지고, '빨리 빨리'라는 속도와 효율성만이 장악한 관계가 이러한 의미에 대한 질문을 공격한다. 민중은 자동차가 자신의 영토와 가치를 공격하는 줄도 모른 채 자동차를 구매하고 이용한다. 속도를 내지 못하고 정지하는 것은 모두 죽음이라는 식의 논리를 통해 느림과 여백의 생명과 자연을 공격하고 무력화하여 시야에서 완전히 배제한다.

속도의 정치가 시간과 공간의 정치를 완전히 박살내면서, 자본의 매끄러운 운동을 위한 통합된 세계자본주의가 등장한다. 현대의 정치는 근본적으로 속도에 기반한 파시즘의 리듬으로 숨쉬며 작동한다. 오늘날 초국적 자본의 매끄러운 운동이 보여주는 속도의 정치는 국가라는 차단벽마저도 무력화되기를 요구한다. 파시즘의 전격전보다 더 빠르고 무시무시한 속도를 내는 일상이 민중에게 요구되는데, 그 이유는 민중이 다른 생각을 품고 모여 거리를 점거하는 등의 특이한 방식으로 삶을 살지 못하도록 하기 위해서다. 속도에 몸을 싣고 있는 직장인, 노동자, 시민들은 그것이 바로 자신을 파괴하는 것인 줄 꿈에도 모른 채 무작정 앞으로 달려가며 자동차에 몸을 싣는다.

하지만 효율성과 속도는 오히려 주체성을 파괴하고야 만다. 한 다큐멘터리 감독은 달팽이가 이동하는 과정을 두 시간 동안 찍어서 영화관에서 상영했는데, 이 영화를 보고 사람들이 느낀 충격은 느림에 대해 분노하는 자신을 발견하는 것이었다. 속도는 생명과 자연에 대한 전쟁이며, 민중에 대한 전쟁이다. 자동차가 점거한 거리는 어디론가 바삐 움직이는 사람들로 가득할 뿐, 관계와 의미는 실종되어 있다.

도심에 자전거가 달리고 있다

지난 보수 정부가 실시한 전 국토의 자전거길 만들기 운동은 저탄소 녹색성장 정책으로 덧칠되어, 해변이나 하천변 등 인구 이동이 아주 적은 곳에 자전거길이 만들어졌다. 이것은 도시의 교통수단으로 자전거를 인정하지 않는 것이며, 레저나 스포츠와 같이 외양 중심으로 설계된 정책이다. 여기서 『꾸리찌바 에필로그』(2011, 서해문집)에 소개된 독일 프라이부르크의 사례에 주목할 필요가 있다. 프라이부르크는 인구 22만 명의 중소도시로, 토지 이용과 교통 정책, 산업, 인구 등을 전반적으로 고려한 정책을 수립한다. 프라이부르크 시 당국은 강력한 대중교통 정책과 구도심에 대한 자동차 진입 금지 조치, 산업 시설을 보행자 중심의 도심에 두는 정책 등을 통해서 보행자, 자전거, 경전철의 천국을 만들었다. 그 결과 일자리가 풍부해지고 소득은 높아졌으며, 자동차를 보유한 사람이 독일 전체 평균보다 23퍼센트나 낮고, 교통사고 사망자가 10만 명당 3.7명에 불과한 안전한 도시가 되었다. 프라이부르크 사례에서도 보듯이 자전거길은 도시 외곽이 아니라 도심에 만드는 것이 올바른 녹색 정책이라고 할 수 있다.

2002년경 서울시에서 도입한 대중교통 체제는 비교적 성공한 정책으로 평가받고 있다. 예를 들어 버스 전용차선 제도나 버스의 색깔을 구분해 급행과 지선을 통합하는 교통 체제, 환승에 따른 단일 요금제도 등은 꾸리찌바 모델을 그대로 따르는 것이었다. 그러나 서울시의 교통 정책은 꾸리찌바처럼 강력한 대중교통 정책을 구사하면서도 자전거와 보행자를 배제한 반쪽짜리 정책이라고 보아야 한다. 도심을 보행자와 자전거 중심으로 설계하려면 토지 이용과 산업 간 체제, 교통 정책이 하나가 되어야 한다. 예를 들어 자전거의 도시 암스테르담에는 대규모 자전거 주차장과 자전거 도로가 있으며, 신호등도 자전거 우선으로 되어 있다. 그 결과 자전거의 교통 분담률이 37퍼센트이며, 22퍼센트는 대중교통이 차지한다. 그러나 우리나라에서는 정부 관료나 정책 입안자들에게 자전거는 교통수단으로 인식되지 않으며, 기업과 거주지가 지나치게 멀어서 자동차 중심의 정책을 고수하고 있다. 자전거에 대한 인식이 좋아졌음에도 불구하고 사회적 인프라나 교통 정책에 반영되지 못해서, 혼잡한 도로에서 자동차 사이로 위태롭게 움직여야 하는 상황이 벌어진다. 2016년경 서울시에서 만들었던 따릉이와 같은 자전거 인프라 사업은 생활양식의 변화와 맞물려 가야 한다는 과제를 갖고 있다. 출퇴근 시간이 길고, 자신의 삶의 거주지와 일터가 분리된 일반 서울시민의 삶을 바꾸지 않고서는 자전거 중심의 인프라 사업은 늘 빛좋은 개살구나 레저용 사업으로 전락하기 일쑤이다. 결국 도시정책 자체를 바꾸는 것이 자전거 중심의 삶을 정착시키는 첫 단추라고 할 수 있다.

나는 매일 한 시간을 걸어서 출퇴근을 하기 때문에 아침에 서둘러서 집을 나선다. 많이 개선된 점도 있지만 자동차가 고속으로 달리는 대로를 바로 옆에 두고 보행자 통로는 한 명이 겨우 빠져나갈 만큼 아주 좁은 곳이나 불법주차 차량이나 적치물이 보행을 가로막는 곳이 비일비재할 정도로 여전히 서울 시내 도로에 보행자에 대한 고려가 매우 빈약하다는 것을 느낀다. 이따금 도로에서 약간의 소동이 벌어지는 것은 자동차 사이로 용감하게 자전거를 모는 분들 때문이다. 자전거 도로가 전혀 없는 상황에서 자동차 사이를 위태위태하게 다니는 자전거를 볼 때마다 나는 매번 깜짝 놀라곤 한다. 내 경우에는 대중교통인 버스를 이용하면 출근 시간은 30분이고, 자전거를 이용하면 20분, 자가용을 이용하면 15분, 걸어가는 경우는 한 시간이 걸린다. 나는 처음에는 가장 빨리 가는 것이 최선이라고 생각했지만, 이제는 건강과 환경을 고려해 가장 느리게 가는 길을 선택한다. 전에는 빨리 가서 더 많은 일을 해야 한다는 조급함에 시달렸지만, 지금은 빨리 가는 것이 결국 지구와 생명의 끝을 앞당길 뿐이라는 생각을 하게 되었다.

도심을 가로질러서 자전거 도로가 만들어진 곳을 찾던 중에 성미산 마을의 자전거 도로를 발견했다. 성미산 자전거 도로는 총 길이 2.4킬로미터로 망원동, 연남동과 한강을 연결하는, 도심 한가운데 자전거 도로가 있는 몇 안 되는 사례이다. 성미산 연구조사 사업 때문에 자주 방문하면서도 늘 무심결에 지나치는 길이었지만, 그 사실을 알고 나니 새로운 의미로 다가왔다. 동네 책방인 '개똥이네 책놀이터'의 정영화 대표를 통해 이 자전거 도로가 어떻게 만들어졌는지를 자세히 들을 수 있었다. 정 대표는 자전거 도로가 기획되고 만들어지는 과정에 직접 참여했고, 기억과 기록을 갖고 계신 분이다.

처음에 성미산 자전거 도로는 녹색사회연구소가 주관한 '2005년 살기 좋은 생태마을 만들기 프로젝트'에서 음식물 쓰레기 처리, 안전한 골목길 만들기와 함께 마을 주민들 사이에서 기획되었고, 2007년에는 주민실태조사를 위한 설문조사를 하기에 이른다. 구청에서는 자전거 도로를 차도에 선만 긋는 방식으로 하려고 했지만, 주민들은 자동차가 덮칠 수도 있고 안전 문제가 생긴다고 판단하여 턱이 있는 유럽형 자전거 도로의 모델을 제시한다. 이 자전거 도로 모델이 서울시에서 환경상을 받자, 구청 측에서도 이를 받아들여 현재의 자전거 도로가 되었다. 성미산 자전거 도로는 시민들이 안전하게 출퇴근하는 데 이용되고 있으며, 인도와 자전거 도로가 합쳐지니 인도까지도 확장되는 효과를 갖게 되어 시야가 넓어지고 안전한 것이 장점이라고 정영화 대표는 설명한다. 성미산 자전거 도로는 마을에서 이동하려고 할 때 우선 자전거를 선택하게 만드는 기초 인프라가 되었다. 성미산 마을에서는 도심에 자전거가 달리고 있었다.

또한 성미산 마을에서 이루어졌던 카 셰어링도 주목할 필요가 있다. 〈성미산마을 자동차두레〉는 녹색사회연구소의 성미산 생태마을 만들기 모임의 일부였는데, 독일 베를린과 프라이브루크의 카 셰어링을 탐방하고 2007년 8월 여섯 가구가 아반테 자동차 한 대로 시작했다. 자동차 한 대를 공동 운영하기 때문에 다른 차들을 매각, 폐차해서 차량 다섯 대가 줄어들었고, 한 달 주유비도 한 사람당 4만 원 정도로 현격히 낮아졌다. 자동차세, 보험료도 두레 조합원들이 공동으로 분담하여 교통수단 유지 비용의 70퍼센트를 낮출 수 있었다. 자동차 문명에 대한 성찰과 모색을 통해 아주 색다른 방식이 실현되고, 공동체적 관계망과 대안적 질서가 수립된다. 성미산 자전거도로나 자동차두레는 자동차 문명을 넘어서는 작은 출발점이 아닐까 하는 생각이 든다.

2019년 가장 쟁점이 되었던 것은 공유경제의 일종으로 플랫폼사업으로서의 타다, 쏘카 등의 모빌리티플랫폼 등을 허용할 것인가의 문제였다. 여기서 공유경제의 공유는 커머닝(commoning)으로서의 공동체 소유가 아닌 쉐어링(sharing)으로서의 공동이용의 차원에 머물러 있다. 이에 따라 플랫폼과 커먼즈를 분명히 구분하는 공유경제에서의 시각 차이를 드러낸다. 플랫폼 자체가 많은 사람들이 오고 가며 이용할 수 있는 온라인/오프라인 장소를 표방하고 있지만, 자신의 활동과 정동이 대부분 플랫폼의 이득의 환원되는 것이 문제다. 결국 커먼즈운동의 일종인 카세어링과 플랫폼사업의 일종인 모빌리티 플랫폼과 같은 사업은 사실상 엄격히 구분된다. 이때 플랫폼 자본주의는 공동체의 커먼즈 영역을 계승한 사업양식이 아니라, 자본이 들어와 커먼즈를 약탈하는 국면을 의미하며, 결국 커먼즈를 어떻게 방어할 것인가의 문제를 남긴다.

속도와 무기, 그리고 시간의 바리케이드

오늘날, 속도를 내며 질주하는 자동차에 몸을 싣는 것은 마치 암울한 미래로 가는 탄도미사일에 몸을 싣는 것과 같다. 비릴리오는 속도가 어떻게 노동자 운동을 파괴하고 프롤레타리아트의 혁명 전략을 붕괴시켰는지를 담담히 이야기하는데, 속도를 일으키는 운송수단과 통신수단은 전쟁 무기 수준에서 바라보아야 한다는 것이 비릴리오의 진단이다. 현대의 전쟁에서 정지는 곧 죽음을 의미하며, 빛의 속도로 기존 관계망을 파괴해 내부의 적을 감지하는 것이 새로운 전쟁의 모습이 되었다. 냉전 시기 이후의 정보통신혁명의 눈부신 발전도 외부의 적에서 내부의 적으로 겨냥하는 것이 달라졌을 뿐, 끊임없이 속도를 가속화하여 내부의 적과 대결하려는 전쟁 무기와 같은 위상을 갖는다고 볼 수 있다. 자동차가 질주하면서 파괴하는 것은 환경이나 생명만이 아니라, 바로 우리 자신의 삶일 수도 있다. 왜냐하면 삶이 지닌 장소적이고 영토적인 의미는 완전히 파괴되었으며, 자동차로 인해 자신의 장소와 영토가 얼마나 풍부하며 다양할 수 있는지를 완전히 망각하도록 삶의 관계망이 파괴되고 있기 때문이다. 그래서 자동차는 우리의 편리를 위한 것처럼 보이지만, 사실은 우리 자신을 겨냥한 무기일 수 있다.

비릴리오는 노동자-프롤레타리아트보다 군인-프롤레타리아트에 더 주목한다. 병영과 진지, 요새에서 머무르는 진지전적인 전쟁과는 달리, 움직이는 모든 접촉 경계면에서 전투를 일으키는 기동전적 전쟁이 비릴리오가 생각한 이미지다. 사실 이것은 끊임없이 정보를 탐색하고 이동하며 국경이나 안전한 영토 자체를 파괴하면서 축적되고 있는 오늘날 초국적 자본의 모습을 닮아 있다. 직장이나 공장을 다니는 사람들은 초국적 자본의 이동성이 무엇을 의미하는지를 본능적으로 직감한다. 그것은 삶의 초토화다. 민중은 자본이 속도를 낼수록 삶과 노동이 전쟁 같아진다고 말한다. 심지어 사랑도 전쟁 같아진다고도 말한다. 그 속에는 속도전이 개입되어 있으며, 자본은 끊임없이 더 빨리 해내면서도 더 유연해지라고 요구한다.

자동차는 마치 탄도미사일과 같은 공간을 만들어내서, 그 안과 밖의 경계를 분할한다. 미사일과 같이 속도를 내는 공간 안에 있는 사람은 내부 공간과 사라지는 풍경 사이에 있는 사이-존재들이다. 사이-존재들은 정체성으로 식별되지 못하고 운동과 속도를 통해서만 파악될 수 있는 존재들을 지칭한다. 비릴리오가 언급했던 속도를 내는 무기로서의 자동차 안에 있는 사람들은 자신이 정지하면 곧 죽음을 의미한다는 것을 잘 알고 있기 때문에, 수많은 자동차에 뒤섞여 경쟁하듯 달려야 한다. 결코 속도를 늦출 수도, 멈출 수도 없다. 또한 지나치는 풍경은 어떤 지역의 고유한 특성을 의미하기보다는 한시 바삐 주파해서 사라지게 해야 할 대상이 된다. 이런 의미에서 속도사회는 경쟁사회의 이면을 잘 보여준다. 앞으로만 달려가다 보면 무기와 같이 변해 버린 '내'가 주변 사람들과의 관계망 같은 의미 있는 영역들을, 단지 자신의 목적지를 향해 가는 과정에서 사라질 풍경으로만 간주하게 되는 것이다.

빛의 속도로 소통하는 것, 지리적 거리를 종언시킨 고속도로와 같은 문명의 편리가 사람들을 더 잘 연결시키고 관계망을 만들게 했느냐 하면, 결코 그렇지 않다. 오히려 속도는 사람들의 관계망과 거주지를 파괴하고 초토화한다. 들뢰즈·가타리의 전쟁기계 개념은 비릴리오의 전쟁무기 개념을 발전시킨 것이다. 우리가 잘 알고 있듯이 국경을 넘나들며 매끄럽게 이동하는 초국적 자본이 전쟁기계와 닮았다는 천규석의 『유목주의는 침략주의이다』 논쟁을 다시 한 번 생각하게 된다. 파시즘의 기획처럼 속도가 민중의 풀뿌리 관계망을 파괴한다는 점은 분명해 보인다. 국가라는 차단벽으로 일컬어지는 속도 제어장치의 역할에 주목했던 사회주의 전략과는 반대로, 현대 국가는 전쟁국가의 유형을 그대로 보여준다. 마치 적진에 들어가 탐색하며 파괴하는 스마트 폭탄처럼, 민중의 관계망에 무차별적인 파괴를 가하는 것이 정보혁명과 자동차 문명의 목표인 것처럼 보인다.

기존의 전쟁은 공간의 전쟁이었으며, 보이는 실체를 가진 적이 있는 상황에서의 적대였다. 그러나 현대의 전쟁은 공간 자체의 의미보다는 시간의 전쟁으로 바뀌었다. 예를 들어 기존에는 국지적이고 지엽적인 차원에서 전투가 벌어지고 산발적으로 전선을 만들었다. 공간에서 좌표를 설정할 수 있고 그것이 어디에 머물며 어떻게 움직일 것인가를 생각해 볼 수 있었던 것이다. 그러나 오늘날의 전쟁은 이 공간에서 저 공간으로 순식간에 이동하는 통신수단과 이동수단으로 이루어져 있어서, 전선이 어느 한 군데에만 형성되는 것이 아니라 늘 이동 중이거나 동시다발적일 수 있으며 단지 시간적으로만 표시될 수 있는 것이 된다.

자동차를 탄 영업사원과 지역에서 활동하는 영업사원 두 사람을 생각해 볼 수 있다. 한 지역에서 활동하는 영업사원은 지역 내 관계망을 통해 영업을 하겠지만, 자동차를 탄 영업사원은 한 지역과 타 지역을 넘나들며 영업을 할 것이다. 그렇다면 두 사람 간의 경쟁 속에는 결국 관계망의 요소나 공간의 차이는 사라지고 시간을 둔 경쟁만이 남게 될 것이다. 서울과 지역을 연결하는 고속도로는 사실 서울에 의한 지역의 관계망과 부 · 자원에 대한 끊임없는 약탈과 식민지화를 의미한다. 이것을 매개하는 것에 자동차가 있고, 공간의 질적 차이와 거리는 시간으로 환산돼 버린다.

현대 사회가 보여주는 시간의 전쟁은 나노혁명, 유전자혁명, 스마트혁명이라는 모습으로 나타난다. 자동차의 속도 문명은 나노 단위로 쪼개진 미립자까지 시간을 분해할 것이며, 무장 해제되어 텅 빈 신체에 유전자를 이식할 것이고, 모든 부문이 일체화되어 언제 어디서나 접속되는 스마트한 일상을 재구성해 낼 것이다. 이러한 모습을 압축적으로 잘 보여주는 것이 미국의 자동차에 쓰이는 바이오 연료를 위해 재배되는 엄청난 양의 유전자 조작 옥수수라고 할 수 있다. 시간의 전쟁을 벌이는 속도 문명은 생명을 잘게 부수고 조작해 내며 이식 혁명을 완성한다. 속도 문명은 생명에게 감당할 수 없는 것을 요구하며, 생명과 자연에 대해 전쟁을 벌인다. 그것의 목적은 시간을 단축하겠다는 것이지만, 오히려 생명 종말의 시간을 단축하겠다는 것으로밖에 보이지 않는다.

오늘날 질주하는 자동차 문명을 멈추기 위해서는 '시간의 바리케이드'를 쌓아야 한다. 경쟁사회와 속도사회에서 정지는 곧 죽음이지만, 생명과 자연에게는 정지는 지속이며 창조적 진화의 출발점이다. 민중이 시간의 바리케이드를 쌓고 '내가 도대체 무엇을 하고 있는지' 질문을 하는 것은 언제든 가능하다. 1990년대 말 울산에서 벌어진 한 공장의 파업 소식은 시간의 바리케이드를 떠올리게 해준다. 늙은 노동자들이 평생 일만 하던 작업장에서 처음으로 기계를 멈추고 동료들과 노래를 부르게 되었으며, 온갖 속도를 내는 기계장치가 가득한 공장에서 노동자의 아이들을 위한 생태학교가 열렸다. 자동차 문명은 우리의 삶의 시간을 약탈해서 노동 시간과 자본의 시간으로 만들고 있다. 즉 우리 삶의 시간에 대해 전쟁을 벌이고 있는 것이다. 그러므로 이른바 정지라고 불리는 시간의 바리케이드를 쌓고 느림과 여백의 시간을 되찾을 때에야 우리는 비로소 생명과 우리 주변을 살펴볼 수 있으며, 다른 생각, 다른 목소리를 회복할 수 있다.

속도 문명의 최종 결론, 핵 국가

비릴리오의 『속도와 정치』는 자동차가 풀뿌리 자율의 시간을 파괴하는 전쟁무기라는 점을 잘 보여준다. 고속도로가 각 지역의 생활공간을 거미줄처럼 연결하기 전에는, 풀뿌리로 얽힌 각 지역의 시간은 고유한 리듬과 화음을 갖고 있었다. 이 시간은 그저 고립된 시간도 아니었고, 자연과의 유기적 관계 속에서 생성되는 느림과 차이의 시간이었다고 할 수 있다. 하지만 자동차 문명이 시공간을 통합함으로써 수도권과 지방은 중심과 주변의 관계로 재편된다. 이러한 속도의 가속화는 모든 사물이나 상황의 고유함과 개성, 질적으로 다른 시간과 공간의 성격을 파괴하는데, 결국 그것이 접속하는 것은 핵문명이다. 핵은 원자 단위로 잘게 분해되어, 분자 단위의 고유성이나 특이성이 존재하지 않는 최소 단위이다. 속도의 가속화가 원자 단위와 접속한 사건이 바로 아인슈타인의 상대성이론이며 핵폭탄이다.

비릴리오는 또한 속도 문명의 최종 결론이 핵 국가로 귀결된다고 지적하는데, 냉전 시기 동안 진행된 핵무기 경쟁은 서로 상대방에 대한 운동과 속도를 제어하기 위한 수단으로 핵이라는 절멸의 위협을 가했던 것이다. 인류는 속도의 가속화 과정에서 핵 개발의 가능성과 만났으며, 그것이 절멸과 대량 살상을 의미한다는 것도 알게 되었다. 그 과정에서 전쟁은 이제 완전히 새로운 국면에 접어들었는데, 이는 인류 전멸까지도 가능한 무기를 갖게 된 상황임을 의미한다. 이제 전쟁과 평화는 형이상학적인 논리에 의해 움직이게 된다. 완전한 인류 절멸이 가능하다는 것 때문에 평화의 상태를 유지하게 되는 상황이 도래한 것이다. "우리 싸우면 다 죽는다, 그러니 싸우지 말자"라는 새로운 국면이 도래했다는 것은 지구의 한계, 생명의 한계를 초과한 핵 권력의 도래를 의미한다.

자동차가 내는 무시무시한 속도의 가장 극한적인 이미지는 빛의 속도를 내는 원자폭탄의 절멸 이미지다. 들뢰즈·가타리의 『천 개의 고원』에서 유목민은 자유로운 이동을 가로막는 모든 것에 맞서 전쟁을 일으키는 존재이다. 사실 들뢰즈·가타리의 유목민 개념은 고정관념이 없는 자유로운 활동가 유형을 설명하고자 하는 측면이 있다. 그러나 핵 국가 하에서는 유목하며 이동하는 것 자체가 완전히 제어되는 상황이 연출된다. 핵의 절멸 이미지는 빛의 속도에 도달한 인류가 만들어낸 속도 문명의 최종 결과물이면서, 더 이상 속도를 내면 결국 절멸뿐이라는 임계점을 여과 없이 보여주는 것이기도 하다. 핵 국가 내부는, 속도를 더 내면 완벽한 죽음과 정지라는 이미지 속에서 결국 형이상학적인 평화 상태에 도달한다.

'지리적 거리의 종언'이라는 꿈을 가진 자본이 도달한 것은 핵분열의 에너지였다. 자본의 속도는 빛의 속도로 결국 핵분열 에너지에 도달한다. 결국 핵우산 아래서 사람들은 어떤 색다른 공간 연출도 불가능해졌다. 이 속에서 혁명은 완벽히 제어된다. 혁명을 일으킨다는 것은 자본주의 문명의 외부를 만들어내는 것인데, 속도 문명은 외부를 점령하고 소실시킨다. 또한 자본주의 외부는 빛의 속도를 점유한 핵 문명의 차단벽으로 감금되어 버린다. 자본주의적 삶의 방식인 자동차 문명 내부에서 살고 있는 사람들은 자신의 속도에 질문을 던지지 못하고 달려가며, 그것이 자본주의의 외부를 상실시켜 세계 어디에나 똑같은 삶을 이식하는 과정이라는 것을 알지 못한다.

노르베리 호지의 『오래된 미래』에 등장하는 라다크 마을은 자본주의 문명으로부터 벗어난 티베트의 작은 마을이었다. 사람들이 늘 미소를 짓고 행복했던 이 마을은 자본주의의 외부로 소개되었다. 이 책을 통해 많은 사람들이 자동차를 타고 그곳을 방문하면서 소비문화가 이식되기 시작했고, 결국 마을 사람들 사이에 마찰과 경쟁, 질시가 생겨났다.

이러한 속도 문명은 스마트 기기에도 있다. 나도 태블릿 PC 한 대를 사서 언제 어디서나 빛의 속도로 정보에 접속할 수 있게 되었지만, 우리 부부의 대화 시간은 더 빼앗기게 되었다. 스마트 세대는 더 많이 소통할 수 있는 수단을 얻었음에도 오히려 친구가 없고 더 고립된 상황에 처하게 된다. 속도 문명은 더 편리하게 더 많은 곳을 갈 수 있는 조건을 만들어준다고 하지만, 어디를 가도 똑같은 도시 문명의 아류밖에 만날 수 없는 상황을 만들어 버린다. 전국 어디를 가나 똑같은 형태의 소비가 기다리고 있을 뿐이다.

한국에서 탈핵 논의는 필수적으로 속도 문명에 대한 성찰을 필요로 한다. 속도 문명의 최종 결과물이 핵문명이라는 점을 바라보지 못하고서는, 핵이 절멸의 에너지라는 결론에 대해서만 얘기하게 될 것이다. 핵문명은 우리의 삶을 늘 대량 절멸의 가능성과 함께 살아야 하는 비상 상태로 만들어내는데, 대안사회를 만들려는 혁명과 같은 행동은 불가능할 것이라는 임계점으로서의 의미가 있다. 독일 녹색당의 활동가였던 루돌프 바로가 미국을 방문했을 때, "핵문명은 당신이 타는 자동차에도 있다"고 발언해서 청중을 놀라게 한 적이 있다. 그의 지적은 아주 정확하게 속도 문명의 최종 결과물이 핵문명이라는 점을 드러내고 있다. 속도나 효율성이 겉으로는 그럴듯해 보이지만 가장 반생명적인 것이며, 속도의 논리를 배제한 느림과 자율에 의해서만 탈핵을 이루어야 한다는 점을 보여주는 것이다.

속도가 놓친 느림과 여백의 가능성

2007년 당시 나는 녹색당을 만들기 위한 〈초록당사람들〉라는 모임에서 처음으로 비폭력 공감 대화를 접하고 충격을 받았다. 사회자도 없고 각기 맥락이 다른 이야기들이 어수선하게 오가면서 아주 천천히 회의가 진행되고 있었는데, 그것은 속도와 효율성의 논리를 벗어나 있었다. 느리고 비효율적인 회의의 목표는 우리 사이에서 실천하고 행동할 수 있는 주체성을 만들자는 것이었다. 무엇보다도 회의 결과나 실천에 대해 역할과 책임 분담이 명확히 이루어지는 것이 아니라, 항상 결론을 느낀 만큼 행동하는 것을 원칙으로 했기 때문에 그러한 회의 방식이 나에게는 충격이었다. 사람들은 대화를 하면서 각자 새로운 상상을 했고, 관계는 자율성의 원천이 되었다. 원주민의 자치적이고 자율적인 힘에 의해 만들어졌던 멕시코의 사바티스타 민족해방군(EZLN)의 회의 역시도 효율보다 자율의 원리를 중시하였다고 한다. 각 원주민 부족들이 회의를 통해 의사결정을 하기까지 몇 개월이 걸렸는데, 그 이유는 회의 자체의 목적이 구성원들의 뜻과 힘을 모으면서 주체를 만들어내는 것이기 때문이었다고 한다.

〈초록당사람들〉은 2009년도에 대안적인 교통 정책에 대한 보고서를 제출한 적이 있다. 유럽, 미국, 일본 등에서 진행 중인 자동차 공유제를 한국에 도입해 자동차세나 주차비 면제 등의 해택과 지원제도를 통해서 개인별 운행 거리를 30퍼센트 수준으로 낮추자는 정책이 눈에 띄었다. 또한 과도한 주차 공간과 도로 확대 등 토지 이용 문제를 극복하기 위해 승용차에는 혼잡세를, 대중교통 이용에는 인센티브를 주자는 제안도 있었다. 흥미로운 부분은 연계 대중교통의 환승할인을 시외버스와 철도 등에도 확대하고, 교통 약자를 위해 대중교통 마일리지 제도를 도입하여 일정 거리 이하는 무료로 하는 방안도 제안되었다. 그밖에도 배기량에 따른 자동차세 누진 적용과 에너지 효율성에 따른 환경 분담금 부여, 자전거 이용 확대 정책 등이 있었다. 〈초록당사람들〉의 이러한 제안은 새로운 대안을 모색해야 하는 시대적 과제에 대한 응답을 담고 있다. 과연 도로를 질주하는 자동차의 속도를 멈추려면 우리에게 무엇이 필요할까?

자동차가 만든 속도 문명의 효율성의 논리는 대안운동과 녹색당 운동 속에도 파고 들어와서 대안사회를 꿈꾸는 사람들을 오염시킨다. 나는 우리 사이에서 만들어지는 느림과 여백에 주목해야만 탈핵과 생명평화가 가능하다고 생각한다. 자동차 문명이 아주 빨리 일을 해내며 아주 빨리 목적지에 도달하게끔 해 주는 것 같지만, 사람들은 오히려 관계로부터 벗어나 더 고립되었고, 무엇을 위해 일을 해야 하는지 좌표를 잃어버렸다. 출근길에 늘 마주치는 아저씨 한 분이 있다. 이분은 아주 천천히 자전거를 타면서 자동차의 경적 소리와 소란을 일으키지만, 늘 굳건히 그 느림의 속도로 등장한다. 나는 그 장면을 보면 속도 문명을 고장 내는 특이한 것으로 자전거 한 대가 변화의 작은 시작이 아닐까 하는 생각을 했다. 세상은 변할 것이지만, 빠름의 세상이 아니라 느림의 세상으로 변할 것이다.

11_ 기 드보르의 스펙타클의 사회와 TV 문명

거짓을 말하는 바보상자

이명박 정부 이후 미디어의 공공성과 언론의 자유는 크게 흔들렸다. 대통령 직속 방송통신위원회를 구성하여 사실상 방송사 간부 임명권을 장악했고, 신문·방송 교차 소유 허용으로 조·중·동과 같은 보수 언론의 방송 미디어 진출을 허용했으며, 공영방송의 민영화를 통해 자본이 언론과 미디어에 영향력을 행사하는 것을 보장했다. 특히 2009년 9월에 통과된 미디어법은 대기업과 신문사의 방송 지분 허용, 종합편성 채널 신규 허가, 보도 전문 채널 허가 등을 골자로 하여 자본과 권력의 미디어 장악 의도를 감추지 않았다. 이후 한국의 언론과 미디어가 진실을 얘기한다고 생각하는 사람이 거의 없을 정도로, 편파·왜곡 일색의 보도가 나오게 되었다. 언론노동조합 등에서는 미디어의 공공성과 언론 자유를 위해 투쟁에 나섰으며, 시민들도 TV를 끄고 다른 매체를 선택하는 상황이 연출되었다.

TV를 흔히 '거짓말을 하는 바보상자'라고 말하는데, 이는 TV가 거대 자본을 필요로 하고 대중의 무의식 생활과 관련되어 있어 국가가 개입할 여지가 많기 때문이다. 현대 사회에서 정형화된 삶은 아파트에서 자동차로 출퇴근하고 저녁 때 육류 위주의 식사를 하며 가족들과 TV를 보는 풍경을 생각해 볼 수 있다. 이런 통속적인 삶 속에서 TV는 주로 탄소 소비를 촉진하는 소비 · 여가 · 문화와 관련된 무의식을 형성하고, 가족 이데올로기를 낭만적인 드라마로 포장하여 끊임없이 발신하는 기계장치이다. TV는 마치 환등기처럼 돌아가는 영상 · 이미지와 소리를 주위 공간과 융합시켜 자신이 거주하는 폐쇄된 공간을 다채롭게 꾸며주면서, 지금의 삶이 가장 안전하고 행복하다는 환상을 심어준다.

우리는 아파트에서 고립된 사람들이 생활의 활력을 TV에서 찾는 모습을 쉽게 발견할 수 있다. 공동체적 관계망이나 자연의 순환이 만들어내는 화음에 따르는 삶의 방식이 아니라, TV 프로그램에 따라 울고 웃는 삶의 리듬을 갖게 한다. 노인과 장애인들은 TV를 통해 생활의 활력을 유지하지만 자신과 관련된 어떠한 소식도 찾을 수 없다. 그저 TV가 제공하는 환상적 현실에 최면이 걸린 구경꾼에 불과하게 된다. 가정에 고립된 가정주부들 역시 자신이 가사노동과 고독을 견뎌야 하는 이유를 TV가 발신하는 가족 드라마에서 발견한다. TV는 가족을 유지할 것을 암묵적으로 명령하며, 가족의 외부에서 공동체와 집단의 구성이 가능하다는 점을 감춘다.

TV를 보는 것도 일종의 노동인데, 그것은 다음날 학교나 회사로 출근할 수 있도록 직장인과 노동자, 학생 자신을 재생산하는 '정상화 노동'의 일종으로 볼 수 있다. 힘겹고 단조로운 노동이나 지겨운 공부와 같은 현실에 대한 도피 수단으로서 TV는 늘 즐겁게 떠들고 웃어주면서 대리 충족을 시켜준다. 그러나 현실로 돌아가서는 전혀 유쾌하지 않은 일상의 반복이라는 점에서 TV는 일종의 마약이라고 할 수 있다. 아이들에게 TV를 계속 보도록 하면 정서적 · 심리적 부작용이 생긴다는 것은 많이 알려져 있다. TV 영상의 흐름에 계속 노출된 아이들이 과잉행동장애의 가능성이 높아진다는 연구 결과도 있다.

TV가 일방적으로 메시지를 발신하고 무의식을 대량 생산하는 시스템이기 때문에 독재정치의 도구가 되었던 역사는 잘 알려져 있다. 히틀러가 스크린을 파시즘 정권 유지 수단으로 이용했던 것은 우연이 아니며, 이미지와 상징이 무의식에 침투하여 대량으로 획일적인 생각을 만들어낸다는 것은 독재 정권에게는 아주 매력적인 것이었다. 2012년 12월 한국의 대통령선거 때 TV의 영상편집 기술과 배치를 이용한 교묘한 여론 조작도 그 한 사례라고 할 수 있다. 이를테면 집권당 후보의 유세 현장에 더 많은 인파가 비치도록 앵글을 잡아서 지지자의 세를 부풀리거나, 후보들의 얼굴 표정도 긍정적인 모습 혹은 부정적인 모습을 편파적으로 송출함으로써 후보들의 이미지를 왜곡한 예들이 그것이다. TV가 대중의 무의식을 대량으로 생산한다는 점에 대해서는 이미 '마법의 탄환'이론*이나 '피하주사'이론** 등이 잘 분석해 놓고 있다. 우매한 군중을 만들기 위한 방식으로 TV가 선호되며, 이른바 팬덤 문화에 의해 스타를 추앙하는 군중은 시시콜콜한 방송 종사자들의 일상과 소식을 수집하도록 무의식적으로 유도된다.

시끄러운 TV 앞에 앉아 무거운 침묵을 지키는 가족의 모습이 일반적인 도시 가정을 대표하는 삶의 전형이 되고 있지만, 대화와 소통은 TV에 빠져드는 순간부터 불가능하게 된다. TV 프로그램에서는 많은 연예인들이 등장해

* 마법의 탄환이론은 미디어에서 영상 이미지가 마치 방아쇠를 벗어난 탄환처럼 뇌리에 각인되는 효과를 갖는다는 이론이다. 초기 미디어 이론에 해당한다.

** 피하주사이론은 무감각한 피하층에 주사바늘로 자극을 주듯이 수동적인 시청자 대중이 메시지에 자극을 받아 행동한다는 이론이다.

함께 여행을 하거나 친구처럼 격의 없는 농담과 대화를 이어가지만, 실제로 그것을 보는 사람들은 친구가 없으며 고립되어 있는 경우가 많다. TV는 질투, 경쟁, 증오 등의 동적 정서는 잘 표현하지만, 사랑과 존경, 영적이고 종교적인 심상과 같은 정적 정서는 잘 표현하지 못한다. TV는 간디와 같은 영적 지도자는 잘 표현할 수 없는 매체이며, 공동체보다는 개인들을 대상으로 하는 매체이다. 그래서 혼자 보나 여럿이 보나 외로운 것은 마찬가지이다.

TV는 전 지구적 예속 장치라고 할 정도로 지구인들의 생각을 비슷비슷하게 만들어 버렸다. 터키 사람들도 한류 드라마를 보면서 문화생활이나 사고방식에서 동일해진다. 이른바 '카우치 포테이토'라고 불리는, 미국의 중산층들이 포테이토칩을 먹으며 스포츠 방송을 보는 풍경은 한국에서도 유사하게 연출된다. 스포츠 방송은 신체의 움직임을 볼거리로 전락시켜, 스포츠를 시청하는 것이 마치 안락한 삶인 것처럼 포장한다. 대중 스포츠에 대한 지원이 거의 없는 우리나라에서 스포츠 뉴스를 매일 방송하는 것은 이율배반적이기만 하다. TV의 재난 · 전쟁 방송도 사실상 많은 사상자나 피해자에 대한 연민과 관심보다, 세상에서 가장 흥미로운 볼거리인 것으로 간주하며 사람들을 압도하고 시청자들을 무기력하게 만들어 버린다. 사람들은 지구 반대편에 있는 나라에서 일어난 지진이나 태풍, 수해 등을 보면서도 구경꾼으로서만 볼 뿐, 진정한 연대의 감정으로 보는 것은 결코 아니다.

미국에서 15년간 광고업에 종사했던 제리 맨더는 『TV을 버려라!』라는 책에서, TV가 자본주의를 유지하기 위해 가장 미시적인 영역에까지 작동하는 무의식 통제 장치라며 비난하였다. 그는 TV가 "자본주의는 가장 행복하고 안락하며, 그 외부는 없다"라는 메시지를 무심결에 느끼게끔 한다고 말한다. 그는 환경단체인 시에라클럽의 광고 캠페인을 맡으면서 갖가지 댐 건설, 초음속 비행기 등에 대한 저항운동에 투신하였는데, 나중에는 자본주의의 미시적 통제 장치인 TV를 다른 방향에서 사용하려고 했다. 하지만 그의 경우처럼 TV가 현존 문명을 옹호하는 것이 아니라 그 너머를 보도록 만드는 데 사용되는 예는 흔치 않다. 이런 비판 세력의 목소리와 대안행동 등 아주 예외적인 경우까지도 보여주어야만 TV가 진실을 얘기한다고 말할 수 있을 것이다.

기 드보르와 상황주의 인터내셔널

1956년 6월 『상황주의 인터내셔널』이라는 잡지가 발간되면서 상황주의자라는 말은 고유어가 되었다. 여기서 상황주의는 무료하고 비루한 일상성이 비일상화되고 파괴되어 진실에 접근할 수 있는 독특한 상황이 창조되는 것에 착목하는 운동이다. 주로 다다이즘과 초현실주의의 영향을 받은 예술가들이 주축이 되었는데, 그들은 배우와 구경꾼, 그리고 생산자와 소비자로 분리된 자본주의적 일상을 바꾸기를 원했다.

상황주의의 성립은 다다이즘과 초현실주의, 문자인터내셔널 등의 배경으로 한다. 다다이즘은 '모든 것은 소멸되어 마땅하다'는 원칙 아래 목적도 없고 통일된 조직 구성도 없이, 이성이라는 사기 행위를 거부하고 자연적이며 비이성적인 질서를 회복하기 위해서 나타났다. 다다이즘 예술가인 트리스탕 차라(Tristan Tzara, 1896~1963)는 한 인터뷰에서, 다다이즘을 "그것은 똥이지만 이제까지 우리가 원했던 오색찬란한 똥이다"라고 규정한다. 이처럼 다다이즘은 충격과 도발이라는 전략을 통해 코드화와 정체성으로부터 자유로워지려고 했으나 곧 소멸했다. 이를 뒤이어 초현실주의자들이 등장했는데, 그들은 비밀스러운 행위자로서 작업을 했으며 겉으로는 시인이며 예술가인 척했지만 사실은 혁명가이자 게릴라 집단의 성격을 띠고 있었다. 그들은 스스로 경멸했던 도덕적이고 미적인 코드에 맞서기 위해 투쟁했다.

다다이즘과 초현실주의 영향을 받아 생겨난 아방가르드 예술가와 지식인들의 소규모 모임이 1950년대에 종종 돌출행동을 하여 세상을 놀라게 하곤 했는데, 그러한 집단 중에 '문자인터내셔널'이 있다. 1950년 4월 9일 파리의 노트르담 성당에 수도사로 변장한 문자인터내셔널 그룹이 연단에 올라가 신도들에게 "신은 죽었다"라는 성명문을 낭독하여 체포되는 사건이 발생하면서 문자인터내셔널 그룹이 세상에 알려지기 시작했다. 문자인터내셔널은 노동에 반대하고 세상을 즐기자고 말하며, '비틀기'라는 독특한 방법으로 권위주의를 조롱했다. 그 문자인터내셔널의 구성원 중 한 명이 바로 기 드보르(Guy Debord, 1931~1994)이다.

1968년 혁명은 상황주의 인터내셔널 그룹과 함께 펠릭스 가타리가 주도했던 3·22 운동이 도화선이 되어 발발했다. 당시 68혁명의 낙서들은 상황주의 인터내셔널의 슬로건을 담고 있는데, 〈68년 혁명의 낙서들〉이라는 문서에서 이리부를 살펴보면 다음과 같다.

"스펙타클의 무대장식 속에서는 사물과 그들의 가격만이 눈에 보인다."

"모든 사람이 숨쉬길 원하지만 누구도 그럴 수 없고, 많은 사람들은 '우린 나중에 숨쉴래'라고 말한다. 그들 대부분은 죽지 않는다. 이미 죽어 있기 때문이다."

"권태는 반혁명이다. 우리는 굶어죽는 것을 방지함으로써 권태로 죽어가는 위험을 가져오는 세계를 원치 않는다."

또한 파리의 담벼락에 휘갈겨졌던 유명한 구호들은 “열정을 해방하라!”, “노동하지 말라!”, “죽은 시간 없이 살라!” 등이었으며, 대부분 상황주의 인터내셔널의 슬로건에서 유래한다고 한다.

68혁명이 막 터졌을 때 낭테르대학의 성난 젊은이들과 상황주의 인터내셔널이 공동으로 소르본 점거위원회를 구성하였는데, 이들은 5월 17일 소련공산당에 전보 한 통을 보내서 자신들이 국가사회주의 전통에 있는 것이 아니라 평의회 전통에 있음을 알린다. 평의회는 노동자와 민중의 직접민주주의 기관으로서, 코뮌의 전통에 선 공산주의자들을 의미한다.

“와들와들 떨며 기다려라. 관료들아! 노동자평의회의 국제적 힘이 곧 너희들을 쓸어 버릴 것이다. 인류는 최후의 자본가의 창자로 최후의 관료의 목을 매달 때까지 행복치 못할 것이다. 트로츠키와 레닌에 대항한 크론슈타트 수병들과 마흐노주의자들의 투쟁 만세! 1956년 평의회주의자들의 부다페스트 봉기 만세! 국가를 타도하라!”*

상황주의 인터내셔널의 빛나는 사상가 기 드보르에 대해서는 얀 시레(Yan Ciret)의 『기 드보르, 세기의 책략가』에서 잘 설명되고 있는데, 잠시 살펴보면 다음과 같다.

“그에 의해서 처음으로 ‘스펙타클의 사회’라고 불렸던 세계와 타협하기를 거부함으로써, 그의 별은 열정들과 생생한 시심을 부추기는 혁명의 하늘 속에서 더욱 광채를 발해 가고 있었다. 그러나 같은 시기에 가장 역설적인 선회를 통해, 그가 그토록 공격했던 미디어 세계는 그를 본받아야 할 교사 중

* 기드보르, 『스펙타클의 사회』(1996, 현실문화연구) 중에서 「부록 1. 기 드보르와 상황주의자들 / 피터마샬」, 180쪽.

의 한 사람으로 만들고 있었다."

『스펙타클의 사회』의 저자 기 드보르는 혁명시인이며 영화 제작자이며 작가였다. 스펙타클(spectacle)은 구경거리를 의미하는 개념으로, 미디어에 의해 조작되고 전도된 가짜 이미지들과 이데올로기 등 상부구조 전반에 대한 것이다. 기 드보르는 이 책에서, 축적된 자본이 허위적인 이미지로 바뀌어 화려한 볼거리를 만들어내고, 노동자로 하여금 소비자가 되면 상품을 통해 후한 대우를 받을 것이라고 유혹하는 자본주의를 고발한다. 축적된 자본은 달에 로켓을 쏘아 올리는 볼거리를 제공하고, 행복을 담배 한 개비로 간주하거나, 여가를 맥도날드 햄버거로 동일시하게 만들면서, 일상의 변화 없이 소비가 대리 만족시켜줄 수 있다고 유혹한다. 자신의 삶이 진짜 변한 것이 아닌데도 구경만 하고도 변했다고 생각하는 전도된 생각이 이때 발생한다.

상황주의 인터내셔널은 책을 사포로 만들어 다른 책들을 파손하도록 만들었으며, 이는 기존 문화생활에 대한 조롱을 함축하고 있었다. 1966년에는 풍자적인 소책자 『학생의 삶의 빈곤에 대하여』를 발간하기도 했다. 1972년 상황주의 인터내셔널이 해체된 이후 기 드보르는 구성원들이 암살되거나 정신병원에 갇히는 상황을 목도하면서도 은거했으며, 미디어에 착취되거나 매개되는 것을 거부하는 삶을 살았다. 1990년대 초 출판사들의 끈질긴 요구로 인해 『스펙타클의 사회』가 재출간되었는데, 출간되자마자 대성공을 거두면서 그는 유명인사의 반열에 올랐다. 하지만 어쩌면 기 드보르는 그것을 기뻐하기보다는, 적의 손아귀에 자신의 글과 작품이 넘어갔다고 생각했을지도 모른다. 1994년 11월 30일, 기 드보르는 권총 자살함으로써 모험과 파란으로 가득차고 타협을 거부한 삶을 마감한다. 그가 사망하자마자 프랑스 최초의 민영방송국인 카날 플뤼스가 그를 다룬 영화 〈기 드보르, 그의 예술 그의 시대〉를 처음으로 방영하였다.

자유라디오 운동

TV와 미디어 권력이 공고화되면서 스타일리시한 전문가들이 양산되었고, 비주얼만 그럴싸한 방송 종사자들의 천국이 되었다. 이에 대항해 시민들은 미디어를 공동체의 삶과 지역사회 내부로 배치하기 위해 풀뿌리 지역라디오 운동을 벌인다. 고가의 장비와 시설이 필요한 공중파 방송은 거대 자본과 상업 광고를 필요로 하기 때문에 민중이 자신들의 목소리를 담을 수 있는 매체가 될 수 없었지만, 소출력 라디오는 아주 간편한 설비와 인원만 갖고도 운영할 수 있다는 장점 때문에 전 세계 민중은 소출력 전파 라디오를 선호했다. 이렇게 자본과 국가로부터 독립적인 라디오를 '자유라디오'라고 통칭한다.

전남대학교 사회학과 윤수종 교수가 쓴 〈이탈리아 자유라디오 운동〉 논문에 따르면, 자유라디오는 2차 세계대전 당시 나치 독일에 저항하는 레지스탕스가 송출한 게릴라 방송에서 그 기원을 찾을 수 있다. 또한 자유라디오 운동이 출연하기 이전에도, 심심하고 무료하기만 한 공중파에 반기를 들었던 해적방송이 있었다. 그 대표적인 예가 1958년 코펜하겐 해역의 배에서 송출했던 〈라디오 머큐리〉이다.

이탈리아에서 1977년 노동자 봉기 시기에 자유라디오는 밀라노에만 112개가 있을 정도로 번성하였는데, 그중 가장 섬광과도 같았던 〈라디오 알리체〉가 있다. 윤수종 교수의 논문에 따르면, 〈라디오 알리체〉는 비의회 좌파와 자율주의자들, 소수자들의 매체였다. 그들은 1976년 볼로냐의 낡은 군사

시설에 남겨진 송신기를 300달러에 사들이고 지방의 할인 레코드 상점에서 산 녹음기로 방송을 시작했다.

〈라디오 알리체〉는 정보를 집합적으로 생산하기를 원했기 때문에, 전문가를 초빙하는 방식이 아니라 직접 연결이나 현장 방송의 형태를 띠었다. 그러다 보니 간혹 스캔들이 일어나기도 했는데, 마치 피아트 시의 시장인 척 이탈리아 총리에게 전화를 걸어 "노동자들이 물건을 부수니 즉각 무슨 조치든 해야 하지 않느냐"고 질문하면서 총리의 반응을 청취자와 함께 듣기도 했다. 일상적인 방송 내용은 시를 읽거나 장광설의 연설을 내보내기도 하고 노래를 끊임없이 부르게 하는 등으로 이루어졌다. 여기서는 일상 언어가 아니라 파업과 축제, 데모에 대한 사건 보고 등을 비구조화된 말로 자유롭게 발언했기 때문에, 도취적이며 마약에 취한 듯한 말들을 만들었고 욕설을 여과없이 발설했다. 이러한 편성을 한 것은 〈라디오 알리체〉가 비이성적인 혁명적 욕망을 옹호하고 문화 소수자와 성 소수자 편에 서 있었기 때문이다. 프랑스에서 〈라디오 토마토〉라는 자유라디오를 운영했던 펠릭스 가타리는 『분자혁명』(2003, 푸른숲)이라는 책에서, 다음과 같이 〈라디오 알리체〉에 대해 묘사한다.

"빈곤이란 공갈, 노동의 훈육, 위계적 질서, 희생, 애국주의, 일반 이익과는 손을 끊기. 이 모든 것은 신체의 목소리를 침묵시켜 왔다. 우리의 모든 시간은 항상 노동하는 데 바쳐져 왔다. 8시간 노동, 2시간의 출퇴근 시간, 게다가 휴식, TV, 가족과의 식사. 이런 질서의 내부에 집착하지 않는 모든 것은 경찰과 사법관에게는 외설적이다."

1978년 〈라디오 알리체〉는 폭동의 워키토키일 뿐만 아니라 외설적인 담화를 생산하는 비행 결사체라는 이유로 공권력에 의해 폐쇄되는데, 총을 겨누고 마이크를 빼앗고 마이크가 떨어지는 과정을 그대로 생생하게 방송하였다.

우리나라에서 이탈리아 〈라디오 알리체〉와 같은 자유라디오 운동의 물결이 시작된 것은 2008년의 광우병 촛불집회 때였다. 사람들은 시위 현장의 소식을 〈아프리카TV〉라는 인터넷 미디어를 통해 방송하였다. 공장식 축사에서 비위생적으로 길러진 소들의 광우병 발생 위험에 대해 전 국민이 분노했던 미국산 쇠고기 사태는 사람들을 거리마다 가득 차게 했고, 촛불을 들고 청와대로 향하게 했다. 수만 명이 운집해 있는데도 이러한 상황을 주류 미디어가 거의 다루지 않는다는 사실에 분노한 시민들은 자발적으로 방송팀을 구성하여 〈아프리카TV〉를 통해 실시간으로 방송을 했다. 〈칼라TV〉, 〈촛불TV〉, 〈민중의 소리TV〉 등 수십 개의 인터넷 방송국이 세워졌으며, 현장의 소식을 실시간 영상으로 접속한 시민들은 물대포와 폭력이 오가는 현장의 모습에 놀랐다. 하지만 〈아프리카TV〉를 통한 방송은 촛불시위가 진압되자 급속히 사라졌고, 다른 방향에서 자유라디오를 만들어야 한다는 모색이 계속되었다.

이명박 정부에 의해 미디어가 장악되고 진실이 보도되지 않는 상황이 계속되자 또 다른 자유라디오 운동이 태동했는데, 그것이 팟캐스트 〈나는 꼼수다〉이다. 〈나는 꼼수다〉는 '각하헌정방송'을 모토로 이명박 대통령의 꼼수와 비리를 파헤치고 보도한다는 목표 하에 BBK 사건, 방송 장악과 민영화, 4대강, 내곡동 사저 등을 다루면서 진실에 목마른 사람들의 목소리가 되었다. 〈나는 꼼수다〉의 거친 발언과 위트, 수사 방식처럼 이루어진 취재 등은 사람들을 열광하게 했으며, 이후 이러한 접근법을 계승한 〈나는 꼽싸리다〉, 〈나는 딴따라다〉 등의 새로운 팟캐스트를 만들었을 뿐만 아니라, 그 외의 수많은 팟캐스트가 등장할 수 있도록 견인차 역할을 했다. 〈나는 꼼수다〉는 온라인 방송의 한계를 극복하기 위해 거리 합동 공연이나 문화 축제도 함께 진행함으로써 시민들을 광장으로 모이게 하는 매체로도 활약했다.

한편 단파라디오를 중심으로 한 지역 라디오 운동도 꾸준히 진행되었다. 공동체 라디오로 터를 잡은 〈마포FM〉은 가까운 성미산 마을뿐만 아니라 마포 전체의 지역 사람들과 호흡을 같이하였다. 나는 〈마포FM〉의 송덕호 본부장과의 인터뷰를 통해 〈마포FM〉의 의미를 다시 되새겨볼 수 있었다. 〈마포FM〉은 지역 주민들과 지자체의 생활, 정보, 소식을 전달하며, 지역 시민단체 간의 네트워크 역할을 하면서 지역 주민의 공동체적 관계망에 기여하는 매체로 기능하였다. 〈마포FM〉은 지역 · 생활 · 문화 공동체 활성화와 주민에 의한 주민을 위한 방송, 나눔과 함께 소통하는 네트워크 구축 등을 목표로 한다. 실제로 방송 시간 20시간 중 주민이 참여하는 시간이 대부분이다. 성미산 마을 인근에 있는 홍대 문화게릴라들이 〈마포FM〉에 참여했고, 가정주부들이 수시로 출연하여 지역에서 살아가는 이야기를 나누었다. 또 노인들이 친구들과 모여 이야기 한마당을 벌이고, 청년들의 흥과 재미가 함께하는 방송이었으며, 성적 소수자와 문화적 소수자들도 〈마포FM〉을 통해 발언하였다. 송덕호 본부장에 따르면, 〈마포FM〉은 2008년 12월 두리반 투쟁*이 시작될 때 마포구 아현동 3구역의 재개발 지역에서 재개발조합에 의해 출입구와 길이 봉쇄되어 고립된 철거민과 매일 아침 전화 연결을 하며 방

* 두리반은 홍대 근방에 있던 칼국수집인데, 도시재개발 사업으로 인해 영세상인인 세입자가 정당한 보상을 받지 못한 채 쫓겨나게 되자, 철거용역에 맞서 문화예술인, 청년, 문화소수자, 시민단체가 연합하고 결집하여 승리한 투쟁이다.

송을 하였고, 그 연대의 발언 덕분에 사회적으로 아무런 관심도 받지 않던 철거민들의 권리를 보호할 수 있었던 것이 가장 기억에 남는다고 한다.

〈마포FM〉은 자유라디오 운동 중에서도 공동체 관계망을 기반으로 한 공동체 라디오의 성격을 분명히 갖고 있다. 전국의 수많은 지역에서 소출력 라디오를 지역에 확보하려는 움직임이 활발하지만, 거대 자본의 편에 서서 방송 채널을 제한하는 현재의 방송미디어법의 규제는 지역 풀뿌리 라디오의 발전에 걸림돌이 되고 있다. 미디어가 스타나 방송 종사자들의 외모와 볼거리에 치중하여 생활 공동체의 관계망과 멀어질 때, 사실상 삶을 윤택하게 하는 것이 아니라 소외된 구경꾼만을 만든다는 것은 분명하다. 아직 우리나라의 자유라디오 운동은 시작 단계에 있지만 지역과 공동체와 진보적인 활동에 활력이 될 것이다.

최근 2020년 전후의 상황은 유튜브, 팟캐스트, 페이스북 등의 개인 미디어의 폭발적인 확산과 올드 미디어 대체 양상으로 기록된다. 그러나 이러한 상황의 배후에는 플랫폼자본주의 양상으로 자본주의가 진화하고 이행하는 흐름이 자리 잡고 있다는 점도 간과해서는 안 된다. 이제 스펙타클은 개인의 일상에까지 확산되었다. 플랫폼에서 울고 웃고 떠들고 재미와 흥미를 느끼며 정동을 발휘하며 향유하다 보면 결국 그 이득은 모두 플랫폼이 가져간다. 그런 점에서 플랫폼자본주의는 정동자본주의이기도 하다. 결국 스펙타클 사회는 최종적으로 외부의 소멸의 국면으로 이행했다. 모든 일상이 구경거리가 되었으며, 엄청난 빅데이터가 축적되는 상황이 도래했다. 그러나 기후 위기와 같은 긴급한 문제에 대해서 진지하고 깊이 있게 이야기하는 매체는 아직까지 존재하지 않는다. 나는 2018년 폭염 상황에서 기후 위기에 대해서 깊이 있게 알릴 수 있는 매체, 그저 정보와 지식이 아니라 지혜와 정동으로 말할 수 있는 매체를 만들기 위해서 생태적지혜연구소협동조합(www.ecosophialab.com)을 만들었다. 그리고 그 실험은 지금도 지속되고 있다.

이미지와 물신성

기 드보르가 『스펙타클의 사회』에서 언급한 '스펙타클'은 단순히 구경거리인 이미지만이 아니라 이미지에 현혹되고 매개된 사람을 의미하기도 한다. 리들리 스콧 감독의 영화 〈블레이드 러너〉에는 미래 도시의 풍경이 나오는데, 일본 광고의 전광판을 통해 이미지가 끊임없이 주사되고 이에 지속적으로 시선이 노출되어야 하는 세상으로 표현된다. 자본주의에서 볼거리와 구경거리는 물신화된 이미지로 나타나는 '축적된 자본'에 다름 아니다. 마르크스의 『자본론』이 잘 설명했듯이, 축적된 자본의 힘은 노동자의 집합적 힘의 산물일 뿐이다. 노동자들은 자본과 투쟁하였던 과거를 잊어버리고 자신이 만들어 놓은 자본의 권능을 구경거리 삼아 자신 외부에 거대한 자본이 따로 있다고 생각한다. 실은 노동자 자신이 만든 것임에도 불구하고 말이다. 여기서 전도가 이루어지는데, 이 뒤집힌 세상에서는 모두가 거짓이어서 참된 것도 허위적인 것의 하나의 계기에 불과한 것이 된다. 미디어에 나오는 외양이 뛰어나고 스타일리시한 전문가와 방송 종사자들에 대한 선망은 사실 자본에 대한 선망이며, 허위와 거짓도 그럴듯하게 말하면 진실이라고 생각하는 허언증의 세상을 만든다. 특히 허언증의 세계는 더욱 가속화되어 가짜뉴스의 탈진실의 사회로 이행한다. 이에 따라 가짜뉴스는 주류 미디어와 뉴스매체 등에서도 끊임없이 생산되어 사람들의 의식을 오염시키는 원천이 되었다고 할 수 있다.

스펙타클이라는 구경거리가 만드는 가짜와 허위의 질서가 사실은 사회적인 관계와 계급적인 관계의 산물이라는 점은 철저히 은폐된다. 사물화는 인간과 인간의 관계가 사물 간의 관계로 전도되어 나타나는 현상을 의미한다. 마르크스는 『자본론』의 '상품물신성'이라는 장에서, 노동과 자본의 관계가 은폐되고 그것이 그저 상품들 간의 관계로 왜곡되어 나타나는 현상을 처음으로 언급하였다. 이후 프랑크푸르트학파는 이러한 물신성이 사회 시스템에서도 나타난다고 지적하였다. 기 드보르는 미디어의 이미지와 영상이 진짜로 존재하는 인간관계가 아닌 철저히 전도된 세상의 사물화된 질서를 보여주고 가짜와 허위의 통일성을 만든다고 말한다. 미디어 내에서는 우리 주변의 가정주부, 노인, 아이들, 소수자들이 실제로 살아가는 삶은 전혀 나오지 않으며, 건강하고 아름답고 부유하고 장애가 없는 사람들로 이루어진 세상만이 등장한다. 이러한 세상은 자본이 만들어낸 가짜 세상이며 허위임에도 불구하고, 노동자들은 그런 주인공을 선망하거나 자신과 동일시하게 된다. 미디어가 만든 허위적인 인간관계는 물신 숭배가 가장 극단적인 형태의 인간관계로 이루어져 있다.

가짜 세상과 진짜 세상의 분리는 고대 그리스에서 플라톤이 이미 언급했던 바 있다. 이데아 세계라고 불리는 원본과 원형의 세상은 자신이 발 딛고 살아가는 지금 여기가 아닌 이상화된 세상을 의미하며, 이에 따라 현재의 삶은 가짜와 허위일 뿐이다. 이러한 플라톤의 이데아 세계처럼, 현실의 구체적인 삶에는 존재하지 않는 가장 아름답고 이상적인 세상이 미디어 속 세상일지도 모른다. 플라톤의 가상현실로서의 이데아 세계는 가짜 웃음소리로 이루어진 토크쇼의 인공적인 한 장면이 더 어울리는 세상이다. 스펙타클화된 세상과 구체적인 현실의 분리는 노동 분업을 통한 전문가와 대중의 분리를 통해 구체화되었다. 전문가들은 일방적으로 메시지를 던질 수 있는 권능이 있으며, 노동자들은 그것의 수용자가 되어야 한다는 분리의 구도가 여기서 등장한다. 플라톤이 생각한 이데아론은 노동 분업의 최초의 모습인, 시민과 분리된 철인 정치가의 등장을 의미하는 것이며, 곧 미디어의 탄생을 예고하는 것이기도 하다.

오늘날의 노동자들은 근대 초기에 비하면 노동 시간이 줄었고 여가 시간을 더 많이 확보하였다. 그러나 이런 여가 시간은 실제로는 '노동으로부터의 해방'이 아니며, 또 다른 노동의 시간일 수 있다. 노동자들은 자신이 만들었으면서도 자신이 소외되고 배제돼 버린 '축적된 자본'의 권능이 얼마나 대단한가를, 여가 시간 동안 계속 들여다보는 미디어를 통해 무심결에 느끼게 된다. 그래서 여가 시간에는 노동하지 않음에도 불구하고, 노동의 결과물에 대한 예속은 지속된다. 노동 현장에서 천대받던 자신이 여가 시간에 소비자로서 얼마나 자본으로부터 후한 환대를 받고 있는지를 무의식적으로 생각하도록 강제되고, 얼마나 자본의 힘이 대단하며 자신은 얼마나 왜소한지 자각하도록 강제된다. 노동을 통해서만 화려한 소비생활이 보장될 수 있다는 사실을 주입받기 때문에, 다음날 아침 무리 없이 일어나 다시 노동자로서 힘든 출근길에 오르게 된다. 이러한 일련의 과정은 여가 시간에도 계속해서 노동하는 것과 똑같은 효과를 낳는다. 스펙타클이라는 구경거리의 세상은 노동자의 집합적인 힘을 무력화하고 자본주의에 부드럽게 예속시키기 위한 수단인 것이다.

노동 소외와 사물화가 첨단화되어 미디어 같은 달콤한 구경거리를 제공해줌으로써 노동자를 최면에 걸린 듯 무력화하는 시스템은 현대 사회의 부드러운 예속 시스템의 특징이기도 하다. 화려한 이미지로 등장하는 자본을 노동자들은 결코 자신이 만들었다고 생각하지 못하며, 생산물과 생산 과정으로부터 소외되어 철저히 구경꾼이 되어 버린다. 기 드보르는 자본주의의 상품 물신주의도 주목하는데, 상품이 사회적 삶을 점령하도록 강제하는 것이 미디어의 중요한 목적이라고 분석하였다. 사람들은 재화를 사용할 수 있는 방법이 상품 이외에는 없다고 생각하며, 자연과 유기적인 관계 속에서 재화를 획득했던 방법을 완전히 망각하기에 이른다. 그래서 상품을 찬양하는 스펙타클의 사물화된 질서는 마치 원래부터 상품이 세계를 작동시키는 원리라고 생각하게 만든다.

TV 광고에 나오는 상품들은 얼마나 실제 세상을 왜곡하는가. 아름답고 스타일리시한 방송 종사자가 가정의 행복은 세탁기나 세제, 냉장고에 있다고 속삭일 때, 사람들은 상품이 행복과 기쁨을 가져다준다고 생각한다. 나는 충남 홍성의 풀무마을을 방문했을 때, 사람들이 살아가는 재화의 대부분이 상품이 아니라 자연의 순환과 재생에서 나오는 산물이라는 점에 놀랐다. 숲과 논과 밭에서 유기농업을 통해 끊임없이 생산되는 쌀과 고구마, 양파, 파, 감자 등을 어떻게 설명해야 할지 몰랐다. 그곳에 같이 갔던 한 분은 "농부는 자연의 신비로운 순환 능력 덕분에 영성적인 생각을 할 수 있는지도 모른다"고 말했다. 또 다른 분은 "쌀과 고구마는 자연이 준 선물일지도 모른다"고 말했다. 나는 선물이 주는 영감과 감동보다 상품이라는 투입-산출의 계산된 잣대에 익숙한 도시 사람들을 생각했다. 이런 의미에서 볼 때 TV는 자연이 주는 선물로 이루어진 교류 방식을 잊어버리고 상품을 찬양하도록 무의식과 생각을 오염시키는, 철저히 자본주의에 복무하는 기괴한 기계장치이다.

관조를 뛰어넘는 구경거리의 논리

기 드보르는 마르크스가 언급했던 포이어바흐의 관조적 유물론이 주는 효과를 뛰어넘는 구경거리의 논리를 말한다. 마르크스는 "철학자는 세계를 이리저리 해석해 왔을 뿐이다. 그러나 중요한 것은 세계를 변혁하는 것이다"라고 말하면서, 감성적 실천을 통해 세상과 접속하고 변형하는 것이 얼마나 중요한가를 언급했다. 그가 비판한 포이어바흐는 감성적 실천을 하는 인간이 아니라 사랑, 우정, 신뢰라는 유적 본성(類的 本性)에 의해 움직이는 평면적인 인간형을 제시했다. 즉 포이어바흐는 사회적 관계 속에서 사회적 실천을 하는 구체적인 인간이 아닌 본성으로 평면화되고 추상화된 인간을 얘기한 것이다. 이러한 포이어바흐의 관조의 태도는 세상을 바꾸지 않고 분석만 하는 철학자의 삶의 태도를 보여주는 것이었고, 이에 마르크스는 혁명가적 삶의 태도를 호출한 것이다.

기 드보르는 철학자가 관조의 태도를 보이는 것에서도 노동 분업에서 비롯된 전문가와 대중의 분리가 존재한다고 보았다. 그리고 사회주의 운동이 노동자의 구체적인 삶에서 출발했지만 결국 노동자들의 삶으로부터 분리되어 구경거리가 될 수밖에 없었던 역사를 추적해 본다. 코뮌이나 평의회와 같은 최초의 노동운동의 모습은 노동자의 삶의 절박함과 이에 대한 투쟁이 담겨 있었지만, 이후 국가사회주의가 구체화되는 과정에서 노동운동은 노동자의 삶으로부터 분리되어 복잡한 논리를 구사하는 혁명 전문가들에게 전유되었다고 본다. 결국 기 드보르는, 볼거리나 구경거리가 생기는 것은 소외와 사물화가 이루어지고 있다는 것이며, 동시에 삶으로부터 분리된 허위적인 질서가 만들어졌다는 것으로 보는 것이다.

미디어를 화려하게 꾸며주는 방송 종사자들의 화려한 언변과 외모는 구경거리를 제공하지만, 민중의 삶으로부터 분리된 말과 외양으로 구성된다. 삶에서 그다지 특별한 것도 아니며 일상의 일부에 불과한 것도 대단한 것으로 만들어 볼거리와 구경거리가 되도록 하는 것이 미디어가 숨기고 있는 기능이다. 이를테면 사람들의 외모는 다양한데도 불구하고, 미적으로 가장 아름답다고 여겨지는 사람을 주인공으로 만들어서, 그 나머지 사람들을 배제하고 구경꾼이 되도록 강제한다. 미디어는 내면의 성숙과 사랑하는 진심, 영적인 충만함이 표현되지 않으며, 오로지 외양으로만 이루어진 세계를 만들어낸다. 그래서 외양이 가장 그럴듯해 보이는 사람만이 진실하다는 왜곡된 인식을 하게 만든다. 사실 TV가 하루종일 방영되는 오늘날의 자본주의는 끊임없이 민중을 상대로 아편전쟁을 치르는 상태라고 할 수 있다. 그것이 얼마나 민중을 병들게 하고 속물로 만드는가.

이미지 자체의 물신성에 비판적인 태도를 취한 기 드보르와 달리, 발터 벤야민은 물신성 내부에서 소망 이미지의 가능성에 주목한다. 벤야민의 아케이드 프로젝트(Arcades Project)*의 경우 만국박람회라는, 전 세계 문물을 집결해 놓은 전시에서 볼거리를 발견한 민중은 매일 만국박람회가 열리는 것을 소망했고 그 결과 백화점이 들어서게 된다. 그러나 민중에게는 상품이 볼거리이기는 하지만 사실상 구매할 수 없는 환상적인 것에 불과했다. 벤야민은 프랑스혁명 기간 동안 과거의 이미지를 빌려 현재를 설명하고자 하는 프롤레타리아트의 사고방식에서 소망 이미지를 발견한다. 프롤레타리아트의 소

* 아케이드 프로젝트는 발터 벤야민이 19세기 파리의 산업문명에 대해서 메모해 두거나 파편적인 글을 쓴 것을 모아서 벤야민의 영감과 단상, 철학을 추적하는 실험적인 시도이다.

망 이미지에서 메시아주의적인 구원의 가능성을 찾고 혁명을 호출한다. 이는 물신화된 질서 자체를 비판하는 것이 아니라, 물신성 내부에서 혁명을 위한 소망 이미지의 소재를 발견하는 것이 가능하다는 전망을 낳는다.

나는 벤야민의 이러한 이론을 어떻게 해석해야 할지 한동안 고민했다. 그러다가 지리산생명연대 활동가인 김휘근 님을 만나 해결의 단서를 찾았다. 지리산에 케이블카와 댐을 건설하겠다는 지자체 정책이 발표되자 그는 지리산 반달곰 탈을 쓰고 거리에서 1인 시위를 했다. 반달곰을 친근하게 여긴 시민들이 다가와 사진을 찍으면서 연대와 지지를 표현했는데, 그중 우연히 만난 아이돌 팬클럽 회원들이 지지를 표현하면서 이들 덕분에 한동안 이 문제가 SNS에서 주요 이슈로 떠오르기도 했다. 기 드보르 입장에서 아이돌 팬클럽은 물신성 내부에 있는 것이므로 배제해야겠지만, 벤야민 입장에서는 프롤레타리아트의 소망 이미지의 일종으로 간주될 수 있다. 이런 점에서 2008년 광우병 촛불집회가 시작되는 시점에 아이돌 팬클럽들이 일정한 활약을 했다는 사실 또한 시사점이 크다고 할 수 있겠다.

나는 빅터 프랭클(Viktor Frankl, 1905~1997)의 의미요법에 대해서도 주목해 보았다. 그는 2차 세계대전 동안 아우슈비츠의 열악한 환경에서 살아남은 자들을 연구하는 중에, 크리스마스와 새해 사이에 유난히 사망자들이 많은 이유에 주목했다. 그는 자신이 수용소 밖으로 나갈 수 있다는 의미와 환상을 이룰 수 없게 된 사람들이 급격히 신체의 저항력과 의지를 상실해 죽음에 이르렀다고 보았다. 이런 점에서 이성이 아닌 환상이나 망상이 오히려 열악하고 어려운 현실을 버티게 하는 힘이 될 수도 있다. 미디어는 세상에서 가장 고립된 환경에서 사는 사람들이 환상과 망상으로 세상을 가상적으로 구성하는 것과 같다. 이런 점에서 기 드보르는 TV의 환상의 세상인 스펙타클이 물신화된 질서이며 허위이며 가짜라는 마르크스의 유물론의 테제를 고수하지만, 그러한 스펙타클이 만든 가상・환상・망상이 어떤 역할을 하는지는 설명하지 않는다.

노인, 장애인, 소수자들 중에 자의 반 타의 반으로 하루 종일 TV를 보면서 미디어의 환상의 세상 속에 살아가는 이가 상대적으로 많다. TV에 나오는 세상은 이들에게 세계와 소통할 수 있는 유일한 창구로 간주되지만, 그것은 극단적인 빈곤과 고립과 무위로 이루어진 사회 환경 때문에 어쩔 수 없이 선택된 것이다. 구경거리의 논리는 환상을 통해 세상과 가까워질 수 있다고 말한다. 하지만 장애인의 경우 이동권과 여행권 확보를 통해 직접 세상과 소통하고 돌아다녀야지, TV의 환상이 만든 세상이 만족하라는 것은 그들의 권리를 무시하는 것이다. 소수자들에게 미디어로써 환상을 횡단할 자유를 주겠다는 것은 현실을 횡단할 수 있는 자유를 주지 못한 것을 은폐하는 기만일 뿐이다. 가장 고립되고 열악한 상황에서 TV는 가장 가까운 친구이자 삶을 버티게 해주는 환상을 만드는 장치이지만, 환상은 환상일 뿐 현실의 변화가 우선되어야 한다는 점을 기 드보르는 잘 보여준다.

미디어의 환상에 사로잡혀 이리저리 마음을 움직이지만 정작 신체는 고립되고 텅 비어서 무기력해진 현대인들은, 사실은 이미지의 마약에 취해 현실의 도피처를 찾는 것이다. 미디어는 현대인들을 무장해제시켜 여가 시간 동안 다른 생각을 하지 못하도록 하려는 자본주의의 의도를 잘 수행하고 있는 것이다.

TV 문명 너머로

들뢰즈는 말년에 욕망이라는 세상의 작동 원리를 포기하고 이미지에 대한 연구에 빠져든다. 그가 쓴 『영화』라는 책은 욕망에서 이미지로의 이행을 보여주는 저작이다. 나는 이미지를 통해 욕구 충족을 해내는 새로운 세대들과 만나면서 영상과 이미지가 장악한 세상을 상상해 보곤 한다. 물론 영화와 TV는 분명 다른 매체이다. 영화는 일상적인 생활공간으로부터 벗어나 독신자, 기억상실자, 방랑자의 낯선 생각의 상태로 튕겨내는 효과가 있지만, TV는 측방 경계를 하는 사람처럼 일상의 환경과 결합되어 뒤섞인다. 들뢰즈의 『영화』는 사람들로 하여금 미지의 세계를 탐험하는 상태를 만들면서 운동이미지와 시간 이미지로 구성된 이미지의 흐름이 갖는 효과에 대한 탐색으로 이루어져 있다. 그래서 영화는 TV와 같은 주류 미디어의 위상에서 벗어나 있다.

우리는 TV 문명에 대한 비판 중에서도 '부드러운 예속'이라고 불리는 상태에 주목해야 할 것 같다. 마치 달콤한 낮꿈처럼 TV의 이미지와 장면들은 사람들을 졸음의 상태로 이끈다. TV는 동일하고 통일된 것을 생산해내는 능력을 갖고 있어서, 비슷비슷한 생각을 가진 사람들을 주조해낸다. 획일화되고 통합된 세상의 모습은 다름 아닌 어떤 가족이 TV를 보며 동시에 웃고 우는 모습에 있다. TV의 일방적인 메시지는 통속적인 삶을 구성하며 그 외부를 보지 못하게 하는 것이다.

2020년에 이르러 유튜브와 SNS 등의 개인미디어의 활성화는 스펙터클한 세상이 플랫폼을 통해 촘촘히 개인의 삶에 침투하는 양상이다. 스스로를 뽐내고 자랑하는 플랫폼자본주의가 확산되고 있지만, 나는 각종 미디어에는 결코 노출되지 않는, 보이지 않는 영역에 있는 얼굴 없는 사람들에 주목하였다. 이들은 스타를 추앙하는 군중도 아니고, 그저 멍하게 미디어를 시청하는 구경꾼도 아니다. 또한 개인미디어를 통해 자신의 삶을 미화하고 뽐내는 사람들도 아니다. 이들은 자신이 살아가는 공간에서 벌어지는 미세하고 다양한 이야기들을 만드는 사람들이다. 누구나 무대의 주인공이 되고 싶겠지만 조연과 풍경으로 자리 잡는 수많은 사람들도 있다. 이들은 가난하고 발언권이 없으며 얼굴이 노출되지도 못하고 못생겼다고 평가되지만, 삶의 세계를 풍부하게 만드는 사람들이다. 우리의 어머니, 누이, 친구들과 같은 사람들이 그런 사람들이다. 우리가 TV 스위치를 끄고 보이지 않는 영역에 있는 사람에게 주목할 때, 미디어 권력은 사라질 수밖에 없을 것이다. 그러면서 우리는 다시 서로를 보면서 이야기하고 수다를 떨고 살을 부빌 수 있게 될 것이다.

12_ 호르크하이머의 도구적 이성과 육식 문명

육식 문명의 그림자

2009년 월드워치 보고서인 〈기후 변화와 축산업〉은, 축산업이 한 해 365억 6,400만 톤의 온실가스를 배출해 지구온난화 원인의 51퍼센트를 차지하고 있다고 전한다. 이러한 온실가스는 소가 내뿜는 방귀와 트림에서 나오는 메탄가스가 주범이다. 한편 국제식물보호협약(IPPC, the International Plant Protection Convention)의 2007년 보고서에서는 축산업을 포함한 농업 부문 전체가 발생시키는 인위적 온실가스가 13.5퍼센트라고 하여 월드워치보다 낮은 것으로 보고하였다. 그리고 2006년 유엔 식량농업기구(FAO)에서는 육식으로 말미암아 발생하는 온실가스가 14~22퍼센트라고 보고하였다.

이러한 차이들에도 불구하고 같은 양의 메탄가스와 이산화탄소를 비교했을 때 메탄가스의 온실 효과가 이산화탄소의 25배라는 사실은 육식 문명이 지구 환경을 훼손하고 주범 중의 하나임을 단적으로 보여준다. 환경오염과 기후 변화 등의 문제는 이제 밥상에서부터 시작되며, 밥상 문화를 바꾸지 않고서는 환경의 재앙에 대처할 수 없는 상황에 와 있다. 그런 의미에서 육식을 줄이는 행위는 이미 환경운동과 같은 위상을 갖는다고 할 수 있다.

또한 육식을 하려는 인간의 욕구가 아마존 열대우림 파괴를 야기하여, 하루에도 축구장 여덟 개 크기의 밀림이 사라지면서 거기에 소를 방목장이 세워지고 있다. 지구의 산소 20퍼센트를 생산하는 아마존 열대우림의 파괴는 탄소순환과 산소순환의 균형을 맞추는 중요한 안전지대가 파괴된다는 의미이기에 매우 심각한 문제다. 더 심각한 것은 육식이 식량 분배에 미치는 영향이다. 제레미 리프킨은 『육식의 종말』에서, 미국 전체에서 생산되는 곡물의 70퍼센트가 가축 사료로 사용된다는 점을 지적하였으며, 자동차에 쓰이는 바이오 연료로도 사용된다는 점도 큰 문제라고 하였다. 또한 1파운드의 고기를 위해 9파운드의 곡물이 들어가기 때문에 1인분의 육식은 9명의 제3세계 사람들의 식사를 빼앗는 셈이 된다. 매년 10억 명의 사람들이 절대기아에 시달리고, 매년 굶어죽는 사람이 600만 명에 달하는 현실에서, 우리가 육식을 하지 않는다면 13억 명의 사람들이 끼니를 해결할 수 있다는 계산이 나온다. 육식을 탐욕스럽다고 표현하는 이유가 여기에 있다.

또한 우리는 육식의 욕망을 충족하기 위해 공장식 축산업이라는 끔찍한 시스템을 유지하고, 그 안에서 생명은 고기를 생산하는 기계로 간주된다는 점에 주목해야 한다. 공장식 축산업은 동물들을 좁고 지저분하고 열악한 환경에서 병들지 않고 최단 기간 내에 빨리 자라게 하기 위해 항생제와 성장호르몬제로 범벅이 된 사료를 먹임으로써 유지된다. 미국에서 사용되는 항생제 중 인간을 위한 것은 1,300톤인 데 비해 가축을 위한 항생제는 1만 1,000톤에 달한다는 보고만 보더라도, 항생제 남용으로 인한 생태계 교란이 얼마나 심각한지를 알 수 있다. 현재 아무리 작은 감기에도 독한 항생제를 써야 하는 상황은 육식을 통해 전이되는 항생제 성분으로 인체가 항생제 내성이 생겼기 때문이다.

채식 의사들의 모임인 '베지닥터'의 이의철 사무국장이 2012년 12월 7일자 〈프레시안〉에 올린 〈살육의 부메랑, 육식 질병이 사람을 공격한다〉라는 기사를 보면, 공장식 축산업이 과도하게 사용하는 성장호르몬이 어떤 결과를 낳는지를 보고하고 있다. 일단 여성들의 초경의 시기가 10년에 0.68년씩 급격하게 빨라지고 있다. 1920년대에는 16.9세에 월경을 시작하였고, 1980년대 출생한 여성은 13.8세에 초경을 경험하였는데, 현재는 12세에 초경을 경험하는 것이다. 성장호르몬으로 단기간에 몸집을 불려서 상대적으로 적은 양의 사료로 가축을 기른다면 공장식 축산업자에게 큰 이득이 될 것이다. 그래서 닭의 경우 태어난 지 3주 만에 도살될 정도로 성장호르몬의 영향력은 강력하다. 내가 아는 한 농장주는 어느 날 길에서 양계 트럭이 흘리고 간 닭 한 마리를 발견했는데, 몸집은 제법 묵직했지만 얼굴은 병아리였고 그 우는 소리는 '삐악삐악'이었다고 한다. 성장호르몬으로 몸집만 키운 병아리였던 것이다. 그러한 성장호르몬 남용의 결과는 동물에게 그치지 않고 인간에게까지 직간접적인 영향을 미친다.

그뿐이 아니다. 요즘 문제가 되는 당뇨병이나 성인병의 주요 원인은 육식 위주의 식생활 습관이다. 특히 고지혈증의 경우 육식으로 인한 지방수치의 증가가 직접적인 원인이며, 당뇨병과 육식의 증가는 정비례 관계에 있다. 식생활로 인한 건강 파괴와 암 발병률(66퍼센트)은 흡연으로 인한 것(34퍼센트)의 두 배에 달하는 결정적인 요인으로, 사실상 육식이 건강에 미치는 영향이 그만큼 막대하다는 점을 잘 알려주고 있다. 한국 사회는 영양 부족으로 인한 질병이 아니라 과도한 육식으로 인한 질병으로 삶의 질이 저하되고 막대한 의료비 손실을 겪고 있다. 육식을 줄이고 피하는 것은 무엇보다 자신의 건강을 위한 행동이기도 한 것이다.

2006년 FAO의 〈가축의 긴 그림자-환경 이슈와 옵션〉(Livestock's Long Shadow-Environmental Issues and Options)이라는 보고서는 가축 사육의 문제점을 질소순환의 입장에서 서술하고 있다. 물론 근대화 이전에는 가축의 분뇨가 퇴비가 되고 유기순환 농업의 기초가 되었지만, 육식을 위해 너무 많이 밀집형으로 길러지는 현재의 상황에서 가축 배설물 문제는 심각한 상황이다. 이를테면 미국 농장의 동물들은 인간보다 130배 많은 배설물을 쏟아내고 이는 도시 하수의 160배에 달한다. 가축 분뇨가 그대로 바다로 흘러 들어가서 지구의 질소순환을 파괴하면 바다 생태계 전반이 교란되는 상황에 처하게 된다. 그러나 현재 많은 양의 가축 배설물이 바다로 흘러 들어가고 있어, 이로 인한 생태계 교란과 파괴가 심각한 상황이다.

생명은 도구나 수단이 될 수 없으며 그 자체로 목적이 되어야 하지만, 육식 문명은 공장식 축사의 열악한 상황으로 생명을 몰아붙이고 요리나 배식에서 겉보기에는 위생적인 고깃덩어리로 등장하게 만들면서 생명이 처한 실제 현실을 감춘다. 하지만 생명을 육식의 도구로 삼는 것을 당연하게 여기는 문화는 결국 보이지 않는 영역에서 인간에게 영향을 주어 인간 자신도 도구로 삼는 결과를 낳게 된다. 내가 어릴 적 보았던 송아지는 고기를 위한 수단이 아니라, 잠깐 쓰다듬어만 주어도 즐거워서 껑충거리며 기뻐하는 기쁨과 활력을 지닌 존재였다. 그러나 소를 육식의 수단으로 삼는 순간 소의 본성은 완전히 무시되고 고기를 생산하는 기계로 간주된다. 생명의 생동과 활력은 낯선 고깃덩어리로 화석화되며 사라진다.

호르크하이머와 도구적 이성 비판

호르크하이머(Horkheimer, 1895~1973)는 프랑크푸르트학파를 이끌었던 사실상의 지도자이다. 그는 유대계 공장주 아들로 태어나 마르크스주의에 관심을 갖고 있었는데, 당시 바이마르공화국 상황에서 마르크스주의는 볼셰비즘과 사회민주주의 사이에 선택을 강요받고 있던 상황이었다. 프랑크푸르트학파는 '사회조사연구소'를 구성하여 제3의 길인 비판이론(Critical Theory)*의 노선을 정립하였다. 1931년 1월 사회조사연구소의 사실상의 지도자가 된 호르크하이머는 〈사회철학의 현재 상황과 사회과학연구소의 과제〉라는 발표를 통해 자연과 사회, 인간의 심리를 연구하겠다는 원대한 포부를 밝혔다. 그 일환으로 에리히 프롬 등의 심리학자를 받아들이기도 했다.

1933년 나치의 파시즘이 독일을 장악하자 사회조사연구소 구성원 33명 전원이 스위스로 건너갔는데, 그들이 급진적인 사상을 갖고 있었기 때문이기도 하지만 대부분 유대인 계열이었기 때문이기도 했다. 호르크하이머는 1934년 미국 컬럼비아대학 총장으로부터 117가 서부 429번지 건물을 사용하도록 허락받았고, 동료들과 함께 미국으로 피신하여 비판이론을 태동시킨다. 그는 아도르노와 함께 쓴 『계몽의 변증법』을 비롯하여 『도구적 이성 비판』, 『철학적 단상들』과 같은 저작을 남겼다.

그가 단독으로 쓴 『도구적 이성 비판』은 현대 문명의 부패와 타락, 자본

* 비판이론은 프랑크푸르트 사회과학연구소의 주요 인물들 - 호르크하이머, 아도르노, 마르쿠제, 벤야민, 폴락, 에릭 프롬 - 이 제기했던 이론으로 기존 마르크스주의의 경제주의를 탈피해서 이데올로기 비판과 문화분석으로 나아간 이론이다. 하버마스에 이르면 의사소통행위이론으로 발전된다. [네이버 사회학사전, 비판이론 파트 참고]

주의와 파시즘의 문제점의 원인을 도구적 이성에 혐의를 두는 저작이다. 오늘날 해체주의나 포스트구조주의 등이 자연과 생명을 약탈하는 문명의 문제를 이성 일반의 문제로 보는 시각과 달리, 호르크하이머는 주관적 이성으로서 도구적 이성의 문제로 한정시키고 새로운 이성의 재구성 노력이 필요하다고 역설하였다. 이를테면 푸코의 『광기의 역사』가 19세기 정신의학이 광기를 비이성으로 식별하고 그것에 가했던 폭력과 감금을 고발하면서 이성과 정상성, 합리성의 신화에 의문을 가졌던 것과는 다른 궤도를 그린다. 또 이탈리아에서 정신병원을 없앴던 정치가이자 철학자인 바살리아의 경우에는 이성 자체를 광기로 여기고 있는데, 이성의 논리 내부에 준거집단이 있고 그것은 사회에서 가장 안정되어 있는 주류 집단을 대변하는 것이라는 점을 밝혔다. 그러나 호르크하이머는 푸코나 바살리아처럼 이성 자체를 반대하는 것이 아니라, 새로운 이성의 도래라는 시대적 요청을 비판이론이라는 이름으로 쓰고 있다.

근대 초기에 서구 이성론은 종교를 비판하면서 미신으로부터의 계몽이라는 긍정적인 역할을 했다. 우리가 합리적이고 이성적이라고 할 때, 미신으로부터 벗어나 탈주술화된 계몽적 시각을 갖춘다는 의미좌표를 갖게 된 것은 이 즈음이다. 이러한 이성은 근대의 주체에게 미몽에서 벗어나 합리적인 시각을 갖도록 만들었지만, 그것은 또 하나의 타협의 산물이었다. 근대의 이성은 부르주아 국가 질서 이데올로기의 일부로 편입되어, 국가주의와 개인의 이익관심을 보장하는 수단으로 전락하고 만다. 가장 합리적인 것에는 자기의 이익관심을 보호하고자 하는 주관적인 것이 개입되어 있다. 근대 이성의 논리는 부르주아 국가의 헌법을 구성하는 정의, 평등, 행복, 민주주의, 소유권을 설명하는 수단에 불과한 것이 되었다. 결국 이성은 자율적이고 자유롭게 전개되는 사상의 맥락보다는 부르주아 사회의 기계적인 과정의 일부로서 자동적이고 도구적인 것이 되었고, 호르크하이머는 이러한 이성을 주관적 이성, 도구적 이성이라고 부른다.

근대 이전까지 인간에게 자연과 생명은 신비롭고 설명 불가능한 것으로 간주되어 미신과 신화, 주술의 대상이 되었다. 그런데 서구 합리주의는 이러한 자연을 인간이 지배할 수 있는 대상으로 보며, 철저히 과학과 기술의 도구라는 분석틀로 들여다본다. 자본주의 문명이 자연을 대상화하고 도구화하자, 결국 그러한 도구적 이성이라는 방식의 지배는 인민 대중에 대한 지배를 정당화하는 논리가 되었다. 유기적인 자연과 공동체의 일부로서 낯선 대상이 아니었던 생명체들은 해부실에서 맨몸을 드러내거나 동물원에서 구경거리가 되거나 집단 사육되는 육식의 도구가 되었다. 그리고 그러한 도구주의의 과정은 철저히 합리성과 과학, 실증주의와 실용주의의 이름으로 행사되었다.

근대 이성에는 "나는 생각한다. 고로 존재한다(cogito ergo sum)"의 논리와 같이 확실한 의식을 가진 자아가 등장한다. 공동체 내부에서 대화, 소통, 정서, 지성, 무의식의 흐름 속의 일부로서 존재했던 주체성들이 자아의식을 갖게 됨으로써 소유권이라는 개념이 확립되고, 도구적 이성으로 자연을 대상이나 수단으로 삼을 수 있는 주체가 확립된다. 이러한 근대적 주체는 진리에 따라 움직이는 확실한 자아를 가진 인간형이었다. 자연과 생명의 유기적 순환 구조 속의 일부였던 인간은 자연과 생명을 지배할 수 있는 막강한 힘을 가진 의식적 주체로 다시 태어나는데, 이것이 가능했던 이유는 진리를 알 수 있다는 자아의식을 갖고 있었기 때문이다.

인류는 오랫동안 육식을 해 왔지만, 근대 이후의 도구적 이성의 방식으로 육식이 행해졌던 때는 거의 없었다. 사냥을 통해 육식을 하던 시절에도 인류는 제사의식을 통해서 동물에게 고마움을 표현했고, 가축을 길렀던 시절에도 동물을 완전히 육식의 수단으로 전락시킨 것이라기보다는 교감과 보살핌, 돌봄의 관계를 유지하고 있었다. 그러나 근대의 도구적 이성이 확립된 이후부터는 생명은 완전히 고기를 위한 수단과 도구로 전락했고, 그 결과가 바로 공장식 축산업이라는 야만적인 문명의 산물이다. 생명은 공동체로부터 분리되고 격리되어 낯선 존재가 되어 버렸고, 단지 고기의 형태로만 존재하게 된다. 생명과의 교감이 격리되어 생명과 자연을 대상이나 수단으로만 여기는 사람들은 결국 자본주의 문명의 병리적 상황들과 마주칠 수밖에 없다. 이를테면 노동자들이 자신을 도구화하는 직장의 위계나 경쟁에 의한 스트레스를 풀고자 할 때 고기를 먹는 행위는 다시 자신보다 약한 존재인 생명을 도구화하는 행위라고 할 수 있다.

채식운동의 발흥과 발전

육식의 폐해를 알게 되면서 나는 자연스럽게 채식운동에 관심을 갖게 되었다. 채식을 통해 육식 문명의 생명의 도구화 체제로부터 벗어나는 것도 필요하다는 생각에서였다. 한국에서 채식운동의 과거, 현재, 미래를 알아보기 위해 채식운동가인 강대웅 님을 만났다. 그는 채식운동이 걸어간 발자취를 마치 아이가 태어나서 어떻게 걷게 되었는지를 설명하듯 소상히 얘기해주었다.

채식운동은 1990년대 초반 PC통신 동호회인 '정신과학동호회'에서 시작했다. 여기서 채식 이야기가 인터넷을 통해 처음으로 논의되었고, 소책자를 발간하고 캠페인을 벌였다. 이때 참여했던 사람이 이원복, 김승권, 정인봉, 조상우 등 초기 채식운동의 멤버들이었다. PC통신 네트워크를 이용해 의기투합한 사람들은 개인적 채식을 사회운동으로 발전시키려 했고, 각자 자기가 사는 지역에 채식 식당을 열기도 했다. 이 시기의 채식운동은 인디 문화의 일부로서 사람들에게 인식되었다. 이에 힘입어 인터넷 동호회들도 속속 생겨났는데, 전상준이 운영하던 '지구사랑 베가'와 전인봉이 운영하던 'X-Pert' 등이 그것이다. 또한 1990년대에는 이상구 박사의 '뉴스타트 운동'이 건강한 먹거리의 필요성을 환기시키기도 했다.

2008년도 광우병 사태 때는 채식인들도 '그린피플 네트워크'를 만들어 촛불집회에 참여하였다. 일반 시민들이 미국산 쇠고기라는 특정 나라의 특정 고기에 한정해서 문제의식을 가졌다면, 채식인들의 슬로건은 육식 일반에 대해 근본적인 문제제기를 하는 것이었다. 광우병 집회에 동물 복장을 하고 나타난 이들에게 시민들은 신선하다는 반응을 보였다. 2008년 촛불집회 이후 채식운동은 비약적으로 발전하였다. 특히 중요한 시기가 2009년도이다. 2009년 5월에 벨기에 캔트 시는 시 전체가 채식하는 목요일을 제도화하는데 성공했다. 이에 뒤이어 비틀스의 멤버였던 폴 메카트니가 '고기 없는 월요일' 운동을 할 것을 선언했다. 또 그해 MBC 〈환경스페셜〉에서는 황성수 박사가 '목숨 걸고 편식하자'라는 주제로 발표를 했는데, 그가 주장한 "곰탕이 건강을 망친다"는 내용과 현미밥 채식에 대한 해박한 그의 이론과 실천에 사람들의 마음이 크게 움직였다.

2009년도는 채식 동호회 회원들이 폭발적으로 증가한 시기이다. 2009년 9월 21일 제주도에서 〈아이 건강과 지속 가능한 지구촌〉이라는 컨퍼런스가 열렸다. 그리고 광주 · 전남 지역에서는 아이들에게 일주일에 한 번 채식 급식을 하겠다는 '초록급식연대'가 결성되었다. 사회 분위기가 급속히 바뀌고 다양한 캠페인이 벌어졌던 2009년도의 정점은 바로 강원지방병무청이 '고기 없는 월요일'을 실천하겠다고 단체 차원에서 선언했던 일이다. 그리고 이듬해 2010년 1월 31일 '건강사회를 위한 약사회'의 창립총회에서 이현주를 중심으로 '고기 없는 월요일'이라는 단체를 구성하여 이를 적극 실천하겠다는 제안을 하였다.

2012년은 채식운동의 역사에 또 하나의 변곡점이 된다. 이 해에 유명 연예인들의 채식 선언에 힘입어 채식운동의 대중화라는 새로운 상황으로 진입했다. 이효리, 김효진, 이하늬, 송일국 등 연예인들이 채식을 선언하면서 대중적으로 채식운동이 확산되었다. 특히 인기 연예인 이효리는 유기동물 돌봄 봉사를 하고 유기견 순심이와의 우정을 채식으로 실천하여 대중에게 잔잔한 감동과 동참을 이끌어냈다. 2009년까지만 하더라도 채식의 주요 이슈가 건강과 환경에 대한 관심이었다면, 이때부터는 동물보호와 채식이 연결된 점도 특별한 의미를 갖는다. 이것은 채식을 하는 것이 생명을 보호할 수 있는 가장 기초적인 실천이라고 인식하게 되었다는 의미이기도 하다.

2012년 5월에 채식운동가인 강대웅은 온실가스를 줄이며 기후 변화를 막기 위해 서울시가 친환경 채식 식단을 일주일에 한 번씩 실천하도록 제안하였다. 서울시 측에서는 서울시청 구내식당부터 친환경 채식 위주의 식단을 일주일에 한 번 마련하기로 결정했다. 이러한 서울시의 결정은 저탄소 식사 메뉴나 에코마일리지 등의 제도를 만들기 위한 첫 단추라는 데 의미가 있다.

채식의 현장 운동이 어떻게 발흥했는지를 알아보기 위해 또 다른 채식운동가인 최윤하를 만나 인터뷰하였다. 그는 2008년 11월 1일 채식인들의 공동체 공간으로 '참살이연구원'을 열었고, '채식환경연합'이라는 단체도 만들었다. 그때만 해도 채식인이라고 하면 수행자나 종교인 등으로 인식했던 상황에서 채식운동을 사회화해야 한다는 과제가 있었다. 당시에는 채식 커뮤니티와 인터넷 동호회가 활성화하하기 전이었고, 참살이연구원과 비슷한 성격의 단체는 조상우가 주축이 된 녹색연합의 '베지투스'가 전부였다. 참살이연구원은 본격적인 채식인들의 문화 공간이 되었는데, 채식인들은 놀고 공유하고 나누면서 귀농에 대한 관심도 함께했다.

참살이연구원이 함께 추진했던 채식환경연합이 광우병 촛불집회에 참여하면서 채식인들의 깃발이 처음으로 거리에서 펄럭였다. 참살이연구원은 강좌와 학습 세미나, 문화 행사 등을 하는 소모임 중심의 조직이었다. 당시 15개의 소모임이 있었고, 스태프만 해도 16명이었다. 참살이연구원은 이 사회의 소수자 중에서도 소수자인 채식인들에게 따뜻한 안식처이자 공동체적 공간이었다. 특히 젊은이들의 참여가 많았는데, 핵심 프로그램 중 채식 음식을 함께 만들어 나누어 먹는 모임이 가장 참여도가 높았다. 옥상텃밭에서 막 따온 채소로 음식을 만들어 나누어 먹고, 두부 스테이크, 토마토 빵, 채식 식빵 등을 만들어 먹었다. 안 쓰던 물건들을 나누어 쓰고 재활용하는 것도 일상화되었다.

특히 참살이연구원이 주최한 '채식인 가요제'는 출연하는 채식인만 25명에 달하며 참여 인원이 100여 명이나 되는 색다른 축제였다. 그러나 경영 적자에 시달리던 참살이연구원은 2011년 6월 19일 돌연 문을 닫았다. 참살이연구원을 운영했던 최윤하는 이 일련의 과정을 담담히 술회하면서, 사회 변혁이 분노로부터 출발하는 것이 아니라 자신의 작은 변화로부터 출발해야 한다는 것을 배웠다고 말한다. 2008년 광우병 촛불집회로부터 시작된 채식인들의 발흥과 발전은 우리 사회를 바꾸는 새로운 운동의 씨앗임에 분명하다. 변화는 우리의 마음으로부터 시작된다는 최윤하 님의 생각처럼 채식운동이 우리 사회에 미칠 새로운 영향력에 주목하게 된다.

2020년 채식운동은 채식주의자라는 완성형이 아니라 '채식문화'를 만들고 '채식을 위해 노력하는' 채식인이라는 과정형이자 진행형의 개념으로 변모했다. 특히 기후위기의 상황에 직면한 채식운동의 확산은 놀랄만한 비약을 보여주고 있다. 그런 채식문화의 확산은 2019년 서울시교육청의 채식급식 선택제 도입이라는 성과를 남겼다.

자연 지배와 인간 지배의 관계

호르크하이머의 『도구적 이성 비판』은 주관적 이성이자 도구적 이성을 논하기에 앞서 실용주의와 실증주의를 먼저 비판한다. 실용주의와 실증주의는 다양한 생명체의 자연 본래의 가치와 관계를 배제한 채 낯선 자연 대상물 상태로 만들어서 이익관심과 유용성의 대상으로 접근하기 때문이다. 유용성의 관점에서는 생명을 보면 생명의 다채로운 행동과 다양한 잠재성에 주목하는 것이 아니라, 고기와 같은 부산물이 얼마나 만들어지는가, 라는 실용적 측면만 고려하게 된다. 이렇게 생명은 육식을 위한 대상이 되어버리는 것이다. 자본주의의 효율성의 논리가 쾌락의 양적 평등이라는 입장에서 공리주의로 떠받쳐지듯이, 자본주의의 유용성의 논리는 자연을 실용적이고 실증적인 입장에서 대상화하는 것으로부터 떠받쳐진다.

나는 생명은 도구나 수단이 아니라 목적이어야 한다고 생각한다. 그런데 이런 이야기를 하면, 인간의 생명은 목적이지만 동물의 생명은 도구가 될 수 있다는 반론에 직면하기 일쑤다. 하지만 인간은 오랫동안 동물과 함께 생활해 왔으며, 그 속에서 동물과의 관계와 교감을 쌓아 왔다. 동물이 도구라는 생각은 자본주의 문명이 구체화되면서 시작된 것이며, 공장식 축산업이라는 실체로서 나타난다. 농약과 비료라는 석유 문명이 가져다준 혜택으로 옥수수 생산량이 급증하자 공장식 축산업을 떠받치는 기본적인 사료 공급이 가능해지면서 비약적으로 성장하였다. 동물을 고기 만드는 기계라고 규정하고 도구화하면 동물과의 관계는 완전히 다른 의미 맥락을 갖게 된다. 축산농민 중 소농들은 늘 "자식같이 키운 송아지"라는 얘기를 한다. 물론 먹으려고 키운다는 사실을 배제할 수는 없지만, 완전히 도구화하는 것이 아니라 일정한 교감이 있다는 것을 반증한다. 그러나 기업 축산인들은 동물 자체를 상품으로 보며 교감하고 관계 맺는 대상으로 삼지 않는 것이 일반적이다.

호르크하이머는 외적 자연인 생명을 도구화한 결과가 내적 자연인 욕망과 정서를 억압하는 결과를 낳는다고 본다. 도구적 이성은 외부의 자연인 생명뿐만 아니라 인간 내부에 있는 욕망까지 억압하고 도구화한다는 것이다. 결국 생명의 도구화는 인간 사회에까지 영향을 주어, 소수자와 약자를 억압하고 차별하며 도구화하는 사회 시스템으로 발전하게 된다. 근대 이성의 측면에서 인간의 동물성이자 자연성인 욕망이 신체 내부에 있다는 점은 인간에게는 씻을 수 없는 과오로 느껴지는 부분이었다. 그렇기 때문에 인류는 역사적으로 아이, 광인, 장애인 등 소수자의 신체에서 흐르는 욕망을 통제하기 위해 훈육과 계몽을 고도화시켜 왔던 것이다. 그리고 자본주의는 노동자를 도구화하는 사회로서 모습을 드러낸다. 생명을 도구화하는 사회가 결국 노동자를 도구화하고, 소수자를 도구화하는 사회가 되는 것이다.

내적 자연으로서 존재하는 욕망에 대해 도구적 이성이 가했던 억압의 역사는 탈구조주의자들의 논의에서 핵심적인 영역을 차지한다. 푸코는 진리와 주체의 신화를 해체하고, 근대 이성이 구성했던 주체의 죽음을 선포한다. 자본주의가 외적 자연인 생명과 자연을 억압하고 도구화한다는 것은, 생명이나 자연과 교감하고 관계하는 인간이 아닌, 이와 분리된 주체를 등장시키는 것을 의미한다. 이 주체는 진리의 틀로 자연을 과학적으로 파악해 유용성이라는 측면에서 산업화하고 대상화할 수 있는 능력을 갖춘 부르주아적 시민이었다. 이성의 논의가 부르주아 사회의 이데올로기로 전락하고 도구화되었던 이유는, 근대 이성 자체가 자본주의에 나름대로 유용했기 때문이다. 공동체적 관계의 일부였던 동물들이 갑자기 소시지가 되고 햄버거가 되어 거래될 수 있다는 것은 부르주아에게는 매력적이었을 것이다. 그렇기 때문에 동물과 인간이 맺던 다양한 관계망은 파괴되고 인간은 주체로, 동물이나 생명은 대상으로 분리된다. 주체와 대상의 이분법은 근대 사회에서 여러 가지 양상으로 나타나는데, 지식인과 대중, 정치가와 민중의 분리로도 나타난다.

소수자는 공동체 내부를 풍부하게 만들고 관계를 성숙시킬 수 있는 사람이지만, 소수자를 낯선 존재나 구경거리로 보는 순간 소수자의 다채로운 능력은 사실상 도구화된다. 예를 들어 내가 어릴 적 살던 골목에는 정신지체장애인 한 분이 항상 무언가를 중얼거리면서 지나가곤 했는데, 그가 조금 유명해지자 어떤 가게에서 그를 고용하여 구경거리를 만들었던 적이 있다. 그러자 그는 아주 낯선 존재가 되었다. 마치 지역 공동체의 일부가 아닌, 다른 어딘가로부터 뚝 떨어져 나온 사람처럼 여겨지게 되었다. 마찬가지로 성(性)의 상품화 역시, 공동체의 일부였던 여성을 낯설게 만들고 도구화하는 것이다. 농장 동물, 오락동물, 동물원 동물, 실험동물 등의 다양한 동물들은 도구적

이성의 수단이 되어, 공동체의 일원으로 인간과 공생하는 것이 아니라 이질적인 존재로 간주된다.

도구적 이성이 생명을 육식의 도구로 전락시킨다는 얘기를 하면, 인간의 유용성에서 벗어난 이성이 무슨 의미가 있느냐는 질문을 받는다. 예를 들어 영양학이라는 학문은 매년 영양학 지표를 발표하면서 가장 합리적으로 영양에 대해 설명하지만, 사실 출발점은 공장식 축산업에서 동물을 얼마나 빨리 키우느냐에 대한 이익관심이다. 또한 영양학계는 다국적 공장식 축산 기업들에게 연구 펀드를 가장 많이 받는 학문 분과이다. 그래서 가정주부가 영양을 생각하며 합리적 식단을 생각하는 순간, 이미 공장식 축산업이 기획한 합리성에 포획되는 것이다. 생명을 도구화하는 합리성은 가장 과학적인 진리라는 자기 정당화 논리로 무장되어 있다. 그래서 합리적이고 정상적이라고 여겨지는 것도 과연 그 안에서 생명과 자연을 어떻게 도구화하고 있는지 검토해 보지 않고서는 그 본래의 모습을 알 수 없는 것이다. 생명의 도구화는 인간과 동물, 자연 간의 공동체를 파괴하는 결과로 나타난다. 그리고 그것은 도구적 이성의 합리성과 주체의 신화를 통해서 관철된다.

근대 이성과 파시즘을 넘어서

호르크하이머에 따르면, 인간은 자연을 모방하려는 미메시스적 충동을 일으키는 존재이다. 그러나 도구적 이성이 이러한 충동을 억압하고 계몽하려고 할수록 자연적인 본성은 도구적 이성에 대해 적대감과 원한을 갖게 된다. 이른바 문명화가 사실상 자연적 충동의 억압을 통해 이루어진다는 것은 잘 알려져 있다. 예를 들어 아이의 괄약근 통제(배변 교육)가 아이들의 자연적인 본성을 훈육하고 계몽하는 가장 시초적인 단계라는 사실은 잘 알려져 있다. 화장실 훈련을 받지 않은 아이들은 사회생활을 할 수 없다고 여겨지며, '이불에 지도를 그리는' 아이들은 호되게 야단을 쳐서라도 그 실수(?)를 하지 않도록 훈육하는 것이 권장된다. 혹자는 육식이 생존을 위한 인간의 자연스러운 활동이라고 반박할 수 있다. 그러나 서울 시내에서 채식 선택권은 육식에 비해 말할 수 없을 만큼 제한적이며, 공장식 축산업에서 공급되는 값싼 고기를 바탕으로 한 식당들이 운영되고 있다. 육식-채식 간에 있어서도 '공급이 수요를 창출한다'는 것은 사실이다. 젖소의 과도한 도입이 우유 급식 제도를 만들어냈고, 공장식 축산업이 불야성 같은 고깃집들을 만들어냈고, 핵발전소가 불야성을 이루는 네온사인과 상업지구를 만들어냈다.

미메시스적 충동과 계몽주의의 기획은 역사적으로 끊임없이 충돌해 왔다. 그러나 사실 계몽주의의 기획은 겉보기에만 깨끗한 경우가 많다. 흔히 요리나 배식에서 위생을 고려하는 것이 정부 위생당국에 의해 권장되지만, 보이지 않는 영역에 있는 공장식 축사의 좁고 지저분하고 불결한 환경은 규제되지 않는다. 위생당국의 시각에서는 깨끗하고 병원균이 없는 것처럼 포장된 식당만이 관리 대상이 되지만, 공장식 축산 환경 자체가 생명이 살 수 없는 조건이라는 점은 분명하다.

자연스럽게 자연의 순리에 따라 살고자 하는 미메시스적 충동에 기반한 행동은 계몽해야 할 구습으로 간주되어 왔다. 사실 예로부터 내려오던 관습과 습속에는 생태적 지혜가 숨어 있고, 자연과 함께 공존하려는 인간의 노력이 숨어 있다. 계몽주의 기획으로 이루어졌던 근대 사회의 모델은 사실상 생명과 자연을 도구화한다는 기획 속에 병들어 있다. 예를 들어 새마을운동을 통해 초가집을 없애고 깨끗해 보이는 슬레이트 지붕을 얹었지만, 지금은 슬레이트 자체가 발암물질인 석면 덩어리였다는 사실이 드러났다. 또 한때 정부 시책으로 통일벼 품종을 권장했는데, 통일벼는 단모작밖에 할 수 없고 막대한 농약과 비료를 쏟아 부어야 하는 품종으로 밝혀졌다.

물론 '더 과학적이고 합리적인 근대화가 여전히 가능하지 않는가?'라는 입장에서 근대 계몽 이성의 기획을 작동시키려는 사람들도 있다. 문제는 부르주아 사회를 정당화하였던 도구적 이성에만 책임을 맡기고 이성의 기획은 여전히 살아남아야 한다는 하버마스와 같은 입장이다. 호르크하이머 역시도 이 입장에 서 있다고 할 수 있는데, 그는 자연과 이성이 화해와 공존을 이루는 사회를 꿈꾸었다.

호르크하이머가 『도구적 이성 비판』에서 여전히 이성을 옹호하는 입장을 취한 이유는 파시즘 때문이었다. 나치의 파시즘은 미메시스적 충동이라고 불리던 자연적인 능력을 고취하여 오히려 자연과 인간을 억압하는 데 사용했다. 파시즘은 욕망을 정치화하여 자신의 독재 권력과 전쟁의 수단으로 사용하는 새로운 지배 계획이었다. 이에 따라 호르크하이머는, 자연적 본성인 욕망만이 남게 된다면 파시즘으로부터 자유로울 수 없을 것이라는 생각을 갖게 된 것이다.

하지만 나는, 그럼에도 생명 에너지의 일종인 욕망의 자율적인 능력에 주목해야 한다고 생각한다. 비록 이러한 욕망에 교묘히 파고 들어와 파시즘이 뿌리를 내릴 위험이 있다 하더라도, 이와 반대의 방향으로 민주주의를 풍부히 만들고 공동체를 성숙시킬 수 있는 능력 역시 이 욕망에 있다고 생각한다. 미메시스적 충동 혹은 욕망이 파시즘의 위험에 노출돼 있는 것이 아니라, 사실은 근대 사회의 도구적 이성 자체가 파시즘을 만들지 않았는가 하는 점도 검토해 보아야 한다.

나치는 자연의 폭동을 일으켜 도취와 열정을 투사하게 만들고, 그 힘을 억압을 영속화하는 데 사용했다. 나치 치하의 민중의 욕망은, 억압을 욕망하며 스스로 도구가 되는 것을 찬양하는 모습으로 나타났다. 자연스러운 욕망의 흐름을 가로막는 억압이 극단화되어, 욕망을 고무하지만 동시에 그것을 도구화하는 교묘한 방법으로 권력 유지의 돌파구를 찾는 새로운 지배 방식이 바로 파시즘인 것이다. 결국 생명과 자연의 도구화는 파시즘으로 최종 귀착된다. 육식 문명이 갖고 있는 생명의 도구화를 문제 삼는 이유도 여기에 있다. 동물이라는 최약자에 대해 모질게 도구화하는 모습을 보일 때 결국 그 극한에는 파시즘의 유혹과 같이, 생명의 활력과 욕망을 촉진하면서도 도구적으로 이용하는 극단적인 모습으로도 발전할 수 있기 때문이다.

보이지 않는 곳에서 동물을 사랑하고 교감하고 정을 나누는 행위는 보이지 않는 영역에 영향을 주어, 공동체를 풍부하게 만들고 소수자를 사랑할 수 있는 능력을 길러줄 수 있다. 공장식 축산업의 감춰진 영역은 대중에게 투명하게 공개되어야 하고, 동물과 생명과의 보이지 않는 영역에서의 사랑은 더 풍부해져야 한다. 생명이 어떻게 살고 있는지를 알 수 없을 때, 생명에게 성장촉진제와 항생제 범벅인 약물을 먹이고 그 결과에 윤리적 책임을 지지 않으며 돈만 벌면 된다는 논리가 작동하게 된다. 육식을 적게 하거나 가끔 제값 주고 제대로 알고 동물복지가 지켜진 고기를 먹는 것도 또 다른 대안이라고 할 수 있다. 공장식 축산업은 파시즘과 동일한 위상을 차지한다. 생명을 잔인하고 모질게 대하고 생명의 활력과 충동을 이윤의 도구로 삼는 행위에서는 파시즘과 다른 지점을 발견할 수 없다. 그래서 공장식 축산업에 기반한 육식 문명을 넘어서, 동물복지를 지키거나 채식을 하는 것이 대안이 될 수 있다고 생각한다.

육식을 넘어 생명과의 공존으로

2010년부터 2012년까지 양심적 병역거부로 복역했던 K씨는 채식주의 중에서도 가장 높은 단계인 비건(vegan)이어서 수감생활 동안 매우 난처하고 힘든 일을 겪어야 했다. 감옥에는 채식인을 위한 식단이 없어서 김이나 김치 한 가지로만 밥을 먹거나 심지어는 맨밥을 먹어야 할 때가 많았기 때문이다. 양심적 병역거부운동을 하는 활동가들이 교도소를 조사한 결과, 채식 식단이 보장된 교도소는 단 한 군데도 없었다. 2019년 이후 채식급식선택제의 확산이 군대, 감옥, 시설까지도 적용되어야 하는 이유를 여기서 찾을 수 있다. 아주 예외적으로 이슬람권 수감자를 위해 고기 반찬 대신 빵을 주었던 사례밖에는 찾을 수 없었다. 당시 K씨는 뜻있는 채식 의사들의 모임인 '베지닥터'의 건강소견서를 통해 채식을 보장하도록 배려되었고 녹색당과 시민단체들의 주목을 받았지만, 끝내 감옥에서 채식인의 권리를 보장받지 못한 채 출소해야 했다. 그러나 2020년 이후 채식문화의 확산은 이러한 상황에 대한 반전의 가능성이다.

생명에 대해 아무런 언급이 없는 다른 정당들과는 달리 녹색당이 2012년 4·11 총선 때 내놓았던 생명권 정책에서는, 과도한 육식 문화로 인한 생명경시 풍조와 지구 환경의 파괴 등을 극복하는 방안으로 채식 정책이 나와 있다. 녹색당의 정책적 목표는 채식인의 소수자적 권리를 지키고 군대, 감옥, 학교, 시설 등의 채식 선택권을 보장하도록 헌법소원을 펼쳐서 채식 법령을 만들어 나가겠다는 의지를 보이고 있다. 그리고 그것의 구제적인 정책으로 우유 급식 의무화 폐지와 두유 선택 제도 도입, 육식이 초래하는 지구 환경 파괴에 대한 교육, 육식이 초래하는 제3세계 기아에 대한 기금 조성 등이 나와 있다. 녹색당은 채식 모임을 통해 꾸준히 이 사회에서 채식이 필요하다는 점을 역설해 왔으며, 향후 채식운동에 정책적 파트너가 될 것으로 판단된다.

2019년 5월 일선 학교 내에서 채식선택권이 보장되어야 한다는 사회 각계각층의 요구가 헌법재판소까지 가게 되었고, 2019년 12월 군대 내 채식선택권 역시도 헌법재판소의 결정까지 가게 되었다. 그간 군대, 감옥, 병원, 시설, 학교 등에서의 채식선택권의 제기가 채식단체와 녹색당, 환경단체로부터 꾸준히 이루어져 왔던 바의 결실이었다. 2020년 들어 4월에는 채식선택권 헌법소원은 새로운 전기를 맞이한다. 국가인권위의 결정까지 가게 된 것이다. 드디어 사회 각계각층의 요구에 따라 2020년 6월 서울시 교육청에서 채식선택권을 급식에 반영하겠다는 결정이 내려졌다. 이는 그간 채식운동의 크나 큰 결실이며, 채식이 하나의 환경운동에 필적하는 위치를 갖는 현재의 시점에서 중요한 전환의 계기라고 할 수 있다.

현재 채식운동과 동물단체의 꾸준한 캠페인 등을 통해서 사람들은 육식에 문제가 있다는 것에 대해서는 대부분 알고 있는 상황이다. 그러나 미디어나 광고를 통해 포장되는 육식 문화와, 육식 외에는 선택할 수 없는 상황 때문에, 질 낮고 비위생적인 고기를 먹는 사람이 많다. 무엇보다도 육식은 동물들을 참혹한 공장식 축산업의 환경으로 내몰고 도구화시키는 것이기 때문에 비윤리적인 측면을 갖고 있다. 물론 동물복지 축산도 생명을 도구화한다는 측면에서는 비판을 할 수 있지만, 생명의 고유한 본성에 따라 기르려는 노력 측면에서는 공장식 축산업에 비해 훨씬 완화된 형태이며 좀 더 생명 친화적이라고 할 수 있다.

지금 내 옆에서는 한때 길냥이였던 고양이 한 마리가 꾸벅꾸벅 졸고 있다. 이 고양이에게 얼마나 많은 선물을 받았는지 모르겠다. 메마른 연구실에서 이 작은 생명이 우리 마음에 주는 혜택과 사랑은 어떤 것과도 바꿀 수 없는 행복을 선사해 준다. 이러한 생명의 모습에서 나는 아름다운 세상을 상상하고 행복한 미래를 꿈꾸게 된다.

4부
에너지,
석유정점

13_ 니체의 초인사상과 핵 에너지

문명의 세기를 가른 후쿠시마 사건

2011년 3월 11일, 일본 동북부에 대규모 지진이 발생하여 수천 명의 사상자가 발생했다. 그러나 이것은 시작에 불과했다. 후쿠시마 현에 위치한 핵발전소 단지에 6개의 원자력발전소 중 1~3호기가 고장으로 멈추어 서면서 엄청난 파국적 상황이 벌어졌다. 급기야 3월 12일에는 1호기에서 수소 폭발이 일어나 원자로의 외부 차단벽이 완전히 사라졌다. 3월 14일에는 3호기가 수소 폭발을 했고, 15일에는 2호기와 4호기에서 수소 폭발 및 화재가 발생했다. 원자로의 핵 연료봉을 식히기 위해 수천 톤의 바닷물이 투하되었는데 고농도의 방사능 오염수는 그대로 바다로 배출되었다.

후쿠시마 원전 사태는 일파만파로 전 세계에 실시간으로 중계되었다. 나는 TV로 수소 폭발 장면을 보고, 드디어 문명의 전환이 시작되었음을 예감했다. 이제 인류 문명은 후쿠시마 이전과 이후로 나뉜다. 후쿠시마 사태는 환경오염이나 환경파괴를 관리하고 통제했던 한 세기가 끝나고, 오염의 규모와 범위가 인류의 관리 능력을 벗어나 버린 새로운 세기가 시작되었음을 알리는 계기였다. 더 심각한 문제는, 후쿠시마 사태가 바로 지금 이 시간까지도 수습되지 못하고 있다는 점이다. 후쿠시마 인근에는 여전히 방사능 물질이 배출되고 있으며, 사고 해결의 실낱같은 가능성도 보이지 않는 상황이다. 2020년 10월 6일 일본정부는 대규모 방사능오염수를 바다로 배출하겠다고 선언했다. 수백만톤에 달하는 오염수는 후쿠시마 사태가 여전히 진행 중임을 보여준다. 전세계 시민단체의 항의로 방류는 지연되고 있지만, 후쿠시마 사태는 여전히 진행 중이다.

후쿠시마 인근에서는 요오드, 세슘, 텔루륨, 루테륨, 란타넘, 바륨, 세륨, 코발트, 지르코늄 등 이름도 알 수 없는 방사능 물질들이 속속 검출되었다. 더 심각한 것은 원전 부지에서 핵무기 원료로 쓰이는 플루토늄이 검출되었다는 사실이다. 플루토늄은 방사능 반감기가 무려 2만 4,000년 이상인 아주 위험한 물질이다. 방사능 물질을 처음 발견한 퀴리 박사도 방사능에 의해 암에 걸려 죽고 만다. 당시에는 방사선이 얼마나 치명적인지를 알지 못해 맨몸으로 피폭당하는 사태가 벌어져서 과학자들의 희생이 잇따랐다. 방사능은 갑상선암, 골수암, 백혈병의 직접적인 원인이 되며, 비교적 평범하던 지병을 암으로 악화시킨다. 또 피폭된 지역의 환경을 인간이 살 수 없는 곳으로 만든다. 사실 지구가 우주방사선으로부터 피할 수 있는 두꺼운 대기층을 갖고 있지 않았다면 생명의 역사는 성립될 수 없었다. 방사능이 자연 방사능 이하인 곳에서 생명이 시작된다.

『침묵의 봄』의 저자로 잘 알려진 레이첼 카슨은 방사능 물질이 인체에 축적되는 현상에 주목하였다. 방사능에 오염된 식량이나 물을 먹게 되면 내부 피폭이 일어나는데, 그것은 인체에 축적되어 더 심각한 상황을 초래한다. 후쿠시마 사태가 심각한 상황에 이르자 일본 정부는 허용 기준치를 높여 발표하면서 여전히 안전하다고 여론을 호도했지만, 사실 방사능 물질은 아주 소량인 1밀리시버트(mSv)만으로도 치명적일 수 있는, 지구상에서 가장 위험하며 반생명적인 물질이다. 즉 '안전 기준치'는 허구이며, 방사능을 극히 미량이라도 지속적으로 쪼인다는 것은 아주 치명적인 독을 몸에 축적한다는 것을 의미한다.

방사능은 눈에 보이지 않기 때문에 그 심각성이 전혀 체감되지 않지만, 사실은 생태계와 생명 자체를 위협하는 가장 강력한 물질이라고 할 수 있다. 2011년 한국에서도 서울 노원구 월계동에 방사능 아스팔트가 있다는 사실이 알려져 역학조사를 실시한 결과, 주변 4개 지구의 암 환자 발생률이 상당히 높았으며, 주민 87명이 기준치 이상으로 피폭을 당한 것으로 확인되었다. 아주 미세한 양이었지만 지속적으로 노출된 결과 벌어진 일이었다.

후쿠시마 사태 이후 일본에서는 아이들을 걱정하는 부모들과 양심적인 지식인들의 마음이 움직였다. 월간지 『세카이(世界)』는 "일본의 피해도 막대하지만 일본이 세계에 죄를 짓고 있다"고 발언하면서, 과도한 소비사회를 끝내자고 촉구했다. 그 이후 많은 일본 사람들이 원자력 발전 없이도 살 수 있는 사회를 만들기 위해 에너지 절약을 실천하여 18퍼센트가량의 전기 소비량을 감소시키는 이례적인 사회 현상이 나타났다. 이는 자연스럽게 원전 폐기를 주장하는 시민들의 정당성을 강화해 주었다.

일본의 변화뿐 아니라 세계 각국의 변화도 촉발되었다. 독일에서는 원전 제로를 2020년까지 완수하겠다고 발표했고 원전제로 국가가 되었다. 후쿠시마 원전 사태 며칠 후인 2011년 3월 15일자로 독일은 노후 원전 7기를 가동 중단시켰는데, 독일에서 원전 정지는 전체 17기 중에서 9기에 이르게 되었으며, 아주 엄격한 안전 점검을 실시했다. 그리고 『양철북』의 작가이자 양심적인 지식인인 귄터 그라스 등이 원전의 완전 폐쇄를 촉구하여, 결국

2020년까지 점진적 폐쇄에 대한 사회적 합의를 이끌어냈다.

프랑스에서는 새로운 원전 건설 중단을 촉구하는 녹색당이 의회에 대거 진출하여, 사회당과의 연정을 통해 의견을 관철시키는 데 성공했다. 원전 의존율 75퍼센트에 달하는 프랑스가 2025년까지 원전 의존율을 50퍼센트로 감소시키겠다는 사회적 합의에 도달한 것이다. 한편 미국에서는 에너지 벤처회사인 NRG에너지가 4억 8,100만 달러에 달하는 원전 투자금을 완전히 포기하고 사업을 접기로 결정했다. 이 기업은 후쿠시마 사태를 통해서 원전이 투자 대비 손실과 관리 비용의 수지가 맞지 않는다는 것을 인정하면서 이 같은 조치를 취한 것이다. 그러나 이런 여러 나라의 반응과는 당시 이명박 정부는 전 세계적인 추세를 거슬러, 후쿠시마 사태를 전후해 요르단에 원전 수출을 했다고 선전하는가 하면, 원전을 더 짓겠다는 정책을 발표하고 있었다.

이어 출범한 문재인정부는 2017년 6월 19일 고리 1호기 영구정지 선포식에서 신고리 5, 6호기에 대해서 '숙의민주주의를 통한 국민참여재판'이라는 탈핵공론조사를 시민사회와 함께 진행하기도 했다. 이러한 탈핵공론조사는 공론조사와 시민배심원제도를 결합한 숙의민주주의의 방식으로 진행되었으며, 전문가와 패널의 의견을 심사숙고한 후 투표에 부쳐졌다. 시민배심원의 결정은 건설재개 59.5퍼센트이고, 중단 40.5퍼센트의 결과로 건설 재개로 라는 결론이 났다. 물론 이러한 결정에 분노하고 좌절했을 수도 있지만, 탈핵운동은 이제 생태민주주의에 대한 사회적 학습과정을 거치고 나서 더 강건한 시민운동으로 자리 잡는 계기를 갖게 되었다.

최근 2020년 여름 산업통상자원부의 사용후핵연료에 대한 주민토론회의 숙의 과정이 졸속으로 처리되어서 논란이 되었고, 2020년 6월 5일부터 6일까지 경주 월성원전 사용후 핵연료 저장시설(맥스터)의 민간 주도의 찬반 주민투표에서 주민 5만 479명이 참여하여 94.8퍼센트가 반대한 것으로 집계되었다.

전 세계 핵실험장과 피폭자들을 취재해 온 일본의 다큐멘터리 사진작가 모리즈미 다카시는 일본의 원전이 역사적으로 어떻게 시작되었는가 하는 질문에, 1952년 아이젠하워 미국 대통령이 원전의 평화적 이용이라는 말을 처음으로 꺼내면서 일본에 우라늄을 제공한 것이 그 시작이었다고 말한다. 그러나 미국과 소련이 냉전 중이던 상황에서 원전의 평화적 이용이라는 미사어구 뒤에는 군사적 목적이 도사리고 있다고 고발한다. 핵 에너지는 전쟁과 군사주의와 긴밀히 결합되어 있다는 것이다.

후쿠시마 원전 사태에 뜻있는 시민들과 지식인들을 움직여서, 매주 금요일마다 원전 재가동을 반대하는 '자양화(수국) 혁명'*이라는 시위가 조직됐다. 2012년 7월 15일경 도쿄 남부의 요요기 공원에는 20만 명의 인파가 모여들었다. 이 집회를 주도한 '수도권 반(反)원전 연합'은, 처음에 시작할 때 30명을 목표로 한 집회가 20만 명의 거대한 시위대로 확산될 것을 전혀 예측하지 못했다고 한다. 시위 참가자들은 세계인에 부끄럽지 않은 일본, 아이들에게 미래를 약속할 수 있는 일본을 만들어 나가자고 소리를 높였다. 전공투세대** 이래 급속히 노화된 일본 시민운동 세력이 다시 부활하였던 것은 그만큼 절박함이 컸기 때문이 아닐까? 나는 일본의 한 뉴스 채널에서, 핵 오염 지대에서 생산된 농산물이 안전하다고 직접 시식을 했던 일본 아나운서가 급

* 자양화 혁명이라는 이름이 붙은 것은 6월 들어서다. 자양화, 즉 수국은 일본에선 '6월의 꽃'으로 널리 알려졌다.

** 60년대 말에 일본을 뒤흔든 일본 학생운동세대를 경험하거나 참여했던 세대를 지칭한다.

성 암에 걸렸다는 소식을 접하고는 방사능의 위험이 얼마나 심각한지를 체감하였다. 그런데도 현재 일본의 아베정부는 후쿠시마 오염수를 태평양으로 대량 방류하겠다고 나섰으며, 이미 조금씩 방류하고 있다는 증거들이 속속들이 나타나고 있다는 점은 우려스러운 일이 아닐 수 없다. 2020년 10월 16일, 일본의 새로운 내각인 스가총리는 후쿠시마를 더이상 미룰 수 없으며, 빠른 시일에 방류하겠다고 발표했다. 이는 전세계 사람들의 안전과 관련하여 매우 우려스러운 상황이다. 그러나 일본의 자양화 혁명은 여전히 계속되고 있으며, 그것은 현재 진행 중인 이 시대 혁명의 서막인지도 모른다.

핵, 나치가 받아들인 초인 사상

니체의 사상은 정치적 스캔들로 가득하다. 니체가 근대 이성 중심의 아폴론적 인간형을 거부하고 디오니소스적인 인간형을 예찬하기 시작할 때, 그는 예술과 창조의 새로운 인간형에 접속했을 뿐만 아니라 동시에 과거의 고전적 낭만주의와도 결부되었기 때문이다. 아포리즘으로 가득한 그의 책들은 당대 사회주의 운동의 성장을 '노예의 도덕'의 융성으로 희화화하는 등의 모습을 드러낸다. 그의 위험한 책, 『짜라투스트라는 이렇게 말했다』는 조로아스터교의 교주 짜라투스트라의 목소리를 빌려 신의 죽음과 새로운 인간형으로서 초인의 등장을 시적인 아포리즘으로 말하였다.

그의 초인에 대한 구상은 선악의 가치를 넘어선 디오니소스적 메시아를 의미하는 것으로서, 당대의 도덕과 가치에 반기를 드는 것이었다. 초인은 가치 창조자로서의 의미를 담고 있지만, 새로운 가치를 창조한다는 것은 기존의 가치를 파괴한다는 의미도 담고 있다. 니체는 진리와 가치를 계보학적으로 날카롭게 도려냄으로써 노예의 도덕과 주인의 도덕이 함께 존재한다는 점을 보여주었다. 그리고 새로운 가치를 창조하는 자는 자기 긍정과 생성의 힘을 가진 존재이며, 이러한 권력의지만이 노예화된 사회를 넘어설 수 있는 경로라고 제시한다.

니체는 약자와 여성, 장애인, 이주민들을 비하하는 말을 서슴지 않는다. 그리고 가치 창조의 새로운 길로 나서지 못하는 사람을 벼룩과 같은 존재로 비하한다. 그의 초인, 즉 위버멘쉬의 위험성은 이러한 문제점을 노정하고 있다. 그가 초인이라는 가치 창조자를 강조하는 이유는, 그러한 새로운 가치의 창조 없이는 삶의 허무주의에 맞설 수 없다는 판단 때문이었다. 그는 강렬한 생의 의지와 욕동(慾動)을 고무할 수 있는 경로는 초인이라는 새로운 인간형으로 다시 태어나는 것을 의미한다고 말한다. 디오니소스는 술과 예술의 신으로, 제우스의 허벅지에서 두 번 태어난 신화 속의 인물이기도 하다. 기독교와 같이 부활이 아니라 두 번 태어나는 영원회귀를 주장하는 것도 니체 사상의 독특함을 드러낸다.

니체의 스캔들과 오해의 대부분의 원전은 니체 자신이 제공했지만, 실제로는 누이의 역할이 역사적으로 존재한다. 젊은 시절 니체의 누이는 권위주의적인 국가주의자와 결혼을 하였는데, 여자들밖에 없었던 니체의 가정생활에서 아버지의 역할에 대한 흠모가 오누이에게 있었기 때문이라고 혹자는 말한다. 국가주의에 찬성할 수 없었던 니체는 누이의 결혼식에도 가지 않았지만, 말년에 병마와 싸우던 니체는 누이와 함께 살게 되었고, 누이는 니체의 저작들에 가필을 하기도 하고 정치적으로 왜곡시키기도 한다.

이를테면 『권력에의 의지』는 니체의 유고 원고를 엮은 책으로, 누이의 고의적인 편집과 가필로 점철된 책이다. 또한 니체의 누이는 독일군의 전쟁을 찬양하면서 『짜라투스트라는 이렇게 말했다』라는 책을 독일군 병사에게 보내기도 했다. 또 그녀는 니체의 짜라투스트라가 히틀러를 의미한다고 공공연하게 발언하기도 했다. 이처럼 니체와 파시즘 간의 스캔들에는 그의 누이가 있었다. 그래서 최근 니체 아카이브는 누이의 고의적인 가필과 삭제를 제거하고, 파시즘의 언어로 번역되었던 니체의 명예를 복권하고자 노력하고 있다.

당대의 파시즘은 자유주의적 부르주아 도덕이나 사회주의를 대신할 파시즘의 이념을 니체에게서 발견했다. 악명 높은 파시스트 히틀러는 니체의 저작들에서 파시즘에 대한 영감을 발견했고, 위대한 아리안 민족이 가져야 할 인종주의적 태도와, 사회주의라는 노예의 도덕에 맞선 군주의 도덕으로서의 독재사상으로 정립했다. 실제로 『짜라투스트라는 이렇게 말했다』는 히틀러 지배 당시 독일인들에게 가장 많이 읽힌 책이었고, 독일군 병사들은 군장에 이 책을 넣고 전투에 참여하기도 했다. 히틀러는 니체 문서보관소에 여러 번 들렀는데, 반유대주의와 국가주의를 정당화하는 사상이 대부분 니체의 사상에 근거하고 있었기 때문이다. 히틀러는 무솔리니를 별장에서 만날 때도 여러 권의 니체의 책을 권하며, 독일의 자랑이라고 떠들어댔다.

물론 히틀러의 반유대주의나 국가주의는 니체 본인의 입장과는 거리가 멀다. 그러나 니체가 초인을 이야기할 때 가치 창조자로서 생성과 긍정의 시각을 보이면서도, 공동체나 사회가 갖고 있던 기존 가치를 모두 거부하고 기존의 사회적 관계망을 초극한 인물로서 초인을 설정하였다는 점은 역사적 왜곡의 근거로 작동하게 된다. 일본의 군국주의 파시즘 역시 니체의 초인 사상으로부터 영향을 받아 초극적인 존재로서 군주를 사고했다는 점에서, 파시즘의 왜곡에 초인 사상이 일정한 알리바이를 제공해준다는 측면을 보여준다.

2차 세계대전이 터지자 히틀러와 나치는 핵무기 개발에 본격적으로 착수한다. 물론 결국에는 핵무기 경쟁은 미국의 승리로 귀결되지만, 당시 나치도 핵무기가 엄청난 위력을 갖고 있다는 것을 이미 파악하고 있었다. 특히 작은 원자의 변화와 연쇄반응이 전체 생태계에 예상치도 못한 위력으로 전달된다는 생각은 초인 사상의 맥락과 정확히 일치한다.

나치의 핵개발 시도는 독일 우정국을 중심으로 이루어졌는데, 초기에는 엄청난 물량과 인력이 투자되었지만 나중에는 나치가 핵 개발이 될 때까지 전쟁을 끌면 불리하다는 판단에서 재정 후원이 약화되었다. 당시 양자역학의 불확정성 원리로 노벨물리학상을 받아 유명해졌던 하이젠베르크는 베를린물리연구소 소장으로 나치의 핵무기 개발에 관여하고 있었다. 역사학자들은 나치의 원자폭탄 개발을 위한 중수(重水)를 실은 배가 연합군에 의해 파괴되었다거나, 나치의 핵무기 기술이 미국의 핵개발 계획인 맨해튼 프로젝트를 완성할 수 있는 계기가 되었다는 것 등을 연구조사를 통해 밝히고 있다. 역사적인 실증조사가 어떻게 이루어졌건 간에 미국을 중심으로 한 연합군의 독일 점령은 나치의 핵무기 개발을 중지시키고, 그 기술력을 미국 등 연합국에 이전시킨 것 같다.

나치의 핵개발 시도는 니체의 초인 사상이 사실상 핵을 통해 완결될 수 있다는 점을 직관적으로 응시한 결과로 나타났다. 아주 국지적이고 부분적인 영역에서의 원자들의 충돌이 연쇄반응으로 전체 사회를 파괴로 몰아넣을 수 있다는 원자폭탄의 원리는, 사실은 가치 창조자이자 가치 파괴자인 초인의 사상의 궤적을 따른다. 핵 에너지는 생명과 생태계의 원리와 무관하게 색다른 움직임이 창조될 수 있다는 양자 수준의 가치 창조자인 초인의 다른 모습일 수 있다. 그런 점에서 핵 에너지는 파시즘의 숨결을 갖고 있는 지구상의 유일한 에너지라고 할 수 있다.

탈핵과 생명평화운동

후쿠시마 사태가 일어난 지 1년 가까이 된 2012년 3월 4일, 한국에서 녹색당이 창당되었다. 한국에서 녹색당의 건설이 가능했던 것은 후쿠시마 사태의 심각성에 대한 공감대와 더불어 원전 의존의 에너지 정책을 추진하고 있던 정부 정책에 대한 비판과 전환의 목소리가 높았기 때문이었다. 그러나 정작 한국 정부에게서는 후쿠시마의 교훈을 고려하는 태도는 찾아볼 수 없었다. 당시 보수정부는 전체 전력량의 31퍼센트 비중을 차지하고 있던 원전 의존도를 2030년까지 59퍼센트까지 끌어올리고 최소 13기 이상을 추가 건설한다는 입장을 막무가내로 밀어붙이고 있었다. 더불어 원전 수출을 마치 국위 선양인 것처럼 떠들어대서 탈핵으로 향하고 있던 각국에게 조롱거리가 되었다.

완강한 체제에 균열을 내는 조용한 변화의 시작이 녹색당의 건설이었다. 녹색당은 탈핵과 에너지 전환과 더불어 여러 가지 정책적인 이슈를 갖고 있었지만, 대부분 후쿠시마 사태의 절박함에 공감하는 사람들의 움직임으로 이루어졌다. 우리는 한국에서 녹색당이 결성된 것이 일본의 녹색당 결성과 시기적으로 일치한다는 것에도 주목해야 한다. 후쿠시마에서 유출된 방사능의 양이 핵폭탄의 168배에 이른다는 아주 신빙성 있는 연구조사도 보고되고 있다. 상황은 인류의 생존인가, 아니면 핵 마피아의 이익인가라는 갈림길에 서 있었다.

최근 보수세력은 기후위기의 대안으로 핵발전을 주장하는 상황을 연출하였다. 그러나 삼척, 영덕, 울진 등 핵발전소는 기후위기로 인한 해수면 상승으로 잠길 예정이다. 더욱이 핵발전은 기후위기만큼이나 또 하나의 위험으로 한국사회를 내모는 것에 불과하다. 대부분 원전이 들어서는 곳에는 비판의견에 대한 흑색선전과 주민 무력화가 진행된다. 당국은 국익을 위해 가장 싸고 과학적인 에너지가 원자력이며, 원자력발전소가 지어져야 지역 발전도 되고 대학도 생기고 소득도 높아진다는 식으로 선전을 하면서 지역 주민들을 유혹하였다. 하지만 실제로 원전이 건설된 지역은 초기에는 여러 시설물이 생기고 발전이 이루어지는 것처럼 보였지만 점차로 슬럼화되는 것이 수순이다.

원전 지역 주민들은 원자력 시설의 노동자로 전락해서 가장 먼저 방사능의 위험에 직면해야 하며, 원자력발전소에서 방사능 누출 사고가 있으면 가장 먼저 피해를 입는 당사자가 된다. 또한 미량의 방사능에도 민감하게 돌연변이를 일으키는 달개비꽃을 원전 주변에 재배했던 일본 과학자의 보고에 따르면, 원전 주변 지역 주민들은 아주 지속적으로 방사능의 영향권 내에 있게 된다고 한다. 지금 우리나라에서 원자력발전소의 영향권에 있는 지역 주민의 인구는 상상을 초월한다. 예를 들어 핵발전소 반경 30km 이내에 사는 주민이 370만 명에 달한다. 이들 주민들의 암 발생률 등에 대한 역학조사가 체계적으로 이루어져야겠지만, 의학에 종사하는 사람들은 방사능에 대한 노출 빈도와 암 발생률이 정비례 관계라는 것을 얘기하고 있다.

핵이 가장 싼 에너지라는 핵 마피아들의 선전과는 달리, 핵 발전 이후에 부산물로 나오는 고준위·저준위 폐기물의 재처리와 보존에 드는 비용은 사실 천문학적이다. 왜냐하면 핵폐기물들의 방사능 반감기는 비교적 짧은 세슘의 경우 50년이지만 플루토늄의 경우는 2만 4,000년이 소요되기 때문이다. 가동 연한이 지난 핵발전소는 그 자체가 방사능 덩어리이기 때문에 외부에 방사능이 노출되지 않도록 끊임없이 관리하고 증축해야 한다. 그러나 2만 년 이상 방사능을 담아둘 수 있는 용기와 시설은 지구상 어디에도 없다. 예를 들어 시멘트도 기껏해야 100년 이상을 버틸 수 없다. 그렇기 때문에 핵폐기물은 미래 세대에게 큰 골칫거리가 될 것이며, 이러한 미래의 관리 비용까지 계산하면 핵 에너지는 사실 싼 에너지가 아니라 아주 비싼 에너지라고 할 수 있는 것이다.

핵 발전이 안전하다는 선전도 있다. 핵 마피아들은 핵사고의 발생률이 100만 분의 1도 안 된다고 주장한다. 그러나 전 세계 핵발전소의 80개 중 하나가 터졌던 역사적인 증거를 살펴본다면, 안전하다는 것은 아주 가당치 않는 얘기이다. 우리나라에서 원자력발전소의 사고 및 고장은 원전 건설 이후부터 2012년까지 총 656회이며, 이것은 한 달에 한 번 꼴이다. 그리고 더 심각한 것은, 원자력발전소의 담당자들이 대부분의 사고를 은폐하려고 시도했으며 실제 많은 부분이 은폐되었으리라는 추정되므로 실제 고장 및 사고 횟수는 더 많을 것이라는 점이다. 나는 고리 1호기와 월성 1호기의 사고 연혁을 읽어볼 기회가 있었는데, 안전하다고 알려진 것과 달리 상당히 심각한 사고 유형들이 많다는 점을 발견했다. 그러나 대부분의 사고가 적게는 며칠 후나 많게는 몇 달 후에야 드러나는 등의 행태를 보여 왔다. 2015년부터 2020년까지의 원전사고는 69건이며, 특히 2020년 태풍 마이삭의 영향으로 8기의 원전이 가동중단된 것은 기후위기로 인해 심각한 상황이 찾아올 수 있다는 것을 의미한다.

나는 한국 사회에서 녹색당과 같은 작은 변화가 큰 변화의 시작점이 될 수 있다고 생각했다. 2012년 총선 당시 녹색당이 제출했던 탈핵과 에너지 전환 정책을 잠깐 살펴보면, 한국의 재생 에너지 비율이 1퍼센트에 불과한데 그것을 획기적으로 늘려서 일자리와 에너지 지역 자립을 돕겠다는 대안을 갖고 있다는 점이 눈에 띈다. 미국 전문가의 한 보고에 따르면, 미국의 재생 에너지(11.6퍼센트)가 핵 에너지(11.2퍼센트)를 앞서게 된 2012년 상황에는 비용 대비 수익 면에서 재생 에너지가 훨씬 유리하다는 경제적 판단이 2010년 이후에 내려졌다고 한다. 녹색당은 강령 전문에서 스스로를 '태양과 바람의 정당'이라고 소개하는데, 나는 핵 에너지 없는 세상이야말로 과학을 거스르는 원시적 삶이 아니라 바람과 태양에 의해 움직이는 생명 친화적 첨단 사회로 향하리라고 생각한다.

2012년 밀양과 청도에서 벌어지졌던 송전탑 반대 운동에도 주목할 필요가 있다. 핵은 에너지를 지나치게 중앙집중식으로 만들어서 거대한 선로를 가진 송전탑을 필요로 한다. 지역 주민들은 핵 에너지로 생산된 전기를 서울로 전송할 거대 설비가 지역사회를 파괴하는 것에 맞서서 맨몸으로 싸움을 시작했다. 그곳에서 농성하는 사람들을 찾아갔던 어떤 활동가는, 송전탑 반대 운동을 님비 현상이라고 바라보는 시선은 핵발전소 건립 지역에서의 반대 운동을 바라보는 시선과 같다고 말한다. 하지만 정말로 핵 에너지가 깨끗하고 안전하다면 왜 서울에 핵시설을 설치하지 않는가 하는 점을 반문해 볼 필요가 있다.

주인의 도덕, 노예의 도덕

니체는, 소크라테스에게 사약을 먹이고 그리스도를 십자가에 못 박게 했던 노예의 도덕이 어디에서 유래하는가를 질문한다. 이른바 도덕 기준은 모든 사회의 삶의 원리에 들어와 있으며, 선악의 기준을 나누고 사람들의 행동을 제약한다. 그래서 니체는 도덕을 계보학적으로 평가하지 않는 한 도덕에 대한 기원을 확인해볼 수 있는 길이 없다고 본다. 니체의 『선악의 피안을 넘어서』와 같은 책은 도덕의 기원을 묻는 계보학적 작업을 통해 도덕 원리의 기준점이 어디에서 유래하는지를 평가하는 책이었다.

니체에 따르면 강자는 스스로 도덕적인 기준을 만들어낸다. 그러나 약자는 이미 만들어진 도덕 기준에 부합하도록 따르며 자신의 허무에 대한 의지를 보여줄 뿐이다. 그런데 이와 같은 도덕 구성 원리는 원자력 마피아들의 구성 원리와 꼭 같다. 핵 에너지는 세상에 없던 물질이 등장해서 스스로가 자신의 도덕 기준을 만들어낸다. 즉 스스로가 가치를 만들고 도덕 기준을 만들어서 자기 확장과 자기 생산을 하려고 한다. 이반 일리치(Ivan Illich, 1926~2002)의 예리한 통찰처럼 병원이 환자를 만들고, 정신병원이 광인을 만들고, 감옥이 수감자를 만드는 상황과 마찬가지다. 핵 산업은 스스로가 도덕과 진리를 창조하고 조직을 재생하기 위해 여러 부대 인원들을 먹여 살린다. 과학자, 연구자, 건설업자, 기술자, 언론 기자까지도 이 범위에 들어오게 된다. 그리고 한번 핵 산업이 설립되면 관성처럼 스스로를 유지하고 재생하는 원리가 작동한다.

니체가 말했던 도덕의 계보를 그려내는 작업은 그것이 현재 작동하게 된 기원을 묻는 일이라고 할 수 있는데, 핵 산업을 도덕의 계보학과 같은 원리로 추적하다 보면 선도 없고 악도 없는 지평에 도달하게 된다. 선과 악의 기준마저도 자기가 스스로 만들어내기 때문에, 어떤 반론도 막아낼 수 있는 막강한 자기 도덕의 원리에 도달하는 것이다. 반핵을 주장하는 사람들이 아무리 핵은 반생명적이라는 얘기를 해도, 그것은 상대방을 부정하는 것이지 새로운 도덕과 가치를 창조한 것은 아니기 때문에 노예의 도덕일 뿐이라는 논리가 들어온다.

이러한 니체의 도덕의 계보학을 변절시킨 속류화된 논리 구조는 스스로가 새로운 질서를 창조한다고 생각하는 권력자들에게 강력한 자기 정당화의 수단이 될 수 있다. 들뢰즈는 니체의 계보학적인 방식의 논증 구조를 간단한 도식으로 밝히고 있는데, 핵 마피아들이 도덕적 기준을 초월하는 방식을 파악할 수 있는 열쇠를 제공한다.

> "너는 사악하다. 그러므로 나는 선하다." - 노예의 추론법
>
> "나는 선하다. 그러므로 너는 사악하다." - 주인의 추론법

이에 따르면, 상대방에 대한 부정을 통해 자기 긍정의 원리를 구성하는 자는 노예들이다. 핵 마피아들은 반핵·탈핵주의자들에게 이렇게 묻는다. "화석연료 정점과 에너지 위기 시대에 당신들은 대안이 있는가?" 모든 비판에 재갈이 물리고, 도덕의 기준은 스스로의 긍정에 의해 만들어진다고 주장되기에 이른다. 우리는 도덕의 기준을 초월하는 니체의 도덕의 계보학이 강자에게 유리하게 디자인되어 있다는 것을 쉽게 알 수 있다. 왜냐하면 기득권과 권력을 가진 자들이야말로 자기 긍정의 원리에 입각해서 도덕적 기준점을 만들어낼 수 있기 때문이다.

그러나 도덕적 기준점을 누가 만드는가를 묻기에 앞서, 도덕이 약자의 허무주의를 보완해 주기 위해 나왔다는 가정에 대해서도 질문을 던져 보아야 한다. 도덕은 한 사회의 질서를 유지하는 보수적인 역할도 하지만, 공동체가 자신을 재생하고 보존하기 위해 구성하였던 진보적인 요소도 함께 갖고 있다. 물론 도덕은 국가의 제도와 법에 의해서 표현된다. 그러나 니체의 논리처럼 도덕이 강자에 의해 재창조되는 측면만을 바라보면 그가 약자로 간주했던 공동체 내부에서 형성된 다채로운 관계망은 부정된다.

니체의 초인 사상이 공동체와 내재적 관계망을 갖고 있지 않다는 점은 도덕의 계보학에서도 그대로 관철되며, 그것은 핵 산업의 초월적인 위상과 동일한 지위를 갖는다. 핵 산업은 그것을 스스로 유지하려는 속성만 가질 뿐, 공동체와 어떤 관계를 맺을 것인가에 대해서는 대답하지 않는다. 핵 산업은 자신을 모든 도덕의 기준점으로 간주하지만, 그 도덕의 기원을 묻는 질문에 이르러서는 슬쩍 공동체를 누락시키고, 초인적인 위상을 가진 자신을 등장시키려 한다. 핵 에너지의 이런 도덕적 계보를 스스로 만드는 논리가 지역을 약탈하고 자연을 파괴하며 생명을 위협하면서도 자신을 유지할 수 있었던 근거이기도 하다.

세상은 강자와 약자, 노예와 주인으로만 나뉘어 있지 않다. 그런 이분법이 관철되는 때는 폭력과 권력을 통한 방식으로 세상과 관계할 때일 것이다. 공동체의 풍부한 다양성이 강자와 약자라는 이분법적 구분으로 환원될 때 공동체의 다양성은 사라지고 지배-피지배의 관계만 남는다. 공동체의 다양한 관계 방식은 n개의 무한의 영역이다. 자기 가치와 도덕을 창조하지 못하는 사람들을 약자라고 규정하는 니체의 논리는 예술적인 가치 창조자를 등장시킬 수도 있지만, 반대로 극단적으로는 나치와 같은 파시즘이나 핵 마피아에게 자기 정당화 논리를 제공할 수 있는 양면성을 갖고 있다. 이렇게 해서 공동체와 생태계에 원래부터 없었기 때문에 그것을 초월하였다고 여겨지는 원자력 에너지는 도덕의 계보학의 실체로서 기괴하게 등장하는 것이다.

그러나 공동체와 생태계의 풍부한 관계망 속에서 생명이 숨쉬고 살아가야 한다는 본원적이고 고유한 도덕 기준은 초월할 수 있는 것이 아니다. 그것은 약자도 강자도 없는 생태계 속의 공존과 조화를 위한 행동의 출발점이다.

반시대적 고찰 '시간의 상실'

흔히 사람들은 당대에 인정받지 못한 예술가들에 대한 환상이 있다. 그 결과 많은 문학가, 사상가, 예술가들이 당대에는 인정받지 못하다가 결국 시대를 초월한 작품으로 인정받게 된다는 전형적인 스토리가 일반화된다. 그런 맥락에서 니체가 당대에 어울리는 시선이 아니라 비(非)동시대적인 시선을 갖는 것은 천재적인 행동으로 여겨질 소지도 있다. 니체는 그런 점에서 무척 매력적이기까지 하다.

니체의 『반시대적 고찰』이라는 책은 동시대에 초인과 새로운 도덕이 인정받지 못하는 것에 대해 다룬다. 이 책에서 니체는 예술과 같은 창조 행위가 '강함'을 의미하며, 예술가가 당대의 속물들에게 인정받지 못하는 것을 다루면서 초인으로 향하는 징검다리를 만든다.

그런데 시대를 초월한 지구상의 유일한 물질은 핵 폐기물이다. 핵발전소의 부산물로 나오는 고준위 핵 폐기물의 경우 독성(방사능)이 반감기를 지나 무해하게 되기까지 최장 몇 만 년이 걸리기도 한다. 이미 이러한 시간은 인류의 역사를 초월하고 반시대적인 고찰의 시선을 갖도록 만든다. 사실 이 정도의 시간까지 인류가 살아남을 수 있을지도 모르겠지만, 가히 우주적인 시간대에 진입하는 물질이 고준위 핵 폐기물인 것이다. 이런 핵의 비동시대성은 순환과 재생의 생태계의 리듬을 완전히 거스르는 것이며, 어떤 천재나 영웅보다 오래 기억에 남을 수 있는 반시대적인 것이기도 하다.

그러나 인류사를 볼 때 과거-현재-미래는 완벽히 단절되거나 건너 뛸 수 있는 것이 아니라, 서로 연관되어 있고 영향을 주고받는다. 과거 세대가 없는 현재 세대가 없듯이, 미래 세대를 고려하지 않는 현재 세대도 있을 수 없다. 핵 폐기물을 미래 세대에 남긴다는 것은 인류와 생태계의 생존율을 현저히 낮추는 일임은 누구도 부인할 수 없다. 방사성 물질이 생물계를 교란하고 생식 체계를 파괴한다는 것은 잘 알려져 있다. 인류가 미래 세대의 생존을 담보로 해서 현재의 에너지 소비 행태를 유지하려는 것이 바로 핵 발전의 실체이다.

니체의 반시대적 고찰을 가장 잘 표현하고 있는 것이 핵 에너지라는 사실은 상당히 아이러니하다. 그래도 니체는 적어도 1만 년 이상의 비동시대성까지는 생각하지 못했을 것이다. 니체가 생각한 초인은, 광기어린 파시스트였던 히틀러라는 인물에 의해 왜곡된 양상으로 실현되어 인류에게 씻을 수 없는 상처를 남겼다. 히틀러의 니체 왜곡은 역사와 공동체를 초월한 독재 체계와 아리안 민족이 태양계 내에서 영원할 것이라는 망상으로부터 비롯되었다. 이러한 망상은 전쟁 후반에 거의 패배가 결정된 상황에서도 파멸적으로 작동했는데, 결국 이런 반시대적인 사고방식은 자신이 죽고 나서야 멈추게 되는 특징을 갖고 있다.

전쟁 범죄를 저지르는 많은 국가주의자들의 특징은 자신이 시대를 초월해서 영원히 기억에 남을 수 있다는 환상을 갖고 있다는 점이다. 그러나 보이는 영역에서 총과 칼을 들고 사람을 죽이는 것만이 범죄인 것은 아니다. 고준위방사선이라는 보이지 않는 독극물을 통해서 사람과 생명을 죽이고 그 방사성 물질은 영원할 것이라는 점은 어떤 전쟁이나 폭력보다 '위생적인' 절멸의 가능성을 의미한다.

사실 인류는 생태계에 자연 상태로 존재하지 않는 원자를 발견하면서 영원성을 자신의 손아귀에 넣었다. 지구 생태계의 물질은 자신의 고유한 성질을 갖기 위해서 분자를 기본 단위로 한다. 분자는 유한하고 특이하고 유일무이한 물질인 특징을 갖는다. 그러나 원자 수준에서 물질은 영원히 회귀한다. 내 핸드폰을 이루는 원자 물질은 예전에 공룡의 뿔을 만들어냈던 원자일 수 있다. 니체의 영원회귀 사상은 원자 단위로 내려왔을 때 실제로 성립되는 질서이다. 세상이 영원히 순환하고 반복된다는 생각은 역사적으로 불교의 윤회 사상으로부터 그 유래를 찾을 수 있다. 석가모니의 윤회 사상은 니체를 거쳐 히틀러에 의해서 완전히 왜곡된다. 그는 불교 문양(卐)을 거꾸로 한 철십자가(卍)를 나치의 문양으로 채택하면서 '영원한 독일 민족의 위대한 사업'으로서의 전쟁에 착수하였다. 결국 핵 에너지는 니체의 영원회귀 사상에서 파시즘의 영원성을 발견했던 히틀러와 같은 위상을 차지하다. 그러나 사실 지금의 핵 마피아들이 만들어놓은 지저분한 현실은 어떤 파시스트도 이룩하지 못한 '영원하고 위대한' 구조라고 할 수 있다.

언젠가 나는 『녹색평론』에서 의미심장한 글을 보았는데, 핵폐기물을 담을 용기나 시설은 어디에도 없으므로 아마 그 지역 전체를 폐쇄해야 할 것이라는 전망과 더불어, 아주 먼 미래를 대비해서 핵시설 근방으로 가지 못하게 하는 금기와 터부를 가진 종교를 창시하여 세습 사제들이 핵폐기물이 묻힌 시설이나 지역에 아무도 들어가지 못하도록 계속해야 할 것이라고 제안하는 글이었다. 1만 년의 시간은 기록된 것으로 넘어서기엔 한계가 있다는 점에서 고개가 끄덕여졌다.

한국의 핵 마피아들은 핵 산업이 마치 미래 세대를 위하는 것처럼 보이도록 하기 위해서 수시로 교사 연수를 유치하기도 하고, 아이들의 글쓰기 대회를 열기도 한다. 그런 모습을 보면 나치나 독재자들이 아이들을 안고 찍은 사진을 연상하게 된다. 그러나 실상은, 핵은 미래 세대에게 희망과 꿈을 주는 것이 아니라 영원한 절망과 고통을 남겨준다는 것이다.

핵을 넘어 생명과 평화의 세상으로

동아시아 지역에서 핵 없는 세상을 만들기 위한 직접 행동은 어느 때보다 뜨겁게 전개되는 중이다. 지금 풀뿌리로부터 시작된 탈핵 운동이 일본과 한국의 거리와 생활 속에서 변화를 만들고 있다. 나는 밀양과 삼척에서 시작된 자생적인 탈핵운동의 생명과 평화의 목소리를 들으면서, 핵 없는 세상을 꿈꾸는 사람의 희망을 발견할 수 있었다. 탈핵 집회에서는 아이들이 항상 즐겁게 웃고 떠들며 돌아다닌다. 그래서 탈핵 집회는 아이들이 놀기 위한 자리이며, 아이들의 미래가 달려 있는 자리이기도 하다. 이 시대에 후쿠시마는 원자력이 더 이상 지속되어서는 안 된다는 사실을 알려주는 지표이다. 그리고 후쿠시마는 아이들, 주부, 할머니 등을 거리로 불러내서 발언하게 하는 미래로 향한 학교이다.

프랑스 철학자 폴 비릴리오(Paul Virilio, 1932~2018)는 핵이야말로 현대 속도 문명의 최종적인 결과물이라고 말하는데, 그것은 핵 에너지가 우리 생활 깊숙이 존재하는 성장주의의 산물이라는 것을 잘 말해준다. 한국에서 탈핵을 성립시키려면 우선 성장주의라는 괴물과 맞서서 이에 제동을 걸어야 한다. 일본의 경우 후쿠시마 사고 이후 전기 소비량을 18퍼센트 가량이나 낮출 정도의 절약이 시작되었다는 것은 환영할 일이다. 우리는 그것을 남의 일이라고 보아서는 안 되며, 이미 지금 우리가 당면하고 있는 현실로 인식해야 한다.

국내에서는 서울시에서 추진하는 '햇빛발전소'가 원전 1기에 해당하는 전기를 태양광 발전으로 대체하겠다는 계획을 추진하고 있는 것은 환영할 만한 일이다. 나는 태양광 발전소가 우리나라 전체 인구의 전기를 충당하려면 영토의 6퍼센트 정도가 필요하다는 계산을 본 적이 있다. 내게는 핵 에너지 대신 재생 에너지를 사용하는 것이 미래 세대에게 꿈과 희망을 약속할 수 있는 유일한 방안이라는 사실이 분명하게 다가오는 계기였다. 건물 옥상이나 공터 같은 곳에 빠짐없이 햇빛발전소를 만들고 절약해 쓴다면 탈핵이 불가능하지는 않다는 생각이 든다. 그래서 나도 햇빛발전소에 출자를 할 계획이다. 작은 희망의 씨앗을 모으고 또 모아서 다가올 미래 세대에게 전해주어야 한다고 생각하기 때문이다.

핵 없는 세상을 꿈꾸는 것은 생명과 평화의 세상의 출발점이 될 수 있으며, 문명적 전환을 이루는 시작점이 될 수 있다. 탈핵이 지상과제가 된 현 시점이 후쿠시마 이후의 문명을 기약할 수 있는 유일한 기회일 수 있다.

14_ 푸코의 권력의 미시물리학과 화석 에너지

화석연료 정점의 무력화와 셰일오일

2010년 국제에너지기구(IEA)는 2030년경에 석유정점인 피크오일(Peak Oil)에 도달할 것이라고 발표했지만, 학자에 따라서 2010년 이전에 이미 지났다는 연구보고도 있었다. 다소 낙관적으로 보더라도 세계 각지의 매장량이 많은 유전 지역에서는 대부분 2030년을 전후하여 원유 생산의 정점을 찍고 생산량이 빠른 속도로 감소하는 피크오일 현상에 직면할 것이라는 예측이 나온 셈이다. 그 당시에는 기후 위기는 곧 극복될 것이라는 전망까지 제출되었다. 석유 고갈로 인해 온실가스 배출이 급감할 것이라는 전망 때문이었다. 2010년경에 미국의 CIA는 조직적으로 사우디아라비아의 석유 매장량을 속였는데, 별 볼일 없는 매장량에 대한 기록이 미국 국민들에게 알려지는 것이 두려웠기 때문이었다.

그러나 2010년대 이후에 각국의 셰일오일의 개발은 피크오일에 대한 탈출구가 되었다. 셰일오일 개발은 원유가 섞여 있는 지반을 물의 압력으로 분쇄하면서 추출해내는 과정으로 이루어진다. 그 과정에서 주변지역에 엄청난 환경오염을 남김에도 불구하고, 100년 이상 쓸 수 있는 석유공급이 가능하다는 전망 때문에 피크오일의 대안적 탈출구로 갑자기 급부상하였다. 그 이후 몇 년 사이에 셰일오일 시추 기술의 발전이 가속화되어 개발 단가 역시도 낮아졌다. 이는 기후 위기 상황에서는 더욱 암울한 전망이라고 할 수 있었다. 더군다나 2020년대 말에는 지구온난화로 인한 러시아 영구동토층의 노출로 인해 그 지역에 막대한 원유가 발견되었다. 그 규모는 인류가 무려 150년 동안 쓰고도 남을 매장량이라고 추정되는 상황이다. 이러한 상황은 화석 에너지 문명의 폐막을 알렸던 상황과는 정반대로 기후 위기를 지속적으로 심화시킬 위험 요인이라고 할 수 있다.

피크오일(peak oil)은 미국의 지질학자 킹 허버트(King Hubbert)가 1956년에 창안한 개념으로, 당시(1956)로서는 1995년 전후로 세계 석유 생산량이 정점을 찍고 이후 생산량이 급속히 감소할 것이라고 예측하는 이론이었다. 피크오일 혹은 오일피크는 쉽게 생각해서 원유 매장량의 50퍼센트 정도는 이미 사라진 상황을 의미한다. 피크오일 이후에는 그때까지 채굴했던 고농도 오일에 비해 채굴 비용이 엄청나게 많이 들어서 캐는 데 들어가는 에너지(비용)가 뽑아내는 에너지보다 더 많아짐으로 해서 채산성 없게 되기 때문에 사실상 석유 고갈 사태에 직면하는 것을 의미한다. 환경운동가들 사이에서는 기후 위기 상황이 피크오일 이후부터 완화될 것이라는 전망도 나왔지만, 최근의 셰일오일과 시베리아 유전 개발 등의 급반전의 상황은 화석 에너지 사용의 강고한 카르텔이 유지될 것이라는 비관적인 전망으로 이어지고 있다.

2009년 즈음 영국 근해에서 생산되던 북해산 브랜트유가 고갈되는 운명에 처했다. 아주 값싸고 부담 없이 쓸 수 있던 원유가 사라지자 유럽에는 경제위기가 찾아왔다. 북해산 브랜트유로 벌어들인 돈을 관광이나 여가 등에 사용하던 잉여 부분이 사라지면서 유럽의 중산층이 허리를 졸라매었고, 관광을 주 소득원으로 하던 그리스는 결국 국가 자체가 파산하고 말았다. 유럽의 경제위기는 세계 경제위기로 확산되었고, 그 배후에는 한 지역의 석유 고갈이 있었던 것이다.

근대 이후 전 세계 경제 성장의 원동력은 다름아닌 석유(약 40퍼센트)였으며, 성장 대비 석유 소비는 기하급수적으로 늘어나는 경향을 보였다. 그 기간 동안 지구촌은 축제와 파티의 연속이었다고 해도 과언이 아니다. 아주 싼 에너지를 홍청망청 쓰면서 사람들은 풍요로운 소비를 인류 문명 발달의 당연한 성과라고 생각했다. 그러나 자원은 유한하며 그 끝이 있다는 점은 분명하다. 미국과 유럽 등 선진국은 피크오일에 직면해서 이라크 전쟁이나 아프가니스탄 전쟁에서와 같은 중동을 통제하기 위해 무력을 사용하거나, 이란에 대한 지속적인 위협을 통해 석유 가격을 안정화하려고 했다. 그리고 분쟁, 전쟁, 내전 등이 휩쓸고 가는 중동지역에 대한 관심이 시들해진 것은 강대국의 본토에서 세일오일을 개발할 수 있는 가능성이 열리기 시작하고 실제로 알려진 것보다 석유가 더 많다는 것을 알게 되면서부터이다.

나는 어떤 농민으로부터 "현재의 농업은 아스팔트에 씨앗을 놓고 거기에 기름을 콸콸 붓는 것"이라는 이야기를 들은 적이 있는데, 그의 말처럼 현재 농업의 석유 의존성은 매우 심각한 수준이다. 농약, 비료, 트랙터 및 장비운용, 운송, 난방 등의 대부분이 값싼 석유에 의존하며, 사실 농업에서 생산되는 농산물은 대부분 석유의 산물이라고 할 수 있다.

또한 우리나라 농업의 자급률은 23퍼센트밖에 되지 않는다. 게다가 정부의 농업 인구 감소 정책 때문에 그 비중은 더 줄어들고 있다. 정부 당국은 이러한 상황에 어떻게 대응하려고 하는가? 그에 대한 대답으로 등장한 것 중의 하나가 해외 농업 전진기지 정책이다. 현재 각 지자체나 도시는 해외에

농업 전진기지를 건설하여 농업 위기에 대응한다는 생각을 갖고 있다.

2008년 대우로지스틱스는 마다가스카르에 농업 전진기지를 개척하겠다는 계획을 발표했다. 마다가스카르 전 국토의 절반 이상을 한국의 농업 전진기지로 만들겠다는 대우의 야심찬 계획은 현지 농민들의 엄청난 반발을 불러일으켰다. 마다가스카르의 많은 시민들이 봉기에 참여했고, 수십 명의 현지 농민들이 죽거나 다치는 피해가 발생했다. 마다가스카르 농민들은 이러한 계약에 서명을 한 대통령을 권좌에서 몰아냈다. 현지 농민들에게 한국의 기업은 제국주의자로 비쳐졌는데, 실제로 현지민의 농토를 빼앗아 자국민들의 식량 안보를 지키겠다는 것은 제국주의적 발상에 다름 아니다. 그런데도 식량 안보라는 미명하에 한국의 지자체들은 해외 식량 기지에 대한 미련을 버리지 못하고 새로운 식민지를 찾고 있다. 그러나 전 지구적 기후 위기 상황에서 이마저도 대규모의 탄소발자국을 초래하는 행동 중 하나일 뿐이다.

현재의 자본주의 문명이 성장할 수 있었던 원동력은 값싼 석유였다. 석유는 태양에너지를 받아 증식했던 생명들이 1억 년가량 농축되고 발효되어 만들어진 고농도 에너지원이다. 사실 어떤 에너지원도 석유처럼 많은 에너지를 농축하고 있지 못하다. 기후 위기 상황의 도래는 성장과 축제가 끝났으며, 다른 방식의 문명을 수립해야 한다는 것을 의미한다. 그러나 현재의 문명은 미래 세대를 전혀 고려하지 않고, 자신의 살아 있는 동안에 모든 것을 탕진하고 소모하겠다는 생각을 떨치지 못할 것 같다. 이러한 생각은 석유에 기반해서 성장과 발전을 이루었던 근대화 과정에 대한 향수와 낭만을 보여주기도 한다. 그러나 축제는 끝났고, 무대는 철거되고 있다. 기후 위기에 따른 생태계 파괴와 생물 대멸종의 위기가 너무도 심각하기 때문이다.

에너지는 미시권력이다

"권력이 있는 곳에 저항이 있고, 저항이 있는 곳에 권력이 있다."

미셸 푸코는 한 발표 석상에서 이런 말을 했다. 좌파들에게 권력은 지배자가 소유한 행위 양식이며 속성이었기 때문에 푸코의 이러한 언급은 즉각적인 반발을 샀다. 그러나 푸코는 이러한 좌파들의 권력에 대한 억압 가설을 거부하고, 모세혈관처럼 미시적인 영역에서 흐르는 권력의 양상을 분석해 낸다. 그에 따르면 현대 사회는 권력의 주체 생산적인 역할이 강조되는 사회이며, 더 나아가 자기 통치성이 강조되는 사회로 이행하고 있다. 그 이행의 방향은 자기계발, 자기통치, 자기관리에 따라 개인 책임이 강조되는 것이다.

푸코는 가톨릭 가정의 안정되고 안락한 분위기에서 성장하였으나, 나치 정권에 동조한 프랑스 비시 정권의 비굴함과 이에 동조하는 기성세대의 위선에 대한 반항심 속에서 청년 시절을 보냈다. 푸코는 대학 시절 온몸을 자해한 채 교정에서 발견된 적이 있는데, 그것이 동성애에 의한 자기혐오와 수치에 의한 것인지, 기성세대에 대한 혐오와 니체 사상에 의한 것인지는 불분명하다. 그는 결국 정신병원에 가게 되었고, 그 속에서 정상과 비정상, 이성과 비이성의 경계를 만난다. 그의 책 『광기의 역사』의 소재이기도 한 그 시기의 경험은 그가 근대의 '주체'와 '진리'를 의심하게 되었던 내재적인 이유였다.

1961년의 저작물인 『광기의 역사』에 등장하는 광인 이야기는 동시대인들에게 깊은 인상을 심어주었다. 이 책에 서술된 19세기 정신의학의 탄생 역사에 대한 해부는 날카롭다. 근대의 성립 과정에서 이성적이고 의식적인 주체를 만들기 위해 부랑아, 음유시인, 걸인, 사회 부적응자, 정신 질환자를 태운

바보선이 국경 사이에서 떠도는 광경이나, 그 이후 만들어졌던 정신병원이 얼마나 주변인들을 거리에서 사라지게 하는 효과를 낳았는가를 밝히는 광경 등은 푸코를 반정신의학의 사상적 지주로 자리매김하였다.

그의 1984년 작품인 『감시와 처벌』은, 수감자의 인권을 위해 설립되어 펠릭스 가타리 등과 함께한 '감옥정보그룹'에서의 활동을 총결산하는 작품이다. 이 책에서 그는 제레미 벤담에서 유래한 파놉티콘(panopticon)이라는 개념을 통해, 훈육 사회에서 통제 사회로 이행하는 근대의 단면을 보여주고 있다. 파놉티콘은 원형감옥으로서 중앙 망루가 있어 자신이 언제나 감시받고 있다고 느끼게 만드는 감시장치이다. 권력의 시선에 노출되어 통제를 내면화하는 수감자의 상황은, 권력이 반드시 폭력을 수반하지 않고서도 통제를 수행하며 예속된 주체를 형성할 수 있는 가능성을 보여준다.

푸코는 1968년 혁명을 전후해서 거리의 행동에 나섰다가 혁명이 봉쇄되고 사회가 재구조화되는 동안 정치적 입장에서 혼란을 겪는다. 그 시기에 그는 미국 할렘가의 스트립쇼, 빈민가의 선술집, 동성애 목욕탕 등과 같은 곳에서 자주 목격된다. 할렘가의 스트립쇼 중에서 채찍 쇼를 좋아하여 그때마다 "이게 미국이야!"라고 외쳤다는 일화도 이 무렵의 일이다. 그가 1976년 발표한 『성의 역사 1』은 섹슈얼리티와 생명 관리에 초점을 맞춘 권력의 새로운 양상에 대한 탐구였다. 그가 1984년 '자기에 대한 배려'라는 부제를 단 『성의 역사 3』를 출간한 것은, 다가올 생명 관리 정치의 시대에 대응하는 주체 형성의 가능성을 타진하는 것이기도 하다. 그는 1984년에 에이즈로 사망하였다.

푸코가 말하는 권력은 어떤 지배자가 소유할 수 있는 기구나 제도, 속성이 아니다. 푸코가 권력의 미시물리학에 대한 견해를 정리한 『감시와 처벌』을 두고 빅브라더의 등장이나 권력의 감시기구 정도로 사고하는 것은 푸코에 대한 완벽한 오해이다. 푸코의 색다른 권력 개념이 등장하게 된 배경에는, '요람에서 무덤까지'의 복지국가에서 자기 통치성이 강조되는 신자유주의 사회로의 이행 과정이 있다. 즉 푸코가 말하는 권력은 일종의 미시적인 관계 내부에 있는 힘의 작동이며, 일종의 네트워크 효과와 같은 것이다. 여기서 미시권력은 모세혈관처럼 약물, 성, 인구 정책, 안전, 미디어 등 시시콜콜한 모든 일상까지 파고들어 있으며, 죽음권력이 아니라 생명권력으로서 주체를 생산하는 효과가 있다. 즉, 생명권력은, 제1세계라는 문명 내부에서는 인구, 안보, 영토 등의 주권 체제를 유지하면서 잘 살도록 하지만, 그 외부에 있는 제3세계 민중은 죽든 살든 배제해 버리는 통제 권력의 상황을 의미한다.

내가 푸코에게서 주목하는 것은 푸코의 '권력의 미시물리학'이 화석 에너지에서 어떻게 관철되는가이다. 한 보고서에 따르면, 현대인들이 사용하는 에너지의 양은 봉건제 때의 말 20필과 하인 20명에 해당하며, 도시 중산층의 삶의 수준은 세종대왕이 누렸던 생활수준과 크게 다르지 않다고 한다. 여기서 에너지의 미시권력화 양상이 등장한다. 화석연료 이전에는 모든 에너지는 소수의 권력에 집중되어 있어서, 개인이 마음대로 사용할 수 없었다. 그러나 이제 수많은 영역에서의 미시권력은 개인에게 분산되고 우리의 모든 삶에 침투하였으며, 마치 네트워크 효과처럼 개인의 삶 구석구석에 침투해서 순환하는 에너지를 쉽게 발견할 수 있다.

내가 한살림 협동조합에서 주관한 토론회에서 『생태도시 아바나의 탄생』으로 잘 알려진 요시다 타로 선생을 만난 것은 2012년 9월이었다. 그는 대규모 화력발전소에 기반하여 전기에너지가 생산되는 것과 관련해 발표를 했는데, 생산과 소비 사이에 손실(loss)이 발생하거나 대규모 정전 사태가 발생할 가능성, 송전탑 등 대규모 시설의 문제, 생활에 탄력적으로 대응할 수 없다는 내용 등을 이야기했다. 그러면서 그는 원자화된 개인이 탄생하고 복잡화된 사회 체제는 새로운 위기 상황에 대응할 수 없는 사회이며, 집중화되고 권력화된 에너지가 분산되고 민주화되어야 한다고 했다. 그의 번뜩이는 아이디어는 에코 시스템에 기반한 제로에너지 사회에 대한 상상으로 나아간다.

요시다 타로 선생의 강연을 듣고 나는 푸코의 미시권력 개념과 에너지를 연결할 수 있는 아이디어를 얻었다. 푸코가 언급한 권력의 미시물리학은 화석연료 기반 없이는 불가능하다. 화석 에너지는 자본주의의 통속적 삶을 사는 사람들 사이의 미시적인 관계 영역에서 안락한 삶을 살 수 있게 만들고 주체를 생산해낸다. 그러나 자유롭고 자율적인 삶이 아니라 사실은 통제 사회에 기반하고 있다는 점은 분명하다. 마치 카프카의 『심판』의 주인공의 삶처럼, 집행유예되어 표면적으로 석방되고 잘 살 수 있도록 하면서 그것을 벗어나면 죽도록 내버려 두는 사회가 그것이다.

오일 봉쇄와 식량 위기에 대한 쿠바의 대응

기후 위기로 더 이상 화석 에너지를 쓸 수 없게 된 상황은 결국 식량 위기로 직결될 수밖에 없다. 그러한 식량 위기 상황에서 우리가 무엇을 할 수 있는가를 잘 보여주는 사례가 바로 1990년 이후의 쿠바이다. 사람들에게 쿠바 하면 떠오르는 것이 1960년대 초반의 체 게바라나 카스트로와 같은 혁명가일 것이다. 그러나 진정한 쿠바혁명은 1990년대에 시작했다고 해도 과언이 아니다. 1990년 소련 사회주의가 몰락하고 서방의 경제 봉쇄가 시작되자,

소련에 설탕을 팔아서 경제를 지탱하던 쿠바에는 엄청난 위기가 다가왔다. 1991년 카스트로는 국가비상사태를 선언했는데, 석유경제에 의존한 농업이 붕괴하면서 식량이 부족해져 1989년까지만 해도 평균 3,100칼로리의 영양을 섭취했던 성인 남성이 1994년에는 1,860칼로리를 섭취한 것으로 나타났으며, 전체 국민의 체중이 평균 10킬로그램이나 줄어드는 상황에 처했다. 전력 생산도 화력발전에 의존하던 상황인지라 1993~1994년 동안에 200일 정도가 정전될 정도였다. 식료품, 의약품, 비누, 화장지 어느 것 하나도 충분한 것이 없었다. 영양부족으로 실명자가 속출하고, 침묵과 어둠의 밤이 계속되었다.

그러나 반전이 시작됐다. 위기의 순간에 대규모의 주체성 생산이 이루어진 것이다. 당시 쿠바에는 소농 중심의 농업 공동체가 살아 있었다. 이 공동체들이 도시에서 기아에 처한 사람들에게 도시농업의 노하우를 전수해주었다. 석유 공급이 끊어져 비료와 농약의 공급이 전혀 없는 상황이었지만, 사람들은 모든 공터를 개간하고 지렁이 분변토를 대량으로 생산하여 도시에서 텃밭과 협동조합 농장이 운영될 수 있도록 도왔다. 거대한 유기농 혁명의 물결이 시작되었다. 한 중국인 출신 혁명장성의 제안으로 시작된 도시농업과 개간에 대한 아이디어는 전국으로 확산되었고, 가정텃밭, 개인농장, 기업농장, 협동조합농장이 만들어져서 2만 9,000헥타르가 개간되었다. 『생태도시 아바나의 탄생』이라는 책에 따르면, 이때 조성된 대규모 농장이 2,600곳, 소규모 농장이 3,600곳, 가정텃밭이 9만 4,000곳에 달한다고 한다.

소련의 몰락과 경제 봉쇄에 의해서 석유 의존 경제가 끝장난 쿠바의 경우는 식량 위기와 에너지위기 상황에서 우리가 무엇을 해야 하는지를 정확히 보여주고 있다. 쿠바 정부는 에너지 부문에 있어서도 에너지 절약을 생활화하고 재생 에너지를 도입하는 에너지 혁명을 2006년도부터 시작한다. 쿠바 정부는 사탕수수 폐기물을 활용한 바이오에너지를 개발하고 풍력발전소와 태양광발전소를 건설하였으며, 시민 교육을 통해서 에너지 절약을 생활화하도록 유도했다. 그 결과 87만 2,000톤의 석유를 절약할 수 있었다. 특히 중앙집중 방식으로 운영되던 화력발전소를 단계적으로 폐쇄하고, 각 지역에서 에너지를 자체 생산하여 소비하게끔 유도하는 분권화 계획을 수립하여, 운송과 배전에 드는 비용과 손실을 없앴다. 또한 소련에서 군사적인 이유로 추진했던 핵발전소를 완전히 백지화하기도 했다. 무엇보다도 쿠바의 각 가정의 에너지 절약과 효율화의 노력은 전체 전력 소비량이 시간이 지날수록 점점 줄어드는 기현상을 보여주었다.

이러한 쿠바의 사례를 접해본 사람이라면 에너지 고갈과 식량 위기 상황에 대한 전 사회적 대응이 그나마 가능하다는 일정한 낙관을 갖게 될지도 모르겠다. 그러나 이와 다른 방향으로 나아갈 소지도 충분히 있다. 인류 역사상 국가적인 석유 봉쇄에 직면했던 세 가지 경우가 있었다. 1930년대의 일본과 1970년대의 북한, 그리고 1990년대의 쿠바이다. 그런데 쿠바처럼 유기농 혁명을 통해서 위기를 극복한 경우는 아주 긍정적이지만, 일본의 경우에는 다른 나라에 대한 침략 전쟁으로 이를 해결하려고 했고, 북한의 경우는 대규모의 아사자를 동반한 폐쇄 사회로 이에 응답했다. 그래서 에너지 위기와 식량 위기 이후 북한이나 일본처럼 엄청난 퇴행과 격변으로 나아갈 수도 있다는 가능성도 엄연히 존재한다.

나는 쿠바처럼 유기농 혁명과 도시농업의 씨앗을 심으려는 사람들을 만나려 했는데, 인터뷰 글을 쓰는 과정에서 대학교에서 텃밭을 만들고 있는 '레알텃밭학교'의 황윤지 씨를 만날 수 있었다. 시종 화기애애하게 진행된 인터뷰를 통해서 레알텃밭학교가 새로운 주체성 생산의 맹아가 될 수 있으며, 식량 위기 상황에서 소농 공동체의 도움으로 쿠바의 도시농업이 발전할 수 있었듯이 이들도 한국 사회에 유기농 혁명을 가능케 할 주역이라는 행복한 상상을 하게 되었다. 여기저기 흩어져 있던 이들이 한뜻으로 모여 학교 안에서 호미와 곡괭이를 들었다. "청년이여, 호미를 들라"라는 레알텃밭학교의 슬로건은 청년 특유의 호기가 느껴지면서 왠지 키치적인 느낌이 재미있게 다가온다. 이들 중 이화여대 학생들의 경우에는 도시락을 먹던 숟가락으로 밭을 개간해서 '스푼걸스'라고 스스로 이름 붙이기도 했다. 필자의 아내도 레알텃밭학교의 강의를 듣고 와서 상자텃밭을 연구실 창문 앞에서 시작했는데, 오줌액비를 만들라고 나를 독려하기도 했다.

다음으로 내가 한국의 다른 도시농법의 정보를 접한 것은 부산의 사례이다. 부산의 경우는 도시 가운데를 흐르는 강이나 하천 부지를 개간하기 위해 지역 시민단체가 꾸준히 지자체와 함께 협력해서 우리나라에서 가장 도시농업이 잘 된 곳이기도 하다. 부산의 한 활동가의 설명에 따르면, 도시 하천 주변에 대한 생태공원, 도시농업, 하천도로 등을 3단계로 구분하는 도시계획을 통해서 도시의 심장부에서 지역 농산물을 생산할 수 있었다. 나는 한국의 도시들이 그린벨트를 해제하여 건설과 토건으로 나아갈 것이 아니라, 그린벨트 지역 내에 도시 자체적으로 농산물이 순환되고 재생될 수 있는 도시농업 전략을 수립해야 한다고 생각한다.

최근에는 문래동을 거점으로 하는 풀뿌리 활동가들의 소식을 접했다. 풀뿌리자치연구소 운영위원인 강내영 씨에 따르면, 상자텃밭과 옥상텃밭을 하고 있던 문래동 풀뿌리 활동가들이 한데 모여서 무엇을 심을 것인가를 자유롭게 토론하였다고 한다. 이들은 문래동이 원래 문익점이 목화를 가지고 온 것에서 유래되었다는 점에 착안해서, 목화를 심어 이를 독거노인들에게 솜이불로 전달해주자는 아이디어를 냈다. 그래서 각 집집마다 목화를 심고 이러한 색다른 계획을 실현하려고 한다고 한다.

나는 이런 얘기를 들으며 도시텃밭이 색다른 주체성 생산에 큰 역할을 할 것이라고 생각했다. 기후 위기와 식량 위기가 다가오고 있다는 사실을 단지 비관과 불안으로 보는 것이 아니라, 즐겁고 재미있게 미래를 준비하는 모습이 여러 곳에서 발견된다. 그런 소식을 접할 때마다 우리 가까이있는 혁명을 생각하게 되며, 유쾌한 에너지가 우리 안에 있다고 생각하게 된다.

미시권력과 배치

푸코의 『감시와 처벌』에서는 파놉티콘이라는 '규율 장치'(dispositif)가 등장하며, 『성의 역사』에서도 생명정치의 영역으로 나아간 '성(性) 장치'라는 개념이 등장한다. 푸코의 '장치' 개념은 현대인의 삶이 미시적인 기계장치에 촘촘히 둘러싸여 있다는 것을 밝히고 있다. 권력의 미시물리학에서 '배치'는 '장치'와 동의어이다. 규율적인 배치는 억압적이면서도 주체를 생산해내는 권력의 역설을 갖는다. 군대, 학교, 감옥, 병원 등은 억압적인 배치를 가지면서도, 환자, 학생, 수감자 등의 주체를 생산해내는 역할을 한다. 더 나아가 생명정치의 배치는 주체로 하여금 그 테두리 안에서는 아주 잘 살게 만들어 주면서 자신의 시스템을 벗어나면 죽게 내버려 둔다.

푸코의 배치 개념을 이해하기 위해서는 의자를 예로 들어야 할 것 같다. 의자는 그 자체의 의미로 고정된 것이 아니라, 책상과 더불어 하나의 배치를 이룰 수 있다. 때에 따라 의자는 의자 빨리 앉기와 같은 게임의 배치가 될 수 있고, 사무직 노동자들에게는 노동의 배치일 수 있으며, 아이들에게 의자를 머리 위로 들게 만들면 훈육의 배치일 수 있다. 심지어 의자는 고문의 배치를 이룰 수도 있다. 푸코에게 배치는 권력이 개입되어 있는 미시 관계망의 일체를 의미하는 것으로서, 힘의 관계가 관철되는 공간이다. 이러한 배치에 의해서 생명체와 삶은 주조되거나 포획된다.

권력이 삼투하여 기계적 설비와 같이 삶을 조직한다는 푸코의 배치 개념은 화석 에너지에도 그대로 나타난다. 화석 에너지의 미시권력은 주유소, 발전소, 송전탑, 가정용 전기설비, 자동차 등의 구체적인 기계설비에 의해서 작동되며, 성장주의 담론이나 속도 및 효율성의 정치와 같은 추상적인 형태로 작동하기도 한다. 나는 푸코의 '권력이 거주하는 공간'인 배치 개념을 처음에는 '파놉티콘'으로만 한정해서 학교, 군대, 감옥, 병원과 같은 구체적인 기계설비로 보았던 적이 있다. 그러나 잘 생각해 보면 우리의 지식이나 진리, 담론, 법, 제도, 규칙과 같은 영역도 기계 작동처럼 움직이고 있다는 생각이 들었다. 왜냐하면 자본주의는 추상적인 기계장치와 같은 고정관념의 작동에 의해서도 유지되기 때문이다.

푸코의 배치 개념이 왜 중요한가 하면, 권력의 미시물리학이 관철될 때 권력은 일종의 네트워크 효과처럼 움직인다는 점 때문이다. 권력의 네트워크는 모세혈관을 따라 움직이는 혈류처럼 미세한 영역으로 들어가 삶을 작동시키고 신체를 움직이게 한다. 그리고 '내가 그것을 해냈다'고 할 때 그것 역시도 알고 보면 권력의 네트워크의 효과에 불과한 경우가 많다. 따라서 우리는 많은 사람들의 보이지 않는 미시권력의 토대가 화석 에너지 문명이라는 점을 발견할 수 있다. 예를 들어 TV의 음식 프로그램에서 어떤 리포터가 고기로 이루어진 맛깔나는 전골 요리를 선전할 때, 육식 문명을 버티게 만드는 화석 에너지라는 보이지 않는 권력의 미시 그물망이 그 배후에 있다는 점을 발견하게 된다. 육식 문명은 화석 에너지로 생산된 값싼 옥수수와 운송 및 냉난방에 쓰이는 기름 등을 통해서 유지되며 이 모든 양상이 막대한 기후 위기를 초래한다.

그러나 권력의 미시적인 네트워크가 기계적으로 작동하는 바를 주목하게 되면, 그러한 네트워크의 잠금 효과에 대해서도 생각해야 할 것이다. 푸코가 언급한 배치 개념은 일종의 네트워크 효과와 같이 권력을 설명하면서도 그것이 완전히 열린 체계를 의미한다고 설명하지 않는다. 즉 권력은 외부를 철저히 배제하려고 한다. 예를 들어 사람들이 어떻게 하면 잘 살도록 할 것인가에 관심을 갖는 생명정치의 단계로 들어간 현대 국가의 경우에도 자신의 체제 외부로 향하는 사람들은 가차 없는 탄압과 무지막지한 억압으로 응대한다. 왜냐하면 외부를 배제해야만 현재의 미시권력이 유지될 수 있기 때문이다. 보수정부 때의 용산 참사에서 성장주의와 토건주의에 저항한 철거민들을 권력이 어떻게 대했는가를 생각해 보면 외부를 대하는 미시권력의 태도를 잘 알 수 있다.

배치 개념의 권력의 네트워크 잠금 효과를 파악하기 위해서는 약간 우회할 필요가 있는 것 같다. 예를 들어 20세기 초에 테슬라의 직류와 에디슨의 교류가 경합을 벌이던 시기를 한번 생각해 보자. 잘 알다시피 에디슨의 교류는 현재 사용하는 전기 에너지의 모델이 되었다. 그것은 테슬라의 직류가 기술적으로 더 낙후해서가 아니라, 에디슨이 전기설비 일체와 관련된 배전설비, 송전시설 등을 갖고 있었으며 시스템 전체의 구도를 디자인했기 때문이다. 어떤 과학기술도 그것이 좋기 때문에 받아들여지는 것이 아니라, 네트워크 내로 들어와 있는 한에서만 받아들여진다.

화석 에너지라는 권력의 미시 그물망은 네트워크의 잠금 효과와 같이 작동한다. 2000년대 초반 미국의 자동차 기업들은 전기자동차를 즉각 상용화할 수 있는 수준으로 제작하는 데 성공했다. 그러나 시장의 반응은 시큰둥했고, 전기자동차에 소요되는 충전소 및 사회적 인프라는 결국 구축되지 못했다. 화석 에너지에 기반한 네트워크들이 잠금 기능을 했기 때문이었다. 전기자동차는 찬밥 신세를 면치 못했고 생산설비는 멈추었으며 전문 인력들은 실업자가 되어야 했다. 뉴스 지면에서는 '언제 전기자동차가 상용화될까?'라는 제목으로 이따금 기사가 나온다. 또한 전기자동차가 오염물질이 거의 없고 깨끗하며 안전하다는 얘기를 한다. 그러나 당시 화석 에너지에 기반한 미시권력의 그물망이 존속하는 한 전기 자동차가 그 배치를 바꾼다는 것은 거의 불가능한 상황이었다. 예를 들어 2011년 미국에서 판매된 전기자동차는 1만 7,000대에 불과하며 자동차 총 판매량의 1퍼센트밖에 되지 않았다.

그러나 반전은 늘 가능하다. 2020년 현재 전 세계적으로 전기자동차 충전시설이나 장치 등의 네트워크 확장이 이루어지고 있으며, 전기자동차의 상용화가 가시화되기 시작했다. 물론 여전히 네트워크 잠금 현상은 관철되고 있다는 점이 한국사회에서 곳곳에 확인되고 있는 상황이기도 하다. 화석 에너지의 미시권력은 강건하고 완강하게 그 외부를 몰아내며 자신의 권력에 따라 움직이게끔 우리의 삶을 구성하기 때문이다. 더 나아가 화석 에너지는 풍요롭고 잘 살 수 있는 주체를 생산해내면서, 그 풍요가 초래하는 생태계 위기에 대해서 네트워크 잠금을 한다.

화석 에너지는 우리의 삶을 생산해내면서 우리의 정신과 육체에 들어와 있다. 화석 에너지의 미시권력은 좀 더 풍요로운 삶을 보장해 주며 축제와 파티를 벌여 준다. 그러나 화석 에너지에 기반한 네트워크들, 이를테면 정유업체, 석유화학시설, 자동차회사 등의 화석 카르텔에 도전하는 다른 대체에너지에 대해서 아주 가혹한 잠금 기능을 하고 있다. 특히 한국 사회에서 화석 에너지라는 미시권력의 그물망은 사람들의 정신과 육체를 장악하고 있어서, 어느 누구도 잠금 해제를 하려고 하지 못하는 상황이다. 그 권력의 배치는 외부를 몰아내기 위해서 대체에너지 부문을 아주 초라한 영역으로 만들어 버렸고, 이를 시도하는 사람들을 별종으로 만들어 버렸다. 현재의 풍요로운 삶의 모습이, 화석 에너지라는 미시권력의 네트워크의 치명적인 유혹인 것이다.

생명정치와 화석연료

푸코의 『성의 역사 1』에는 미시권력의 변천사에 대한 간략한 정리가 나온다. 그에 따르면, 봉건제도에 기반했던 군주라는 주권권력은 생살여탈권(生殺與奪權)을 갖고 있으며, 이에 기반해서 모든 신민들이 권력에 종속되게 했다. 이에 따라 죽음의 공포 속에서 살아가는 신민의 상황이 묘사되지만, 즉결처형의 단두대 앞에서 봉기가 많이 일어났다는 역설도 함께 있었다. 그 흔적으로 사형제도의 존폐 여부와 관련된 논쟁이 있다.

이 시기를 거쳐서 근대에 접어들자 권력은 훈육 권력으로 이행하는데, 그것은 권력이 사람들을 죽일 수도 있으니 열심히 살라고 명령하는 형태였다. 훈육 권력은 가혹한 규율과 처벌에 의해서 유지되는 강권의 권력이며, 집행유예 기간처럼 삶을 유지하는 절박함을 만들어낸다.

그리고 탈근대 사회에서는 생명 권력으로 이행하는데, 이 생명권력은 쉽게 말해 잘 살게는 하지만 여기서 벗어나면 죽게 내버려 두는 권력이다. 생명권력이 수행하는 생명정치는 미시적인 영역으로 들어와 시시콜콜하게 일상의 모든 부분에 개입하며, 사람들이 안락하게 살게 하는 것이 체제 안정에 도움이 된다고 생각한다. 그러나 이러한 체제에 부정하거나 벗어나는 경우에는 죽게 내버려두거나 가차 없는 억압을 가하기 때문에 체제의 외부를 없애려는 경향을 갖는다.

그 외부는 어떤 상황인가? 한해 2500만 명의 기후난민이 발생하고, 매년 600만 명의 기아 사망자와 3,700만 명의 영양불균형 사망자가 발생한다. 13억 명이 하루 한끼의 열량으로 버티며 산다. 체제와 문명의 외부를 죽든 살든 내버려 둔다는 것은 이러한 실상이 공중파나 신문지면에서 사라져버린다는 것이다. 거대한 난민 캠프에서 겨우 생명만 유지할 수 있는 최소 열량의 식사를 하고 누워 지내는 기후난민의 상황은 어디에도 논의되지 않고 있는 상황이 현실이다.

훈육권력이 억압을 통해서 주체를 생산했다면, 생명 권력은 자유를 통해 주체를 생산하려 한다는 점에서 훨씬 더 진보했다고 생각하는 사람도 있을지 모르겠다. 그러나 훈육 사회에서 통제 사회로의 이행은 개인들 스스로가 훨씬 더 자신을 잘 관리하고 통제를 내면화하도록 강제하는 사회이다. 탈근대 사회에서 미시권력의 생명정치는 약물, 스포츠, 미디어, 정신분석, 육아, 교육, 영양 등의 영역에 대해 전방위적인 침투를 수행한다. 생명정치는 생활공간에서 외부를 사라지게 만들기 때문에 아주 안락하게 잘 살 수 있는 바를 고무하고 촉진하는 것처럼 보인다. 하지만 이렇게 잘 살도록 만들어주는 이유는 그것이 체제 유지에도 도움이 되기 때문이다.

나는 생명정치의 원동력에는 화석 에너지가 만들어낸 풍요가 결정적인 역할을 했다고 생각한다. 화석 문명은 자신의 외부를 보지 못하게 만들면서 체제 내부에서 안락하고 풍요로운 삶을 약속하기 때문이다. 신자유주의 하에서 자기 통치성에 입각한 개인의 자유가 보장되었던 이유는 화석 에너지가 개인에게 자유롭게 에너지를 사용할 수 있는 권한을 주었기 때문이다. 물론 화석 에너지의 외부를 사멸시키고 그 체제와 문명 속에 머무르라는 부드러운 억압을 내부에 갖고 있다. 사람들은 화석 에너지의 풍요가 만들어낸 체제의 외부를 보지 못하며, 거대한 기후 위기 상황이 다가오고 있다는 사실이나 이 시스템이 유한하다는 것을 응시하지 못한다. 그러므로 푸코의 생명정치의 토대는 화석 에너지의 정치이며, 외부를 사멸시켜 눈뜬장님으로 만들고 화석 문명을 유지하려는 부드럽고 세련된 방식의 억압이라고 볼 수 있지 않을까.

생명정치에서의 유전자 통제, 전자적 통제, 약물 통제 등의 부드러운 억압이 우리의 일상 모든 영역에 파고 들어와 있으나 사람들은 이러한 억압들에 별로 신경 쓰지 않는 것 같다. 화석 문명이 약속한 축제와 파티가 성장과 풍요의 오늘을 약속하기 때문이다. 마치 TV 앞에서 달콤한 졸음이나 포만감 상태에 빠지는 것처럼, 사람들은 다가올 미래의 위험성보다 화석 문명의 달콤함에 취해 버렸다. 그러나 생명정치 방식의 체제 내부에서는 잘 살 수 있도록 자율의 여지를 주는 것도 기후 위기 상황에서 지속 가능하지 않은 삶의 유형일 뿐이다. 기후 위기 시대에 적합한 '전환의 라이프스타일'은 결코 생명정치의 방식이라고 할 수 없다.

생명권력은 새로운 주체 생산을 가능케 한다. 사람들은 자기 통치성에 입각해서 스스로를 통제하거나 관리하고 자기계발을 하는 모습을 보이는데,

사실 그러한 주체들은 공동체와의 접속보다는 자신이 보유한 미시권력을 관리하여 더 풍요롭게 살고자 하는 데 초점이 있는 것 같다. 화석 문명의 외부에 접속하는 것은 사실상 죽음을 의미하기 때문에, 사람들은 지금의 문명 내부에서 스스로를 최대한 통제하는 방향으로 살아가려고 하는 모습을 보인다.

여기서 생명정치의 원동력이라고 할 수 있는 화석 에너지를 더 사용할 수 없는 기후 위기 상황의 도래는 에코파시즘의 유혹으로 다가온다. 에코파시즘은 자연환경의 위기를 체제의 위기와 동일시하면서, 체제의 안녕을 위해 개인의 자율을 억압해도 좋다는 논리로 나아간다. 즉, 인간의 역할을 뺄셈하거나 인구 수 감소 등을 들어 인간을 도외시하는 경향이 그것이다. 존 벨라미 포스터의 『생태 논의의 최전선』이라는 책을 보면, 신자유주의를 옹호하는 어떤 학자는 기후 변화와 환경 재앙 등의 상황에도 불구하고 현재의 문명은 결국 유지될 것이며, 남반부의 민중들이 모두 죽는 상황에 처해도 1퍼센트를 위한 시스템은 유지될 것이라는 전망을 내놓았다.

생명정치가 자유를 부여하며 주체를 생산하면서도 외부에 대한 억압을 여전히 유지하는 지점으로 다시 돌아가 생각해 보자. 나는 이런 상상도 해본다. 화석 에너지의 미시권력의 지형이 재생 에너지의 미시정치의 지형으로 이행할 가능성이 있는가? 화석 문명의 자기통치성을 넘어선 민주적이고 분권적인 재생 에너지의 자기통치성을 만들어낼 가능성은 있는가? 화석 에너지의 파티와 축제의 자원으로 만들어진 자기통치성의 영역을 점령해서, 그 외부에 있던 재생 에너지의 자기통치성의 공간으로 재전유하는 것은 가능하지 않은가?

물론 이러한 생각은 내 희망사항에 불과한지도 모른다. 현재의 시스템에서는 에너지는 권력이기 때문에, 권력화될 수 없는 에너지의 생산은 체제와 문명 외부로 던져지고, 체제는 이것을 죽게 내버려 둔다. 화석 문명의 에너지 정치는 푸코의 생명정치의 원리에 따라 그 내부에 머물면 외부를 잊게 하는 망각과 희열의 파티를 벌여주지만 외부에 대해서는 극단적인 억압의 태도를 취하기 때문이다.

화석 에너지 이후의 전환사회는 가능한가?

한 세미나 때 한 참가자가 '공동체는 가난해야 성립될 수 있다'는 얘기를 했다. 생각해 보니 화석 문명 아래서 우리는 너무도 풍요롭게 외부를 망각한 채 살고 있지만 화석 문명이 우리 세대에서 끝장나리라는 점은 분명하며, 그 대안을 사람들이 아직 생각하지 못하고 있다는 점도 분명하다. 푸코의 권력의 미시물리학에서 언급한 '배치'나 '생명정치'의 개념은, 현재의 문명이 외부를 몰아내고 방치하면서 유지되고 안락과 풍요 속에 눈멀게 한다는 점을 잘 보여주고 있다. 화석 에너지도 이러한 미시권력의 속성을 그대로 갖고 있어서, 이를 바꾸기 위해서는 에너지의 풍요로움에 젖어 있는 개인들이 아니라 가난하고 소박한 공동체의 힘을 빌려야 할 것 같다. 화석 문명의 성장주의의 유혹은 이제 낭만적인 과거의 유산이 되고 있다. 세계 경제는 화석 에너지라는 신의 선물로 인한 기후 위기로 인해 곤두박질치고 있으며, 이것은 위기의 시작에 불과하다.

화석 에너지 이후의 삶이 어떤 방식으로 나타날지에 대해 다시 한 번 생각해 봐야 할 것이다. 우리는 쿠바가 아주 좋은 사례라고 생각하지만, 그러한 방향으로 가기 위해 어떤 생활 방식이 필요한지에 대해서는 생각하지 못한다. 쿠바는 대가족 제도와 마을 공동체가 살아 있는 사회였다. 그래서 사람들 사이에서 자치적이고 자율적인 힘이 생겨났고, 어려운 시기를 넘길 수 있는 주체성 생산도 가능했다. 그러므로 식량 위기를 극복하기 위해 마을 공동체를 만들어 관계망을 회복하는 것도 가장 기본이 되어야 할 실천의 부분이다. 마을 공동체 속에서 화석 문명의 미시권력이 아니라 새로운 재생 에너지의 미시정치의 가능성도 타진할 수 있을 것이다. 관계망 속에서 발생하는 사랑과 욕망의 흐름은 생각지도 못한 주체성을 생산하고, 어느 순간 이미 대안을 만들어 버리기 때문이다.

기후 위기로 인한 화석 문명 이후의 삶의 양식은 새로운 문명의 시작일 수도 있다. 그러므로 우리는 다가올 문명을 준비하고 미래 세대에게 새로운 희망을 약속해야 한다. 그러기 위해서는 우리가 기존의 삶 중에서 외부로 던져버린 많은 부분들을 복권해야 하며, 마을과 주변에 살아가는 마을 주민, 할머니, 할아버지들이 알고 있는 오래된 지혜에 접속해야 한다. 그렇다면 화석 문명의 외부는 죽음과 공포의 외부가 아니라 새로운 활력과 즐거움의 외부일 것이다. 화석 문명 이후의 희망은 현재의 체제와 시스템의 외부를 향해 열려 있을 때 가능하며, 동시에 외부는 우리 사이에서 만들어지는 것이기도 하다.

15_ 라이히의 오르곤과 재생 에너지

햇빛발전소, 미래로 돌아가다

2012년 1월 1일, 발전 사업자가 총 발전량의 일정 비율을 신(新)재생 에너지로 공급하도록 만든 의무할당제도가 발표되었다. 이것은 재생 에너지의 손실분을 보상해주는 발전차액제도를 넘어서, 발전 사업자에게 총 발전량의 2퍼센트 이상을 신재생 에너지로 공급하도록 의무화하겠다는 정부의 계획이었다. 그 이후 2017년에 발표된 '재생에너지 3020정책'은 발전에너지의 20퍼센트를 재생에너지가 차지한다는 야심찬 계획이었으나, 2019년까지 발전총량이 오히려 줄어드는 상황으로 나타나고 있다.

이에 서울시민들이 자발적으로 나서서 협동조합 형태의 시민햇빛발전소를 만든다는 계획이 2012년 봄 발표되었다. 이로부터 얼마 지나지 않아 시민햇빛발전소는 세종문화회관 옥상에 50KW 규모의 태양광 시설을 설치하기 위한 준비를 시작했다. 이어 자체 전기 소비량의 2퍼센트를 생산하는 태양광 시설을 짓기 시작했고, 2012년 11월부터 가동에 들어갔다. 뿐만 아니라 서울시 관할 학교 1,000곳의 옥상에 태양광 시설을 설치하는 사업을 추진 중이며, 이미 서울시 교육청과 양해각서를 교환한 상태이며 현재도 추진 중에 있는 사안이다.

나는 햇빛발전소 협동조합에 관련된 브로슈어를 보고 하루 종일 들떠서 신문기사를 뒤져보거나 관련 자료를 다운받기도 했다. 원전 1기를 줄이겠다는 서울시의 야심찬 계획도 그저 공상이 아니라 머지않아 현실이 될 것이라 여겨진다. 일단 내 연구실 인근 생협에서도 건물 옥상에 햇빛발전소를 설치하기 위해 조합원을 모으는 계획을 추진 중이며, 서울 곳곳에서 햇빛발전소와 관련된 여러 가지 자발적인 움직임들이 포착되기 때문이다. 특히 시민단체와 노동조합, 전교조 등의 전폭적인 지지와 지원은 화석연료 고갈과 기후 변화에 직면한 현 시점에서 우리가 해야 할 것이 무엇인가를 잘 보여주고 있다.

햇빛발전소는 전 인구의 70퍼센트가 밀집해 있는 대도시에서 먼저 에너지 절약과 신재생 에너지 대체 노력이 필요하다는 문제의식에서 출발한다. 현재 서울시의 전력 자립률은 3.7퍼센트 정도로, 전력 생산에서 지역 불균형 문제가 심각하다. 서울시민들이 쓰는 에너지를 서울에서 생산하지 못한다는 것이다. 서울에서 쓰는 에너지의 대부분을 감당하고 있는 핵발전소는 특유의 위험성 때문에 대도시에서 최대한 멀리 떨어진 곳에 짓고, 그곳에서 생산된 전기를 고압선을 통해 도시까지 끌어온다. 하지만 그 과정에서 전기가 적지 않게 새어나가기 마련이고, 게다가 고압선과 철탑으로 인해 부당하게 고통 받는 타 지역 주민들도 생기게 된다. 때문에 지역에서 쓸 에너지는 해당 지역에서 원전이 아닌 방식으로 생산하자는 목소리가 높아지고, 그 최선의 방법으로 찾아낸 것이 바로 햇빛발전소인 것이다.

다른 지역으로부터 에너지를 수탈하던 도시의 한복판에 태양광발전소가 생긴다는 것은 큰 의미를 갖는다. 거대 송전탑과 설비를 갖추지 않고도 에너지 생산이 분산될 수 있으며, 손실이 적고 지역 순환적으로 설계될 수 있기 때문이다. 또한 학교 옥상 등에 설치된다면 학생들의 에너지 교육이나 생태 교육에도 긍정적인 영향을 줄 수 있을 것이다.

태양광 발전은 안전하고 친환경적인, 무한 에너지이자 청정에너지라는 장점을 갖고 있다. 화석연료나 핵 발전이 지구 환경을 위협하고 인류의 생존에 위험요소가 되고 있는 현 시점에서 태양광 발전은 대안 에너지의 하나로 각광받을 수밖에 없다. 정부에서는 그동안 핵발전소를 확대해야 하는 이유로 재생 에너지가 너무 비싸다는 입장을 밝히곤 했다. 그러나 이것은 사실과 다르다. 이미 선진국에서는 재생 에너지가 핵 발전을 앞서고 있으며, 가격 경쟁력에서도 우수하다는 것이 입증되고 있기 때문이다. 실제로 미국에서는 매년 태양광 발전이 50퍼센트, 풍력 발전이 20퍼센트씩 성장하고 있다.

한국 사회가 태양과 바람의 나라가 되기 위해서는 태양광 패널이 얼마나 필요할까? 전 국토의 대부분을 뒤덮을 만큼 아주 많은 양이 필요할 거라는 애초 우려와는 달리, 남한 면적의 6.7퍼센트만으로도 충분하다. 비가 오거나 흐린 날을 대비한다고 하더라도 10퍼센트 내외라는 계산이 나온다. 도시 면적의 대부분을 차지하는 건물 옥상과 주차장, 고속도로 위 같은 버려져 있던 공간에 태양광 발전 시설을 설치한다면 에너지 위기의 걱정에서 벗어날 수 있는 것이다.

물론 햇빛발전소는 아직은 시장성이 그리 높지 않아 보인다. 서울시 연평균 일사량은 전국보다 낮고, 매연과 먼지까지 많아서 효율이 낮은 편이기 때문이다. 그럼에도 우리 자신과 지구를 살리기 위해 지금 당장 어떤 식으로든 행동에 나서야 할 단계에서, 첫발자국을 딛는 의미 있는 행동임은 분명하다. 특히 이러한 문제의식으로 시민들이 직접 나서서 협동조합 방식으로 풀어가려 한다는 데도 큰 의미가 있다.

햇빛발전소는 2012년부터 조합원들의 출자금을 모집했는데, 앞으로 발생하는 수익금은 조합원들에게 돌려주는 방식으로 운영될 것이다. 또한 그 수익의 일부로 에너지 복지가 취약한 계층의 가정들에 혜택을 주겠다는 계획도 세웠다. 이는 탄소 복지, 에너지 복지라는 측면에서 중요한 기획이다. 마치 순환과 재생의 대체에너지 작동 원리처럼, 그 이익이 에너지 소외 계층을 향해서 낮은 곳으로 흘러가는 것이기 때문이다.

기존의 원자력과 화석 에너지에 기반한 중앙 집중 방식의 거대 에너지 시스템은 원전 마피아 같은 에너지 권력을 공고하게 만들고, 시민들의 삶에서 에너지 생산을 분리시켜 에너지 절약 문제에 둔감하게 만든다. 에너지는 지역에 분산되고 민주적으로 생산되어야 하며, 지구 환경과 미래 세대를 위해 재생 에너지 중심이어야 한다. 재생 에너지는 가장 자연 친화적이고 생태적이며 민주적이다. 만약 지역에서 생산된 에너지를 지역에서 소비하는 에너지 자립 방식으로 에너지가 생산된다면 다른 지역을 약탈하거나 의존하지 않아도 되고, 미래 세대에게 위험한 짐을 지우는 화석 에너지나 핵 에너지로부터 벗어날 수 있을 것이다. 서울 햇빛발전소는 첫사랑의 설렘처럼 내 가슴을 두근거리게 만들었으며, 다가올 태양과 바람의 나라를 꿈꾸게 만들었다.

라이히, 생명 에너지의 뿌리를 찾아서

빌헬름 라이히(Wilhelm Reich, 1897~1957)는 정신분석가이자 프로이트의 제자로 많이 알려져 있는데, 아카데미에서는 프로이트와 마르크스 간의 이종결합을 통해 프로이트-마르크스주의를 창시한 사람으로도 분류한다. 그는 공산당 당원이자 빈 정신분석연구소 교수라는 이력을 갖고 있지만, 이단적인 사상으로 간주되어 두 영역 모두에서 추방당하는 비운의 운명을 살았다.

라이히는 유독 자유로운 성 문제에 관심이 많았는데, 그 이유는 어린 시절 자신의 과외 교사와 바람난 어머니를 식사 시간에 라이히 자신이 폭로하였고, 그로 인해 라이히의 어머니가 자살을 하였기 때문이라고 알려져 있다. 그런데 보통 아이들 같으면 죄의식에 시달리며 평생을 살아가기 십상일 텐데, 라이히는 어머니를 침실로 이끌었던 성-욕망과 충만한 생명 에너지는 어디로부터 기원하는가, 라는 색다른 질문을 던지며 평생 동안 그것을 풀고자 노력한다.

라이히 이전에 프로이트는 '오이디푸스 콤플렉스'를 신경증의 병인(病因)으로 보았다. 오이디푸스 신화는 아버지를 죽이고 어머니와 결혼한 테베 왕의 신화로, 근친상간 충동과 이에 대한 금기가 문명 내부에서 작동한다는 이론적 가설이다. 프로이트는 리비도라는 성-충동을 그대로 두면 반사회적인 행동을 하기 때문에 아버지라는 초자아에 결박당하는 것에서 문명이 성립될 수 있다는 생각으로 나아갔다. 즉, 정상적인 사람들은 모두 신경증 환자인 셈이다.

이러한 보수적인 결론에 반대해서, 라이히는 건강한 성 능력이 억압당할 때 성 에너지가 응축-방출되지 못하여 신체에 울혈이 생기고 신경증이 생긴다는 이론을 발표했으며, 성-능력의 해방이 신경증을 치료할 수 있는 방안이 될 것이라는 주장을 하였다. 라이히의 사상은 68혁명 시기 동안 청년 세대가 주장했던 성-해방 노선을 선도하는 측면을 갖고 있기도 하다. 그러나 시대를 앞서간 사람들은 이단으로 치부되거나 비극적인 결말이 기다린다는 역사의 공식은 라이히에게도 예외가 아니었다. 라이히의 성-정치, 오르가즘 이론, 성-경제, 오르곤 에너지 등에 대한 연구는 공산당에서의 축출과 발언권 상실, 정신분석학회로부터의 추방, 나아가 라이히 자신의 비극적인 죽음으로 이어졌다.

라이히는 성-억압이 체계적이고 기계적으로 이루어지는 권위주의적 가부장 사회를 파헤치면서, 이것이 사회 병리적인 성격 구조의 기원이 된다고 보았다. 그의 『파시즘과 대중심리』라는 책은 나치의 등장을 사회심리적으로 분석한 책으로, 파시즘에 대한 신비화와 예속에 대한 욕망이라는 이상야릇한 감정이 똬리를 트는 배후에는 당대의 질식할 것 같은 도덕적인 분위기가 있다고 진단했다. 즉 도덕이 성을 억압하여 성격갑옷, 성격갑옷이란 응고되고 울혈에 맺혀 갑옷처럼 딱딱한 외피로 자신을 방어하는 수단을 만든 현대인의 성격구조로부터 유래한다. 들뢰즈와 가타리에게는 되기(becoming)와 같은 사랑과 욕망의 흐름이 성격갑옷에 대한 해결책이다.

그는 이 책에서 "설명되어야 할 것은 배고픈 사람들이 도둑질을 했다거나 착취당한 노동자가 파업을 일으켰다는 사실이 아니라, 배고픈 사람들 중 대다수는 왜 도둑질을 하지 않는가, 또 착취당하고 있는 사람들 중 대다수는 왜 파업을 하지 않는가라는 사실이다"라고 말하면서, 성-억압에 의해 복종과 예속의 상황에 처한 대중들이 결국 자신의 생명 에너지의 본성과 다른 방향으로 나아간다고 보았다.

이 시기에 라이히는 노동자의 성 생활과 자녀 양육, 낙태, 영양, 피임, 이혼과 결혼, 성 위생 등의 문제에 주목하면서, 성-정치(sex-politics)라는 미시정치의 영역을 만들어낸다. 그는 노동자들의 성적 갈망을 충족시켜주지 못한 당대의 도덕과 제도가 결국 성격갑옷과 같은 무장한 인간형을 양산하고 있다고 진단한다.

그의 『오르가즘의 기능』이라는 책에는 다양한 임상 사례가 등장한다. 많은 이들이 성-억압을 통해 사회를 재생산하고 있는 자본주의에서 강제적 도덕이 사라지면 동물적 충동과 반사회적 행동이 넘쳐날 것이라고 얘기하지만, 그는 오히려 성-억압이 사라지면 인간의 자율성과 생명 에너지가 풍부해지는 코뮌과 같은 사회가 될 것이라고 보았다. 라이히는 이 책에서 인간의 일차적이고 자연스러운 생명 에너지의 흐름 중 일부인 성-욕망이 강제적 도덕에 의해 금기시되고 규제될 때, 억압과 불만족으로 인해 병들고 도착적이며 비사회적인 2차적인 욕망으로 변질될 것이라고 보았다. 이러한 2차적 욕망은 원래는 생명 에너지였던 것이 파괴적인 에너지나 억압을 욕망하는 것으로 굴절된 것이라고 보았다. 즉, 욕망이 유죄이고 금기되어야 할 것이 아니라, 그 금기가 욕망을 변질시키는 것이다.

결국 라이히의 주장은, 우리 안에 있는 생명 에너지의 일종인 성-욕망을 긍정해야만 하며, 이를 억제하고 금지하면 죄의식이나 자의식으로 인해 변형되고 굴절된 욕망이 발생한다는 것이다. 성-욕망을 권위주의로 해결하려는 기존의 방식에 따르면 생명 에너지는 파괴적인 에너지로 돌변하고 사회의 병리적인 현상은 더 확산된다. 그렇게 되면 정치적 반동은 강화되고 사람들의 정신세계와 생활은 극도로 억눌리게 되는 것이다.

라이히의 후반기의 연구는 성-욕망과 같은 활력으로 가득 찬 생명체의 생장에너지의 기원에 대한 연구로 집중된다. 그의 비교적 초기 저작에 속하는 『바이온』과 같은 책은 생명 에너지가 어떻게 생겨날 수 있는가에 대한 연구였는데, 라이히가 미국으로 이민을 가고 나서부터는 오르곤에너지 이론인 오르고논이라는 새로운 영역에 대한 연구로 발전한다. 이 연구에 대해서 '라이히가 드디어 미쳤다'라거나, '신비주의에 경도되었다'라고 말하는 학자들이 많다. 그래서인지 라이히 후기의 연구가 무엇을 의미하는지에 대해 학계에서는 평가 절하되어 있다.

나는 '철학공방 별난'이라는 작은 연구실을 갖고 있는데, '별난'이라는 이름을 붙인 이유는 욕망의 어원이 'désir=dé+sir'(desire=de+sire)로 '별에서 떨어져 나온'이라는 의미이기 때문이다. 나는 라이히를 읽으면서 욕망이 갈애와 탐욕, 도착의 중간좌표에 있는 것이 아니라, 생명 에너지로서의 본성을 갖고 있다는 것을 처음으로 알았다. 그래서 라이히가 성-욕망을 탐구하다가 우주, 자연, 지구, 무기체, 동물, 식물에 담겨 있는 생명 에너지 탐구로 나아갔던 것은 당연한 이론적인 귀결이라는 생각이 들었다.

라이히를, 우주에는 알 수 없는 '기'(氣)가 있다는 식으로 얘기하는 사람처럼 간주하는 것은 그의 과학적인 연구 과정을 너무 속단하는 것이다. 라이히는 '생명을 구성하며 그 내부를 움직이게끔 하는 에너지가 어떻게 성립 가능한가?'를 『바이온』에서 질문했고, 그 속에서 순환과 재생의 에너지를 밝히고자 했다. 나는 당대의 사람들이 가졌던 편견과 오해의 시선에서 벗어나, 후기 라이히를 정열적으로 활동하게 했던 생명 에너지인 오르곤 연구를 살펴보고자 한다. 라이히의 오르곤 연구가 오늘날 의미가 있는 또 하나의 이유는 죽음과 파괴의 핵 에너지에 맞서기 위한 것이기도 하기 때문이다.

재생 에너지의 여러 가지 쟁점들

재생 에너지는 전 세계 에너지원의 12.7퍼센트를 차지하고 있지만, 한국에서는 2007년 기준 2.4퍼센트에 불과하다. 2012년에 발효된 신재생 에너지법은 고육지책으로 태양열, 풍력, 바이오에너지, 지열, 수력, 해양에너지 등과 같은 재생 에너지에 수소, 연료전지, 석탄액화가스, 중질산사유가스화에너지 등과 같은 신에너지를 합쳐서 산업화의 논리를 동일하게 적용하고 있다. 일종의 액면가로 보면 재생 에너지가 아닌 유사재생 에너지도 포함시켜서 비중을 높이려는 얄팍한 논리가 숨어 있다. 나는 재생 에너지 전반에 대한 문제의식을 확인하기 위해 녹색연합의 신근정 녹색에너지디자인국장과 전화로 인터뷰를 했다. 이 인터뷰에서 내가 생각하는 재생 에너지의 다양한 쟁점과 문제의식에 대한 상당한 공통지반을 확인할 수 있었으며, 그때 나누었던 인터뷰 내용의 많은 부분을 참고하였다.

재생 에너지에서 가장 문제가 되는 부분이 바이오에탄올이다. 미국의 경우 바이오에탄올을 이용해 자동차를 움직이고 있으며, 각주마다 거대한 바이오에탄올 공장을 설립하고 있는 중이다. 미국에서 생산되는 옥수수를 자동차에 써버린다면 결국 곡물 가격을 높이게 되어서, 하루 끼니마저 걱정해야 하는 제3세계 민중들에게는 크나큰 고통을 줄 수밖에 없다. 만약 옥수수 수확 후 폐기되어야 할 부산물을 이용한다면 큰 문제가 없겠지만 현실은 옥수수 자체에서 유류를 뽑아내고 있다.

또 문제가 되는 지점은 대규모 농장에서 생산되는 옥수수들이 화석연료에서 생산되는 비료와 농약, 트랙터 등을 통해 만들어지기 때문에, 사실상 석유 의존적 생산이라는 점이다. 그러므로 바이오에탄올이 화석연료의 대안이 될 수 없다는 점은 이 부분에서 분명해진다. 우리나라에서 바이오에탄올 생산은 제주도 유채씨앗 공장과 같은 곳에서 이루어지고 있지만, 대부분의 바이오에탄올 공장이 문을 닫았다. 그 이유는 석유 이외에는 유사석유로 분류되고 있는 현행 법이 정유회사들의 로비에 의해 완강하게 유지되고 있기 때문이다.

재생 에너지를 얘기할 때 가장 먼저 떠오르는 게 태양광이다. 현재 새만금 간척지에 대규모 태양광 설비를 설치하겠다는 문재인정부의 구상과 함께 숲과 산을 밀어 대규모 태양광 설비를 설치하는 일도 비일비재하다. 그러나 숲이 갖고 있는 탄소격리효과를 생각해 볼 때 이는 근시안적인 조치이다. 문제는 태양광 시설이 숲과 삼림을 밀어내고 설치되는데다가 에너지 생산에 비해 일자리 창출 효과가 전혀 없다는 점이다. 숲 생태계를 파괴하면서까지 태양광발전소를 만들려고 하는 것도 건물 옥상이나 나대지와 같은 좁은 공간에 태양광 발전 시설을 만들게 되면 대규모 전력 생산을 통한 산업적 이득이 거의 없다는 경제적 논리가 작동한다.

대규모 전력 생산 방식의 태양광발전소 단지가 생겨날 가능성은 신재생에너지법의 의무할당제 조항에 의해 더 가능성이 높아졌다. 결국 재생 에너지의 장점인 '분산되고 민주적인 에너지 생산'의 가능성은 낮아지고, 화석연료나 핵 에너지와 똑같이 중앙 집중 방식으로 대규모 생산 단지에서 송전탑과 변전소를 거쳐 에너지가 도시로 운송되도록 디자인되는 것이 문제라고 할 수 있다. 이러한 문제는 문재인 정부 들어 새만금간척지에 대규모 태양광 단지를 만드는 것에서도 똑같이 확인된다. 동시에 산꼭대기에 대규모 풍력 발전소 단지가 생기는 것에서도 똑같이 나타난다. 또한 대규모 재생에너지 부지에서 생기는 녹-녹 갈등은 생태배당으로 풀어내는 지혜가 필요하다. 이는 지역과의 상생속에 재생에너지가 위치해야 한다는 점을 의미한다.

조력발전소의 경우, 서산의 가로림만과 강화도에 조력발전소를 세우겠다는 정부의 발표가 있고 나서 수많은 시민단체가 반대 입장을 표명하고 있다. 생태계의 보고이자 오염물질을 정화하는 중요한 역할을 하는 갯벌을 파괴하면서까지 조력발전소를 설치하는 것은 손익 비교의 원칙에서도 어긋나기 때문이다. 결국 조력발전소는 재생 에너지에 산업화의 논리를 적용해서 토건 세력을 배부르게 만들려는 또 하나의 4대강 사업에 불과하다.

수력발전의 경우는 원천적으로 재생 에너지로 분류될 수 없다. 하천 생태계를 파괴하는 댐과 둑의 환경 역행적인 영향 때문이기도 하지만, 최근의 연구조사에 의하면 댐과 둑에 의해 가두어진 물에서 부유물이 증식하여 엄청난 양의 온실가스를 생산한다는 점도 밝혀졌다. 즉, 수력발전은 친환경 에너지가 아니라 지구온난화를 유발하는 반환경 에너지인 것이다.

결국 정부의 신재생 에너지법은 화석 에너지나 핵 에너지와 똑같은 형태로 재생 에너지를 산업화하겠다는 시장 요구에 부응하는 것이다. 또한 의무할당제는 소규모 사업자들 중심이 아니라 대기업만이 주도할 수 있는 대규모 시설 중심으로 디자인되어 있다. 여기서 분산되고 민주적으로 생산될 수 있는 재생 에너지의 긍정성은 대부분 사라진다. 중앙 집중식의 에너지 디자인은 에너지 자체의 권력화를 야기하고, 또한 재생 에너지의 효율은 극도로 떨어지기 때문에 더 많은 시설이 필요하다는 역설이 발생한다. 2017년 통계상으로 재생 에너지의 에너지 비중은 7퍼센트에 불과하다. 그리고 그 에너지 전환의 속도가 여전히 더디다는 것이 더 문제이다.

수많은 지역에서 풀뿌리 형태로 재생 에너지에 대한 적정기술 연구들이 이루어지고 있다. 적정기술은 복잡하고 난해한 고도의 기술보다는 삶에 적절한 기술이 더 필요하다는 것으로, 슈마허의 '작은 것이 아름답다'라는 생각에서 창안된 개념이다. 예를 들어 인력(人力) 에너지 부분에서 적정기술의 사례가 하나 있다. 제3세계 민중들의 깨끗한 식수 공급을 위해 개발된 기술로, 흙탕물을 싣고 자전거를 타고 오면 자전거 발전을 통해 물이 정화되도록 만든 설비이다.

이 외에도 재생 에너지의 적정기술에 대한 정보를 어렵지 않게 찾아볼 수 있다. 언젠가 '흙이 시를 만나면'이라는 포도농장을 운영하시 이상배 대표가 간단한 바이오매스 기술의 노하우를 알려준 적이 있다. 건물 벽을 이중으로 만들어서 그 사이에 농업 부산물과 퇴비, 거름 등을 잘 섞어 발효액을 넣고 채우면 겨울 내내 뜨거운 난방이 가능하며, 그 사이에 금속관을 놓으면 뜨거운 물도 사용할 수 있다는 것이다. 여기서 거름과 퇴비가 발효되면서 내는 열은 90도에 달한다고 한다. 그리고 인터넷 공간을 찾아보면 적정기술에 입각한 재생 에너지 연구는 활발히 이루어지고 있으며, 그 정보나 노하우는 무상으로 공유되고 있다. 결국 재생 에너지도 그것을 찾고 만들려는 민중의 활력과 생명 에너지에 접속해야만 제대로 된 모습을 갖출 수 있다는 점이 드러난다.

'바이온'과 에코 시스템 그리고 재생 에너지

『바이온』(Bion)은 라이히가 '생명의 비밀'을 풀기 위해 시도한 최초의 책으로 기록된다. 그는 코닥카메라와 고성능 현미경, 생물학 지식을 동원해서 인간의 욕망과 같은 생명 에너지가 어디에서 유래한 것인지를 실질적인 실험을 통해 입증하려고 했다. 내가 그의 책 『바이온』을 읽으면서 수많은 사진과 도표가 무엇을 의미하는지 상당히 헤맬 수밖에 없었던 이유도, 라이히가 실험을 통해 입증하고자 하는 바에 대해 쉽게 털어놓지 않았기 때문이다. 그래서 나는 도중에 여러 번 책을 내려놓곤 했다.

『바이온』은 생명을 신의 창조나 신비주의의 영역으로 두지 않고, 유물론에 입각해서 설명하고자 했다. 이러한 관점은 엥겔스의 『자연변증법』의 유물론적인 원리를 따르는 것이었다. 그는 무기체에서 유기체가 생겼다는 일반적인 생명의 비밀을 직접 입증하고자 했다. 또한 이 과정에서 발생하는 생장에너지와 생명체 현상을 꼼꼼히 기록한다.

무기체에서 유기체가 생성되었음을 보여주는 대표적인 실험으로는 밀러의 실험이 있다. 밀러는 산소가 제거된 플라스크에 메테인(CH4), 암모니아(NH3), 수소(H2)와 같은 무기물 입자를 넣어서 가열하면 글리신(glycine)·알라닌(alanine)과 같은 아미노산 구성을 가진 유기물이 나오는 것을 입증해냈다. 라이히의 연구는 이러한 발생학적 연구와 유사한 지평에 놓여 있는데, 세포나 유기물 입자 발생에 대한 현장 연구를 기반으로 한다. 즉, 라이히는 무기물에서 유기물로 바뀌고 이행하는 것을 이 실험을 통해서 입증하였다. 이러한 실험을 통해 알 수 있는 점은 지구만이 생명의 원천이 아니며, 우주 모든 곳에서 환경과 조건이 허락한다면 무기물에서 유기물의 생성이 이루어질 수 있다는 점이다. 우주는 죽음의 블랙홀로 빨아들여지고 종결되는 것이 아니라, 생명으로 충만한 화이트홀과 같은 공간으로 다시 태어난다.

이러한 라이히의 연구가 진부하며 무용하다고 여기는 사람도 있을지 모르겠다. 그것은 이 연구가 무엇을 의미하는지를 다른 각도에서 바라보지 못했기 때문이다. 라이히의 바이온 연구가 있고 나서 30년 후에, 『침묵의 봄』이라는 책으로 생태계에 누적되는 DDT 성분을 연구했던 레이첼 카슨과 그의 동료들은 '에코 시스템'에 대한 논문을 발표했다. 이 논문에서 이들은 무기체에서 유기체가 생성되는 과정이 생명의 성립 단계 이후에 사라진 것이 아니라, 늘 지속되고 있다는 점을 밝힌다. 처음에는 가설로 여겨졌던 라이히의 생각이 사실상 레이첼 카슨의 유명세를 타고 정설화되고 있다.

에코 시스템 연구가 획기적인 이유는, 생명의 발생학적인 기원이 원시시대 때에만 있었던 것이 아니라 항상 계속되고 있다는 점을 밝혔기 때문이다. 더 중요한 점은 우리가 통상적으로 생각하던 질서와 조화의 영역이 생명에만 한정되는 것이 아니라는 점이다. 우주에는 카오스와 코스모스라는 두 가지 질서 유형이 있다. 엔트로피 1법칙은 에너지 보존의 법칙으로 질서와 코스모스의 법칙이라면, 엔트로피 2법칙은 에너지가 한번 쓰이면 더 이상 사용될 수 없게 되는 무질서와 카오스의 법칙이다. 이러한 엔트로피 2법칙에 따라 세상의 에너지가 순환되거나 재생되지 못하고 결국 파멸될 것이라는 비관적인 생각에 사로잡히는 경우도 있을 수 있다. 대표적인 사람이 1970년대의 제레미 리프킨이었다.

그런데 '혼돈 속의 질서'인 카오스모시스(chaosmosis = chaos + cosmos)적인 영역이 바로 생명이라는 생각에 이르면 우리는 안도감을 느끼게 된다. 생명은 혼돈 속에 질서를 부여하고 생명 에너지를 순환시킬 수 있는 원천이라는 생각에 도달하기 때문이다. 화석연료 고갈과 기후 변화, 에너지 고갈에 직면해서 이제 '혼돈 속의 질서'라는 생명의 작동 원리처럼 탄소 순환적인 사회에 대한 구상도 해봄직하다. 생명 순환 사회, 다시 말해 탄소 순환 사회는 고갈되지 않고 재생되는 최초의 생명 에너지에 입각해 있다. 장작에 불을 때면 탄소가 발생하지만, 그것은 나무로 존재할 때 탄소를 빨아들였던 양과 동일하기 때문에 탄소량을 증가시키지 않는다. 그렇다면 이러한 생명 순환에 기반한 에너지관이 엔트로피 2법칙에 지배되는 화석 에너지와 핵 에너지의 대안일 것인가?

다시 원래의 이야기로 돌아가 보자. 생명의 영역이 갖고 있는 순환과 재생의 원천이 사실 무기체에서 유래되었다면 어떠한가? 무기체 내부에서 작동하는 에너지가 사실은 유기체인 생명의 작동 원리로 바뀌는 것이라면? 결국 어떤 사물, 물질, 에너지, 자원, 환경, 자연 등도 모두 생명과 관련된 것이며, 생태계가 생명을 낳았다는 지극히 당연한 이야기로 귀결될 수도 있다. 그러나 생태계 내에서 생명의 생장에너지처럼, 재생과 순환의 에너지도 작동할 수 있다는 생각으로 나아갈 수도 있다. 즉, 늘 무기체가 유기체로 이행하는 에코 시스템에 입각한 재생 에너지가 도입될 수 있으며, 에너지 자체를 단순히 쓰다 버리면 되는 소비의 대상이 아니라, 무생물의 원천에서 생명의 영역으로 바꾸는 생명 에너지의 일종으로 보는 것도 가능하게 될 것이다.

결국 무기체에서 유기체로의 이행에 대한 라이히의 실험은 "무생물계에서 어떻게 재생과 순환이 가능한가?"라는 질문으로 바뀐다. 여기서 보통의 과학이나 상식이 생각하는 물리적이고 기계적인 무기물의 세계와는 달리, 무기물의 세계는 생태계로 연결되어 있으며 유기물을 끊임없이 만들어내는 생명 에너지로 가득 찬 세계가 된다. 무기물 세계로 간주했던 생태계 내에서 재생과 순환의 원리가 생명 에너지의 원천으로서 늘 작동하고 있는 셈이다. 그러므로 생명이 성립되기 위해서는 생태계의 작동 원리에 입각한 재생 에너지가 필수적이라는 점은 분명해진다.

라이히가 『바이온』에서 생명의 비밀을 탐구했던 시도는 그의 생애 말기에 오르곤 에너지 연구로 이어진다. 그것은 생명 에너지의 생성과 작동을 우주, 자연, 생태, 무기물, 광석으로까지 확장해 보는 것이며, 생명과 생태가 따로 떨어진 것이 아니라 아주 밀접한 상호작용 속에 움직이는 것이라는 점을 밝히는 입장에 서 있다.

죽음의 방사능 에너지에 맞선 생명의 오르곤 에너지

라이히가 말년에 수행했던 오르곤 에너지 연구인 오르곤 연구는 그의 일생에서 지워져 버려 그 자취조차도 찾기 어렵다. 라이히가 생명 에너지인 오르곤을 모으기 위해 만들었던, 발사체처럼 세워진 오르곤 집적기로 인해 미국 FDA(식품의약품안전청)에 고소되어 결국 감옥에서 심장마비로 죽게 되었을 때 자신의 글과 연구 자료를 '50년 이상 보관해 달라'는 것을 유언으로 남겼던 것은, 이후 세대에게 자신의 연구를 알리고 싶어 했던 그의 마음을 잘 표현해주고 있다. 라이히는 말년에 이르러 우주로부터 기원을 갖는 생명 에너지를 탐구한다. 그것은 신체 내에서 흐르는 생장에너지를 넘어 우주와 자연에 기원을 갖는 생명 에너지를 탐구하는 것이었다. 오르곤 집적기의 상단은 마치 첨탑을 떼어다 놓은 발사체 모습을 하고 있으며, 하단에는 밀폐된 상자와 같은 공간으로 이루어져 있다. 이러한 시설은 단순히 구름을 분쇄하고 비를 만드는 기계나 암을 치료하는 기계에 머무는 것이 아니라, 우주에 기원을 두는 대안적인 에너지에 대한 라이히의 생각을 담고 있다.

우주에서 유래한 생명 에너지의 기원을 찾는 실험인 오르곤 에너지이론은 라이히의 필생의 노력의 산물이다. 1940년대 말 라이히는 처음으로 원자 이론에 직면했다. 원자 단위로 향하기 시작한 과학은 생명과 육체, 자연을 분석적으로 더 잘게 쪼개서 해체하는 관점을 보였다. 라이히는 생명을 성립시킬 수 없는 원자 단위의 연구가 무엇을 의미하는지 궁금해 했는데, 나중에서야 그것의 진실은 히로시마와 나가사키에 떨어진 원자폭탄으로 모습을 드러낸다.

라이히는 1946년 1월 13일 아인슈타인과 직접 면담을 한다. 시종 화기애

애한 분위기에서 몇 시간 동안 진행된 이 만남에서 라이히는 아인슈타인과 공동 연구를 진행해야겠다고 마음을 먹고, 바이온 이론에 기반한 오르곤 에너지 현상의 발견을 구구절절 얘기한다. 그는 작지만 오르곤 에너지가 담긴 오르곤 축적기를 아인슈타인에게 가지고 와서 그것의 의미를 설명하고, 우주에는 생명을 성립시키는 에너지도 있을 것이라고 얘기했다. 그러나 아인슈타인은 이 장치에서 내부와 외부 간의 미묘한 온도 차이밖에 발견할 수 없었다고 한다. 아인슈타인도 처음에는 여기에 약간의 흥미를 가졌지만 결국 라이히의 열정에 부담감을 느끼고 그를 만나지 않게 된다. 라이히가 아인슈타인과의 공동 연구를 통해서 얻으려고 했던 것은 이후 그의 단독 연구를 통해 드러나는데, 그것은 죽음의 핵 에너지에 맞선 오르곤 에너지였다.

마리 퀴리 박사가 라듐을 발견한 후 온몸이 쑤시더니 결국 암으로 사망한 사건을 보고, 라이히는 원자 단계의 물질에서 배출하는 방사능이 죽음과 절멸의 에너지라는 것을 직감한다. 그의 오르곤 집적기는 처음에는 오르가즘 능력의 회복이나 암 치료 등에 도전하고 있었지만, 죽음의 에너지인 방사능에 맞선 생명 에너지의 가능성을 타진하는 것으로 이행한다. 그는 우주 에너지인 오르곤을 통해서 핵 에너지에 맞선다는 기획으로, 위험한 라듐이 담긴 납 상자를 자신의 연구실로 가져와 실험을 한다. 그는 오르곤 에너지가 핵 방사능 에너지에 맞서서 이를 극복하고 생명 에너지의 치유효능인 오라누르 연쇄반응을 통해서 생명과 활력을 되찾으리라는 이론적 가정 하에서 일정한 성과를 거두게 된다.

하지만 오르곤이라는 생명 에너지가 죽음의 핵 방사능 물질을 극복할 수 있다는 그의 '오라누르' 이론은 미국 FDA를 적잖이 자극했던 것으로 확인된다. 그의 연구가 반핵 사상에 맞닿아 있었고, 그 당시 주류를 이루었던 원자

이론이나 핵 이론과는 다른 특이한 전자기장에 대한 연구였기 때문이다. 사실 그것은 핵 권력에 대한 도전으로 여겨졌기 때문이다. 체제의 안녕을 추구하는 세력들에게 이단적이고 비주류적인 생각을 갖고 있는 사람은 위험하다. 결국 FDA는 라이히를 법정에 세워서 그의 연구를 끝장내려는 시도를 하게 되었고, 이에 응답하지 않던 라이히는 오르곤 집적기를 갖고 주 경계를 이동하다가 붙잡혀 구속되고 만다.

그 이후에는 비극적인 죽음이 기다리고 있었다. 그의 죽음을 전후해 오르곤 축적기와 연구 결과에 대한 방대한 양의 자료가 연방 보안관에 의해서 소각되고 폐기되었다. 그의 구체적인 연구 결과는 추정되기만 할 뿐 출판되거나 보관되지 못했다. 당시 핵 에너지와 핵폭탄의 연구는 비약적인 성공을 거두어서 신의 선물로 여겨지기까지 했지만, 라이히가 연구했던 우주의 생명에너지의 기원은 베일에 묻힌 채 사라졌다.

내가 라이히의 오르곤 에너지 연구에 흥미를 갖던 과정에서 '풀꽃세상을 위한 모임'의 이재용 씨로부터 '공간주파에너지'에 대한 연구를 소개받았다. 이 에너지는 라이히 박사의 오르곤 집적기의 모델에 따라 집적판을 천장에 설치하고 태양광을 모아서 에너지를 주사하도록 하는 장치로 이루어져 있다. 이 공간주파에너지는 공장식 축사에 설치되도록 설계되어 있었고, 사용 효과는 똥과 오줌의 냄새가 사라지고 발효되도록 유도하며 건초가 꼬들꼬들해진다고 되어 있었다. 불행히도 공간주파에너지 연구는 환영받지는 못했는데, 그 이유는 혹시 암을 유발하지 않을까 하는 우려 때문이었다.

나는 꼭 라이히의 오르곤 에너지 연구를 계승하지는 않더라도, 생태계 내에 재생과 순환의 에너지가 있다는 점에 주목해야 한다고 생각한다. 바람과 태양의 에너지는 무한하며 재생 가능하고 안전하다. 그것은 우주에 생명의 순환에 따르는 에너지원이 있다는 것을 분명히 얘기해주고 있다. 핵 방사능처럼 절멸과 죽음에 이르게 하는 위험한 에너지가 아니라 생명 에너지의 순환과 재생에 따라 사회가 움직일 수 있는 것이다.

나는 많은 사람들이 탈핵의 중요성에 대해 세미나를 열고 토론회를 개최하는 것을 보았다. 대체로 많은 부분을 공감하면서도, 나는 그들이 좀 더 재생 에너지에 대한 독자적인 철학을 갖고 움직이면 좋겠다는 아쉬움도 있었다. 라이히의 오르곤 에너지 연구가 재생 에너지를 연구하는 사람들에게 잘 받아들여지지 않는 이유는 그것이 너무 근본적인 차원을 다루고 있기 때문인데, 그러한 근본적인 얘기가 아니더라도 거기에서 힌트를 얻어 순환과 재생의 에너지관을 갖는다면 좋지 않을까. 라이히가 응시한 에너지에 대한 생각은 시대를 너무 앞서가 있지만, 사실 오늘날의 재생 에너지가 지닌 기본적인 구도를 보여주는 측면이 있다.

태양과 바람의 나라를 향하여

한 인터넷 매체에서 탈핵의 중요성을 알린 기사의 댓글 중에 '화석연료 고갈에 대한 대안은 있는가?'라는 글이 눈에 띄었다. 나는 재생 에너지가 그 답이라고 말하고 싶다. 생명체들이 수만 년 동안 응축된 석유처럼 에너지 효율이 높지는 않지만, 재생 에너지 역시 자연 순환적인 원리에 입각해서 에너지를 생산해낼 수 있다. 석유도 원래의 에너지원은 태양이었다. 태양의 빛에너지는 생명의 근원이 된다. 그래서 태양광의 에너지원은 재생과 순환의 원리에 입각한 에코 시스템에 따르는 에너지원이다. 특히 작년 독일사회가 원자력 에너지를 2020년까지 완전히 없애기로 결정하고, 태양과 바람의 나라로 향하고 있다는 점은 고무할 만한 일이다.

라이히는 생명 에너지의 작동 원리를 탐구하면서, 자연은 무질서한 물체가 아니라 순환과 재생의 원리에 입각해 끊임없이 무기체에서 유기체로 전환되는 과정에 있다는 진실에 도달하였다. 이 관점에 따라 탄소 순환, 생명 순환의 재생 에너지에 대한 관점도 가능해진다. 재생 에너지는 순환과 재생의 원칙에 입각하여 생태와 생명 활동에 맞게 디자인될 때 가장 환경친화적인 에너지가 될 수 있으며, 이것에서 벗어나면 오히려 생태계를 파괴하는 또 하나의 토건사업이 될 위험이 있다.

우리나라에서 재생 에너지 기반의 삶을 살고 있는 공간은 유일하게 마라도였다. 마라도는 얼마 전까지만 해도 태양광에너지 등을 이용하여 섬의 에너지 수요를 자체 조달했다. 그러나 마라도 관광객들을 위한 카트 전기차가 급격히 늘어나더니 이를 충전하기 위해 더 많은 전기가 필요해졌고, 결국 외부에 에너지를 의존하게 되었다. 시장의 논리에 따라 에너지 자립 마을 마라도가 중앙 에너지원에 의존하는 섬으로 전락하고 만 것이다. 이 일련의 과정을 녹색당 정책위원장 이유진 씨는 유튜브 동영상에서 담담히 그려내고 있다.

나는 에너지뿐만 아니라 삶 자체가 중앙 집중식의 시장 논리로부터 자유로워지고 풀뿌리 기반의 공동체 삶이 풍부해질 때에야 비로소 에너지 자립이 가능하다고 생각한다. 그래서 생태적 관계망에 따라 디자인된 협동조합의 생명 에너지에 주목해야 한다고 본다. 이러한 풀뿌리의 생명 에너지와 활력만이 에너지를 권력이 아닌 민주적인 것으로 만드는 근원이라는 생각이 든다. 그래서 재생 에너지로부터 재미와 활력, 유머와 낙관을 생각하며 또 그러한 태양과 바람의 나라를 꿈꾸어본다.

5부

성장의 한계

16_ 프로이트의 무의식과 기후 위기

기후 위기라는 불편한 진실

미국의 전 부통령이자 환경운동가인 엘 고어의 〈불편한 진실〉이라는 다큐멘터리 동영상을 본 후 불편한 마음이 들어서, 나는 하루 종일 생각에 잠겼다. 북극의 빙하가 녹아 대도시들이 사라지는 시뮬레이션을 보고 이것이 이론적 가설이 아닐까 하는 생각도 들었지만, 2012년 여름에 이미 주변 해협 근방의 빙하가 녹아서 각국 선박들이 북극해를 통과해 항해하고 있었다. 또한 그가 예견했던 기후 위기 상황은 2018년 폭염에서 실감하게 되었다. 산업화 시대 이래로 1℃ 상승이 현실화된 것을 체감하면서 생태주의자인 선배에게 연락했다. 그 선배는 더 절망해서 "아무것도 하지 마라, 하려고 하면 더 망가진다."라고 절규와 비관의 말만을 했다. 그 후로 기후 우울증에 시달리다가 2019년 9월 16일 드디어 〈기후 위기 비상행동〉의 꼴을 갖추면서 다시 그 선배에게 연락했다. 선배의 태도와 논조는 완벽히 달라져 있었다. "다 잘 될 것이다, 뭐든 해야 한다, 지금이 그 시기다"라는 어조로 바뀌어 있었고, 〈기후 위기 비상행동〉에서 스스로가 희망을 발견했다고 말했다.

기후 위기의 심각성을 알리는 아이스하키 그래프나 킬링 곡선을 보다보면 65만 년 동안의 CO_2 농도와 기온의 변화가 드러난다. 경악하지 않을 수가 없다. 50년 후의 CO_2 농도가 1,000피피엠에 달할 것이라는 예측에 대해서 '올 것이 왔구나!'라는 생각이 들 정도였다. 이제까지 인류는 한 번도 겪어 보지 않은 혹독한 환경으로 노출될 것이다. 그리고 그것은 우리의 예상을 완벽히 초과하는 기상 재난과 식량 위기의 시대가 개막되는 것을 의미한다. 2020년 여름에 몰아닥친 중국과 한국에서의 폭우는 말할 것도 없고, 2020년 6월에 북극권이 직면한 37℃에 달하는 기온상승에도 말할 것이 없다. 더 심각한 상황이 앞으로 생길 것이다.

기후 위기가 왜 일어나는지를 모르는 사람은 별로 없겠지만 재확인 차원에서 잠시 서술해 보겠다. 태양에너지가 지구로 들어올 때 30퍼센트는 반사되어 우주로 나가고, 70퍼센트는 지표면에 다다른다. 그 대부분도 적외선 형태로 다시 복사되어 우주로 나가는데, 그것을 이산화탄소, 메탄, 이산화질소, 수소불화탄소, 불화황, 과불화탄소 등의 온실가스가 가로막아 우주로 반사되지 못하고 지구 대기의 기온을 높이며, 지구 대기는 따뜻해진 비닐하우스처럼 온실 효과가 발생하게 되는 것이다.

그러한 온실가스 중 대표적인 것이 이산화탄소이다. 이산화탄소는 한번 배출되면 어떤 기술로도 고정시킬 수 없으며, 100년 동안 대기에 머물게 된다. 또한 잘 알려져 있진 않지만 더 강력한 온실가스는 메탄이다. 메탄은 공장식 축사 등에서 소의 방귀와 트림으로 만들어지는데, 이산화탄소의 25배의 온실 효과를 갖는다. 이미 공인된 국제기구에서는 소고기를 먹기 위해 사육하는 농장 동물이 만들어내는 온실가스의 배출량을 전체 온실가스의 21퍼센트로 보고 있다.

2019년도 드디어 파리협약이 가시화되었고, 2021년부터 그것이 기후 위기에 대한 국제협약으로서 실제로 발효될 것이다. 전 세계 195개국이 합의한 파리협약이 전도양양한 것이 아니라, 사실상 이렇게 가다가는 인류공멸로 향할 것이라는 위기감의 소산인 것은 분명한다. 그 내용은 "산업사회 등장 이후 기온상승을 2℃보다 훨씬 낮게(Well Below 2℃) 유지하고 가능한 한 1.5℃로 억제하도록 하는 방안에 대한 합의"를 골자로 한다. IPPC 등에서도 중시하는 1.5℃의 중요성은 그것이 기후 위기가 더 큰 기후 위기를 자동적으로 초래하는 양성피드백이 이루어지기 시작하는 티핑 포인트이기 때문이다.

1.5℃ 상승 이후 양성피드백의 목록은 ① 그린란드 등 거대한 빙상의 붕괴와 해수면의 급격한 변화, ② 해양순환의 거대한 변화와 탄소흡수량의 변화 (포화상태), ③ 빙하의 용융으로 인한 반사도[알베도] 변화 (흰색에서 검정색이 많아지면 흡수량 많아짐), ④ 영구동토층이 녹아 메탄가스를 배출 (메탄은 탄소에 비해 온실 효과가 25배 강함), ⑤ 가뭄으로 인한 브라질 열대림 고사 (탄소흡수량 적어짐), ⑥ 거대한 산불, 에어로졸 효과 등으로 인한 기후 위기 증폭 경향 등을 망라할 수 있다. 그런데 최후의 마지노선인 1.5℃까지 남은 시간은 〈호주기후복원센터〉의 보고서에 따르면 고작 10년에 불과하다. 기후 변화가 알려진 지 40년밖에 안된 상황에서 이제 앞으로 남은 시간이 10년이라는 상황은 목이 타고 숨이 막히는 느낌이다.

가이아 이론으로 생태학자 제임스 러브록(James Lovelock, 1919~)은 지구의 평균 기온이 3℃ 상승했을 때의 지구의 상황을 시뮬레이션 해보았는데, 그때는 기하급수적으로 기온이 더 상승하여 지구 생물종의 90퍼센트가 전멸하고, 해수면이 25미터 올라가며, 인류의 80퍼센트가 줄어들게 된다고 한다. 기후 변화로 인한 생태계 위기는 아주 심각해서 2050년까지 100만 종 이상의 생물이 멸종될 것이라는 예측이 나올 정도이다. 이 시점에서 더더군다나 수도, 전기, 가스 등 라이프라인의 혜택을 받을 수 있는 사람들은 전 세계 인구의 10퍼센트에 불과하게 되는 상황이 도래한다.

2005년부터 2009년 동안 시리아에서는 비가 한 방울도 내리지 않는 초유의 상황을 겪게 된다. 이에 따라 농업이 불가능해지자 농촌 사람들이 도시로 이주하여 도시에서는 도가니와 같이 사회갈등이 폭발한다. 이 시기 2008년도 러시아 밀 흉작으로 인해 중동 곳곳은 쟈스민혁명이 일어난다. 그에 따라 시리아에서도 자유시리아군이 등장하였다. 그러나 그것은 시작에 불과했다. IS라는 파시즘의 발호, 전쟁과 내전, 테러의 연속, 각국의 개입과 전쟁이 겹치면서 약 1,200만 명의 기후난민이 발생한 것이다. 지금 전 세계적으로 기후난민은 매년 2,500만 명씩 발생하고 있으며, 공인된 기후난민만 하더라도 약 6,700만 명에 달한다.

마르크스주의 생태학의 저명한 이론가 존 벨라미 포스터(John Bellamy Foster)의 『생태 혁명』이라는 책을 보면, 예일대학의 경제학자인 윌리엄 노드하우스(William D. Nordhaus)에 대한 인용이 나온다. 윌리엄 노드하우스는 유명 국제학술지인 『사이언스』지에 1992~1993년도에 기고한 글에서, 현재의 기후 변화 추세가 계속된다 하더라도 2100년의 세계총생산에 미치는 손실은 무시해도 좋을 수준이며(약 1퍼센트), 지구 평균기온이 섭씨 6도(10°F) 상승하더라도 신자유주의 경제는 정상 운영을 지속할 것이라고 추론했다. 그런데 기온이 6도가 오르면 살아남는 전체 인류의 숫자는, 제임스 러브록(James Lovelock)의 계산법에 의하면 현재 인구의 20퍼센트 정도밖에 되지 않으며, 그중 자본주의 경제 질서 내에서 안전하게 보호될 수 있는 인구는 전체 인류의 10퍼센트도 채 되지 않는다. 현재의 자본주의가 얼마나 묵시록적인 단계에 도달했는지를 알 수 있다.

생태학자 제임스 러브록은 지구가 살아 있는 유기체처럼 하나의 조절 시스템을 갖추고 있다는 이론을 제시한 『가이아』라는 책으로 유명해졌다. 생물권의 자율적 능력을 다소 물활론적인 관점에서 서술한 이 책은 지구 환경을 역동적인 에코 시스템으로 본 생태 이론이다. 그러나 우리는 제임스 러브록의 이론적 방황과 좌절에 대해 더 주목해 보아야 한다. 그는 지구온난화라는 새로운 문제에 직면해서는, 가이아라는 다소 낭만적인 이론을 완전히 철회하고 방황하게 된다. 『가이아의 복수』라는 책에서 그는 괴로운 심경을 여과 없이 보여주는데, 지금처럼 지구온난화가 진행된다면 기온이 8도까지 오를 전망이고 북적대는 지구에서 아주 소수의 인류만이 살아남을 수 있을 뿐이라고 보았다. 그의 방황은 책에서만 나타나는 것이 아니라, 탄소고정술에 대한 연구나 핵 발전에 대한 찬성 등 좌충우돌하는 모습에서도 나타났다. 물론 탄소는 어떤 기술로도 고정될 수 없으며, 핵 발전이 대안이 될 수 없다는 사실은 명백하다. 그는 현재 침묵과 고통의 긴 시간을 보내고 있다.

엘 고어의 〈불편한 진실〉이라는 다큐의 첫 장면은 마크 트웨인의 경구로 시작된다. "인간을 궁지로 몰아넣는 것은 무지가 아니라 잘못된 확신이다"라는 구절이 그것이다. 성장주의에 대한 맹신, 기후 변화를 망각하고 축배를 들려는 생각, 삶과 생활의 변화를 유예시키는 습성 등이 잘못된 확신이다. 이러한 확신에 사로잡힌 사람들은 기후 위기를 주장하는 것을 완고하고 경직된 생태학자의 잘못된 확신으로 치부하며 문명의 정상영업 상태를 유지하려고 한다. 그 대표적인 사람이 바로 미국 대통령 트럼프이다. 그런데 실제로 현재 전 세계 100대 기업이 배출하는 탄소량은 전체 배출 양의 약 71퍼센트에 달한다. 이러한 기업에 대한 규제 없이 '모두의 책임'으로 기후 위기의 문제를 돌리는 것은 문제가 있다. 자연은 거짓말을 하지 않는다. 2020년 여름 장마는 70여 일에 달했으며, 폭우로 인한 피해는 상상을 초월하는 것이었다. 그것은 "비가 아니라 기후 위기였다." 그것은 탄소에 중독된 우리 삶의 밑바닥이 만든 결과이다. 그리고 잘못된 믿음의 뿌리에는 삶이 있고, 무의식이 있다.

프로이트의 무의식 정신역동 이론

1856년 오스트리아-헝가리 제국의 한 소도시에서 태어난 프로이트는 빈 대학 의학부에서 히스테리 환자를 연구하였다. 젊은 시절 그는 브로이어 박사와 함께, 최면술로 카타르시스를 일으켜 심적 외상을 치료하는 방법을 연구하다가 나중에는 자유연상 기법을 주로 사용하게 된다. 자유연상 기법은 무의식으로 남아 있던 상처와 기억을 의식으로 변화시켜 심리적 치유를 시도하는 것이다. 무의식이 의식화되면 치유에 도달한다는 이러한 방법론에 프로이트는 정신분석이라는 개념을 사용한다.

프로이트는 꿈, 농담, 실수 등 의식 외부에 작동하는 또 하나의 정신 현상을 '무의식'이라고 규정한다. 환자들의 연상 과정이 물 흐르듯이 이어지면서도 분석가에게는 말을 하지 않고 회피하거나 저항하는 부분이 있는데, 그 내부에는 정신의 역동적인 힘이 있다는 것이다. 이런 정신역동 현상을 프로이트는 무의식이라고 규정한 것이다. 프로이트가 보기에 무의식이 역동적인 에너지를 갖게 되는 것은 원초적인 육체 내의 이유에서 비롯되며, 다양한 욕망과 성적 욕구가 그 내부에 있다. 그래서 사회화되고 문명화된 사람들이라 할지라도 행동의 배후에는 매우 원초적인 이유가 숨어 있다는 것이다.

후대의 이론가들에 의해서 프로이트는 초기와 후기로 시기 구분이 된다. 비교적 초기 저작들인 『꿈의 해석』, 『정신분석학 강의』, 『히스테리 연구』 등에서는 무의식(unconsciousness), 의식(consciousness), 전의식(preconsciousness)이라는 세 가지 개념으로 정신역동 과정이 설명된다. 무의식의 거대한 빙산 하부 위로 의식이라는 빙산의 일각이 표출되는 과정과, 의식 이전에 예언처럼 발생하는 전의식 등을 생각해 보면 무의식, 의식, 전의식을 파악할 수 있게 된다. 사실 프로이트에 앞서 이미 17세기에 스피노자는 무의식이라는 개념을 창안했는데, 프로이트나 스피노자 모두 형이상학이나 기존 철학의 구도에 전혀 신경 쓰지 않았다는 공통점이 있다.

후기 프로이트의 대표적인 저작은 『문명 속의 불만』이다. 이 책에는 이드(id), 자아(ego), 초자아(superego)라는 세 가지 개념과, 죽음충동에 대한 이야기가 나온다. 프로이트는 이드라는 생체에너지를 그대로 두면 근친상간이나 범죄 등의 반사회적인 현상이 생기기 때문에 이를 억제하는 것이 문명화의 길이라고 보았다. 또한 1차 세계대전과 파시즘의 현상에 직면해서는 인간의 본성에 마조히즘이나 전쟁과 같은 죽음충동이 있다고 보았다. 후기 프로이트는 초기와 달리 무의식을 통제하고 규제하여 문명과 사회를 성립시켜야 한다는 매우 보수적인 관점으로 이야기한다.

프로이트는 정신역동을 일으키는 무의식을 가족이라는 틀 내에서 설명하면서, 우리에게 잘 알려져 있는 '오이디푸스 콤플렉스'(Oedipus complex)와 같은 개념을 창안해냈다. 오이디푸스 신화는 테베의 왕 오이디푸스가 아버지를 죽이고 어머니를 부인으로 취하였다가 운명을 저주하며 스스로 장님이 되어 세상을 떠돌게 된다는 이야기다. 프로이트는 여기서 힌트를 얻어, 가족 내부에서 아들이 아버지를 잠정적인 경쟁자 혹은 적으로 보거나 아버지의 권위에 눌려 거세당한 느낌을 받는 등의 신경증을 이 오이디푸스 콤플렉스로 설명한다. 프로이트의 전제는, 현대인들은 정상인이 없으며 모든 사람이 어느 정도 신경증 환자라는 가설로 이루어져 있다. 그리고 신경증은 모두 나쁜 것이 아니라, 반사회적 충동이나 근친상간의 욕구를 가진 아이를 사회적으로 적응시키고 문명화하는 데 필수적인 것으로 보았다.

그러나 초기 프로이트가 발견한 무의식의 대지는 상당히 광활한데도 프로이트가 임상을 통해 설명하는 개념들은 매우 작은 영토인 가족으로 한정돼 있다는 것이 문제이다. 또한 정신역동 과정을 모두 오이디푸스 콤플렉스로 환원하여 해석함으로써, 무의식과 욕망의 역동적인 흐름을 모두 반죽을 만들어 순대를 만들 듯이 해 버렸다. 뿐만 아니라 은하성좌와 같이 이루어진 사회적 좌표를 모두 가족성좌로 환원해서 자신의 아버지나 형제로 동일시하게 하였으며, 모든 사람은 알고 보면 가족 속의 아이에 불과했다는 식의 가족주의에 머무는 한계를 보여주었다.

나는 프로이트가 초기에 정신역동 속에서 발견했던 무의식이라는 광활한 대지의 관점에 주목해야 한다고 생각한다. 현대인들의 무의식은 꿈, 농담, 실수와 같은 것에서 실루엣처럼 무의식을 보여주는 아니라, 미디어와 인터넷, 게임, 스마트폰, SNS 등에 의해 무의식이 대량 생산되는 상황에 놓여 있다. 또한 무의식은 축구 경기장에도, 부부의 침실에도, 텔레마케터의 음성에도 서식하고 있다. 결국 초기 프로이트가 발견한 '무의식'이라는 광활하고 야성적인 기반으로 돌아가, 모든 사물과 관계 속에서 기계의 나사나 톱니가 조립되듯이 연결되어 작동하는 무의식을 생각해야 할 것 같다.

여기서 프로이트가 무의식이라고 얘기했던 정신역동의 과정이 우리의 삶과 욕망에 작동하고 있으며, 탄소중독적인 삶과 관련되어 있음을 생각해 볼 수 있다. 나는 심지어 기후 변화에도 무의식이 작동하고 있다고 생각한다. 2020년 여름 70일 동안 지속되었던 비는, 무의식에 영향을 주어 내 우울함을 만들어내는 원천이기도 했다. 북유럽의 자살 요인 중 하나가 기후 때문이라는 얘기를 처음에는 이해하지 못했지만 지금은 이해할 수 있다. 프로이트가 바라보았던 정신역동 과정에는 자연과 생태, 환경 등이 포함되어 있고, 심지어 눈에 보이지 않는 탄소에도 무의식이 서식한다고 생각해 볼 수 있다.

기후 위기와 탄소경제, 그린뉴딜, 기후금융

기후 위기에 대한 효과적인 대응 방법으로 탄소경제와 그린뉴딜, 기후금융 등의 거대 계획, 거대 프로그램이 우선적으로 이야기되는 경우가 많다. 이러한 계획과 프로그램은 가속주의(accelerationism)라는 전략적인 배치 속에서 MMT(Modrn Monetary Theory)를 기반으로 하는데, 이는 기업에 대한 양적 완화가 아니라 기본소득처럼 시민에게 직접 돈을 주거나 거대계획을 실현하기 위한 통화주의 전략을 구사하는 것을 지칭한다. 즉, MMT는 정부가 돈을 찍어서 탄소경제, 그린뉴딜, 기후금융, 기본소득의 재원으로 활용하는 것을 의미한다.

탄소경제는 교토협약과 포스트교토체제를 이끌었던 탄소배출권거래제, 즉 탄소시장을 먼저 말할 수 있다. 이는 탄소배출권 총량을 정해 놓고 많이 배출한 기업이 적게 배출한 기업에게 배출권을 사오는 형태로 이루어진다. 예를 들어 A라는 기업이 탄소 배출량 100을 할당받고 120을 배출했다면, 탄소 배출량 100을 할당받고 80을 배출한 B라는 기업으로부터 20만큼의 배출권을 들여야 한다. 정부는 배출량 총량을 정해 놓고서 기업별, 부문별로 할당하고 배분해서 배출량을 통제할 수 있게 된다.

그런데 가장 활발하게 움직이고 있는 유럽연합의 탄소배출권 거래 시장조차 탄소 거래의 유연성 문제뿐만 아니라 시장 자체의 불안정성에 직면하고 있다. 특히 배출량과 산출량을 정확히 환산해서 계산하기 불가능하다는 점이 문제가 된다. 이 때문에 배출권을 적절히 할당하는 데 어려움이 있을 수밖에 없다. 또한 기업에 대한 정부 규제를 줄이기 위해 배출권을 과다하게 부여하는 경향이 있어서 유럽의 철강업체들이 남는 탄소배출권을 거래해서 짭짤한 장사를 할 수 있을 정도였다. 이렇게 제도가 허술하다 보니 배출권 거래 시장은 금융자본의 투기 시장으로 탈바꿈해버렸다. 시카고 탄소 거래 시장의 창설자 리차드 샌더(Richard Sandor)조차도 온실가스 거래 시장은 인간이 만든 가장 가상적인 시장이라고 언급한 바 있으며, 한국산업은행 연례 보고서에서는 탄소 거래 시장이 금융자본의 새로운 놀이터가 되고 있다는 구절이 있다고 한다. 2017년부터 탄소시장은 한국에서 구체화되었지만, 배출권 가격이 아직 현실화되지 않았고, 총량 산정에 여전히 문제가 있는 상황이다. 무엇보다도 탄소시장을 작동하려는 기업의 의지와 노력이 아직까지 성숙되어 있지 않은 상황이다. 물론 탄소시장은 태생적으로 탄소를 줄이는 것이 아니라, 제로섬 게임의 입장에서 설계되어 있다는 한계가 있다.

두 번째는 탄소세를 들 수 있다. 탄소세는 유류세를 전환하는 것이기 때문에, 따로 행정인력이나 공무원이 필요한 것이 아니다. 즉 유류세가 SOC 사업 등에 재투자된다면 탄소세는 재생 에너지에 대해서 투자되는 것이 다르다. 탄소세가 매우 효과적인 탄소억제정책이지만, 너무 징벌적인 함의를 갖고 있기 때문에 마찰이나 잡음이 없는 것은 아니다. 2018년 프랑스에서 탄소세를 인상하는 정부 방침에 프랑스 시민들은 '노란조끼운동'으로 저항했다. 이는 탄소세의 과다한 부과가 기업이 아닌 도시 서민들의 허리띠를 졸라매게 한다는 것에 대한 반감이었다. 그러나 이에 대한 대안이 없는 것은 아니다. 스웨덴에서 실시되고 있는, 탄소세를 걷어서 생태 배당으로 나누는 정책이 스웨덴 시민들에게 전격적인 호응을 얻고 있기 때문이다.

네 번째는 탄소순환을 들 수 있다. 유기농업, 유기축산, 재생 에너지 등이 보여주는 순환사회의 전망이 그것이다. 탄소순환은 생명순환이다. 생명이 살기 위한 산소순환, 탄소순환, 질소순환 등의 순환의 마디와 지절에서 농업과 축산을 하는 방법이 전환 이후에 복원점으로서 분명히 위치해 있다. 그런 점에서 공동체가 취할 수 있는 가장 유력한 탄소감축전망은 바로 탄소순환에 있다.

다섯 번째는 탄소중립이다. 탄소중립은 넷 제로라고 불리며, 탄소배출을 한 만큼 나무를 심는 등의 행동양식으로 나타난다. 즉, 증가분에 대한 감쇄분을 통해서 제로섬 게임을 하는 것이 탄소중립의 원리이며, 도시정책의 하나라고 할 수 있다. 한국정부는 넷 제로 즉, 탄소중립의 방향성 속에서 기후위기에 대응하겠다는 전략적인 목표를 갖고 있다.

더불어 문재인 정부의 뉴딜 정책 중 하나로 들어가 있는 그린뉴딜 정책에 대해서 얘기해야 할 것 같다. 그린 뉴딜은 2008년 9월 미 민주당 대선 후보 버니 센더슨이나 미의회 오카시오 의원이 그린뉴딜 법안을 발의했던 것에서 유래된다. 이 골자로는 일자리정책으로 정의로운 전환, 기후 위기에 대한 재생 에너지 전환과 넷 제로를 위한 온실가스 감축, 기후정의를 위한 사회경제적 불평등 해소라는 세 가지 큰 축을 핵심으로 한다. 즉, 사회경제 불평등과 일자리위기, 기후 위기 등의 세 마리 토끼를 다 잡겠다는 거대계획, 거대 프로그램인 것이다. 그런데 뉴딜이 거대인프라사업이나 경기부양정책을 통해서 문제를 해결하는 방법이라는 점에서 그것이 어떤 의미에서는 이명박 정부의 녹색성장과 어떤 차이를 갖는지 면밀히 검토해야 한다는 점에 있다. 특히 문제인 정부가 한국형 뉴딜정책을 디지털뉴딜, 그린뉴딜, 포용사회의 세 가지 축으로 움직인다는 점에 있어, 디지털뉴딜이 정의로운 전환과 어떻게 조화를 이룰 것인지에 대해 의구심마저 든다. 그런 점에서 녹색당 등에서 주장된 그린 뉴딜과 탈성장이 함께 가야 한다는 주장도 주요한 관심의 대상이 될 수 있다. 지금 문재인정부의 그린뉴딜사업은 기존에 이미 해왔던 사업에 예산만 추가한 예산사업으로 전락해 있다.

또한 기후금융 정책도 언급해야 할 것이다. 한국은 전 세계 석탄화력발전소 투자국 3위에 해당한다. 지속가능하지 않고, 지구를 오염시키는 석탄화력발전소에 대해서 금융적인 투자를 많이 하는 국가 중 하나인 것이다. 한국사회가 여전히 기후악당 국가인 이유는 바로 이 때문이다. 이에 따라 기후금융운동이 조명되기 시작했다. 석탄화력발전소에 투자를 하지 못하도록 하는 금융에 대한 거버넌스로서의 시민운동이 그것이다. 즉, 그것은 투자 손실이 있었을 때 금방 돈을 빼내어 버리는 방식이 아니라, 스튜어드십을 발휘해서 개입하고 관리하고 양육하는 주주의 입장을 만들어낸다. 기후금융의 장점은 실물자산이 아니기 때문에 순식간에 전환을 할 수 있고, 이에 따라 융통성, 탄력성, 유연성이 있다는 점이라고 평가된다. 현재 한국에서는 기후솔루션과 한국사회책임투자포럼 등을 중심으로 기후금융운동이 이루어지는 중이다. 기후금융의 구성은 기후공제, 기후보험, 기후펀드 등을 주축으로 하는데, 현재 기후보험의 경우에는 재난보험을 제외하고 아직까지 구체화되지 못한 상황이다. 그것은 보장성을 중심으로 한 생명보험이 아니라, 지속가능성을 중심으로 한 기후보험에 방점을 두도록 기업 활동을 위한 기본적인 이야기구조를 개발해 내지 못했기 때문이라고 평가되고 있다.

기후 위기의 문제는 문명이 잘 돌아가지 못해서 생기는 문제가 아니라, 정상영업 상태로 너무도 잘 굴러가고 있기 때문에 야기되는 문제이다. 그런 점에서 녹색 전환이 이루어지지 않는다면 근본적인 변화는 생각하기 어렵다. 녹색 전환은 사실상 우리가 더 불편해지고 문명이 제대로 굴러갔을 때 향유했던 것들을 포기하는 것을 의미하는데, 에너지 집약적인 삶 대신 재생 에너지 등을 기반으로 덜 쓰고 아끼며, 줄이고 제한하는 삶의 방식으로 바뀌어야 기후 위기에 대한 실낱같은 희망을 발견할 수 있을 것이라는 생각이 든다. 그런 점에서 모두가 부자가 되기 위해 달려갔던 시대를 넘어서 모두가 가난해지려는 방향으로 향할 때 기후 위기에 대한 해법은 생각보다 쉽게 찾아올 수 있다.

탄소무의식 : 무의식과 탄소 소비의 배치

2008년 '탄소발자국'이라는 개념이 창안되었다. 내가 탄소발자국 개념을 알게 된 것은 2009년 발간된 『생태발자국』이라는 책을 통해서였는데, 탄소발자국의 설명 방식은 비교적 간단하다. 예를 들어 우리가 자동차를 타고 출근을 하거나 이동할 때 여기서 발생하는 탄소를 빨아들이기 위해 필요한 숲의 면적을 환산하면 얼마일 것인가를 수치화하는 것이다. 나는 녹색연합에서 발표한 탄소발자국 수치를 토대로, 내가 살아가면서 얼마나 무심결에 많은 탄소를 배출하는가를 확인할 수 있었다.

하지만 보이지 않던 탄소 소비량의 수치를 숲의 면적으로 환산하여 보이게 한다 하더라도, 탄소를 배출하는 삶 자체는 변화하지 않는다. 이는 프로이트가 언급했던, 무의식이 의식화되면 치유된다는 자유연상 기법에 대한 거부이기도 하다. 정신적인 어려움을 겪고 있는 사람이 자신의 상처나 트라우마의 원인을 알게 되어 될지라도, 자신이 살고 있는 삶의 배치가 바뀌지 않으면 그 사람은 정신적 어려움으로부터 빠져나올 수 없을 것이다. 삶이 변화하지 않는 이상 무의식의 변화는 없게 마련이다.

중독이라고 할 만큼 탄소를 많이 소비하는 통속화된 삶의 방식은 무의식적인 삶의 배치의 영역에 있다. 어떤 사람이 자동차를 타고 출근한다고 할 때, 그 사람을 불러 세워놓고서 "당신이 배출한 탄소량이 숲 30평에 해당합니다"라고 얘기한다고 해서 그가 자동차에 대해 심각하게 제고할 리는 만무하다. 자본주의적인 삶의 방식은 탄소를 더 많이 소비하며 살아가도록 설계되어 있고, 사람들은 더 많은 탄소 소비를 통해서만 삶이 가능하다는 환상 속에 살아간다. 그러한 상품 소비 지향의 삶의 방식은 미디어를 통해 풍요나 미덕, 행복으로 포장된다. 탄소중독적인 삶은 무의식적인 차원에서 삶의 배치를 이루고 있어서, 단순히 그것을 의식한다고 해서 변화하는 것은 아닌 것이다.

TV와 미디어에서는 속도를 내며 달리는 멋진 자동차, 맛깔스러운 고기 요리, 우아하고 안락해 보이는 아파트 등을 여과 없이 우리의 무의식에 각인시킨다. 모두 탄소중독적인 삶과 관련된 이미지들이다. 현대 사회에서 무의식은 자본주의 시스템과 맞물려 돌아가는 기계장치들과 같다. 마치 나사와 부품이 연결되듯이 자동차를 타고, 아파트에서 살며, 저녁에 고기를 먹고, TV를 보면서 쉬는 통속화된 삶의 방식이 존재한다. 그래서 나는 이러한 탄소중독적인 삶이 만들어내는 무의식의 배치를 '탄소무의식'이라고 규정한다. 탄소무의식 개념은 초기 프로이트의 무의식 개념을 사회적 무의식의 좌표로 확장한 것으로, 나는 이 재미있는 개념을 글로 써서 세상에 알려야겠다는 생각을 갖게 되었다.

프로이트가 생각했던 가족 신경증이 근대 가부장 사회의 포로가 된 사람들의 무의식에 관련된 이야기였다면, 탄소무의식은 현대 사회의 탄소중독적인 삶에 포로가 된 이들의 이야기다. 프로이트는 '오이디푸스 콤플렉스'를 통해서 무의식의 움직임을 해석하고자 했다. 그러나 현대인들은 콤플렉스와 같이 병약한 무의식이 아니라, 더 부유하게 잘 살려고 하는 욕망에서 탄소중독적인 삶을 살게 된다. 프로이트의 해석은 정신역동의 과정이 오이디푸스 콤플렉스로 환원될 수 있다는 생각으로부터 기인한다. 그런데 이는 인류의 다채로운 삶의 방식을 서구 근대의 '아버지-어머니-나'라는 가족생활의 내면으로 모두 환원해 버려서 설득력이 극히 떨어진다는 점을 현대를 살아가는 누구나 느낄 수 있다.

그런데 프로이트의 환원주의는 탄소무의식을 발생시키는 현대 사회의 삶의 배치에서도 유사하게 진행된다. 아파트, 자동차, TV, 육식과 같은 정형화된 삶의 방식으로 환원된 현대인의 삶의 배치는 탄소무의식을 발생시키는 거대한 격자이자 틀이다. 자본주의는 마치 틀에 주조되어 찍어내듯이 단조롭고 뻔한 삶을 만들어내는데, 그 삶의 기반은 대부분 탄소중독적인 형태이다. 자본주의는 지구 곳곳을 모두 똑같은 삶의 방식으로 만들어 버려서 세계 어디를 가도 똑같은 시설, 편의점, 마트 등이 등장하는 단조롭고 동질적인 삶의 방식이 나타나고 있다. 프로이트가 다채로운 삶과 문화의 가능성을 지나치게 오이디푸스 콤플렉스로 환원하여 해석했다고 비난하는 학자들이 많지만, 프로이트의 해석의 환원주의보다 더 실질적인 환원주의가 탄소중독적인 현대인의 삶이다.

탄소무의식을 연구하다 보니 봉착한 문제는, 탄소중독적인 이미지나 영상을 어떻게 볼 것인가 하는 부분이었다. 예를 들어 멋진 자동차 광고를 본 사람은 무의식에서 '자가용을 타는 것이 행복한 삶을 보장하는 것이구나!'라는 생각을 하게 될 것이다. 그런데 그러한 무의식이 영상-이미지를 통해서 부드럽게 사람들의 내면으로 파고드는 것이 문제다. 프로이트가 했던 상담 기법은 대부분 상담자와 내담자 간의 대화에 의해서 이루어졌다. 하지만 영상-이미지는 의미가 확실한 언어가 아니라 일종의 의미와 표상의 '무의식의 행렬'이자 '흐름'이다. 그러므로 프로이트 시절처럼 분석과 해석을 언어로 명확히 드러냄으로써 치유에 도달할 수 없도록 만든다. 탄소무의식은 아주 부드럽게 우리의 일상과 삶에 파고 들어와, 자본주의의 기존의 삶을 완강하게 유지하게 만드는 기반이 된다. 그러므로 우리는 우리의 무의식 자체를 구성하고 있는 삶의 배치 자체를 변화시키고 재배치해야만 한다. 그리고 그러한 녹색 전환은 아주 가까운 일상의 변화로부터 시작될 수 있다.

기후 위기와 무의식

서울에서 바나나가 재배되고 평양에서 사과가 재배된다면 우리 삶에는 어떤 변화가 생길까? 그런 질문이 무색하지 않게도 우리나라 생태계의 식생에 많은 변화가 있다. 2018년 여름은 너무도 더워서 지구의 열탕 현상을 직접적으로 느끼게 된 시기였다. 더운 여름날 연구실에서 잠깐 에어컨을 틀면서도, 밖의 온도를 더 덥히고 혼자만 시원하게 지내는 것 같아 마음이 아주 불편했다. '나만 아니면 돼'라고 요행을 바라는 마음도 기후 변화에서는 예외가 있을 수 없다. 2018년 겨울에는 전례 없이 혹독한 추위를 겪었는데, 이것은 앞으로 우리가 겪을 기후 재난 상황을 압축해서 보여주는 것이었다. 그것은 북극의 빙하가 녹아서 추워지는 시기를 5~10년 정도 겪은 후에 본격적인 열탕 현상으로 돌입한다는 것이다.

자동차로 출근을 하고, 전기를 물 쓰듯 하고, 냉난방기를 계속 가동하는 등의 행동과 기후 변화는 얼핏 보면 전혀 관련이 없는 것처럼 여겨진다. 기후 위기는 탄소중독적인 일상의 삶과 즉각적으로 연결되지는 않는데, 일정한 시간이 경과한 후에야 그 현상이 나타나기 때문이다. 또 그 원인이 복합적이고, 기후 변화를 일으킨 책임 주체가 명확하지 않기 때문이다. 그래서 '나에게 책임이 있으며, 나로 인해 이렇게 되었다'라고 인식되지 못한다.

현재의 탄소중독적인 문명 전체가 기후 위기에 책임이 있지만, 본질적인 책임이 있는 제1세계와 다국적 기업들에 대한 규제도 요구되는 시점이다. 이를테면 현재의 수준에서 가장 탄소를 많이 배출하는 나라는 중국, 미국, 유럽연합 순이다. 그러나 탄소가 100년 동안 대기 중에 머물기 때문에 역사적으로 탄소를 많이 배출한 나라를 따져 보면 미국, 유럽, 중국 순이다. 청소년 기후활동가 그레타 툰베리는 유엔 연설에서 "기후 위기에 대해 모두가 책임이라고 말하는 것은 책임을 회피하려는 것이다"라고 말했다. 물론 기후행동이 요구되는 것은 분명 책임이 있는 나라나 기업에 대해서 변화를 촉구하는 것이다. 이와 동시에 나의 삶을 변화시키는 실천으로부터 출발하는 것도 필요하다.

초기 프로이트가 언급했던 '무의식'의 영역은 신체 내의 생명 에너지에 의

한 정신역동 현상이었다. 그렇지만 기후 변화에서 초래된 무의식의 정신역동 과정은 이것과는 다른 좌표 속에 있다. 예를 들어 어떤 사람이 아파트, TV, 육식, 자동차, 냉난방기 등의 탄소중독적인 삶을 무심결에 살아간다면, 여름에 강력한 태풍이 오고 타는 듯한 열탕 현상 등과 같은 기후 변화와 자신의 삶을 연결시켜서 생각하지 못할 것이다. 앞서 언급했듯이 기후 변화는 환경의 변화를 초래해서 무의식의 좌표를 변화시킨다. 비가 내리면 우울해지는 마음의 변화는 환경이 무의식에 모종의 영향을 준다는 것을 말한다. 2020년 여름에 70일 동안 비가 내리면서 나는 우울감에 시달렸고 태양빛이 나오는 날이면 볕을 쬐면서 하루를 보내기도 했다. 그러면서 스모그로 가득 찬 도시에서의 삶이라는 것은 어떤 것일까, 혹은 비가 100일 이상 내리는 우기의 경우에는 어떨까 하는 생각이 들었다. 사실 환경의 변화는 무의식에 강력한 영향을 준다. 그러나 환경의 변화 자체에 개입하기 어려우니 어쩔 수 없이 수용해야 할 현실이라는 생각이 무의식에는 깔려 있다.

내가 '탄소무의식'이라고 불렀던, 탄소중독적인 삶을 만들어내는 무의식과, '기후 변화로 인해 만들어진 무의식' 간의 상관관계를 정확히 보여주는 것이 바로 냉난방기다. 탄소중독적인 삶이 초래한 환경의 변화를, 결국 다시 탄소중독적인 삶을 통해서 해결하려는 방식이 냉난방기의 작동 원리이다. 외부 환경의 변화에 대해 건물의 내부 환경을 냉난방기로 유지하고자 하는 기본적인 기획은 환경의 변화에 제대로 대응할 수 없는 제3세계 민중을 도외시한다. 또한 건물의 내부 환경을 보존하려고 냉난방기를 작동시킬수록 기후 변화는 더 가속화된다는 역설에 빠진다.

환경과 무의식을 연결시켜서 생각하면 사실 기후 변화 문제의 해결 방법이 도출되지 않는다. 우리는 그저 무심결에 대응할 것이며, 무의식의 변화는 있을 수 없게 된다. 그래서 프로이트가 자유연상 기법에서 얘기했던 "무의식을 의식화하면 치유에 도달할 수 있다"는 식의 논리만으로 머물게 될 수도 있다. 혹은 "우리는 어쩔 수 없는 현실에서 종말을 향해 달려가며, 아무것도 할 것이 없다"라는 생각으로 머물 수도 있다. 그러나 기후 변화에 서식하는 무의식과 기후 변화를 발생시키는 무의식의 궤도를 지도처럼 그려내고 그 지도에 따라 배치를 바꾸어 나가는 환경 정치의 가능성을 생각해 볼 수 있다. 여기서 무의식은 프로이트 식으로 가족 내부에서 움직이는 내면적인 정신역동이 아니라, 사회와 지구라는 배치 속에서 움직이는 정신역동이 된다.

프로이트의 정신역동의 차원은, 기후 위기라는 새로운 상황에 직면해서 국제정치와 또 한편으로 미시정치를 필요로 하는 것에 대답할 수 없다. 그가 말한 무의식의 차원이 정신 외부의 또 하나의 정신역동이라고 할 때, 이제 개인이나 가족을 벗어나 사회적이고 지구적인 무의식의 배치를 의미하게 된다. 무의식의 배치를 바꾸기 위한 미시정치는 지도처럼 드러난 무의식의 전개 과정을 바꾸기 위한 사회적 배치의 변화를 의미한다. 이것은 기후 위기가 단순히 캠페인과 같이 개인의 의식 변화를 통해서 해결되는 것이 아니라, 제도적인 장치와 사회적인 배치 변화, 기업환경의 변화 등을 위한 구체적인 실천을 필요로 한다는 것을 의미한다. 그런 의미에서 에너지 녹색 전환을 위한 실질적인 정책과 국제적인 제도의 수립 등이 필요하며 따라서 파리협약은 이루 말할 수 없이 중요하다. 미국을 뺀 나머지 모든 나라가 합심해서 만든 국제환경 정치의 산실이다. 그런 점에서 바이든 미행정부의 파리협약 재가입이 주목되는 대목이다. 이를 통해 해결해야 할 기후 위기는 막대하지만, 이것이 시작이라는 점에 의미가 크다.

『탄소자본주의』(한살림, 2018)는 탄소무의식이라는 개념을 통해서 미디어에서 송출되는 탄소중독적인 마음이 분명 현실에 큰 영향을 미칠 수 있다는 생각을 구체화한 것이다. 더불어 국제적이고 사회적인 제도와 배치의 변화 속에서 반드시 미디어의 탄소무의식에 대한 규제가 들어가야 한다는 점을 분명히 하고 있다. 기후 위기가 탄소중독적 문명이 잘 돌아가고 있기 때문에 생긴 문제라는 점에서 이것은 기존처럼 의식을 바꾸는 차원을 넘어 삶의 양식에 뿌리깊이 관여하고 있는 문명 전반에 대한 성찰과 전환을 요구한다. 그런 점에서 〈기후 위기 비상행동〉과 같은 시민단체가 거리를 점거하고 잠시 동안 생각을 멈추게 하는 캠페인과 시체처럼 드러눕는 행동 등을 보여주는 것은 개인의 의식을 바꾸자는 차원이 아니라 문명을 전환하자는 차원인 것이다. 갈급한 행동에 대한 요구, 변화에 대한 요구 속에서 이런 슬로건이 눈에 띈다. "지구야 변하지 마, 우리가 변할 게!"

탄소 순환적인 무의식은 가능한가?

2012년 11월 18일 세계은행(WB)은 보고서를 통해 온실가스 배출량을 줄이지 않으면 앞으로 80년 이내에 산업화 이전보다 섭씨 4도가량이 오를 수 있다고 경고했다. 세계은행이 다소 보수적인 입장에 서 있다는 것을 감안할 때 이것은 더 최악의 상황으로 나타날 수 있다. IPCC 등 기후 관련 과학자들은 2020년부터 탄소를 하나도 배출 안 한다 하더라도 2030년에는 1.5℃ 상승이 예고된다고 경고하고 있으며, 탄소 배출량을 급격히 감축한다 하더라도 2100년이 되기 전에 지구의 기온이 4도 이상 상승할 가능성이 높다고 경고했다. 이런 기사를 보면 사람들은 현재의 탄소중독적인 삶과 문명에 문제가 있다는 것에 공감하지만, 구체적인 삶의 배치를 바꾸는 단계에 가서는 이것을 망각하고 잊어버리려 한다.

탄소중독적인 문명은 에너지를 싸게, 흥청망청 쓰려는 현재의 산업사회와 삶의 방식에 기인한다. 그러나 여기서 탄소를 순환적으로 사용할 경우를 생각해 볼 수 있다. 나무와 산림은 탄소를 빨아들이고 순환시키는 역할을 한다. 탄소 순환은 생명의 순환이자, 생명의 비밀까지도 갖고 있는 작용이다. 지구에서 순환하는 거대 원소 중 세 가지인 질소, 산소, 탄소는 생명과 관련되어 있으며, 생명이 살아갈 수 있는 기본적인 원소이기도 하다. 여기서 탄소중독적인 문명을 넘어서, 탄소 순환적인 유기농업과 재생 에너지에 기반한 문명을 생각하게 된다. 정의로운 에너지 전환을 위한 구상 중 하나가 어떻게 탄소 순환적 사회로 전환할 것인가 하는 것이 있다.

나는 탄소중독적인 삶의 배치에서 유래된 무의식을 '탄소무의식'이라고 규정하였는데, 이것은 자연, 사물, 환경에서 서식하는 무의식을 밝히기 위한 것으로서 프로이트 전통 이전에 존재했던 스피노자의 무의식 개념을 복원하려는 시도이다. 나는 앞으로 '탄소 순환적 무의식'에 대해 연구하겠다고 학회지의 지면에 밝힌 적이 있다. 아직까지 약간의 스케치와 단상에 불과하지만, 생명 순환에 입각한 탄소 순환 사회를 만들어야겠다는 구상이 있다.

7년 전에는 내가 채식을 한다고 하면 사람들은 약간 별종으로 취급했는데, 최근에는 육식의 폐해를 이야기하며 공감하는 사람들이 많아졌다. 예전에는 살면서 자취를 많이 남길지, 적게 남길지에 대해서 많이 남기는 쪽이 대부분이었다면, 지금은 절반 정도이다. 굳이 설명하려 애쓰지 않아도 현재의 문명에 무엇인가 문제가 있다고 의식하는 사람들이 늘었다는 뜻이다. 기후 변화에 대해서도 현재의 삶의 방식이 뭔가 문제가 있다고 무의식중에 생각하는 사람들이 상당히 많으리라고 본다. 그러나 우리 삶이 더 불편해져야 하며 더 가난해져야 하며 더 아껴 쓰는 쪽으로 전환되어야 한다는 생각으로 나아가지 못하고 있다. 무의식의 배치를 바꾸는 현실 제도를 통해서 이러한 생각들을 구체적인 삶의 실천으로 바꾸어야 한다는 생각이 많이 든다. 더 나아가 정의로운 에너지 전환을 삶으로 받아들일 때, 우리는 생존주의 전략을 구체화할 수 있으며 이것이 미래 세대를 위한 최소한의 노력이라고 생각한다.

17_ 마르크스의 생산력주의와 성장주의

외연적 성장보다 내부 관계망의 성숙을!

한국 사회의 대규모 토건 사업과 성장 일변도의 정책은 이명박 정부에서 가장 극단적인 모습으로 나타났다. 성장을 해야만 분배가 이루어질 것이라며 국민을 호도한 이명박 정부는 경기 부양책의 일환으로 대규모 국책 사업인 '4대강 살리기 사업'에 착수했다. 급속한 근대화로 고도성장을 겪었던 한국 사회에서 성장주의와 토건주의는 당연한 것으로 간주되는 경향이 있었다. 그러나 2008년부터 시작된 세계적 규모의 대불황은 자원 고갈과 에너지 위기, 석유 정점 등의 상황을 반영하는 것으로, 이른바 출구 전략이 없는 장기 불황의 시작이었다. 아무리 삽질을 하고 파헤쳐도 지구의 한계로 인해 성장의 한계는 분명하며, 이제는 저성장이나 제로 성장, 역성장(=탈성장)이라는 새로운 차원의 현실을 받아들여야 할 때가 왔다.

1972년 로마클럽의 경제학자 및 기업인들이 결성한 MIT(미국 메사추세츠 공과대학팀) 팀이 제출한 「성장의 한계」(Limits to Growth)라는 보고서 이후에, 국제정치는 성장과 구분되는 발전 개념에 대해 착목하였다. 성장이 양적이고 외연적이고 실물적이라면, 발전은 질적이고 내포적이고 관계적인 측면이 강하다. 또 1987년 세계환경개발위원회(WCED)는 〈브룬트란트 보고서〉(The Brundtland Report)를 통해, 레스터 브라운(Lester Brown, 1934~)의 '지속 가능한 발전'(sustainable development)이라는 개념을 처음으로 국제사회에 제안했다. 지속 가능성은 미래 세대에게 남겨주어야 할 가치로서 재생 불가능한 자원의 보존과 유지를 핵심으로 한다. 즉 진보 개념의 시간관과는 반대로, 지속 가능성은 미래 세대로부터 출발해서 현재를 생각하는 역행적 시간관을 갖고 있다.

국제사회가 '지속 가능한 발전'을 논의하게 되면서, 지구가 무한한 자원을 갖고 있는 것이 아니라 유한하며 관리되어야 할 것이라는 데에 합의가 이루어졌다. 늦게나마 국제사회의 환경 정책이 성장 프레임에서 벗어난 이유는 어떤 고상한 원칙 때문이 아니라, 개발과 성장에서 얻어지는 이득이 생태 복원 비용보다 더 적기 때문이라는 현실적인 판단 때문이다. 하지만 한국에서 이명박 정부가 주장한 '녹색 성장'은, 지속 가능한 발전을 흉내 내면서도 기존의 성장을 포기하지 않는 기괴한 모델이다.

성장과 발전은 엄밀히 구분되는 개념이다. 성장(growth)이 규모의 경제에 치중한다면, 발전(development)은 공동체의 내포적 관계망의 성숙까지도 포함한 개념이다. 즉, 협동조합에서 유한한 자원을 순환시켜 일자리와 공동체 복지를 수행하면서도 공동체의 관계망과 공동체 경제가 발전하는 것을 생각해 볼 수 있다. 이러한 발전과 성장의 엄밀한 차이에도 불구하고, 이명박 정부는 '녹색 성장'이라는 이율배반적인 개념을 아주 천연덕스럽게 내걸었다. 이것은 한국 정부의 정책이 국제적인 환경 정치와 환경 정책에 미치지 못하는 퇴행적인 모습을 보인 것이다.

탈성장과 탈토건에 대한 논의는, 원시적 사회로 돌아가자는 것이 아니라 내포적 발전을 통해 공동체 내의 순환경제가 발전할 수 있는 길을 찾겠다는 의미이다. 예를 들어 지역의 유한한 자원을 대도시로 빠져 나가게 하지 않고 지역 내부에서 순환시켜 지역 공동체의 부로 만드는 것을 먼저 떠올릴 수 있다. 내포적 발전은 관계의 성숙을 추구하는 '협동과 우애의 경제'의 발전을 의미한다. 협동조합으로 대표되는 공동체 경제는 풀뿌리에서 출발하며, 작고 국지적이고 소박한 공동체 내의 관계 성숙을 추구하는 정신을 갖고 있다. 시장에서 거대 자본과 경쟁할 때는 협동조합도 기업의 일종이지만, 사실 내부에 '협동과 우애의 관계망'을 갖고 있기에 기업의 외연적 성장을 추구하지 않는다. 성미산 마을조사사업의 일환으로 마을 내 협동조합에 관한 설명을 듣던 중 유창복 마을극장 대표로부터, 협동조합이 수입과 지출이 제로가 되도록 설계되어 있다는 얘기를 들었다. 돈이 남아도 안 되고 부족해도 안 되는 것이다.

사실 초기 자본주의의 기업 형태는 대부분 협동조합이었다. 도제조합에서 너와 나 사이에 생겨나는 공통의 자산과 공통의 기술, 공통의 아이디어는 공동체의 몫이었다. 그러다가 주식회사 형태의 기업이 생긴 것은 근대 초기였다. 육식의 탐욕을 충족시켜 줄 후추의 운송로가 이슬람의 봉쇄로 끊기자, 인도로 가는 다른 길을 찾아 나설 배에 투자하기 위한 것이었다. 근대 초기의 자본가는 도제조합의 원리를 배반한 자들이었다.

한편 협동조합을 공상적 사회주의자들이나 얘기하는 것으로 치부하는 사람들도 있다. 그러나 협동조합은 가난한 사람들이 일자리를 얻거나 사업을 해서 자산을 만들기 위한 정직한 기업 모델의 출발점이다. 또 협동조합은 모심, 돌봄, 보살핌, 살림, 섬김 등의 정동 노동을 내부에 갖고 있어서, 치유와 돌봄이라는 공동체의 속성에 따른다.

2012년은 유엔이 지정한 '세계 협동조합의 해'로서, 이를 기념해 '협동조합 기본법'이 시행되었다. 이 법을 기반으로 5인 이상이 모이면 누구나 협동조합을 설립할 수 있게 되었으며 법인 자격을 부여받게 되었다. 구성원들은 출자금에 상관없이 총회에서 1인 1표로 의결권을 가지며, 민주적으로 사업을 운영해 구성원 간의 균등한 분배가 이루어진다. 협동조합기본법과 같은 제도가 확충된 데에는 신자유주의 경제 시스템에서 일자리와 복지의 사각지대에 놓인 도시 빈민 등에 대한 자활 대책을 공공 부문에서 수행하기 어렵기 때문에 스스로 자활하도록 유도한다는 목적을 갖고 있다. 이를 두고 협동조합의 원래 취지를 다른 불온한 목적에 이용하고 있다는 목소리도 있다.

성장주의, 토건주의 모델은 소수의 승자가 독식하는 사회를 만들어낸다. 그래서 성공한 개인이 모든 자원과 부를 독식한다는 성공주의 신화를 만들어낸다. 성장주의는 더 개발하고 파헤칠 영역을 찾고 있지만, 지구는 유한하며 자원은 한정되어 있다. 과거의 향수에 젖어 있는 근대화 세대들은 여전히 성장주의가 모든 문제의 해법이라고 여기지만, 그것은 이제는 돌아오지 않을 시간이다. 무엇보다 지구 환경이 그러한 성장의 하중을 버텨내지 못한다. 이윤을 목적으로 한 기업 활동의 시대가 끝나고, 기업의 현상 유지와 지속을 통해 그 내부의 구성원들이 나눠먹기를 하는 시대가 왔다. 성장이 불가능해진 현재의 상황은 내부 구성원 간의 관계 성숙에 기반한 새로운 발전 모델을 필요로 한다.

마르크스의 『공산당 선언』과 생산력주의

마르크스는 1818년 5월 5일 독일 모젤 강 가 트리에르의 유복한 가정에서 태어났다. 청년 시절 헤겔 좌파와 생시몽의 정치운동 등에 관심을 가지고 있었으며, 1842년 10월에 〈라인신문〉의 편집장이 되어 예리한 필체와 비판적인 논조로, 필봉을 휘둘러 독일 정부로 하여금 신문의 폐간 결정을 하게 만들었다. 그 후 프랑스로 이주하여 『독일 이데올로기』와 『포이어바흐 테제』 등을 쓰면서 공산주의자가 되었다. 파리에서 그는 자신의 정치적 후원자이자 평생 동지인 엥겔스와 만난다. 그 당시 서술한 『경제학 철학 수고』는 '소외된 노동'의 원인인 사적 소유를 철폐하고 공산주의 사회를 향하는 과정을 밝힌 책이다.

마르크스는 『독일 이데올로기』에서 공산주의 사회를 목적이 아닌 현실의 운동이라고 언급하면서, 자신이 현실에서 벌어질 노동자 운동에 개입할 것을 암시했다. 마르크스는 공산주의자 동맹에 가입해, 1847년 런던에서 공산주의자 동맹의 선언문에 해당하는 『공산당 선언』을 집필했다. 마르크스는 1848년 혁명의 영향으로 급진적인 성향의 〈신(新)라인신문〉을 만들었다가 탄압을 받아 영국으로 망명길에 오른다. 영국에서 목화 사업을 하고 있는 엥겔스의 재정적 후원을 받아 자본, 토지, 임금, 노동, 국가, 해외무역, 세계 시장에 대해 정리한 『정치경제학 비판 요강』을 저술하였고, 그 첫 번째 장인 『자본론』 1권을 썼다.

마르크스가 1847년 저술한 『공산당 선언』은 역사적 유물론의 기본 구도를 그려낸 저술이다. 여기서 마르크스는 역사 발전의 원동력이 '계급투쟁이라는 사회적 모순'과 '생산력과 생산관계의 모순'이라고 말한다. 여기서 생산력이 발전하고 결국 생산관계와 충돌하여 생산양식이 이행하게 된다는 구도가 사회주의자들의 각인되게 된다. 이렇듯 생산력이 발전해야 한다는 생각은 사회주의 체제에서도 그대로 적용되어 성장주의를 골간으로 하는 생산양식이 주를 이루게 되었고, 생산력의 발전에 더 적합한 사회주의가 자본주의와 경쟁한다는 구도마저 만들어냈다. 이에 따라 사회주의 체제는 노동을 덜 하는 사회가 아니라, 노동을 더 하도록 독려되는 사회였다.

『공산당 선언』에서 언급했던 생산력의 발전과 성장이라는 요소를 그저 경제 법칙일 뿐이라고 간주하는 의견도 있을 수 있다. 그러나 생산력이 발전하고 성장하려면 사실 자연을 파괴하고 개발하여야 한다. 또한 생산력의 발전이 사회의 근간이며 일자리를 보장한다고 한다면 성장주의는 당연한 것으로 간주될 것이다. 그러나 인류의 생산력은 꾸준히 성장해 왔고, 이미 많은 사람들이 함께 더불어 살 수 있는 수준을 초과했다. 문제는 과학기술의 발전이나 생산성 향상과 같은 문제가 아니라, 생산 자체가 어떻게 이루어지는가이다. 분배의 차원은 생산 이후의 결과일 뿐이기 때문에, 생산 자체의 문제로 들어가야 할 것이다.

나는 여기서 성미산 마을의 '문턱없는밥집'을 떠올린다. 이곳은 친환경 재료로 만든 음식을 제공하면서 밥값을 자신의 주머니 사정에 맞게 자율적으로 내는 곳으로 유명하다. 그런데 이곳이 2012년 9월에 폐업이라는 새로운 상황에 직면하게 되었다. 그것은 이곳 노동자들이 일자리를 잃는다는 것을 의미하였다. 노동자들은 어떻게 이 상황에 대응할 것인가를 고민하였다. 문턱없는밥집의 대책위 위원장을 맡았던 위성남 님의 설명에 따르면, 이곳은 2013년 5월 사회적 협동조합으로 다시 태어났다. 노동자들과 지역주민들이 직접 출자를 해서 일자리를 보존하고, 이 집의 고유성을 최대한 지켜내자는

데 뜻을 모았다는 것이다. 노동자들은 이제 공동 경영자로서 생산의 전반적인 과정에 참여하게 되었다.

한편 마르크스를 성장주의의 그림자라는 어두운 면으로 보지 않고, 자본주의를 극복할 생태 혁명의 이론으로 재구성하려는 시도도 있다. 이른바 '생태-마르크스주의자 그룹'으로 불리는 집단이며, 거기에는 『생태 혁명』이라는 저작으로 유명한 존 벨라미 포스터(John Bellamy Foster)가 있다. 나는 녹색당의 한 소모임인 '개나소나' 모임의 한 세미나에서 '한쏭' 님을 통해 이에 대한 전반적인 내용을 알게 되었다.

한쏭 님이 요약한 바에 따르면 책의 내용은 다음과 같다. "기존 사회주의가 노동자들이 조직한 사회적 생산, 사회적 소유, 공동체적 소유의 충족을 목표로 한다면, 생태사회주의는 소유 대상이 아닌 자연의 사회적 이용, 결합된 생산자들에 의한 인간과 자연의 신진대사 과정의 통제, 현재와 미래 세대의 공동체적 소유 충족으로 이행하여야 한다."

이 책은 자본주의를 극복하고 사회주의로 나아가려고 했던 마르크스의 견해가 생태사회의 전망과 충돌하지 않는다는 입장에 서 있다. 그러면서 생태사회주의자들은 "마르크스를 성장주의로부터 구출하라!"는 새로운 시대적 과제에 응답하고 있다.

이 세미나 자리에서 한쏭 님은 사회 변혁 운동과 생태운동은 만나야 한다는 생각을 밝히면서, 2012년 4월 19일 볼리비아 코차밤바에서 열린 '세계 기후 변화 민중회의'를 사례로 제시했다. 이 회의는 사회주의자이자 환경운동가이면서 볼리비아 최초의 원주민 대통령인 모랄레스(Evo Morales)가 주축이 되어, 자본주의 세계에 대한 변혁이 없이는 전 지구적 생태 혁명이 불가능하다는 데 뜻을 함께한 기층 사회활동가들, 가난한 농민들, 라틴아메리카 국가의 원주민들 3만 5,151명이 모인 자리였다. 여기서 〈코차밤바 합의문〉이라는 극적인 선언문이 합의되었다. "나의 당선은 미국에게는 악몽이 될 것"이라고 당선 소감을 밝힌 모랄레스 대통령은, 생태운동이 자본주의 사회 변혁을 회피하면서 가진 자들의 게임이 되어서는 안 된다는 점을 밝히고 있다.

마르크스는 '능력에 따라 생산하고 필요에 따라 분배되는 사회'를 공산주의라고 보았고, 공산주의가 미래의 목적이라기보다는 현실의 운동이라고 보았다. 나는 '인간과 자연 간의 신진대사를 통제하기 위한' 노력의 일환으로 원주민들에 의해 만들어진 코차밤바 회의에 대해 들으면서, 마르크스의 '현실의 운동'을 발견할 수 있었다.

발전 대신 밭전(田)을!

이명박 정부의 성장주의, 토건주의 정책은 '대운하'에서 이름만 바꾼 '4대강 살리기'라는 대규모 토목 사업으로 바뀐 채 전 국토를 파헤치고 개발하려고 했다. '4대강 살리기'가 외양과 경관만을 우선시하면서 팔당 인근 강변에 자전거도로를 내려고 할 때, 그 지역에서 유기농 농사를 짓고 있던 농부들에게 철거 명령을 내리기에 이른다. 그러나 이 과정에서 개발 · 성장 · 토건주의에 제동을 거는 새로운 '주체성 생산'이 이루어진다. 이름 하여 '두물머리 밭전(田)위원회'이다. 두물머리 밭전위원회의 인터넷 누리집을 방문하면 "우리는 우리가 먹는 쌀과 감자와 배추들의 공동 경작자들이다. 판사가 '누가 이곳에 생명을 살리는 씨앗을 뿌렸는가?' 물을 때, 우리는 모두 함께 일어서 '우리, 두물머리 밭전위원회요. 오늘도 어김없이 쌀밥을 먹는 당신도! 밭전위원이오!'라고 노래할 것이다"라는 구절이 눈에 띈다.

두물머리 발전위원회의 활동을 알아보기 위해서, 4대강을 원래대로 복원하자는 의미에서 만들어진 '녹색당 재자연화 모임'의 조상우 님께 연락을 했다. 그는 발전위원회의 극적인 탄생 과정을 담담히 설명해 주었다.

4대강 공사의 일환으로 하천 인근에서 유기농 농사를 몰아내겠다는 통보가 왔을 때, 팔당생명살림 생협의 농민들과 하천 부지의 농민들 71가구가 모였다. 그리고 행정 집행에 맞서 팔당 공대위를 꾸리게 된다. 이들은 '농사야말로 녹색 성장인데, 왜 자전거도로가 녹색 성장이라고 고집하는지 이해할 수 없다'며, 정부의 하천변 자전거도로 공사에 저항하기로 합의하였다. 그리고 당시 창당 준비에 여념이 없던 녹색당, 티벳 지원 단체인 록빠, 천주교 귀농학교, 구리 YMCA를 비롯해 뜻을 함께하는 개인들과 함께 2010년 10월 두물머리 발전위원회를 구성하였다.

발전위원회가 함께한 최초의 행동은, 다 함께 농사를 짓고 놀자는 것이었다. 투쟁이라고 하면 점거농성, 단식농성 등에 익숙한 사람들에게 이러한 방식의 투쟁은 새로운 것이었다. 발전위원회는 행정 집행을 앞둔 땅에 불복종텃밭이라고 이름을 붙이고 콩, 옥수수, 감자, 고구마, 토마토 등을 심고 함께 노래하면서 농사를 지었다. 그리고 천주교에서 매일 3시에 생명평화 미사를 진행했는데, 친구들과 함께 농사를 지으며 놀다가도 3시만 되면 미사에 참여하였고, 그 숫자는 하루하루 늘어갔다. 발전위원회는 매일 매일이 농사와 축제인 시간을 만들어냈다. 사람들의 호응은 매우 뜨거워서, 농사를 지으면서 저항하는 방식이 투쟁의 새로운 장을 열었다고 평가될 정도였다. 그런가 하면 생태 활동가와 단체 활동가들을 두물머리에 초빙해서 에코토피아 캠프를 열기도 했다.

발전위원회는 선언문을 통해, 개발과 토건에 의해 농토가 사라져 가고 이에 따라 소비자들은 배춧값이며 채솟값이 올라가며 농민들이 설 땅이 사라져가는 현실을 지적하였다. 실천 강령은 다음과 같다.

1. 두물머리에서 계속 농사짓기 위해 지금 농사지을 것이다.
2. 그들이 벌금을 물린다면 불복종 텃밭 작물로 그것을 막을 것이다.
3. 발전위원은 자신의 이름을 걸고 농사를 지을 것이다.

이것은 토건을 위해 농사를 막는 행정권력에 불복종으로 맞서겠다는 실천의 의지가 담겨 있다. 두물머리는 성장주의 토건 사업에 맞서는 시대적 상징 역할을 하는 셈이었다.

그곳을 오가던 사람들은 농사를 통해 새로운 세상과 만난 것 같았다. 그들의 영농 일지를 유심히 관찰해 보면 농사일에 대한 깨알 같은 재미뿐만 아니라, 생명과 함께한다는 것의 의미를 몸소 체험했던 흔적들이 있다. 록빠의 한 활동가는 이렇게 영농 일지를 썼다.

"씨드림에서 구한 토종 씨앗도 얻어, 그 사이 도착한 봄날이 청원오이 50구 포트 한 판, 철원옥수수와 쥐이빨옥수수도 각각 한 판씩 심었다. 그 외에도 푸른팥, 쥐눈이콩, 괴산수수 등의 씨앗을 얻었다. 토종 씨앗들인데다 이름도 예쁘다. 푸른팥이라니. 씨앗을 심는 일은 언제나 즐겁다. 허브 씨앗들은 깨보다도 작았는데, 과연 여기서 뭐가 난다는 건지 미심쩍다. 채종은 어떻게 하나."

2011년 10월 15일, 발전위원회는 '우리가 강이다'라는 주제로 두물머리 강변가요제를 개최했다. 4대강에 반대하고 두물머리의 의로운 저항 행동에 동의하는 음악인들과, 홍대를 중심으로 음악인 협동조합을 만들었던 '자립음악생산조합'이 이에 연대했다. 그때 참석했던 록밴드들은 아름답지 않은 것들에 대한 저항을 모토로 한 '노 리스펙트 포 뷰티', 포스트 록밴드 '아폴로 18', 오래된 남자와 여자가 스텔라를 탄다는 뜻을 가진 '구남과여라이딩스텔라', 발랄한 2인조 인디밴드 '무키무키 만만수', 무산층의 좌절을 굴절시켜 투명한 음악을 연주하겠다는 '야마가타 트윅스터', 시골길에서 흙을 밟고 연주를 듣는 듯한 감흥을 주는 하헌진, 바다에선 정말로 신나게 온몸으로 놀고 본다는 바다와 같은 모래, 한동준, 이발사, 씨없는수박, 김대중, 퐝프로그램, 파블로프, 낮은2해, 그릇, 꿈에 카메라를 가져올걸, 멍구밴드, 봄눈별, 솔가, 쏭의 빅밴드, 악어들, 엄보컬, 김선수, 이재훈, 중간의 밴드, 1000/40, 푼돈들, 바리케이트 톨게이트, 해원 등등 셀 수 없는 저항 음악가들이 노래를 불렀다. 그날은 비가 억수같이 내렸지만 거기에 모인 활동가들과 주민들은 한판 멋진 축제의 장을 만들었다. 모진 비바람에도 감자와 콩과 옥수수는 잘 자란다.

2012년 7월 29일 발전위원회는 '공사 말고 농사짓자'라는 슬로건을 내걸고 서울 명동 우리은행 앞에서 거리 시위를 열었다. 발전위원회는 갖가지 저항 농산물을 소지한 농부들, 주민들, 활동가들과 함께 서울 시내를 돌아다니면서 노래를 부르고 춤을 추었다. 앉을 때마다 분필로 보도블록에 벼와 고구마와 감자를 그렸으며, 움직일 때마다 모두 저항 농산물을 들고 노래를 부르고 춤을 추었다. 이들에게 농사는 축제이며 저항이었다.

2012년 10월, 국토청은 결국 두물머리를 생태학습장으로 만드는 데 합의했다. 생태학습장은 농사 체험을 할 수 있는 학습장으로, 이는 결국 계속 농사를 짓도록 하겠다는 데 합의한 것이다. 4대강 사업이라는 토건 사업에 맞선 두물머리 발전위원회의 저항은 농사와 축제라는 평화주의와 생태주의에 따르는 투쟁이었다.

'4대강 재자연화'의 논의는 문재인정부 들어 다시 쟁점이 되었다. 그러나 흉물처럼 자리를 차지하고 있는 보를 철거하는 데 드는 비용 역시도 만만치 않는 상황에서 수조원에 달하는 국민세금만 공중으로 날아가야 하는 상황에 처해 있다. 성장주의의 망령은 씻을 수 없는 상처만 남기고 역사의 뒷편으로 사라지고 있다.

성장의 그림자

마르크스는 『정치경제학 비판 요강』에서 다음과 말한다; "인간 존재의 사회적 생산에서 인간은 불가피하게 자기 의지와는 상관없이 특정 관계, 즉 물질적 생산력의 발달 단계에 상응한 생산관계에 들어간다."

역사의 발전 동력으로서의 생산력과, 이를 속박하는 생산관계의 모순에 대한 사고는 그의 정치경제학의 근간을 이룬다. 그가 생각한 생산력의 주요 구성요소는 생산수단과 노동력이며, 생산력의 발전은 기계의 발전, 노동 과정에서의 변화, 새로운 에너지원의 도입, 프롤레타리아트의 교육 등과 같은 역사적 현상까지도 포함한다. 문제는 사회적 발전의 원동력인 생산력의 발전이 자연을 어떻게 가공하고 개척하고 개발할 것인가에 달렸다는 점이다. 즉 생산력이 발전한다는 것은 자연을 더 파헤치고 개발해야 하는 것이므로 생태계 파괴와 환경오염의 문제에 직면하게 된다.

주류 사회주의 운동은 자본주의가 가장 발전한 단계에서 사회주의가 이룩된다는 생각을 고수해 왔다. 그러나 러시아와 중국의 경우와 같이 역사적으로 출현했던 사회주의 체제는 이러한 원칙에서 벗어나 있다는 것은 잘 알려져 있다. 러시아의 경우, 레닌은 처음에는 가장 발전된 자본주의가 성립되어야 사회주의가 가능하다는 2단계 혁명론에서 벗어나지 못했다. 그러나 섬광과 같은 깨달음을 통해, 소비에트 자체의 코뮌적 관계망의 성숙을 바탕으로 사회주의를 구축할 수 있다는 '10월 테제'로 나아간다. 그리고 혁명의 성공과 더불어 역사 발전이 생산력 발전에 따른다는 전통 노선과 다른, 성장이 아닌 발전을 통한 혁명 노선을 창안한다. 그러나 레닌은 이후 NEP(New Economy Policy)와 같은 신(新)경제 정책을 통해서 다시 생산력 발전 노선으로 회귀한다. 그리고 발전 노선으로 돌아가자는 크론슈타트 수병 반란을 트로츠키를 통해서 유혈 진압한 레닌은 스탈린에게 전권을 빼앗긴다. 결국 스탈린은 권력을 장악하여 성장주의를 가속화하였고, 말년의 레닌은 발전 노선을 고수하지 못했던 것을 후회하며 숨을 거둔다. 결국 스탈린의 소련 사회주의 체제는 생산력 발전을 역사 발전의 원동력으로 삼는 원칙으로 회귀해, 자본주의와 성장을 경합하는 냉전 체제를 만들어냈다.

이러한 마르크스의 생산력 발전의 신화는, 자본이 주도하는 시장에서는 보장될 수 없는 복지와 일자리를 국가의 공공 부문을 통해 보장받을 수 있다는 점을 의미한다. 그리고 그 토대에는 국가 차원의 경제 성장이 자리 잡고 있다. 하지만 민중이 시장과 국가 이외에 복지와 일자리를 보장받을 수 있는 토양은 정말 없는 것일까? 잘 들여다보면 시장과 국가의 갈림길 사이에는 이제까지 우리가 주목하지 않았던 '공동체'라는 영역이 있으며, 공동체의 자조적이고 자율적인 관계망을 통해 복지와 일자리를 만들어내는 대안적인 영역이 존재한다. 사실 마르크스가 언급했던, 자본주의를 극복하는 과정으로서의 사회주의 이념은, 어떤 체제나 경제 시스템과 같은 실체를 갖는 것으로 볼 것이 아니라 공동체가 시장과 국가로부터 자율성을 얻는 내재적인 과정으로 재해석할 수 있다. 물론 공동체와 협동조합이 만들어낸 제3섹터는 자본주의의 대기업이나 독점 기업들과 경쟁의 소용돌이에 휘말릴 수 있으나, 서로가 지향하는 가치질서는 엄밀히 다르다.

자본의 성장이 일자리와 노동을 만들어내며 이 노동의 영역이 자본과 투쟁함으로써 새로운 사회를 만들 수 있다는 사회주의의 기획은, 성장과 고용의 연관 고리가 끊겨버리고 첨단 기계 등으로 인해 노동이 퇴조하고 있는 작금의 상황에서는 유효한 것으로 보이지 않는다. 반면 자율과 자치를 추구하는 대안 섹터 운동은 성장의 패러다임으로부터 벗어나 지속 가능성과 연대에서 출발한다. 그런 의미에서 협동조합과 공동체 경제, 대안 섹터는, 노동과 자본이 서로 투쟁하면서도 동시에 성장을 원했던 경제 법칙으로부터 벗어나 연대와 나눔, 지속 가능성의 근본적인 원칙을 보여주는 등대와도 같다.

물론 성장주의의 효시는 마르크스주의가 아니며, 자본주의 경제학자들이야말로 성장을 찬양해 왔다. 녹색당의 한 소모임인 '개나소나' 모임의 이지현 님은 성장주의의 기원에 대한 의미심장한 계보를 그려내 보였다. 애덤 스미스, 리카도, 밀 등으로 대표되는 고전파 자유주의 경제학자들은 자본주의 태동기에 부의 생산 영역에서 자유주의, 자유경쟁 분업, 자유무역의 필요성을 역설했다. 그러나 부의 분배라는 영역에는 제도와 사회의 가치판단이 개입할 수 있다고 보아서 마르크스의 사회주의의 여지를 남기기도 했다. 사실 이들은 성장을 강조했다기보다는 이윤율이 저하되어 자본주의가 멸망하는 것을 두려워했다.

그런데 현대 자유주의 경제학은 『거시경제학』 서적에 등장하는 솔로우(Solow)의 성장 모형이나 내생적 성장 모형 등과 같이, 자본주의가 자본・인구 · 기술을 통해 영원히 성장할 수 있다는 것을 증명하는 모형을 정교한 경제 이론으로 내놓았다고 한다. 그런데 언뜻 보면 너무나 체계적이고 과학적으로 보이는, 수학으로 범벅된 이들 성장 모형의 문제점은 지구 자원의 한계와 생태적 한계 등을 전혀 고려하지 않았다는 점이다. 예를 들어 성장을 측정하는 GDP라는 경제 지표는 경제가 재화를 얼마나 생산해 냈는가를 측정하는 것이다. 이에 따라, 필요와 무관하게 더 많은 재화를 생산하면 GDP는 긍정적으로 깜빡일 테지만, 지구 자원은 마구 소모되어서 생태 지표는 곧 위기를 알릴 것이다.

제본스, 멩거, 왈라스라는 경제학자로 대표되는 한계효용혁명* 이후 물리학의 프레임을 받아들여 아주 복잡해진 현대 경제학은 각종 지표와 수식으로 범벅이 되어 있어서, 대부분의 사람들은 실제로 우리 경제에 무슨 일이 벌어지고 있는지를 전혀 알 수 없으며, 경제는 사회와 개인의 가치판단으로부터 유리되어 신격화되어 나타난다. 그러나 자연 생태계의 파괴와 오염, 기후 위기, 자원 고갈 등과 같은 작금의 현실은 성장의 경제가 지금 무슨 짓을 하고 있는지를 사람들에게 말하고 있다.

한국의 고도성장은 더 많은 성장이 일자리와 복지를 약속한다는 것을 모토로 진행되어왔다. 이른바 파이를 키워야 나눠 먹을 수 있다는 주장이 그것이다. 그러나 성장의 한계는 지구의 한계이며, 자원과 에너지의 고갈과 기후

* 한계효용(限界效用, marginal utility)이란, 기존의 노동가치설과 달리 재화나 용역이 증가 혹은 감소함에 따라 주관적으로 매겨지는 경제적 효용과 가치에 대한 이론이다. 일반적으로 합리적인 경제에서 인간 행동은 자신에게 가장 시급한 주관적인 욕구를 충족하는 일에 가장 가치를 두는 특성이 있다는 점에 착목하는 이론이다. (한국 위키피디아 사전 참고)

변화에 직면한 현실에서 더 많은 성장의 약속은 지구에게 재앙과 같은 현실을 만들어낼 뿐이다. 또한 성장이 복지와 일자리와 연동된다는 생각은 잘못된 환상이라는 점이 이미 사회 양극화, 실업, 빈곤, 불안정 노동 등의 분열의 현실을 통해 드러나고 있다. 성장은 자연 생태를 파괴하고 대기업만을 배불리며 그 대가가 제대로 분배되지 않는다는 것이 분명해졌으며, 민중은 무리한 성장의 대가로 환경과 생활 조건의 악화라는 새로운 문제를 덤으로 짊어지게 되었다. 근본적으로 외연적 성장이 일자리와 복지를 만드는 것이 아니라, 내포적 관계의 성숙이 일자리와 복지를 만들어낸다는 점을 바라보아야 한다.

이제 생산력이 증가하여 노동-자본의 사회적 생산관계와 모순을 일으키는 것이 사회 발전의 원동력이 아니라는 점은 분명해지고 있다. 이는 경제 순환과 지속 가능성 중심으로 사회를 재편하고 생산 자체를 공동체 내부의 관계망으로부터 출발해야 복지나 일자리 문제 해결이 가능해진다는 점을 의미한다. 이를 테면 대형 마트가 많아지고 상권을 장악할수록 민중의 관계망인 골목 상권이나 재래시장 내부에서 순환하던 돈과 자원은 모두 마트로 빨려 들어가 민중은 더 가난해진다.

간혹 협동조합과 녹색 일자리가 질 나쁜 일자리에 불과한 것이라고 보는 편견이 있다. 그러나 협동조합과 같이 지속 가능성의 원리에 따르는 녹색 일자리는 노동과 자본 간의 이분법을 통해 평가할 수 없으며, 노동과 자본처럼 생산에서는 공생하면서도 분배에서는 투쟁하는 형태로 성장주의에 기반해 움직이지 않는다. 그 안에서는 벤처기업의 스톡옵션 같은 달콤함에 취해 버린 귀족 노동자들이 발생하지 않으며, 무리해서 성장하려는 모험과 투기에 따라 움직이지 않는다. 게다가 작금의 현실은 개개인이 성장을 추구하느냐

마느냐의 여부와 무관하게 자원, 에너지, 화석연료 고갈 등 지구의 한계로 인해 성장 자체가 불가능해지는, 끝이 안 보이는 불황으로 진입하고 있다. 성장주의는 점점 현실에서 불가능한 망상이 되고 있다.

『자본론』의 가치 법칙과 그 외부

마르크스가 죽기 전까지 작업했던 『자본론』은 이후 노동자 운동의 경전이자 사회주의 체제의 경제 원리라고 할 정도로 중요한 저작 중 하나이다. 『자본론』에 의하면, 자본은 스스로 증식하는 가치이며 임금노동의 착취 결과로 나타난 잉여가치의 산물이다. 마르크스가 고전경제학자로부터 구별되는 부분은 '자본'이 사물이 아니라 사회적 관계의 산물이라는 것을 밝힌 부분이었다. 자본주의의 '돈이 돈을 만드는 법'의 배후에 노동자와 자본가 간의 착취관계가 숨어 있고, 이는 노동자의 정당한 노동 대가에 대한 미지급분이라는 사실을 밝혀낸 점은 탁월한 통찰이었다.

그러나 『자본론』은 자본주의적 생산 활동이 노동자에 대한 착취일 뿐만 아니라 자연에 대한 약탈이라는 점은 소상히 다루지 않는다. 『자본론』이 쓰일 때에는 자본에 의한 자연 약탈이 자연의 복원 능력을 넘어서지 않았기 때문이다. 즉 『자본론』에서는 자연을 불변자본이나 고정자본으로 보았기 때문에, 가변자본이나 유동자본인 노동만이 변수가 되고 자연은 상수로서 고정된다. 자연은 늘 생산의 한 요소로만 존재할 뿐이다. 하지만 현재 다국적 기업의 예에서 보듯, 다국적 자본이 저임금을 통해 이윤을 남기려는 충동과 더불어 자연환경을 파괴하면서 이윤을 남기려는 충동을 갖고 있다는 점은,

제3세계에 공장이 있는 코카콜라, IBM, MS, 맥도날드, 나이키 등이 현지에서 보여준 모습에서도 잘 드러난다. 대부분의 다국적 기업들은 생산을 아웃소싱(outsourcing)해서 가장 임금이 싸고 환경 부담금이 적은 곳으로 향한다. 여기서 다국적 자본은 제3세계 노동자와 제3세계의 자연환경을 이중적으로 약탈한다. 그리고 자연 재생 능력을 완전히 초과하는 쓰레기와 오염물질, 복구하기 힘든 자연 파괴를 책임지지 않고 제3세계의 다른 곳으로 옮겨간다.

그런 의미에서 『자본론』의 한계는 자본주의적 진보 노선이 성장주의와 단절하지 못하였다는 데 있다. 생산력의 발전은 자연에 대한 약탈의 대가이며 그 대가를 노동자 민중이 짊어지기 때문에, 자연적인 성장과 진보로 간주될 수 없다는 점이 분명해졌다. 적-록 연대를 통해 노동자 민중의 진보 노선을 올바르게 정립할 필요성이 여기서 도출된다.

나는 독일 녹색당의 한 국회의원을 초빙한 세미나 자리에 참석한 적이 있는데, 독일에서 적-록 연정이 이루어지고 핵발전소 폐쇄를 결정했을 때 그곳 노동자들의 항의가 있었다는 얘기를 들었다. 그는 핵발전소 1기의 폐쇄가 재생 에너지 부문의 30개 일자리를 만든다고 말하면서 녹색 전환이 더 일자리를 보장할 수 있다고 강조했다. 나는 녹색 전환을 앞두고 있는 현 시점에서 중화학공업단지나 금속공업단지 등 화석연료 중심의 대공장에서 활동하던 노동자들이 앞으로 직면하게 될 위기를 여기서 미리 엿볼 수 있었다.

문재인 정부 들어 뉴딜정책이 재조명되고 있다. 여기서 미국의 루즈벨트 대통령이 공황 시기 작동시켰던 경기부양책으로서의 뉴딜은 새롭게 재조명되고 있다. 뉴딜정책은 좌파로서 발전 전략에 접근했던 레닌과 달리, 우파 자본주의 입장에서의 발전 전략이다. 일단 자본주의가 공황을 이겨내려면 그 특징을 살펴봐야 하는데, 그것은 내부상점 유형으로 이루어져 있다는 점에 뉴딜정책은 착목한다. 이를 통해 노동자가 소비자이기 때문에 유효수요를 진작하기 위해서는 공공일자리, 거대인프라, 거대 국책 사업 등을 수행함으로써 화폐를 순환시켜야 한다는 것이다. 이런 발전 전략을 계승한 문재인 정부의 뉴딜정책 중 그린 뉴딜과 같이 일자리 위기, 경제 불평등, 기후 위기 등 세 마리 토끼를 잡는 거대계획 등도 주목받고 있다. 그러나 그린뉴딜과 같은 가속주의 전략이 탈성장과 같은 감속주의 전략과 함께해야 한다는 녹색당 등의 주장에 주목할 필요가 있다. 왜냐하면 문정부의 뉴딜정책이 경기 부양정책으로서의 거대계획이기 때문에, 자칫 녹색성장 류의 빛 좋은 개살구와 같은 정부 정책으로 전락할 위험이 있기 때문이다.

또한 『자본론』의 가치론에서는 생명 가치나 생태적 가치 부분이 누락되어 있다. 생명과 생태가 순환하며 만들어내는 고유한 가치는 시장에서 등가교환 형태로 맞교환될 때 누락되거나 생략되지만, 가장 근본적인 기초이기 때문에 중요하다. 생명이나 생태적 가치는 사용가치는 있지만 교환가치가 없고, 고유한 가치가 전제되어 있지만 가격으로 매길 수 없는 성격의 것이다. 『자본론』에서는 이런 부분을 생략한 채로 가치론이 전개되고 있다.

물론 최근 들어서 생명 가치를 가격화하는 시도도 있다. 나는 동물복지학회에서 주관하는 토론회에서 동물복지인증제도를 자세히 소개하는 팸플릿을 받았다. 공장식 축산업에 반대하는 동물복지 축산은 이것을 가격에 반영한다. 그러나 소비자들은 동물복지인증이 무엇을 의미하는지 아직 생소하기만 하며, 나 또한 경기도 이천의 소망농원을 방문하기 전에는 생명 가치를 가격에 반영하는 동물복지 축산에 대해 제대로 고민할 기회가 없었던 것도 사실이다. 2011년도 4월에 방문한 경기도 화성에 있는 소망농원은 넓은 운동장에 닭들을 방사해서 기르고 있었고, 이들이 자연적인 생식을 통해 만든 유정란을 판매하고 있었다. 닭들은 무리지어 돌아다니며 서열을 만들고 자유롭게 짝을 짓는다. 이곳 농장주는 생명의 고유한 가치를 보존하는 대가를 가격에 반영해도 소비자들은 대체로 만족하며 유정란과 닭을 산다고 말했다.

생태적 가치는 순환하고 재생하는 자연의 고유한 가치이며, 그것이 주는 혜택과 도움은 자본주의적 가치질서에서는 생략되고 누락된다. 최근 아파트 단지에서 빈발하는 분쟁에서 조망권이나 경관권 보상 문제가 심심치 않게 등장하는데, 이것은 자연환경을 볼 수 있는 가치가 가격으로 매겨질 수 있음을 보여준다. 또한 이러한 예는, 한 걸음 더 나아가 가격으로 매겨지지 않은 수많은 보이지 않는 가치에 대해 언급할 수 있는 단서가 될 수 있다. 갯벌만 보더라도 얼마나 많은 오염물질을 분해해 주고 얼마나 많은 생명이 살 수 있도록 만들어주는가를 생각한다면, 단지 가격으로 매겨질 수 없다는 이유로 새만금 간척지 개발 사업처럼 갯벌 생태계를 무자비하게 파괴하여 개발하지는 않을 것이다.

한편 『자본론』은 '협동과 우애의 경제'라는 대안 섹터의 가치질서는 주제로 삼지 않는다. 단지 최대한의 이윤을 바라는 자본가와 착취당하는 노동자 간의 생산관계가 있을 뿐이다. 그도 그럴 것이 마르크스는 협동조합에 주목했던 생시몽, 오엔, 푸리에 등을 공상적 사회주의라고 비판하면서 그들을 넘어서려고 했기 때문이다. 하지만 협동조합에서의 기업가는 따로 있지 않으며, 공통-부와 공통-자산, 집단지성을 만들어내는 협동적 관계망에 기반한다. 『협동조합으로 기업하라』(한국협동조합연구소, 2012)라는 책에서는, 자유경쟁의 시장 원리를 제대로 따르기 위해서라도 독점 기업과 금융자본의 통치로부터 벗어나 시민들이 협동조합을 통해 자유롭게 기업 활동을 할 수 있도록 보장해야 한다는 점을 강조한다.

마르크스가 생각했던 자본가들처럼 사적 이익과 사적 소유에 입각해서 기업 활동을 하는 것이 아니라, 자유로운 시민들이 연대와 돌봄의 관계망 속에서 기업 활동을 할 가능성을 연다는 것이 바로 협동조합의 기본 취지이다. 마르크스가 생각했던 가치론은 계산 가능하며 등가 교환할 수 있는 가치에 한정되지만, 협동조합은 가치로 계산할 수 없는 공동체적 관계망을 품고 있다. 그런 의미에서 협동조합은 경제를 계산의 잣대가 아닌 연대의 잣대 혹은 결사의 잣대로 가치화할 수 있는 가능성을 연 것이다.

마르크스가 착취와 억압이 없는 사회를 생각한 것은 순환과 재생의 생태사회와 공명하는 측면이 크다. 그래서 생태-마르크스주의자들은, 자본주의를 넘어선다는 것은 무한한 성장과 소비를 위한 것이 아니라 공동체적 관계망에 기반한 생태사회의 건설을 의미한다고 역설한다. 이제 마르크스주의도 '성장주의로부터 마르크스를 구출하라!'는 시대적 요구를 외면할 수 없을 것이다.

탈성장, 탈토건의 사회를 향해

한국 사회에서는 성장이 부의 분배와 일자리를 보장한다는 생각이 널리 퍼져 있기 때문에, 모든 정부 정책이 성장을 어떻게 확대할 것인가에 맞추어져 있다. 그러나 외연적 성장은 공동체 발전과 무관한 경우가 많으며, 더불어 자연, 자원, 생태에 대한 개발이 결국 공동체가 살아가는 환경마저도 파괴하는 결과를 낳는다. 그렇기 때문에 현 시점에서는 협동조합과 같은 제3섹터의 중요성이 어느 시기보다 더 커지고 있으며, 대안적인 녹색 일자리의 문화가 조금씩 싹트고 있다.

이탈리아 볼로냐는 토리노의 노동자들이 1854년 소비자협동조합을 만든 이래로 21세기들어 이탈리아 최대의 협동조합의 도시가 되었다. 볼로냐에서는 이 지역의 핵심 기업 50개 중 15개가 협동조합이며, 소득 수준도 이탈리아 평균 소득의 2배가 넘고 실업률은 3.1퍼센트밖에 되지 않는다. 볼로냐는 노동자들의 자율성이 협동조합을 배태했던 전통의 도시이며, 경쟁이 아닌 연대와 협동을 통해 지역경제를 만들었다. 아주 힘들었던 경제위기에도 볼로냐는 협동조합의 관계망 덕분에 흔들리지 않았으며, 시민들과 가난한 사람들, 노숙자 모두가 함께 어울려 살 수 있는 도시가 되었다.

한국에도 볼로냐처럼 원주라는 협동조합의 도시가 있다. 이곳은 천주교의 지학순 주교와 무위당 장일순이라는 두 스승으로부터 출발한 협동조합의 전통이 있다. 고리대금과 빈곤의 문제에 맞서 가난한 영세 상인과 빈민들은 신용협동조합과 생활협동조합을 만들었고, 그 결과 19개의 협동조합과 수많은 사회적 기업으로 이루어진 협동조합의 도시가 되었다. 원주협동사회경제네트워크라는 협동조합 간 네트워크의 집계에 따르면, 협동조합 회원은 3만 5,000명으로 원주 인구 32만 명의 11퍼센트에 달한다. 원주의 협동조합은 시민들의 삶에 뿌리내려서 장을 보거나 아플 때나 아이들을 맡길 때 혹은 필요한 돈을 빌릴 때 협동조합을 통해 해결하려는 방식을 전통으로 만들어냈다.

나는 볼로냐와 원주를 비교하면서, 역사의 전통은 각기 다르지만 성장이 아니라 관계망의 발전과 성숙으로 나아가려는 대안에는 공명하고 일치한다는 생각이 들었다. 외연적이고 실물적인 성장이 일자리나 복지, 생활수준에 도움이 되기보다는 양극화, 실업, 빈곤, 불안전 고용, 고독, 무위와 같이 사회

분열적 상황으로 나타나는 현실을 본다면, 민중의 관계망 내부에서의 발전을 추구하는 새로운 전략의 의미를 깨달을 수 있다.

성장 중심의 사회는 자연 생태계와 공동체를 파괴하는 그림자가 있다. 더 나아가 경쟁을 통한 승자 독식의 사회를 만들어서 젊은이들과 시민들의 마음을 병들게 한다. 나는 협동과 연대의 결사체인 협동조합이 시민들의 삶에 이미 들어와 있듯이, 대안 섹터와 공동체 관계망을 통해 대안을 찾는 젊은이들이 더 많아지기를 바란다. 자본주의에서 성공과 승리의 헛된 망상은 성장주의에 덧칠된 신화처럼 묘사된다. 그러나 이러한 과거의 망령과 헛된 망상으로부터 벗어나 우리 사이에서 관계의 발전과 자율을 추구하는 대안의 젊은 숨결에 희망을 걸어 본다.

18_ 헤겔의 변증법과 생물다양성

우리의 생명이자 삶인 생물다양성

생물다양성(biodiversity)이라는 개념은 하버드대학의 생물학자인 에드워드 오스본 윌슨(Edward Osborne Wilson)이 창안해낸 것으로, 생태계와 동식물 종의 보존을 위한 중요한 개념이 되었다. 현재까지 지구상에 살고 있다고 알려진 생물종은 약 175만 종이며, 아직 확인되지 않은 것들까지 합하면 모두 1,300~1,400만 종에 이를 것으로 추정된다.

생물다양성은 유전자 다양성, 생태계 다양성, 종 다양성 세 가지를 총괄하여 일컫는 말이다. 생물다양성협약 2조에 따르면, 생물다양성은 "육상·해상 및 그 밖의 수중 생태계와 이들 생태계가 부분을 이루는 복합생태계 등 모든 분야의 생물체 간의 변이성을 말하며, 이는 종 내의 다양성, 종간의 다양성 및 생태계의 다양성을 포함"한다. 또 1989년 세계자연보호재단은 "생물다양성이란 수백만 종의 동식물과 미생물, 그들이 담고 있는 유전자, 그리고 그들의 환경을 구성하는 복잡하고 다양한 생태계 등 지구상에 살아 있는 모든 생명의 풍요로움이다"라고 정의한다.

생물다양성협약은 1988년 유엔환경계획(UNEP)에서 제안되어 1993년 비준되었고, 한국은 1994년 10월 공식 조인하였다. 생물다양성협약의 채택 배경은 생물다양성 보존뿐만 아니라 생물다양성에 대한 주권적 권리와 생물종에 대한 이용국의 접근권 등을 명시하는 것이다. 2010년 '생물다양성의 해'를 맞이하여 일본 나고야에서 열린 10차 생물다양성협약 당사국 총회에서는 생물다양성 보존과 유전자원 등의 국제적인 공유에 대한 구체적인 목표를 만들어냈다. 최근, 2030년 즈음 기후위기로 인하여 1.5℃ 상승하게 되고 15퍼센트~20퍼센트 정도의 생물종 대량멸종이 예고되면서, 생물다양성에 대한 적신호가 켜진 상황이다.

생물다양성이 주는 혜택을 단적으로 보여주는 것이 의약품이다. 『생물다양성은 우리의 생명』이라는 책에 따르면, 현재 전 세계 의약품의 40퍼센트가 천연 식물로부터 추출된 것이며, 이는 미국에서 가장 잘 팔리는 25종의 의약품 중 10종에 해당한다. 현재 항암 치료제로 쓰이는 약품의 42퍼센트는 자연 물질이며, 34퍼센트는 반(半)자연 물질이다. 특히 중국은 전체 3만여 종의 식물 중 5,000여 종을 치료 목적에 사용하고 있어서 의약품 분야에서 단연 생물다양성에 의존하는 비율이 높다. 또 전 세계에서 사용되는 119가지 순수 약물 중 88가지가 제3세계 원주민 사이에서 전해 오던 민속식물학적 정보에 기반해 만들어졌다는 점도 중요하다.

그러나 생물다양성이 대량 절멸의 위기로 치닫고 있는 현재의 상황은 매우 절박하다. 식민지 개척이 시작되었던 1600년대 이후 지금까지 고등식물 584종이, 동물의 경우 488종이 절멸한 것으로 보고되고 있으며, 기후 변화와 환경오염 등으로 인해 절멸 종의 수는 기하급수적으로 늘고 있다. 특히 심각하게 멸종 비율이 늘어나는 것은 열대우림의 파괴 때문이다. 열대우림은 지구 표면적의 7퍼센트에 불과하지만 지구 생물종의 절반이 그곳에 서식한다.

최근 열대우림은 주로 인간의 육식을 위한 소의 방목과 공장식 농장 등을 만들기 위해 개발되고 있으며, 브라질 열대우림만 하더라도 매일 축구장 8개 크기의 숲이 파괴되고 있다.

동식물들의 대량 절멸의 상황은 보존을 위한 노력 없이는 결국 피할 수 없다. 생태계는 서로 연결되어 있어, 어떤 생물종의 멸종은 다른 생물종에게 영향을 주기 때문이다. 이를테면 한 생물종이 사라지면 연쇄반응으로 인해 기하급수적으로 다른 종들이 대량 절멸할 수도 있는 것이다. 그 절멸의 연쇄반응에서 인간 또한 자유롭지 못하다.

생물다양성의 가치는 의약품 부문처럼 경제적인 이득으로 드러나는 경우도 있지만, 인류의 생존과 삶을 유지하기 위해 필수적인 다양한 공공재를 보이지 않게 제공한다. 우리가 산림의 가치를 평가할 때 나무의 가격으로 매겨서 평가한다면, 그것은 보이지 않는 공기 정화와 탄소 순환, 산소 배출 등의 가치를 평가하지 않는 것이 된다. 예를 들어 새만금 간척지 개발에서도 갯벌 자체의 고유한 가치들을 보지 못하고 개발 이익 환산의 논리로 돌아갔을 때 그것이 올바른 환경영향 평가인지를 반문해 봐야 한다. 갯벌은 지구의 화장실이며, 오염물질을 반죽 모양으로 만들어서 걸러내는 역할을 한다. 또한 다양한 생물들이 살 수 있는 서식지이기도 하다.

한국의 생물다양성에 대한 분석과 보고는 외국에 비해 매우 미진한데, 이는 체계적인 연구조사가 이루어지지 않았다는 것을 의미한다. 현재까지 조사된 바에 따르면 우리나라에 서식하는 동물은 1만 8,052종이고 식물은 8,271종, 미생물 등 기타 생물이 3,528종으로 총 2만 9,851종이다. 여기서 척추동물은 1,463종, 어류는 905종, 양서 · 파충류는 41종, 조류는 417종, 포유동물은 100종이고, 곤충은 1만 1,853종이다. 그 외에 균류가 1,625종, 원생생물이 736종, 원핵생물이 1,167종이다. 우리나라에서 생물다양성의 숫자와 빈도는 대규모 개발과 기후 변화 등으로 인해 계속 줄어들고 있는 추세이다. 예를 들어 우리나라에서 꿀벌과 관련된 개체가 현격히 사라지고 있는 상황만 보더라도 그렇다. 환경오염과 고압선의 전자기파, 농약, 기후 변화 등이 꿀벌을 사라지고 만들고 있으며, 이는 꽃과 식물의 생태계에 파국적인 상황으로 나타날 수도 있다.

한편 다국적 농업기업에 의해 이루어지는 대규모 플랜테이션은 생태 다양성을 파괴하여 마치 섬과 같은 지역으로 만들어 버린다. 이른바 '섬 현상'이라고 불리는, 단일 작물 재배가 초래하는 현상이 그것이다. 섬은 외부로부터 고립되어 있고 내부 생태계가 다양하지 못하기 때문에, 조금만 충격을 주어도 쉽게 생태계가 파괴된다. 섬 지역에 고양이나 쥐, 뱀이나 외래 식물이 도입되어 생태계가 파국적인 상황을 맞이하는 사례는 흔하다. 단일 작물은 다양한 식물들이 자랄 때 서로에게 영향을 주는 되먹임(feedback) 현상을 완전히 사라지게 만들어, 외부 환경 변화에 취약한 상태를 만든다. 설탕, 커피, 바나나, 옥수수 등 단일 작물을 대규모로 기르는 지역은 결국 농약으로 이 문제를 모두 해결할 수밖에 없는 상황에 처하는 것이다.

나는 '더블A'라는 다국적 제지업체가 만든 종이로 출력을 하곤 했는데, 한 활동가로부터 이에 관해 충격적인 얘기를 들었다. 이 다국적 기업은 브라질 열대우림에 유칼립투스라는 나무를 대규모로 심어 종이를 생산하는데, 유칼립투스가 엄청난 양의 물을 빨아들이기 때문에 주변 식물이 전멸하고 더불어 동물도 사라지고 있다는 것이다. 그 이후로 나는 A4 한 장을 출력하거나 복사할 때마다 이것이 반드시 필요한 것인지를 마음속으로 두 번씩 묻곤 했다. 그리고 되도록이면 글자를 작게, 양면 인쇄까지 하려고 노력했다. 우리 삶에 아주 가까이 있는 보고서나 출력물에도 생물다양성이 관련되어 있는 것이다.

헤겔과 변증법

헤겔(Georg Wilhelm Friedrich Hegel, 1770~1831)은 1770년 슈투트가르트에서 태어나 셸링(Schelling, 1775~1854)과 함께 신학을 공부했다. 1816년에는 하이델베르크의 교수가 되어 피히테의 주관적 관념론과 셸링의 객관적 관념론을 통합하는 절대적 관념론을 주장했으며, 말년에는 베를린에서 명성과 영향력을 행사했다. 그는 독일의 근대화라는 과제를 철학적으로 표현하였는데, 그가 남긴 유명한 아포리즘으로 "미네르바의 부엉이는 황혼녘에 난다"라는 구절이 있다. 이성을 가지고 자기반성하는 시간은 뒤늦게 찾아온다는 뜻으로, 독일 근대화라는 역사 발전이 지연되고 있음을 표현한 것이기도 하다.

내가 최근 헤겔을 다시 생각하게 된 계기는 어느 세미나 자리에서 《인천문화현장》의 편집장인 현광일 님의 이야기를 듣고 나서였다. 그는 스마트폰이나 태블릿 PC를 들여다보며 화면을 스크롤하는 우리 세대가 정보주의에 빠져 있고, 이러한 관념의 자기운동은 헤겔적이라고 발언했는데, 인터넷과 접속해 생각과 사유만 자기운동하는 세대에 대한 비판이었다.

헤겔의 초기 저작인 『정신현상학』에는 '절대정신의 자기 외화(外化)인 자연'이라는 구절이 나온다. 이에 따르면 단순하고 소박한 자연적 의식이 자기부정을 하여 분열하고 발전하는 과정이 나오는데, 얼핏 역동적인 이미지를 주는 것 같지만 정신과 대상이 통일되어 있다는 동일성의 논리 구도 속에 그 역동성은 한정된다. 헤겔이 『정신현상학』에서 정신과 대상, 주관과 객관을 따로 떨어뜨려 놓지 않고 통일되는 과정으로 바라본 것은, 인간의 정신과 독립된 자연 생태계를 인간 정신의 외화로 한정했을 때 가능하다. 이것은 지극히 인간중심주의적인 결론을 낳는다.

나는 A4 용지를 만드는 유칼립투스가 헤겔의 자연관에 딱 어울린다는 생각이 들었다. A4용지에 쓰인 정신의 외화로 유칼립투스가 열대우림에 세워져서 생태 다양성을 획일화하고 단일 품종으로 만드는 것만큼 그가 말한 정신과 대상의 통일을 잘 보여주는 것도 없다고 생각하기 때문이다.

헤겔이 생각한 정신의 자기운동은 '변증법'에 따르고 있다. 하인리히 살리베우스라는 학자는 헤겔의 변증법을 쉽게 설명하기 위해 정(正), 반(反), 합(合)이라는 개념으로 표현했는데, 정신이 부정되었다가 다시 부정을 부정하는 상태에 이르는 과정을 말한다. 하지만 자기의식 혹은 자의식이라는 영역이, 스스로 반성되고 스스로 부정의 운동을 할 수 있는 능동적인 것인지 의심하지 않을 수 없었다. 마르크스가 『포이어바흐 11가지 테제』에서 '감성적 실천'을 강조했듯이, 감성적으로 느끼고 실천하지 않은 채 책상머리에서 혹은 두뇌 속에서 생각이 움직인다는 설정은 마치 골방에 갇힌 괴기스러운 철학자를 연상하게 만든다.

헤겔은 "이성적인 것은 현실적이며, 현실적인 것은 이성적이다"라는 아포리즘을 통해서, 이성과 현실이 변증법이라고 말한다. 그러나 생태계가 절대이성의 외화물이 아니듯이, 그것의 보이지 않는 작동과 가치, 무수한 되먹임(feedback) 과정을 전부 이성과 관념으로 파악할 수는 없다. 만약 전체가 부분을 모두 정립할 수 있다면, 그것은 자신의 삶이 완전히 종속된 약물중독자이거나 전체의 이익을 강조하는 국가주의자일 수밖에 없다. 현실이라고 표현했던 자연 생태계의 다채로움을 이성이나 정신을 통해 완벽히 파악할 수 있다는 것은 오만이다.

헤겔 변증법의 부정의 논리는 부정하는 자신을 다시 부정함으로써 더욱 발전된 통합된 긍정으로 나타날 수 있다는 것을 의미한다. 대립과 모순은 화해와 용서를 낳고 발전을 향해 서로를 지양(止揚)하는 모습으로 나아간다. 여기서 역사는 발전하고 진보한다고 낙관할 수 있다. 그런데 이런 변증법의 역사는 생태계에는 재앙과 같은 상황이다. 왜냐하면 동식물과 같은 감성적 존재들은 끊임없이 인간의 노동이나 이성에 의해 지양되어야 할 대상이 되기 때문이다. 헤겔에게는 인간 역사의 발전과 진보가 있을 뿐이며, 자연물이나 자연 대상은 지양에 의해 부정되고 정립되어야 할 대상이 된다. 이것은 제국주의가 식민지를 개척할 때 원주민을 이성을 갖지 않은 존재로 보고 노예로 만들었으며, 자연 생태계를 다 밀어버리고 그곳에다 사탕수수와 커피 등을 심었던 것을 연상하게 만든다. 변증법은 인간 역사의 진보라는 신화를 만들지만, 생태계라는 복잡하고 다채로운 관계망을 일면적이고 통일된 단일한 것으로 만들어 버린다.

문제는 헤겔의 변증법의 구도가 인륜적 공동체나 자연을 미리 주어진 전제조건으로 여기면서, 여기에 부정적인 작동방식인 대립, 모순, 적대 등이 있다 하더라도 결국 사회의 성숙으로 향할 것이라는 안일한 결론을 이끌고 있다는 점이다. 그러나 모순과 적대가 사회분열로 나타나고 죽은 국가, 죽은 도시 등이 속출하는 기후 위기 상황에서 사회나 인륜적 공동체나 자연은 전제조건이 아니라, 우리가 만들어 나가야 할 목표가 된다. 그런 점에서 인간의 이성의 통합력의 기본전제가 자연, 공동체, 사회의 즉각적인 통합 능력에 의존하고 있다는 점은 역설적일 수밖에 없다. 우리는 감각적인 수준이나 상식적 차원에서 통일성과 동일성의 상황에 직면할 수 없으며, 그것은 우리가 구성해내야 할 과정적이고 진행형적인 과제일 수밖에 없다. 결국 헤겔의 변증법은 자기의식의 진화, 일정한 자동주의적인 역사 발전의 공식이 깔려 있는 셈이다.

헤겔의 변증법은 인간이라는 주체를 지나치게 실체화하여, 주체의 자기의식의 변화가 역사를 만들어낼 수 있다는 생각으로 나아간다. 그러나 다윈의 진화론에 빗대서 생각해 보자면, 한낱 미물에 불과한 도롱뇽도 사실은 가장 진화한 자연의 생명이며, 바퀴벌레조차도 가장 진화한 생명체이다. 이성을 가진 주체가 자연을 정립하여 변증법적인 역사 진보를 이룬다는 생각은, 스스로 가장 진화하고 발전된 개체로서의 생명을 도외시하는 사고방식이다. 생태계는 변증법이 아니라 마치 은하성좌 같은 연결망을 통해서 발전하고 진화하는 생명을 만들어 왔다. 생태계는 차이 나는 생명들이 어우러져 만든 한 판 축제의 장과 같다. 헤겔의 변증법은 복잡하고 다채로운 생태계의 작동을 설명할 수 없으며, 유기체적인 진화의 최종 결과물로 인간이라는 주체와 근대 사회로 향한다.

현재의 종 다양성의 파괴와 절멸은 헤겔의 변증법과 같이 자연 생태계를 정립하려는 인간의 노동과 이성이 극대화돼서 나타난 현상이며, 근대문명이 잘 작동했기 때문에 나타난 현상이다. 물론 변증법은 유기적이면서도 생(生)의 역동적인 과정을 담은 것처럼 보일지도 모른다. 그러나 생태계의 연결망은 다채로운 생물종들이 연결되어 작동하면서 만들어내는 기계음의 합성과 같은 다채로움이 어우러지는 신디사이저 음색을 갖는다. 그것은 헤겔처럼 낭만적이고 단조로운 발라드 음악은 아닐 것이다.

생물종 다양성과 종자 주권

얼마 전 한살림 생협의 소개로, 전국귀농운동본부에서 텃밭보급소장으로 일하면서 종자 주권을 연구해 온 안철환 선생과 대화할 기회를 얻었다. 그는 다국적 기업이 종자를 단순화하고 있다고 지적하였다. 예를 들어 토종 종자의 벼가 우리나라에 2,000종이 있었으며 일제강점기 때 이름이 등재된 것만도 1,600종에 이른다. 또한 원산지가 우리나라인 콩은 4,000여 종이 있었는데, 미국이 종자를 가져가 3,000여 종을 등록해놓았고, 우리나라에 남은 종은 2,000여 종밖에 되지 않는다고 한다. 현재 농림청이 농민들에게 보급하는 품종이 100~200여 종밖에 안 되는 것을 감안하면 우리가 얼마나 종자 주권에 무감했는지를 알 수 있다.

안철환 선생은 직접 밭을 일구는 농부이기도 하다. 그래서 경작지의 작물 다양성이 숲 생태계의 생태 다양성에 기여하는 것을 직접 관찰할 수 있었다고 한다. 경작지의 작물이 여러 종류일수록 벌레와 새들이 많이 찾아오는데, 이를테면 다양한 작물을 심는 그의 밭에서는 안산(경기도)에서 발견되는 벌레의 70~80퍼센트가 발견될 정도이다. 경작지에 종이 다양화되면 농약을 적게 치거나 안 쳐도 되는데, 작물이 다양할수록 찾아오는 벌레가 다양해져서 서로 억제하고 균형을 맞추기 때문이다. 이것을 '작물 간의 바리케이드 현상'이라고 한다. 반대로 단일 작물만 심으면 벌레가 창궐하여 과다하게 농약에 의존하게 되는 것이다.

작물의 종 다양성이 생태 다양성에 기여하는 면이 많음에도, 다양한 종자를 심는 것은 단일 작물을 심는 것보다 시장에 내다 팔려는 상업농에게는 수지타산이 맞지 않는다. 또한 다양한 종자를 심는 농민에게 상업농처럼 단일 품종의 종자를 대규모로 사는 것이 맞지 않아 스스로 종자를 획득하여 심는 것을 선택하게 된다. 잘 생각해 보면 우리의 할머니, 할아버지들이 팔기 위해서가 아니라, 도시에 나간 자식들에게 보내기 위해 경작을 하면서 종자 구입 비용을 아끼기 위해서 직접 종자를 획득하여 다음 농사를 이어가는 모습이 일상이었다. 이러한 농사 방법이 다양한 작물을 심어 생태 다양성에 기여하는 농사였다. 이러한 농사 형태는 단일 작물의 상업농과 대비되는 자급농이며, 이 자급농은 여러 작물을 돌려 심는 '윤작'과 여러 작물을 섞어 심는 '혼작'이라는 형태로 작물의 종 다양성에 입각해서 농사를 해 왔다. 한살림 생협의 생산자 등을 중심으로 토종종자 살리기 운동을 하는 의미도 여기에 있다.

안철환 선생은, 외래종의 도입의 결과는 "죽거나 나쁘거나"의 두 가지 경우라고 말한다. 즉 번식력이 엄청나서 생태계를 교란하는 경우와, 우리나라 천적을 이겨내지 못해서 농약에 의존하게 되어 생태계를 교란하는 두 가지 경우가 가능하다는 것이다. 그렇기 때문에 종자 주권은 생물다양성을 지키는 기본적인 실천이라고 할 수 있다. 그러나 이미 다국적 종묘 회사들이 대부분의 종자를 자신의 것으로 만들어 버린 상황이다. 'F1'이라고 불리는 1세대 우성 종자는 다음 세대인 F2에서는 열성이어서 종자를 얻을 수 없게 만들어놓았고, 그것도 모자라 아예 발아를 하지 않는 '터미네이터 종자'와 자기 회사의 농약과 비료를 써야 발아하는 '트레일러 종자' 등이 보급되고 있다.

현재 다국적 종묘 회사에서는 특허권 보호라는 명분으로, 영리 목적으로 종자를 획득하는 것을 금지하고 있다. 그런데 잘 생각해 보면, 종자라는 것이 누구의 작품이며 누가 창조한 것이란 말인가. 자연 생태계의 창조물인 종자를 교배하여 자기 것이라고 주장하는 다국적 종묘 회사는 마치 봉이 김선달 같은 희대의 사기꾼이라고 할 수 있다. 안철환 선생에 따르면, 최근 들어

특허권(저작권)이 더 강화되어 영리 목적 외에도 자기가 먹으려고 종자를 획득하는 것도 불법화하려는 움직임이 일고 있다고 한다. 종자 주권은 종자 다양성뿐만 아니라 생물다양성에 영향을 주는 아주 중요한 부분이며, 이를 지키기 위한 자가 종자 취득 권리에 대한 법안이나 지자체의 토종 종자 보존을 위한 조례 등의 법·제도적인 노력이 어느 때보다 필요하다고 안철환 선생은 역설하였다.

안철환 선생과의 인터뷰를 통해 생물종 다양성에서 종자 주권이 갖는 의미를 다시 한 번 생각해 볼 수 있었다. 자연 생태계는 다양, 여럿, 복수로 이루어져 있어서 서로에게 영향을 주며 균형과 조화를 이루는데, 단일화하고 통합하는 방향으로 향하면 균형이 깨져서 자가면역체계를 갖추지 못하게 된다. 안철환 선생과 함께 토종 종자에 기반하고 생태다양성에 기여할 수 있는 유기농에 대해 대화를 나누었다. 그는 가축의 배설물이나 깻묵 등을 통한, 고투입-비순환 유기농이 아니라, 자재와 에너지, 비료 등에 있어서 순환적인 유기농업으로의 이행을 생각하고 있었다. 나는 생물다양성에 기여할 수 있는 유기농업의 방법에 대해 고민하면서 그와 인터뷰를 마쳤다.

얼마 후 충남 홍성의 풀무 공동체를 방문했는데, 거기 적을 두고 있는 생태 전문 출판사인 그물코출판사에 들를 기회가 있었다. 주인도 없이 무인 가판대로 운영되는 그물코출판사의 책방에서 『생물 다양성을 살리는 유기논농사』라는 보물을 발견했다. 이 책은 환경보존형 벼농사에서 환경복원형 벼농사로의 이행이 어떻게 가능한가와, 생물다양성에 입각한 벼농사 기법과 노하우를 소개하고 있다. 관행농에서 볼 수 없는 제초와 육묘, 본논 관리, 병해충 방지 구조 방법 등이 자세히 소개되어 있다. 이 책을 통해 논은 여치, 거머리, 물뱀, 우렁이, 맹꽁이, 개구리, 메뚜기, 미꾸라지, 참게 등이 어우러진 생태다양성의 보고로 다시 태어난다. 이 책을 읽는 동안 생명다양성과 어우러지는 유기-순환 농업의 전망을 약간이나마 접할 수 있어서 마음의 갈증이 해갈되는 기분이 들었다. 생물다양성은 우리의 삶의 본래 모습이며 우리의 생명의 존재 방식이다. 그리고 단일성과 통일성, 획일성의 원리는 반생태적이다. 그리고 생물다양성을 보존하고 복원할 때 재생과 순환에 입각한 녹색 전환의 씨앗을 심을 수 있을 것이라는 생각이 든다.

존재-무-생성의 논리와 생명

헤겔의 『논리학』의 구성은 존재론-본질론-개념론의 순서를 따른다. 존재론 부분에서 처음 나오는 것이 '존재-무-생성'이라는 구절이다. 이는 가장 궁극적인 절대이념까지의 운동을 시작할 수 있는 원동력이라 할 수 있다. 쉽게 말해 '무엇인 것'이 '아무것도 아닌 것'과 만나서 생성이 이루어진다는 것이며, 이것은 '있음'과 '없음'으로 이루어진 존재의 본질을 생각하게 만든다. 여기서 '무엇'인 '존재'의 입장에서 보면 '사유'는 '아무것'도 아니기 때문에 사실은 '존재'와 '사유'의 통일을 향한 역사의 생성을 말한다는 것을 알 수 있다. 여기서 헤겔은 독일 사회의 변화에서 지식인과 이념의 역할을 설명하기 위해 존재-무-생성의 논리를 동원했다. 『헤겔』을 쓴 크로너에 따르면, 낙후한 독일 사회가 '존재'라면, 지식인이 근대화된 독일 사회를 생각하는 것은 아무것도 아닌 '무'이다. 그러나 그것이 만나서 독일 사회의 근대화로 나아가는 독일의 이념이 형성된다.*

헤겔은 존재-무-생성 개념을 첫사랑에 빠진 사람의 극단적인 생각에서 착목했다고 한다. 첫사랑에 직면하여 내면적 갈등을 겪는 젊은이들의 레퍼토리를 잘 들여다보면 "그/그녀가 아니면 나는 아무것도 아니다"라는, 자의식에 가득 차 있지만 욕망을 담고 있는 역동적인 생각이 존재한다. 첫사랑에 직면하여 두뇌가 일으키는 복잡한 작용 속에서, 사랑 아니면 아무것도 아닌 것이라는 극단적인 논리를 누구나 겪어 보았을 것이다. 그러나 헤겔은 여기서 숨이 뛰고 얼굴이 빨개지는 신체 변용에 대해서는 한마디도 언급하지 않았다. 어떤 소년이 그 소녀 아니면 아무것도 아니라는 생각을 갖는 이유는, 관념에서의 운동이 아니라 소년과 소녀의 마주침이 만들어내는 사랑의 감정이나 느낌 때문일 것이다. 하지만 헤겔은 그저 생각만으로 사랑이 가능하다고 얘기하며, 신체들 간의 마주침이 없이 사유 속에서만 존재-무-생성이 가능하다는 논리를 편다.

여기서 헤겔의 역사의 생성에 대한 논의가 겉으로는 역동적으로 보이지만 그는 자연을, 더 나아가 역사를 다소 낭만화하여 첫사랑에 빠진 젊은이의 관념 속에서나 가능할 변증법적 과정으로 보았다는 것을 알 수 있다. 생태계는 헤겔처럼 낭만적인 생각으로 움직이지 않는다. 또한 그런 있음과 없음이라는 형식논리학적 본질로 움직이지 않는다. '존재-무-생성'이라는 단일한 운동으로 생태계가 구성되는 것은 아니며, 생태계에는 복수적이고 다양한 생명체들과 그 사이에서 이루어지는 되먹임이 교차하면서 수많은 존재들의

* R. 크로너, 『헤겔』 청아, 1990, p319-320

상호작용이 있다. 즉 있음과 없음이라는 생사와 관련된 본질적인 운동만이 있는 것이 아니라, 다채로운 변용과 상호작용이 있는 것이다. 헤겔의 존재-무-생성은 자연 생태계를 도외시한 채 단일한 존재를 가정하는 실험실 내의 연구자와 같은 시선을 만들어내는데, 그 이유는 사유와 존재의 통일이 가능해야 하기 때문이다. 이것은 자연 생태계의 생명 활동 중에서 우리의 생각이 알지 못하는 영역, 즉 사유 바깥이 대부분이라는 점을 간과한다.

존재-무-생성의 논리학에서 헤겔의 생(生)의 역동적인 면을 발견하는 사람도 있다. 그러나 우리는 "죽을 것인가? 살 것인가? 그것이 문제로다"를 외치는 햄릿의 실존적인 고뇌만이 생명의 역동을 표현한다고 생각하지 않는다. 그리고 자연 생태계에서 어떤 생명의 죽음과 삶의 차원이 궁극적인 운동을 만들어낸다기보다는 복수, 다양, 여럿의 생명체들이 어떻게 관계를 맺고, 상호작용하고, 변용되는가가 더 중요하다. 그런 의미에서 프랑스 철학자 들뢰즈가 『차이와 반복』에서 언급한 헤겔의 보편-특수-개별로 포획되는 동일성의 철학이 아닌, 차이나고 특이한 존재들이 공생하며 조화를 이룬 공통성의 관계망을 다시 한 번 생각해 볼 수 있다. 헤겔이 『논리학』에서 존재-무-생성을 얘기했던 이유는 '무(無)'라고 규정되는 사유의 역할을 강조하기 위함이었다. 생각 속에서 자기운동하는 것은 현실에서는 아무것도 아닌 것에 불과하지만, 생성을 위한 가장 궁극적인 운동이라는 점을 말하려 했던 것이다. 그것이 헤겔이 존재-무-생성을 절대이념으로 가는 여정의 첫 단추로 삼았던 이유이기도 하다. 여기에는 아직 근대화가 수립되지 않은 무렵의 낙후된 독일의 현실 속에서 아무것도 아닌 지식인들의 생각만으로도 역사가 생성된다는 헤겔의 생각이 담겨 있다.

그러나 생물다양성으로 이루어진 생태계에서는 있음과 없음 사이의 모순의 역동은 큰 힘을 차지하지 못한다. 생명은 종 내의 결속과 종간 결속을 통해 지속되고 유지되면서 다채로운 역동을 표출한다. 자연 생태계에서는 마치 생사를 건 모순과 투쟁이 역동성을 표출하는 것처럼 보이는 경우도 있다. 이를테면 어떤 논에 벼가 심어져 있을 때 해충과 생사를 건 투쟁을 하고 있는 것처럼 여겨질 때가 있다. 그럴 때 농부들은 비료와 농약으로 이러한 상황에 대응할 것이다. 그러나 다양한 작물이 심어져 있는 유기논의 경우에는 벌레와 미생물과 생물이 다채롭게 경합을 벌여 자연스럽게 종간 바리케이드가 형성되어 조화와 공생의 상태에 이른다. 유기논의 경우에는 어떤 화학비료나 농약도 필요 없으며, 생물종 다양성이 주는 균형에 따를 뿐이다.

나는 대학 시절 헤겔의 존재-무-생성이라는 낭만적인 존재론에 빠졌는데, 그것은 헤겔의 논리학을 발췌한 레닌의 『철학노트』에서 이 개념을 발견했을 때였다. 그 당시 마르크스의 『자본론』 1권 어디에선가 나오는 "목숨을 건 도약"이라는 구절도 나의 상상력을 자극했다. 당시 많은 민주화 투사들이 목숨을 건 투쟁에 나서는 상황이어서인지 헤겔의 이 구절이 역사의 궁극적인 원리라고 여겼다. 그러나 생존 여부가 걸려 있는 모순이라는 지점이 생명과 생활의 차원에서는 무력하다는 것을 알게 되었다. 생명의 지속과 유지, 재생을 위한 생명 활동은 목숨을 걸고 싸우는 극한적인 차원과 다른 다채로움을 갖고 있다는 것을 발견했다. 절박하고 열악한 상황은 생명을 더 결속하게 만들고 연대하게 만든다.

존재-무-생성은 생명 활동의 궁극이자 본질로 지칭될 수 있지만, 그것의 오류는 존재가 아니라 존재들'이 있다는 점이다. 존재-무가 만나기 전에 서로 종이 다른 존재와 존재들 사이에서 다채로운 되먹임(feedback)이 존재하고, 종이 같은 존재들 사이에는 땅 밑 결속이 있다. 더 나아가 되먹임을 일으키는 관계망인 생태계가 창조와 생성의 능력을 갖고 있어서 생명을 성립케 한다. 이 생태계라는 관계망이 창발하는 것과 존재-비존재 간의 모순은 엄격히 차이가 있다. 두 시선은 '이것임과 아무것도 아님' 간의 역동과 '이것일 수도 저것일 수도 있는 관계'의 역동 간의 차이점을 의미한다.

나 역시도 '이것임과 아무것도 아님' 간의 역동에 사로잡혀, 이 이분법 속에서 지식인의 아무것도 아닌 관념에 큰 비중을 두었던 시기가 있었다. 그러나 나중에서야 이러한 변증법이, 생물다양성에 의해 구성되고 그 관계망이 만들어내는 역동에 의해서 움직이는 생태계와는 맞지 않는 질서라는 것을 알게 되었다. 생명의 재생과 자기생산의 원천에는 생사를 건 모순과 투쟁보다는, 관계 맺기를 통해서 자신을 지속시키려는 자율의 힘이 있다. 그리고 거기에는 생물다양성이 있는 것이다.

주인과 노예의 인정투쟁과 생물다양성

헤겔의 『정신현상학』에는 '주인과 노예의 변증법'에 대한 언급이 있다. 이 부분에서 생명에 관련된 두 가지 개념이 나타난다. 주인에 의해 '생명'에 대한 위협 속에서 노동할 수밖에 없는 노예는 노동을 통해 자연의 '생명'을 합목적적으로 정립한다. 이 속에서 생명은 자신을 걸고 인정투쟁을 벌여야 살아남을 수 있는 상황이 연출된다. 헤겔이 언급한 생명에 대한 태도는 다윈의 부적절한 계승 이론인 사회진화론을 연상케 한다. 스펜서가 주장한 사회진화론은 경쟁의 원리가 사회 발전의 원동력이라는 것이며, 승자독식 사회를 정당화한다. 이러한 경쟁의 원리에는 "너를 죽이지 않고서는 나는 살아남을 수 없다"는 인정투쟁의 논리가 깔려 있다.

그러나 생명의 유지와 지속은 인정투쟁에 의해서만 이루어지는 것이 아니라, 생물다양성에 입각한 공생(共生)의 원리에 의해서도 이루어진다. 우리가 생태계를 나타낼 때 포식자의 위계에 따라 피라미드를 그리는 경우가 있다. 그러나 포식자와 피포식자의 관계만을 볼 때는 수직적인 위계에 따라 그려질 수 있지만, 다양한 생물종들이 공존하여 균형을 이루는 생태계의 그림은 보다 복잡하게 바뀔 수밖에 없다는 것을 알게 된다. 문제는 생물다양성에 의한 조화와 균형이 깨지고 수직적 위계가 장악하는 경우이다. 역으로 추리해 보자면, 먹이 피라미드 유형의 그림이 가능했던 이유는 결국 인간이 수직적 위계 자체를 만들어냈고, 그로 인해 생물다양성의 조화와 균형이 불가능해졌기 때문이다.

생태계가 생사를 건 인정투쟁이나 경쟁의 원리가 아니라 공생과 조화의 원리에 의해 움직인다는 점을 잘 밝혀낸 것이 린 마굴리스(Lynn Margulis)에 의해서 주창된 공생진화론이다. 그녀는 세포의 구성요소 중 세포핵이나 미토콘드리아, 엽록체, 진핵세포 등이 대부분 외부에서 박테리아가 침투해서 원래의 세포와 공생하면서 변형된 것이라는 점을 발견하였다. 1990년 인간게놈 프로젝트가 진행되는 과정에서 세포 내 DNA의 차이점이 밝혀지면서 공생진화론은 재조명되었으며, 이는 공생을 통해서 진화하는 생명의 기초원리를 잘 보여준 것이었다.

현재의 신자유주의의 작동 원리가 사실상 신다윈주의에서 말하는 적자생존이나 자연도태를 따르고 있기 때문에, 헤겔의 인정투쟁이 경쟁적이고 효율적이며 비용-편익적인 현재의 신자유주의 시스템을 설명할 수 있는 가능성은 높다. 그리고 신자유주의 금융시스템에 의해서 배제되어버린 노동자들이 직면한 상황과 투쟁 현장을 설명할 때 인정투쟁을 통해서 설명할 수도 있다. 그러나 생명과 자연의 작동 원리를 인정투쟁으로 설명하려 한다면, 그것은 오히려 신자유주의를 떠받치는 신다윈주의적 방식으로 다시 회귀하여 세상을 바라보게 된다. 자연 생태계를 관찰해볼 때 인정투쟁의 요소를 국지적으로 보일 수는 있지만, 균형과 조화를 이루는 임계점을 갖고 있다는 점을 발견할 수 있다.

생물다양성이 만들어내는 관계는 다양한 되먹임으로 이루어져 있다. 나무와 태양은 관계를 맺지만 인정투쟁은 벌이지 않는다. 꽃과 나비도 관계하지만 인정투쟁을 벌이지 않는다. 내가 지금 글을 쓰고 있을 동안에도 고양이 한 마리가 모니터 앞에서 졸고 있는데, 머리를 쓰다듬어 주면 갸르릉거리며 교감하지만 인정투쟁을 벌이는 것은 아니다. 헤겔의 인정투쟁은 주인과 노예라는 정복과 지배의 원리에만 해당하는 사항이다. 인간이 자연에 대해서 벌였던 지배의 방식을 노동으로 일컫을 때는 결국 주인과 노예의 변증법이 성립할 수 있다. 그러나 자연과 생명은 인간에 의해 지배될 수 있는 영역이 결코 아니며, 인간도 자연의 일부임은 분명하다. 생물다양성이 파괴되면 인간도 살 수 없기 때문이다.

자연을 끊임없이 정립하고 개척하고 정복하는 과정에서 자기의식이나 욕망이 성장하여 노예가 주인이 된다는 헤겔의 주인과 노예의 변증법에서의 설명 방식에는 생명이나 자연과의 공존과 조화를 추구하는 인간의 활동이 빠져 있다. 그렇기 때문에 인정투쟁이라는 전장과 같은 질서가 놓여 있을 뿐이다. 인류 문명은 이제까지 이런 정복과 개척의 신화 속에서 생물다양성을 파괴해 왔다. 생물다양성이 이루는 조화와 균형에 의해서 인간이 살 수 있는 환경이 유지된다는 점은 점점 더 분명해지고 있다. 결국 노동을 통해서 자신이 투쟁하고 정립하는 대상으로 간주했던 자연은 우리의 삶과 생명을 이루는 필수적인 부분이며, 우리는 지구에게서 일부를 빌려 쓰고 있을 뿐이라는 점은 명백해진다.

생물다양성의 논의는 '개체중심주의'와 '생태중심주의'라는 두 가지 시선 간의 논쟁을 종식시키는 측면이 있다. 개체중심주의가 지나치게 생명 하나하나의 권리나 복지에 관심을 두고 있다고 비판하는 입장이나, 생태중심주의가 지나치게 개체의 자율성을 도외시한다고 비판하는 입장 둘 다가 극복되는 측면이 있다. 생물다양성은 개체적이면서도 생태적인 측면 모두를 아우르기 때문이다. 생물다양성은 동식물 개체 각각의 보존에 관심을 갖게 하는 개념이면서, 생물다양성이 조성하는 생태계에 대해서도 관심을 갖게 하는 개념이다. 헤겔의 인정투쟁의 입장은 '인간중심주의'에 입각한 개체중심주의적 편향을 갖고 있다. 그러나 신성가족의 반경 내에 꽃과 나비와 강아지와 나무와 같은 생물들이 있다는 점을 응시하고, 이들이 인간 개체 입장에서 정립해야 할 대상이 아니라 공생하는 다수의 개체들이면서 동시에 생태계라는 점을 이해해야 한다.

내가 '헤겔의 인정투쟁'을 다시 생각했던 것은 녹색연합의 활동가인 배보람 님과 강원도 골프장 반대운동에 대해서 대화했을 때였다. 골프장에 반대하시는 할머니와 할아버지들은 골프장이 주변 환경을 파괴하고, 가진 자들의 빛 좋은 잔치인 것에 대해 아시면서도 "농사를 지어야 하니까"라는 단순한 논리로 표현하신다는 얘기를 들었다. 마치 겉으로 보기에는 인정투쟁이나 님비 현상으로 보이는 환경 분쟁의 현장에서 대부분의 당사자들은 자연환경과 공생하고 조화를 이룰 때 주는 이루 말할 수 없는 혜택과 도움을 알고 있으며, 교감하며 공생할 때의 기쁨의 감수성을 갖춘 존재이다. 단지 이를 언어화하지 못할 뿐이다. 나는 그때 그분들이 인간이 생물다양성의 일부라는 것을 이미 깨닫고 있는 것은 아닐까라는 생각이 들었다.

생물다양성과 우리의 미래

생물다양성의 파괴가 생태계를 교란시키고 결국 인간의 생명까지도 위협할 것이라는 생각에 도달하면서 이 글을 정리하고 있을 즈음, 한 토론회에서 '22day' 실천가인 배병호 님과 만날 수 있었다. 그는 몬산토와 같은 세계 최대의 농업생명공학 기업이 세계 시장을 90퍼센트나 점유하고 있고, 카길과 몬산토가 합작으로 종자를 독점하고 있는 현실에 대해서 설명했다. 그리고 다국적 종자 기업에 대한 조용한 전쟁을 벌이고 있는 농민단체 '비아 깜페시아'의 활동도 소개했다. 비아 깜페시아는 이탈리아어로 '농민의 길'이라는 뜻으로 아시아, 아프리카, 유럽, 아메리카 86개국의 진보단체가 참여하고 있으며, 우리나라에서는 전국농민총연합회와 전국여성농민총연합회가 참여하고 있다고 한다.

비아 깜페시아는 1996년 'FAO 세계식량포럼'에서 "모든 나라는 자기 나라에서 경작할 작물을 결정할 권리가 있고, 모든 농민은 자기가 무엇을 재배하고 어디에 어떻게 판매할 것인지 결정할 권리가 있다"라고 선언하였다. 이 농민단체가 주장하는 것은 다국적 거대 자본에 맞선 농민의 권리와 식량주권으로, "씨앗을 지배하려는 것에 대한 전쟁"의 한가운데에 있다. 배병호 님과 만나면서 들었던 생각은, 생명다양성에 기여하며 종자의 다양성을 살릴 수 있는 농업의 중요성이다. 우리나라의 농업에서 식량자립도의 비중이 23

퍼센트에 불과한 현실에서 종자주권마저 없다면 생물다양성과 공생할 수 있는 기반이 없어진다는 것을 의미한다는 것을 새삼스럽게 인식할 수 있었다.

생물다양성은 인간이 자연을 지배하고 정복하는 것이 아니라, 보존하고 공생할 수 있는 길을 모색하는 과정에서 반드시 고려해야 할 측면이다. 생물다양성을 고려한 유기농업을 통해서 생태계의 일부가 되고 생명을 살리는 일은 어느 때보다 중요하다. 그러나 각 동식물의 유전자 정보와 종자에 대해 저작권을 행사하는 다국적 거대 기업의 횡포와, 이에 따른 종 단일화와 획일화에 의한 생태계 파괴가 현재 벌어지고 있다. 생태계의 다양성은 하나의 품종으로 통일될 수 있는 성격의 것이 아니며, 다양한 생물이 상호작용하면서 공생하며 조화를 이루는 것을 의미한다. 생태다양성은 다양한 종이 공존하기 때문에 하나가 모든 것을 장악하고 정립할 수 없으며, 그것은 다양할수록 외부 환경에 맞서서 강할 수 있다는 것을 의미한다.

생태계는 통일성보다 다양성으로 구성되어 있어서 더 풍부한 잠재성을 가질 수 있었고, 생명을 발아시킬 수 있었다. 종이나 생명의 각각의 차이는 서로 분리되고 해체된 상태가 아니라 서로 연결되어 있고 서로 다채롭게 상호작용하며 되먹임을 해 왔기 때문에 생명들은 공생진화할 수 있었다고 생각한다. 생물다양성은 마치 은하성좌와 같은 다채로운 관계망의 일부로서 인간이 위치할 뿐, 그것을 인간이 통일시키고 정립시킬 수 없다는 점을 알려주는 개념이다. 그런 점에서 생명과 공생하며 생물다양성에 입각한 유기농업이 우리의 미래를 위한 작지만 소중한 출발점이라는 생각이 든다.

19_ 스피노자의 범신론과 생태계 보존

보이지 않지만 소중한 생태계의 가치

내가 생태계에 대해 진지하게 생각하게 된 것은 도법 스님의 글에서 '인드라망'이라는 개념을 처음 접했을 때였다. 인드라망은 『화엄경』에 나오는, 제석천 궁전에 드리워진 구슬 그물이다. 그 구슬 그물은 그물코마다 서로 연결되어 있지만 보이는 실체가 없는 우주의 그물을 의미한다. 불교에서 서로 인연으로 연결되어 있다는 연기법이 우주의 그물망, 생태의 그물망, 인간의 관계망을 표현하게 되고, 서로 연결된 그물망을 따라 그 속에서 불가사의한 힘이 생겨난다는 것이 인드라망의 설명 방식이다. 덕분에 나는 생태계를 서로 관계 맺는 우주의 그물망처럼 생각해 볼 수 있는 기회를 갖게 되었다.

지구상에 생태계라는 것이 만들어진 것은 약 35억 년 전 어떤 알 수 없는 계기에 의해 무기물이 유기물로 변화하면서부터지만, 환경학자 레이첼 카슨이 구상했던 '에코 시스템'처럼 지금도 여전히 그 과정이 그치지 않고 이루어지고 있다는 점에 주목해야 한다. 생명의 발아와 서식 환경이 되는 생태계가 없다면 생명과 인간도 성립할 수 없다. 그래서 따로 떨어져서 자라는 가로수 100그루보다 서로 연결되어 숲 생태계를 조성한 나무 50그루가 외부 환경의 변화에 잘 맞설 수 있는 내재적인 힘이 생긴다는 것이다. 생태계의 연결망 자체가 내부 환경을 만들어서 항상성을 유지할 수 있게 해주기 때문이다. 이러한 숲 생태계가 일단 조성되면 버섯, 벌레, 동물, 식물이 그 내부에 복잡한 생태계를 이루며 서식하게 된다.

우리나라 숲 생태계는 전체 산림 면적이 64,413제곱킬로미터에 달하지만, 매년 0.1퍼센트인 67제곱킬로미터(2,000만 평)가 고속도로나 공장 건설로 파괴된다. 특히 무분별한 고속도로 건설은 숲 생태계의 연결망을 끊고 생명권역을 파괴한다. 하루에 자동차 40여 대밖에 안 다니는 도로가 있을 정도로 우리나라 도로는 이미 중복 과잉 건설되어 있다. 또한 총 면적 2,393제곱킬로미터에 달하는 전국의 갯벌은 그 3.1퍼센트인 73.6제곱킬로미터씩 매년 간척되어 농지나 신도시 등으로 바뀌고 있다. 토건주의가 갯벌 생태계를 대규모로 파괴한 대표적인 사건이 바로 새만금 간석지 개발이다. 애초부터 새만금 개발 사업은 부실과 부패, 그리고 생태계 파괴를 예고하고 있던 졸속 사업이었다. 시민들의 아래로부터의 풀뿌리 저항운동에도 불구하고 사업이 강행된 것은 우리나라 자연 생태계에게, 생명에게, 그리고 인간에게 재앙과도 같은 일이었다.

생태계는 보이지 않는 영역에 있기 때문에 그것의 가치를 직접적으로 환산할 수는 없으나 우리 삶에 필수적인 것이다. 물론 보이지 않는 가치를 계산한 통계 자료도 있긴 하다. 예를 들어 산림의 공익적 기능을 대기오염 개선 효과의 측면에서 계산해 보았더니 27조 6,100억 원의 가치가 있으며, 갯벌의 공익적 기능을 폐수 정화의 측면에서 계산해 보았더니 1헥타르당 9,900달러(약 1,200만 원)의 가치가 있다는 것이다. 생태, 생활, 생명 등과 같은 보이지 않는 영역은 한번 파괴되면 복구되기 어려우며, 국지적이고 지역적인 차원에서 드러나기 때문에 잘 이슈화되지 못한다. 그러나 실체가 보이진 않아도 근본적인 영역이다.

나는 2013년 서울변방연극제에서 주관하는 〈모-래〉라는 연극 작품에 초청되어 강 생태계에 대해 발언할 기회가 있었다. 강과 하천의 생태계에서 현재 문제가 되는 것은, 가뭄과 홍수를 스스로 조절할 수 있는 모래를 파헤치고 둑과 댐을 만들어 마치 디즈니랜드처럼 하천 개발이 이루어지고 있다는 점이다. 나는 그 연극을 통해서 우리나라의 유일한 모래 강과 하천은 내성천밖에 없으며, 이마저도 댐 건설로 사라질 위험에 처했다는 사실을 알게 되었다. 그런 점에서 지율 스님의 내성천 살리기 운동과 내성천 땅 1평 사기 운동은 유일한 순수 자연 하천 생태계를 지키기 위한 시도라는 데 의미가 있다. 〈모-래〉라는 연극 작품의 하이라이트는 내성천에서 가져온 모래 앞에서 춤 퍼포먼스를 하는 것이었는데, 그때 공연한 장소가 한강 르네상스 개발의 상징인 새빛둥둥섬 앞이라서 더 의미가 있었다.

1971년 2월 2일 이란의 람사르에서 물새 서식지로 중요한 습지 보존에 대한 협약이 있었는데, 1997년에 우리나라도 101번째로 가입했다. 전 세계는 개발과 간척으로 습지가 사라지고 있는데, 미국은 54퍼센트, 뉴질랜드는 90퍼센트, 망그로브 습지 숲으로 유명한 필리핀은 68퍼센트의 습지가 사라졌다. 이에 따라 습지에 서식하며 이동하는 철새 떼들은 점점 자취를 감추었고, 우리나라도 예외가 아니어서 대규모 철새의 서식과 이동은 점점 보기 힘든 장면이 되고 있다.

아마존 열대우림의 생태계 파괴는 특히 심각하다. 지구상의 전체 식물의 50퍼센트는 이 아마존 지역에 집중되어 있으며, 지구 생명을 유지시켜 주는 산소의 20퍼센트가 바로 여기서 나온다. 그래서 아마존은 '지구의 허파'라는 이름으로 불린다. 이러한 아마존 지역의 무분별한 산림 벌목과 개간은 소를 방목하기 위한 것으로서 육식에 대한 탐욕에서 비롯된 것이다. 소의 방귀와 트림이 지구온난화의 중요한 원인이 된다는 점은 잘 알려져 있다. 게다가 단지 소의 방목지를 만들기 위해 산림까지 마구 벌목해 버린다면 아마존 생태계의 파괴는 지구 생태계의 파국으로 나타날 수 있다. 하루에도 축구장 여덟 개 크기의 숲이 사라지고 있다는 보고가 있는 것만 보아도 사태의 심각성을 알 수 있다.

생태계를 보존하는 것은 직접적으로는 동식물, 균류, 버섯, 벌레 등 뭇 생명들을 위한 일이기도 하지만, 인간 자신을 위한 일이기도 하다. 인간은 자신들이 생태계의 연결망에서 벗어나 있는 것과 같은 착각과 오만 속에서 살아간다. 그러나 생태계 없이는 인간의 생존과 생활은 애초부터 불가능하다. 숲 생태계는 보이는 영역에서 생존을 가능케 하는 구체적인 수단이면서도, 공기의 정화와 순환처럼 보이지 않는 영역에서도 큰 역할을 한다. 생태계 보존은 인류의 생존과 생명의 유지에 필수적이며 절박한 부분이다.

스피노자의 아주 특이한 책, 『에티카』

스피노자(Baruch de Spinoza)를 한마디로 표현하자면 아마도 '이단아', '별종', '탈근대의 예수' 같은 단어가 어울릴 것이다. 당대에 스피노자처럼 위험한 사상가로 분류된 사람도 없기 때문이다. 그 후로 한동안 '스피노자주의자'라는 꼬리표는 우리나라에서 '빨갱이'만큼이나 엄청난 것이어서, 후대에 많은 사상가들이 스피노자주의자로 분류되는 것을 두려워했을 정도이다.

스피노자는 1632년 네덜란드 암스테르담의 부유한 유대인 상인의 아들로 태어났다. 그러나 그는 평생을 하숙집에 기거하며 아주 소박하게 살았으며, 초월적 신의 덕목인 검소, 순수, 겸양을 자신의 내재적인 삶의 원리로 만들었다.

잘 알다시피 스피노자는 신이 자연에 내재한다는 범신론 사상으로 인해 세속 교파의 모든 종파로부터 파문당하였다. 심지어 그의 불온한 사상에 분노한 한 광신도가 그를 칼로 찌르는 사건까지 발생하였다. 하지만 다행히 외투가 두꺼워 칼은 빗나갔고, 그는 그 외투를 침실에 걸어두고는 '신중'과 '조심'을 신조로 간결한 삶을 살았다고 한다. 그는 부유한 아버지의 유산을 한 푼도 상속받지 않고 안경 세공이라는 당대 최첨단 산업의 장인이 되었다. 그는 따뜻한 사랑과 부드러운 욕망의 원리를 『에티카』(윤리학, Ethica)에 담았다.

스피노자는 인간의 욕망을 '자기 보존의 욕구'(코나투스, conatus)라고 규정하면서, 사람들 사이에서 서로의 욕망이 긍정되고 상승되는 기쁨의 관계를 구상한다. '기쁨'은 공동체 내의 관계가 어떤 것인가를 엿볼 수 있게 하는 개념이다. 그래서 기쁨을 민주주의 사회의 기본 정서라고 보는 후대의 철학자들도 있을 정도이다. 철학사에서는 흔히 스피노자를 합리론자로 분류하지만, 그의 사상 내부는 냉철한 합리론이 갖고 있지 못한 인간의 따뜻한 사랑과 욕망에 대한 탐구로 가득하다. 특히 합리론자들이 거부하는 '욕망'을 끌어안음으로써, 인간 내부의 역동적인 활력과 정서를 만드는 욕망과 정동을 철학의 주제로 만들었다.

그의 책 『에티카』만큼이나 첫사랑의 기억처럼 달콤한 메시지를 가진 책도 없을 것이다. 마치 첫사랑이 젊은이들의 신체를 변용시켜 감정의 기복과 호르몬 작용을 만들어내는 것처럼, 변용이 사랑의 또 다른 이름이라는 것을 쉽게 눈치 챌 것이다. '변용'은 신체의 조성이 "부드럽게" 혹은 "연약하게", "딱딱하게" 바뀌는 현상으로, 자신의 외부의 것을 감싸 안을 수 있는 능력을 의미한다. 그래서 프랑스 철학자 들뢰즈와 가타리는 변용을 '되기'라는 개념으로 표현하여, '소수자 되기' 같은 개념으로 발전시켰다. 칼 마르크스가 『포이어바흐 11개 테제』에서 언급했던 '감성적 실천'이라는 개념도 알고 보면 스피노자의 변용 개념의 연장선에 놓여 있다. 또 독일 관념론자 헤겔은 스피노자 철학의 변용의 무한한 가능성을 무척 탐을 내서, 인간의 관념이 무한으로 나아갈 수 있는 능력을 갖고 있는 것인 양 사고하였다. 이러한 헤겔의 변신론은 느끼지 않고 사랑하지 않고 신체가 변용되지 않고도 머릿속에서 무한히 알 수 있다는 것이며, 스피노자의 사상과 완전히 다른 변신론의 방향으로 나아간다.

스피노자의 사상은 사랑과 욕망이 세상을 바꿀 것이라는 메시지를 담고 있다. 즉, 사랑과 욕망이 공동체적 관계망에 나타날 때, 그것은 관계의 변화를 의미하기 때문이다. 그래서 『에티카』를 읽다 보면, 공동체적인 관계망의 사랑과 욕망의 내재적인 움직임을 다루고 있다는 생각을 갖게 된다. 우리 삶 아주 가까이에 있는 유한하고 국지적인 생활세계에 대한 미시적인 이야기들이라고 생각하게 되는 것이다. 이를테면 공동체가 대안학교를 만들려고 할 때, 거기에 관심이 있는 주변의 사람들이 모여서 여러 가지 아이디어를 나누는 재미있는 자리를 갖는데, 그 사람들의 작은 공동체가 사실 이미 대안학교라고 할 수 있다. 반면 자본이 학교를 만들려고 하면, 공동체의 삶의 내재성에서 출발하는 것이 아니라 외부의 뛰어난 기획자나 건물, 시설 등이 등장하며, 마치 공동체를 뛰어넘는 초월적인 힘에 의해 학교가 만들어지는 것처럼 작동하게 될 것이다.

나는 스피노자의 『에티카』를 고등학교 3학년 때 윤리 선생님께 처음 소개받았다. 그때 선생님은 자신이 스피노자주의자라는 것을 조심스럽게 밝혔으며, 기본적인 스피노자 사상에 대해 한 시간 동안 설명해 주셨다. 당시 나는 『에티카』를 읽고 마치 미궁에 빠져든 듯한 느낌이었는데, 그럼에도 그 책이 사랑과 기쁨의 민주주의에 대한 단서를 갖고 있다고 확신해서 몇 년 동안 천천히 읽으면서 생각했다. 나는 스피노자처럼 양심의 가책이나 원한에 의해 움직이는 반동과 위기의 시대를 살아가면서도, 삶의 내재성의 영역에서 흘러넘치는 사랑과 욕망을 통한 변화의 가능성을 생각한 사람도 없다는 생각이 들었다.

스피노자는 예속되었기 때문에 슬프고 무능력해지는 예속인의 삶과, 자유롭기 때문에 사랑과 욕망으로 충만하고 기쁨에 넘치며 역능으로 가득 찬 자유인의 삶을 대조하면서 서술한다. 사실 예속과 복종은 죽음에 대한 공포로부터 유래한다는 것이 스피노자의 진단이다. 모든 초월적 권력의 작동 원리에는 죽음에 대한 공포가 숨어 있는 것이다. 스피노자의 삶은 죽음에 대한 공포가 아니라 삶과 자유를 향한 욕망으로 가득하다. 스피노자는 자신을 후원하던 공화파 드 비트 형제가 정치적 반혁명에 의해 살해되었을 때 이에 맞서 피켓시위로 참여하려고 했지만 그의 친구들의 간곡한 만류와 제지로 행동에 옮기지 못했다. 『에티카』의 후반부는 이러한 정치적 상황 속에서 서술되어서인지 자유인의 사랑의 행동과 공동체의 기쁨의 관계망이 결국 승리할 것이라는 스피노자의 신념으로 가득하다.

영원한 자유인으로 기억될 스피노자의 필생의 역작인 『에티카』 곳곳에는 "내일 지구가 멸망하더라도 나는 한 그루 사과나무를 심겠다"고 회자되는, 삶에 대한 긍정의 메시지가 숨어 있다. 물론 그 메시지는 스피노자의 것이 아니라, 마르틴 루터의 것으로 알려져 있지만, 사실상 스피노자 사상의 면모를 잘 보여준다. 나는 그의 철학이 보여주는 공동체의 관계망을 생태계로 확장시켜보고자 했다. 그가 말한 코나투스, 즉 자기 보존의 욕구로서의 욕망이라는 내재성의 원리가 생태계를 움직이는 생명 에너지와 다르지 않고, 그의 범신론 사상이 생태적 지혜를 풍부하게 담고 있다고 생각했기 때문이다.

강정의 평화와 생태계

필자는 해군기지 건설을 놓고 반대운동이 한창일 때 제주도 강정마을에서 생태계와 평화운동의 관련성에 대해 알아보기 위해, 몇 개월째 그곳에서 활동하고 있는 최경한 님을 만났다. 그에게 구럼비를 둘러싼 생태계의 정보를 상세하게 들을 수 있었는데, 강정 구럼비바위에서 2킬로미터도 채 떨어져 있지 않은 범섬 지역은 유네스코가 지정한 생물권보전지역이고, 세계자연보전연맹(IUCN)이 적색 목록으로 분류한 남방돌고래의 주요 서식지라고 한다. 또한 우리나라 환경부의 지정보호구역이며, 제주도 1급 보호구역이기도 하다. 이곳에는 전 세계에서 가장 큰 연산호 군락이 있어서, 바다 생태계에 있어 천혜의 보고라고 할 수 있다. 뿐만 아니라 구럼비바위에는 붉은발말똥게, 맹꽁이, 제주새뱅이(제주 고유의 민물새우 종류), 기수갈고동, 은어 등의 멸종 위기종이 서식하고 있다.

강정은 물 강(江), 깨끗할 정(淨)이라는 이름에서도 알 수 있듯이 마실 수 있는 물이 많은 지역이며, 제주도의 용천수가 집중되어 있는 지역이다. 다른 제주 지역은 대부분 현무암 지역인지라 빗물이 곧바로 땅 속으로 스며들어

버리는 반면, 강정 지역은 구멍이 없는 부드러운 암반층이라서 사시사철 물이 흐르는 곳이다. 또한 강정천의 발원지로 은어, 폭포, 절벽 등 네 가지 길한 것이 있다고 해서 붙여진 '냇길이소'의 경우 깊이 20미터의 푸르고 맑은 물이 있어서 서귀포 지역의 주요 식수원이기도 하다.

특히 구럼비바위는 화산에서 흘러나온 용암이 진흙뻘 위에 굳은 너럭바위로, 길이 1.2킬로미터, 너비 150미터 크기의 거대한 위용을 자랑한다. 구럼비바위의 신비함은 바위 곳곳에서 솟아나는 용천수로도 설명된다. 강정에서 나는 용천수 중 70퍼센트는 바로 이 구럼비 바위에서 나오는데, 용천수가 나오는 웅덩이에 은어가 살고 있다. 마을 사람들은 바위 아래 거대한 동굴이 있어 그 안에 물이 차 있지 않을까 추정하고 있다고 한다. 이처럼 물이 흔하다 보니 강정마을은 제주도에서 유일하게 벼농사가 되는 곳이며, 예전에는 임금님에게 진상까지 할 정도로 질 좋은 쌀의 산지였다. 또한 제주도에서 밀감이 제일 맛있는 곳이어서 강정의 밀감은 지역에서 모두 소비가 되기 때문에 다른 지역에서는 맛볼 수 없다고 한다. 그리고 강정은 제주도의 가장 남단이라서 농사에는 최적의 환경이다. 논농사가 잘 되기로는 첫째가 강정, 둘째가 번내라는 의미의 '일강정 이번내'라는 말이 있을 정도라고 한다. 땅은 협소하지만 공동체가 살아 있기 때문에 이곳 농부들은 농토를 남보다 더 많이 가질 수 없으며, 그래서 대지주가 없다.

최경한 님 증언에 따르면, 이 지역에 해군기지가 생긴다면 서울대공원 동물원에서 2013년 7월 (이곳에) 방사했던 남방큰돌고래 제돌이가 고향을 잃게 되며, 청정 구역에서만 자랄 수 있다는 연산호 군락도 사라진다. 이미 찬반 논란 때문에 마을의 공동체도 심각하게 훼손되었는데, 아마도 해군기지 건설 이후에는 마을 공동체도 사라질 위기에 처할 것이다. 그래서 평화 활동가와 마을 주민들은 살기 좋은 평화마을 강정을 지켜야 한다고 시위를 하고, 연좌농성을 하고, 건설 트럭을 가로 막고 있다. 하지만 현장 활동가 20명이 스크럼을 짜고 시멘트 트럭을 가로막으면 전투경찰 500여명이 출동하여 사방에서 이들을 붙잡고 끌어내는 광경이, 그토록 평화로웠던 강정의 일상의 풍경이 되었다.

세계자연보존연맹이 4년마다 개최하는 세계자연보존총회(WCC)가 2012년 8월 16일에 강정마을로부터 7킬로미터 떨어진 중문의 제주국제컨벤션센터에서 열렸다. 이날 행사장 안팎에서는 강정마을의 평화 활동가들이 춤과 노래와 퍼포먼스를 벌였다. 이들은 강정 4종 댄스를 추고 다양한 퍼포먼스를 하면서 외국인 참가자들에게 유인물을 전달했다.

행사장 안에서는 강정마을 회장님과 신용희 교수 등이 해군기지를 반대해야 하는 이유에 대해 공식적으로 발언했다. 이러한 발언이 가능했던 것은, 세계자연보존총회의 미국 환경변호사들이 발의하고 20여 개 참여 단체가 안건에 서명해서 발언권을 주었기 때문이다. 이것은 세계자연보존총회 역사상 전례가 없던 일이었다. 이 행사장 내의 공식 발언 내내 각국의 환경단체들은 강정마을의 중요성에 귀 기울였고, 여러 가지 질문을 던지며 관심을 표명했다. 이 회의에서 결정적인 발언은, 유네스코 보존지역이며 생태보호구역인 강정 구럼비와 밤섬 지역에 해군기지가 부적합하다는 결의를 하자는 적극적인 제안이었다. 회원국들은 즉각적인 투표에 들어갔는데, 정부기구 50퍼센트, 비정부기구 50퍼센트 이상의 찬성을 얻어야 결의안이 통과할 수 있었다. 그러나 이 안건에 비정부기구의 80퍼센트가 찬성한 반면, 정부기구 측은 내정간섭으로 비칠 것이 부담스러워서 30퍼센트의 찬성에 그쳤다. 나중에 세계자연보존총회의 사무처나 행사 관계자들은 강정의 상황을 잘 몰랐다고 발언했으며, 이후 직접 강정을 방문해서 현장 상황에 대해 들었다. 이에 참여했던 행사 관계자들은 구럼비와 밤섬이 지켜져야 한다는 점에 목소리를 모았다.

생태계를 파괴하고 그곳에 평화를 위협하는 군사기지를 짓는다는 것은 생명평화를 거스르는 행동임에는 분명하다. 생태계 파괴가 어떤 결과를 낳는지는 해군기지를 짓는 일련의 과정에서 분명해질 것이다. 구럼비바위는 이미 2012년 3월 발파를 진행해서 일부가 파손되었는데, 거대한 구조물 수십 개를 연결해 포구를 건설하는 케이슨 공법으로 공사가 진행 중이다. 해군 측에서는 높이 20미터, 폭 30미터에 달하는 거대 콘크리트 구조물을 구럼비 인근에 임시로 설치해 놓았다. 이 구조물은 레미콘 800~900대가 콘크리트를 부어야 하는 크기로 가격은 하나당 50억 원에 달하며, 2012년 여름까지 총 5개를 설치했다. 그러나 그해 불어닥친 태풍 볼라벤에 의해 이 콘크리트 구조물은 완벽하게 박살나 버린다.

기후 변화로 인해 더욱 강력해진 태풍의 위력은 인간이 생태계를 파괴할 때 어떤 결과가 나오는지를 단적으로 보여준 것이다. 군사기지 건설과 태풍이 서로 연결되어 있지 않은 것처럼 보이지만, 마치 이것이 생태계 파괴에 대한 자연의 경고같이 느껴지는 이유는 무엇일까? 생태계는 보이지 않는 영역에 있어서, 그 파괴의 효과는 아주 느리고 국지적으로 나타난다. 하지만 겉으로는 상관없어 보이는 일이라도 잘 들여다보면 서로 연관되어 있음을 알 수 있다.

강정에서 활동하고 있는 최경한 님과의 만남은 강정의 평화와 생태계 보존이 불가분의 상관관계를 갖는다는 것을 재확인하는 계기였다. 생태계를 파괴한다는 것은 인간이 자연에 대해 전쟁을 선포하는 것이나 마찬가지다.

그리고 그 전쟁이 인간과 인간 간의 전쟁으로 나타날 가능성도 더욱 높아진다. 그러므로 평화로운 생태계를 만드는 것은, 전쟁을 반대하고 개발을 반대하는 운동과 궤를 같이는 것이다. 강정마을의 평화운동은 곧 생태보존운동이기도 하다. 아름답지만 전쟁 중에 있는 강정의 절규가 귀에 들리는 듯했다. 2020년 강정에 여전히 생명평화미사가 진행 중이며, 해군기지에 대한 반대운동도 여전히 진행 중이다. 강정의 평화활동가들은 인간에 대한 인간의 전쟁뿐 아니라, 자연에 대한 인간의 전쟁도 종식시키기 위해 거리에서 싸우고 있는 중이다.

범신론과 생태적 지혜

스피노자의 범신론은 신이 자연에 내재한다는 사상이다. 그렇다고 해서 토테미즘이나 애니미즘과 같은 것이라고 생각하면 범신론을 아주 오해하는 것이다. 스피노자는 당대의 교회가 우리 삶 가까이에 있는 사람들을 사랑하지 않고 이를 초월해 있는 신을 사랑하는 것에 문제의식을 가졌으리라 생각된다. 사실 신은 가까운 사람과의 사랑 속에 내재하는 것일 수도 있기 때문이다. 사랑의 무한한 가능성은 구체적이고 유한한 현실 속의 사랑을 통해 표현되지 그 바깥에 따로 존재하는 것이 아니다. 흔히 청소년이나 젊은이들이 이상형이나 이상적인 사랑을 현실과 별도로 생각하는 경우도 있는데, 그것은 국지적이고 유한하며 자신의 생활과 관련을 가진 구체적인 사랑 이외의 사랑을 찾는 것은 무망한 것이라는 점을 간과한 것이다.

공동체 역시 유한하고 국지적인 영역에서 벌어지는 구체적인 사건이나 양상들에 의해 모습을 드러낸다. 한번은 성미산 마을을 찾아가서 그곳 활동가에게 "도대체 마을이 어디 있는가?"라고 물어본 적이 있다. 그 활동가는 웃으면서 성미산 마을은 너와 나 사이에 있을 수도 있다고 다소 선문답처럼 얘기했는데, 그때 마을이라는 것이 지역의 경계가 분명한 특정 구역이 아니라 사람들과의 관계에 내재하는 것일 수도 있다는 생각이 들었다. 스피노자의 범신론의 원리도 '신이 어디에 있는가?'라는 질문에, 신은 자연과 생명, 신체에 내재하는 것이라는 대답일 수 있다. 무한하게 모습을 바꿀 수 있는 신이 아주 구체적인 사물이나 신체의 양태로 드러나는 것이다.

작은 공동체 내에서의 사랑은 유한하며 국지적이지만 신(God)의 사랑이 내재해 있고, 그 사랑의 관계망이 무한히 조합되고 연결되어 서로 영향을 줄 가능성을 품고 있다. 나는 녹색당의 전신이라고 할 수 있는 '초록당사람들' 활동을 하면서 주변에 좋은 영향을 주는 생명운동의 선배들을 만났다. 그들은 자신의 배치나 위치 속에서 최선을 다하면서 자신의 작은 실천과 사랑이 보이지 않게 세상을 바꾸는 씨앗이 될 것이라고 말했다. 2013년도 당시 '모심과 살림 연구소' 주요섭 소장은 이것을 "작은 도토리 한 알이 만드는 떡갈나무 혁명"이라고 표현하였다. 자신의 지지자를 획득하고 헤게모니를 행사하여 영향력을 늘리는 것이 아니라, 자신의 유한한 삶과 실천의 공간에서 출발한 작은 변화가 생태계처럼 서로 연결되어 있는 세상에 커다란 변화를 초래한다는 생각이다.

스피노자의 범신론은 유한한 자연, 사물, 생명이 연결되어 무한히 결합되고 변용되는, 무한으로 이행할 수 있는 잠재력을 가진 자연을 응시한다. 물론 다양한 자연과 생명의 양태들이 접촉하고 연결되었을 때에야 비로소 이러한 무한한 변용이 가능하다. 생태계의 연결망이 가진 무한한 능력 속에서 생명이 탄생했던 것이며, 서로 관계하는 과정들 속에서 자연 생태는 순환하며 재생한다. 근본생태주의자들은 생태계의 연결망의 신비로운 능력에 주목하여 '영성'(靈性)이나 전체론(Holism)이라는 개념을 말하지만, 무기체에서 유기체로 이행하는 레이첼 카슨의 에코 시스템 같은 개념을 통해서 설명되기도 한다.

스피노자의 범신론은 생태계에 내재한 무한한 생성과 창조의 가능성으로 다시 읽힐 수 있다. 유한한 나무 100그루가 연결되어 숲 생태계가 이루어지고 그 관계망을 통해서 벌레, 동물, 미생물들이 무한히 창조 발화할 수 있는 것처럼, 생태계의 연결망에 무한한 신의 능력이 내재한다고 볼 수 있기 때문이다. 자본주의도 생태계와 공동체의 연결망의 원리에 주목해 전자적인 네트워크나 기업 조직 등을 마치 생태계처럼 만들어 시너지 효과를 얻으려고 한다. 그러나 이러한 흉내 내기로는 생태계에 내재된 변용의 능력을 다 그려낼 수 없다. 사실 인간도 생태계의 변용 능력의 산물이라고 할 수 있으며, 생태계의 연결망을 떠나서 생존할 수 없다.

녹색당의 강령 전문 중에 '생태적 지혜'라는 개념이 나온다. 이 개념은 스피노자의 범신론을 이해한 사람이라면 아주 쉽게 알 수 있는 개념이다. 이제까지의 지식은 실체가 분명하고 정체가 확실한 것만을 대상으로 하는 경향이 있었다. 그래서 너와 너 사이에 벌어지는 관계에 대해서는 설명하지 못했다. 예를 들어 너와 나 사이에서 대화한 아이디어들이 어느 누군가의 소유인지 불분명하며, 내 것도 아니고 네 것도 아닌 공통의 것, 즉 커먼즈(Commons)를 만들기 때문이다. 사람들은 어떤 사람을 만나면 새로운 생각과 아이디어와 정서가 만들어지는 것을 경험하는데, 그것이 자신이 어떤 특별한 지식을 갖고 있어서가 아니라 그 관계가 지닌 기쁨과 공감이 만들어내는 것이라는 점을 어렵지 않게 알 수 있다.

생태적 지혜는 생태계처럼 연결되어 있는 관계 속에서 창발되는 지혜를 의미하며, 스피노자의 범신론처럼 서로가 사랑하고 신체가 변용되어 만들어지는 지혜이다. 즉, 자신이 느끼고 사랑하고 실천하는 관계망 속에서 생성되는 지혜만을 받아들이지, 이러한 관계 외부로부터의 지식이나 정보를 받아들이지 않는 것을 의미한다. 생태적 지혜는 특이한 생각을 가진 사람을 사랑한다. 왜냐하면 공동체를 풍부하게 만드는 긍정적인 역할을 할 것이기 때문이다. 그래서 소수자를 사회적 약자로 규정하는 것이 아니라, 공동체의 내재적인 다양성을 풍부하게 만드는 사람으로 인식한다.

스피노자의 범신론처럼 자연과 생태계의 무한한 가능성에 주목한 철학도 없다고 생각된다. 그래서인지 스피노자의 『에티카』를 읽을 때 저지르기 쉬운 실수는 공동체와 자연이 숨겨진 주체성으로 작동한다는 점을 간과하는 것이다. 그렇게 오독한 사람들은 결국 헤겔의 변신론과 동일한 오류를 저지르고 만다. 반면 『에티카』를 지도를 그리듯 생태계나 공동체를 묘사한 것으로 파악하면 매우 쉽게 이해할 수 있으며, 스피노자의 범신론의 진가를 알 수 있다.

내재성과 생태계

스피노자의 내재성 개념은 초월성에 반대되는 개념으로 사용된다. 그래서 신이 자연 속에 내재한다는 범신론은 신이 자연과 인간을 초월해 있다는 기존 세속 종교에게는 반역이자 이단이었다. 스피노자는 공동체와 삶의 세계를 뛰어넘어 초월적인 신이나 국가 권력이 지배하고 있었던 당대의 상황에 직면해서 근본적인 질문을 던진다. "왜 사람들은 예속을 영예로 여기는가?" 이 질문은 민중이 외부의 초월적인 힘에 조종당하는 이유가 뭔지를 묻는 질문이었다.

스피노자의 『에티카』는 이러한 복종과 예속의 원인에 대해 응답한다. 세속 종교와 세속 권력과 같은 초월적인 신이나 초월적인 권력은 인민의 슬픔과 무능력에 기반한 죽음의 공포를 통해 자신을 정당화하고 유지한다. 그러나 스피노자는 어떤 경우에도 '서로의 욕망이 긍정되는 기쁨의 정동'이 '복종과 예속 속에서 발생하는 슬픔의 정동'을 극복할 것이라고 보았으며, 증오조차도 사랑으로 변화할 수 있다고 주장한다. 그것은 공동체가 사랑과 욕망이라는 생명평화의 내부 원리와 능력에 따라, 혈통이나 특별한 지식, 신이 준 특별한 능력을 가진 사람들이 외부로부터 가하는 고통과 증오의 힘을 극복할 것이라는 강렬한 메시지다.

스피노자의 내재성 개념을 통해 생태계를 설명한다면 가장 먼저 떠오르는 것이 숲 이미지일 것이다. 따로 떨어진 나무들이 연결되어 숲 생태계를 이루면 외부 환경에 맞서 항상성을 유지할 수 있는 내부 환경을 조성한다. 숲의 내부 환경에는 순환과 재생이라는 내부 작동이 있기 때문에 외부 환경의 변화에 의해 즉각적으로 영향을 받지 않는다. 몽골에 나무 심기 프로젝트를 추진 중인 '푸른 아시아'의 활동가 신혜정 님으로부터 전해들은 바에 의하면, 몽골 지역의 사막화를 극복하려고 처음에 심었던 나무들은 대부분 죽었지만 살아남은 나무들이 작은 숲을 이루고, 그것을 돌보는 마을이 이루어지자 그 후로는 생존 가능성이 굉장히 높아졌다고 한다. 생태계는 환경결정론에 따라 움직이는 것이 아니라, 환경으로부터 자율적인 생태계의 내재적인 작동 원리에 따라 움직이는 것이 특징이다. 이러한 생태계의 내부 환경을 스피노자의 내재성으로 볼 수 있지 않을까.

환경보호론자와 생태주의자는 자연을 보는 태도에서 구분된다. 환경보호론자들은 자연을 인간을 위한 환경으로만 인식하는 데 반해, 생태주의자들은 자연을 그 내부에 순환과 재생이라는 자율성이 있는 생태계로 인식하기 때문이다. 대부분의 사람들은 인간이 자연을 정확히 양적인 계측을 하여 관리하고 통제할 수 있다는 환경관리주의 기획에 머물고 있다. 환경보호론자와 생태주의자를 구분하는 가장 중요한 지표가 바로 내재성을 인정하는가의 여부라고 할 수 있다.

내가 사는 아파트 주변에는 몇 그루의 나무가 둘러서 있다. 대부분은 조경업자의 계획에 따라, 아파트의 건설허가 기준만큼 녹지를 채우기 위해 심었을 것이다. 그러나 나는 이들 조경업자들이 생각지도 못했던 결과가 나타나는 경우를 보곤 한다. 아주 미세한 변화이기는 하지만 아파트 사이의 틈새와 같은 이 공간이 근처의 공원과 서로 연결되어, 마치 도시 내의 비오톱(Biotope)처럼 새와 야생동물의 서식지가 되는 경우를 이따금 발견한다. 또한 더러 알 수 없는 씨앗이 바람에 날아와 이름도 알 수 없는 풀과 꽃이 자라는 것을 목격한다. 그러나 대부분의 도시 공간에서 자연은 인간을 위한 환경으로만 설계될 뿐, 생태계를 이루어 내부에 자율적인 작동 원리를 갖는 경우는 흔치 않다. 도시의 비오톱의 경우 서울시 협치자문관인 강내영 님에 따르면, 공동체가 스스로 돌보고 수확하고 관리할 수 있는 옥상텃밭, 마을텃밭, 도시농업 등을 연결하는 방식을 통해서 도시 내 생태계를 조성할 수 있다고 한다.

공동체의 경우도 그렇지만 생태계는 산술적 합 이상의 효과를 나타내는 전체를 구성한다. 그런데 그것은 어떤 중심이 있어서 그것을 가능케 하는 것이 아니라, 유한하고 국지적인 다양한 개체들이 서로 복잡하게 상호작용할 때이다. 보통 이러한 관계망이 더 복잡해지고 다채로워지면 하나의 의미로 규정할 수 없게 된다. 이를테면, 지구와 태양계만을 우주라고 상상하는 사람이 은하수와 같은 관계성좌를 보면 어떤 생각을 하게 될까를 상상해보면 좋을 것 같다. 더 이상 하나의 중심이나 하나의 의미로 규정할 수 없는 관계성좌가 조성되는 순간, 내재성이라는 그림의 구도가 그려지게 된다. 단순히 외부와 내부의 구분이 아니라, 그 내부에 다채롭고 다양한 관계와 접촉과 변용이 이루어지는 생활의 공간, 공동체의 공간, 자연 생태계의 공간을 생각할 때 '내재성'의 의미에 접근할 수 있게 된다.

근대는 주체와 대상이라는 이분법을 통해서 의미화하고 해석할 수 있는 틀을 마련했다. 그래서 지식인, 정치가, 전문가와 민중의 구분이 이분법적으로 나타났다. 그러나 이런 방식은 굉장히 낡은 것이라는 점을 누구나 잘 알 것이다. 최근 공동체의 관계성좌를 흉내 내고 있는 속류 네트워크 이론가들은, 어떻게 하면 기업이나 집단이 그물망과 같은 관계를 묶을 수 있는 허브나 플랫폼과 같은 존재가 될 것인가를 주로 연구한다. 그러나 공동체의 관계망에서는 어떤 개인이나 기업이 허브나 플랫폼 역할을 할 수 없으며, 그물망처럼 펴지고 직조된 관계망의 일부로서만 움직인다.

최근 등장한 플랫폼 자본주의는 결국 생태계나 공동체의 접촉경계면으로서의 커먼즈와 이로부터 발생되는 정동에 대한 약탈과 채굴 체제를 의미한다. 결국 관계망의 시너지를 탐색하고 채굴하고 추출함으로써 그 부수효과를 기업의 이득으로 가져가는 것이다. 플랫폼에서 웃고 떠들고 즐기고 향유하다 보면 그 부수효과로서의 이득은 모두 플랫폼기업이 가져간다. 그런 점에서 생태계와 공동체의 시너지를 탐을 내고 질적 착취 양상으로 진화한 새로운 플랫폼 자본주의에 대해서 커먼즈를 방어해야 할 필요성이 커지는 것이다.

혹자는 스피노자의 내재성을, 신비한 능력을 보유한 내부 영토 정도로 보는 경우도 있다. 내재성은 사유 바깥에 있는 평면이자 판으로 우리의 삶의 환경이 되는 공동체의 접촉경계면 자체를 의미한다. 내재성의 구도를 공동체와 연결시키지 못하면 스피노자의 범신론에 대해 또 하나의 영성주의나 신비주의의 혐의를 두는 경우로 향할 것이다. 하지만 나는 스피노자가 자연, 생명, 공동체 등에서 공통되게 발견되는 복잡한 연결망이라는 요소를 '내재성'이라고 지칭했다고 본다. 그래서 들뢰즈와 가타리가 『천 개의 고원』에서 얘기했던 '내재성의 구도'라는 개념도 은하성좌와 같은 관계성좌로 이루어진 그림의 구도를 떠올리지 않으면 그 내부의 잠재성을 이해하기 힘들다. 생태계 내부의 순환과 재생의 원리는 신비로운 작동이 아니라 복잡한 관계성좌를 내부에 갖게 되었다는 것을 의미한다. 스피노자는 그것을 하나의 개념이나 의미로 규정할 수 없지만 내재성이라고 규정하였을 뿐이다.

생태계의 보이지 않는 연결망과 순환과 재생의 사회

생태계는 자연이 단순하고 평면적인 물체의 상태가 아니라, 유기적으로 연결되어 순환과 재생의 내부 작동을 하는 메타생명체라는 것을 보여준다. 생태계는 연결되어 있는 전체이기 때문에, 어떤 하나의 단면으로 해석하거나 잘게 쪼갤 수 있는 성질의 것이 아니다. 그래서 생태계는 분석적으로 파악될 수 있는 것이 아니라 종합적으로 파악되어야 할 것이다.

생태계의 창조적이고 생산적인 능력으로부터 생명이 발아하고, 동식물이 진화하고, 인간이 탄생할 수 있었다. 생태계에서 벌어지는 무기물에서 유기물로의 이행 과정조차 원시지구 시기에 단 한 번 이루어지고 그 이후로는 없었던 것이 아니라 지금도 계속 진행되고 있다는 레이첼 카슨의 '에코 시스템' 개념은, 생태계의 보이지 않는 작동을 이해할 수 있게 해준다.

나는 연구실 앞마당에 상자텃밭을 일구면서도, 나에게 기쁨과 미적 감성을 주었던 나비와 연한 상춧잎을 파먹는 애벌레가 서로 연결되어 있다는 것을 한참 동안이나 생각하지 못했다. 나비는 좋아하면서도 애벌레는 싫어했던 것이다. 그러나 이제는 날마다 태양을 쬐고, 물을 머금고, 나의 오줌을 발효시킨 비료를 먹고 쑥쑥 자라서 마치 누군가가 준 선물처럼 느껴지는 상추를 먹으면서, 생태계의 순환과 재생의 원리에 따라 농사를 지었던 우리 선조들의 유기농에 대해 생각한다.

생태계의 자정 능력과 재생 능력을 훨씬 넘어서는 공해와 오염물질, 환경파괴, 핵물질 등이 등장하면서 이제 생태계 보존은 인류와 지구의 숙제가 되었다. 생태계를 개발하는 것이 아니라 보존할 때, 보이지 않지만 더 많은 혜택을 누릴 수 있다는 것은 누구나 잘 알고 있다. 개발에서 얻어지는 보이는 가치와 이득은 순간적이지만, 생태계는 지속적이며 순환적이다. 최근 외부효과의 소멸로 인해 개발 이익보다 생태 복원 비용이 더 들어가는 것도 현실이다. 또한 생태계는 특정한 사람을 위한 것이 아니라 모든 생명에게 평등하게 존재하며 혜택을 준다. 나는 우리 사회가 생태계의 원리처럼 움직이는 것을 생각해 보았다. 생태계처럼만 움직일 수 있다면 생명평화의 세상은 아주 가까이 다가오지 않을까. 그래서 생태계 보존은 과거를 보존하자는 것이 아니라 미래를 보존하는 것이다.

지구 살림, 철학에게 길을 묻다 - 개정증보판

등록 1994.7.1 제1-1071
1쇄 발행 2021년 1월 5일
2쇄 발행 2021년 3월 15일

지은이 신승철
펴낸이 박길수
편집장 소경희
편 집 조영준
관 리 위현정
디자인 이주향
펴낸곳 도서출판 모시는사람들
03147 서울시 종로구 삼일대로 457(경운동 수운회관) 1207호
전 화 02-735-7173, 02-737-7173 / 팩스 02-730-7173
홈페이지 http://www.mosinsaram.com/

인 쇄 (주)성광인쇄(031-942-4814)
배 본 문화유통북스(031-937-6100)

값은 뒤표지에 있습니다.
ISBN 979-11-6629-010-7 03300

이 도서의 국립중앙도서관 출판예정도서목록(CIP)은 서지정보유통지원시스템 홈페이지(http://seoji.nl.go.kr)와 국가자료공동목록시스템(http://www.nl.go.kr/kolisnet)에서 이용하실 수 있습니다.(CIP제어번호: CIP2020052643)